「刊行 1000 点 → 創立 40 周年」
企画アンケート【読者】ご協力のお願い

名古屋大学出版会は、2020 年 10 月に刊行点数 1000 点を突破しました。2022 年 6 月には創立 40 周年を迎えます。そこで今回、読者／書店員／著者のみなさまを対象に、名古屋大学出版会の刊行図書にかんするアンケート調査を実施します。ご協力のほど、よろしくお願い申し上げます。

期間：2020 年 10 月～ 2022 年 4 月末（予定）
特典：抽選で 40 名様に 図書カード NEXT 1,000 円分

調査結果は、創立 40 周年（2022 年）にご報告いたします。

小会の個人情報保護方針については以下のページをご参照ください。
https://www.unp.or.jp/policy/

https://forms.gle/v9WXKdXMDPzWrNvu9/
出版会 HP からもご回答いただけます

《ご回答方法》

1）左記 QR コードを読み込んでください。

↓

2）フォームにしたがってご回答ください。

Q1. 名古屋大学出版会の「この 1 冊」
Q2. ご購入のきっかけ、利用書店
Q3. 年代、関心のある分野
Q4. 小会の刊行図書にかんするご意見・ご感想
(全 4 問)

名古屋大学出版会（https://www.unp.or.jp/） 2020-11-20 作成
〒464-0814 名古屋市千種区不老町 1 TEL 052-781-5353 ／ FAX 052-781-0697 ／ メール info@unp.nagoya-u.ac.jp

世界の複数性について

デイヴィッド・ルイス◉著

出口康夫◉監訳

佐金武
小山虎
海田大輔
山口尚◉訳

名古屋大学出版会

On the Plurality of Worlds
by David Lewis

Japanese translation rights arranged
with Blackwell Publishing Limited
through Japan UNI Agency, Inc., Tokyo.

序文

本書は様相実在論を擁護する。それは、われわれを部分として含むこの世界は複数存在する世界のひとつにすぎず、この世界に住むわれわれはあらゆる世界の住人すべてのごく一部にすぎない、というテーゼである。

様相実在論を前提して分析を行なうことができれば、体系的な哲学の仕事は多くの点で容易になる。第一章では、まず、様相実在論が実際にどのような点で哲学の仕事を容易にするのかを概観する。この点は様相実在論を正しいとみなす良い理由になる、と私には思われる。これは数学において集合論が役に立つことが集合の存在を信じる良い理由になるのと同じである。第一章の後半では、私が支持する様相実在論を特徴づけるいくつかの主張をはっきりと述べたい。

第二章では、様相実在論に対してなされたおびただしい数の反論に応答する。はじめに、様相実在論からは矛盾が導かれると批判する議論を検討し、それに対する応答として、パラドックスが生じるのに必要な前提を同定しそれを退けたい。次に、様相実在論から、矛盾ではないが、好ましくない見解（すなわち、帰納に関する懐疑主義、思慮と道徳の軽視、われわれの世界に生《なま》の恣意性があることの否定）が導かれるという批判を考察し、ここでも退けるべき前提を見つけることによって対処する。最後に、様相実在論は何が存在するかに関する常識的な見方と大きく食い違っており、それゆえまったく説得的でない立場だ、という反論を検討する。私はこれが適切かつ重要な反論だと思うが、様相実在論が哲学の体系的研究へもたらす利益を考えると、この反論を受け入れるよりも様相実在論を支持する方が得策だと考える。

第三章では、様相実在論を採用しなくても、より受け入れやすい存在論だけで同じ利益が得られるかもしれないという見通しを検討する。ここで言う、より受け入れやすい代案とは、他の世界をそれについての「抽象的」表象で置き換える代用主義的様相実在論のプログラムである。私はこのプログラムの様々なバージョンを区別したうえで、それらの各々に反論を加える。複数のバージョンを区別すべきだと主張する理由は、それぞれへの反論が互いに異なるからである。これらの反論を通じて示されることは、抽象的代用世界に明確な説明を与えず、それを抽象的なままにしておくような代案によって困難を回避する、という方策はうまくいかないということである。

最後の第四章では、いわゆる「貫世界的同一性の問題」を考察する。私はこの問題をいくつかの問いに分け、良い問いと混乱した問いを区別する。そして私が提案する対応者理論とそのライバル案を比較検討する。

本書のどこを読んでも、〈あなたは私が支持する立場を受け入れなければならない――なぜなら代わりとなる立場はひとつもないからだ〉という論証は見出せないだろう。私の考えでは、哲学者がこうした論証を提示しようとして上手くいったためしはこれまでほとんどなかったし、そうした論証が必要だと考える哲学者はそもそも思い違いをしている。もちろん私も、自分の立場がそれと匹敵する代案のいくつかよりも優れていると言うための理由を与える。だがそうした理由が決定的だとは思わない。検討すべき代替案を私が見落としていることもありうるし、私の立場からかなり隔たった代替案にいたってはそもそも論じることすらしなかった。たとえば、可能性に対する量化をまったく認めない強硬路線の現実主義に対しては、反論をひとつも提示していない。私がこの見解を支持しない理由を推察することはたやすいだろうし、この見解に反論するために私が言うべきことのうちには、新しいことは何もなく、決定的なものも何もない。それゆえ、それを論じたところで、何の足しにもならないだろう。

本書は可能世界を扱っているにもかかわらずライプニッツの見解をまったく論じていないという点は意外に思われるかもしれない。では私はライプニッツを真剣な関心に値しないとみなしているのだろうか。決してそんなことはない。とはいえ、本格的な哲学史家の著作をひもとくことで、私は、ライプニッツの見解が実際どのようなものだったかを知ることは決して容易でないと確信するようになった。解釈の作業に参加するために適切な種類の才能と教育を授かることは結構なことだが、私がどちらも授かっていないことはよく自覚している。私がライプニッツについて述べうることは素人臭く、他の人に関心を抱いてもらうに値しないものであるから、私としては、何も述べない方が良いと思うのである。

およそ十二年前、私は自分のテーゼの命名の選択を誤った。私はそれを「様相実在論」と名づけた。「実在論」とはそもそも何であるのかをめぐる今日の議論を予見していたならば、私はきっと別の名前をつけたはずである。実際上は、私はこの従来の名前を使い続けることがベストだと考えている。とはいえ私の様相実在論が正確には次のテーゼにすぎないという点は強調しておく必要がある。すなわち、他の複数の世界およびそこに住む個体が存在し、それらはある一定の本性をもっており、ある一定の理論的役割を果たすのに適している、というテーゼにすぎない。これは存在に関する主張であり、ネス湖の怪獣がいるとかCIAに赤いスパイがいるとかフェルマー予想に反例があるとかセラフィムが存在するといった主張と異なるところはない。それは私たちの意味論的能力に関するテーゼでもなければ、真理の本性・二値性・われわれの知識の限界に関するテーゼでもない。私が考えたいのは、対象《オブジェクト》の存在に関する問いであり、主題の客観性《オブジェクティヴィティ》に関する問いではない。

多くの点で私は友人たちにかなり負っている。私の友人たちは本書で扱われたトピックに関して議論や手紙を通じて私を助けてくれた。とりわけ名前を挙げるべきは、ロバート・M・アダムズ、D・M・アームストロング、ジョン・G・ベネット、ジョン・ビゲロウ、フィリップ・ブリッカー、M・J・クレスウェル、ピーター・フォレスト、アラン・ヘイゼン、マーク・ジョンストン、デイヴィッド・カプラン、ソール・クリプキ、ロバート・スタルネイカー、パヴェル・ティッシー、ピーター・ヴァン・インワーゲンである。

本書の一部は一九八四年の夏学期にオックスフォード大学でおこなわれたジョン・ロック講義である。オックスフォード大学に招致されたことはたいへん光栄に感じている。加えて、私がそれまでに行なってきたものよりもしっかりと様相実在論について書く機会を、さらにこうした作業に必要な締め切りを、オックスフォード大学が与えてくれたことに深く感謝している。また、本書の大部分が執筆された一年間のサバティカル休暇を与えてくれたプリンストン大学、および資金的な援助をしてくれた全米人文科学基金に感謝している。

目次

第1章　哲学者の楽園

一・一　世界の複数性テーゼ

われわれが住むこの世界は、きわめて包括的だ。これまで見たことのある棒切れや石ころのどれもがこの世界の一部だし、あなたと私もそうである。地球も、太陽系も、この銀河の全体も、望遠鏡をのぞいて見えるはるか彼方にある数々の銀河も、そしてこれらの星々と銀河のあいだに散在する空っぽの空間(もしそのようなものがあるとするなら)も、この世界の部分なのだ。われわれからあまりにも遠く離れているためにわれわれの世界の部分ではない、そのようなものは何もない。どれほど遠く離れていても、この世界の部分であることに変わりはないのである。同様にして、この世界は、時間に関しても包括的だ。古代ローマ人たち、翼竜、原始プラズマ雲、これらがどれほど遠い過去にあるとしても、この同じ世界の部分ではないとは言えない。また、活動を終えて暗くなった星々も、それらがどれほど遠い未来にあるにせよ、この同じ世界の部分ではないとは言えない。この世界は(私が思うに)、ひとつの大きな物理的対象であるかもしれない。あるいは、生気《エンテレキー》、霊魂、霊気《オーラ》、神々、その他現行の物理学には知られていないようなものも、この世界の一部であるかもしれない。しかし、ここからある方向のある距離にあって、今と同時か、それより前あるいは後のいずれかの時点に存在すると仮定される限りは、われわれの世界の部分となりえないほど種として異世界的《エイリアン》なものなど何もない。

事物のあり方というのは、包括的に言ってもせいぜい、この世界の全体がどうあるかを意味するにすぎない。ところが、もろもろの事物は異なるあり方をしていたかもしれず、その異なり方はじつに多様である。私のこの本は、予定通りに書き上げられていたかもしれない。あるいは、私がこのように常識的な人間ではなかったとしたら、可能世界が複数あることを擁護するにとどまらず、自己矛盾によって本当のことが語られる不可能世界も複数あることを擁護していたかもしれない。あるいはまた、私は、この私自身としても私の対応者としても、そもそも存在していなかったかもしれない。人間なるものが一度も存在しないこともありえたかもしれない。また、もろもろの物理定数が、生命の出現と折り合わないようないくぶん異なる値をとることもありえたかもしれない。あるいは、まったく異なる自然法則が存在したかもしれない。電子やクォークの代わりに、電荷や質量、スピンをもたず、この世界の何ものも共有しないエイリアンな物理的性質を備えたエイリアンな粒子が存在していたかもしれない。ある世界ひとつをとっても、その可能なあり方には非常に多くのものがある。そして、これら多くのあり方のうちのひとつがこの世界の現実のあり方なのである。

他のあり方をしているような、他の世界は複数存在するだろうか。存在すると私は主張する。私は、われわれの世界はたくさんある世界のうちのひとつにすぎないと主張する世界の複数性テーゼ、すなわち様相実在論(1)を擁護する。他の世界は数えきれないほどたくさんあり、これら他の世界もまた非常に包括的である。われわれの世界は、われわれやわれわれをとりまくすべてのもの（時間と空間においてどれほど遠くにあるとしても）から構成されている。われわれの世界はより小さいものを部分としてもつひとつの大きなものなのだが、ちょうどそれと同じように、他の世界もまたその世界におけるより小さいものを部分としてもつ。これらの世界は、遠くの惑星のような何かである。ただし、それらの世界の大部分は単なる惑星よりもずっと大きく、どこか遠くにあるというわけではない。どこか近くにあるわけでもない。それらはそもそも、ここからなんらかの空間的距離にあるわけではない。それらはまた、過去あるいは未来向きに遠くにあるわけではなく、近くにあるわけでもない。それらはそもそも、現在からなんらかの時間的距離にあるわけではない。それらは孤立分離している。つまり、異なる世界に属するもののあいだには、いかなる時空的関係もないのである。ある世界で起こったことが原因となって、別の世界で何かを引き起こすというようなこともない。異なる世界に属するものがオーバーラップするということもない。つまり、異なる世界が部分を共有することはないのである。ただし、繰り返し現れるという特権をもつ内属的な（immanent）普遍者に限っては、おそらく話は別だろう。

これらの世界はたくさんあって多様である。それらのうちには、（おおざっぱに言えば）私が予定通り本を書き上げた世界や、私が不可能世界の実在論のために本を書いた世界、人間なるものがまったく存在しない世界、物理定数が異なるがゆえに生命の発現が許されない世界、まったく異なる法則がエイリアンな性質を備えたエイリアンな粒子の振る舞いを支配する世界等々が含まれるほどに、十分にたくさんの世界がある。じっさい、他の世界は非常にたくさんあるので、あるひとつの世界の可能なあり方のおのおのに対して、なんらかの世界の現実のあり方が必ず対応している。そして、世界について言えることは、世界の部分についても言える。ある世界のある部分の可能なあり方は非常にたくさんある。そしてここでもまた、他の世界は非常にたくさんあり多様であるので、ある世界のある部分の可能なあり方のおのおのに対して、なんらかの世界のなんらかの部分の現実のあり方が必ず対応している。

他の世界は、このわれわれの世界と種類において同じである。もちろん、異なる世界の部分をなしているもののあいだには種類における違いがある。ある世界には電子があるが別の世界にはなく、ある世界には霊魂があって別の世界にはないこともある。しかし、これらの種類における違いというのは、一個の世界を構成するもののあいだにときとして生じるようなものと大差はない。たとえば、ある世界では電子と霊魂が両方存在することはある。この世界と他の世界のあいだの違いは、カテゴリーにおける違いではない。

また、この世界は、その存在の仕方において他の世界と異なるわけでもない。存在の仕方の違いというアイデアをどう考えるべきか、私には皆目検討もつかない。この地上に存在するものもあるし、地球外のどこかに存在するものもあって、ひょっとすると、特にどこという場所に存在するわけではないものもあるかもしれない。だがしかし、このことは存在の仕方における違いではなく、存在するものについて、それらのあいだに位置における違いがあったり、位置をもったりもたなかったりするというような違いがあるということにすぎない。同様にして、このわれわれの世界に存在するものもあるし、他の世界に存在するものもある。しかし、繰り返しになるが、このことは存在するもののあいだの違いであって、その存在の仕方における違いではないと私は考える。厳密に言えば、この世界のものだけが本当に存在する、あなたはそう言うかもしれない。そして、私は同意するにやぶさかではない。しかし、私の考えるところでは、この「厳密な（strict）」言い方というのは、じつは制限つきの（restrict）言い方なのであって、それはちょうど、ビールは全部冷蔵庫のなかにあると言うときに、存在するすべてのビールの大部分を無視しているのと同じことだ。存在するすべてのものに対して量化を行なうのではない場合、（非制限的な言い方に従うと）端的に存在するもろもろのものが無視される。他の世界にあるもろもろのものを無視して、自分たちと世界を同じくするもの（世界メイト）に対して制限的に量化を行なうことはしばしばとても分別のあることだとは言えるけれども、私が正しければ、それら他の世界のものも端的に存在している。もしも私が誤っているとすれば、他の世界のものは端的に存在しない。それらは、ラッセル集合[1]がそうであったのと同じように、間違った理論に従う限りにおいてのみ存在する。なんらかの間違った理論に従う限りにおいてのみ存在するというのは、何か劣った仕方で存在するということではない。そのようなものは、そもそも存在しないのと同じである。

世界はわれわれが勝手につくるようなものではない。たしかに、ひとつの世界のある部分が他の部分をつくるということは起こりうる。われわれも実際にそうしている。もっと大規模には、他の世界の神々や工作者《デミウルゴス》たちもそうだ。しかし、もろもろの世界が因果的に孤立しているとすれば、ある世界の外部にあるものは決して世界をつくらない。そして、内部にあるものは決して世界の全体をつくることはない。なぜなら、内部にあるものが世界の全体をつくるなどということは、不可能な自己原因の一種であるはずだから。われわれは言語や概念、記述、想像的表象をつくり、世界に当てはめる。注目したい特定の世界を選ぶというような様々な約定をすることもある。他の世界が存在するという趣旨の主張をする人さえいる。しかし、われわれがなすこうしたことのどれをとっても、そのことがすなわち世界そのものをつくるということではないのだ。

なぜ世界の複数性テーゼを信じるべきなのか。なぜなら、この仮説は役に立ち、そのことは、それが真だと考える理由になるからである。必然性とはすべての可能世界における真理であるというよく耳にする分析は、ほんの始まりにすぎない。ここ二十年の間、哲学者たちは、可能世界や可能世界の住民たる可能個体に言及するおびただしい量の分析を与えてきた。こうした証拠記録は何にも増して印象的だと私は思う。可能者（*possibilia*）について語ることにより、形而上学それ自体は言うに及ばず、論理学の哲学、心の哲学、言語哲学、科学哲学の多くのところでもろもろの問いが明晰化されてきたことはあきらかだと私は思う。公には嘲笑する人々でさえしばしば、決まりが悪そうにではあるが、この便利な語り方を利用したいという誘惑に抗することはできないのである。

ヒルベルトはかつて、集合論の宇宙を数学者の楽園と称した。そして、彼は正しかったのである（それを言うべきだったのは、彼ではなかったかもしれないが）。集合には広大な階層があることを信じさえすればよく、そこにおいてわれわれは、数学の諸部門すべての要求を満たすに足るもろもろの存在者を見いだす(2)。そして、集合論の非常に貧弱な原始的語彙が定義により拡張されるにしたがって、それが様々な数学的述語に必要とされるものを満たすに十分であることをわれわれは理解する。そしてまた、集合論の貧弱な諸公理は、このテーマの中身となる諸定理を生み出すのに十分な最初の原理となっていることも理解するのである。数学者は集合論により、ジャワ原人には未知であったような相当数の存在者を受け入れることと引き換えに、もろもろの原始概念や前提の多くを節約することができる。集合論は、存在論において代価を払いながらも、クワインがアイデオロジー（ideology）[2]と呼んだものにおいてひとつの改善を与えた。こんなありがたいものを断るわけにはいかない。その代償は正当なものであり、理論の統一性と経済性に関して多くの利点があるので、集合論に必要とされる存在者を認めることは十分に価値がある。哲学者は、このテーマを再構成してみたいとか、再解釈してみたいと思うかもしれない。しかし、現場の数学者であれば、自分たちのテーマをこの楽園で追求したいと主張して、そこから出て行こうとはしないだろう。数学者による集合の複数性テーゼは実り豊かなものであり、このことにより、そのテーゼが真であることを信じるもっともな理由が与えられるのである。

　これはもっともな理由だと思う。ただし、決定的とまで言うつもりはない。ひょっとすると、集合論には受け入れがたい含意が隠されていて——もしかすると、集合論のパラドックスをめぐる次の一悶着はすぐそこにあるかもしれない——そのために、代償は思ったより高くつくこともありうる。ひょっとすると、議論の余地のある存在論を理論的な利点のために受け入れるという考えそのものが間違いかもしれない。認識論的懐疑主義者なら、このように言うかもしれない。これに対して私は、数学というのは、懐疑主義的な認識論のどの前提よりも周知のことがらであると応答しよう。あるいはまた、もっとすばらしい楽園が見つかるかもしれない。数学は、われわれの身の回りにある事物やわれわれのなすことの非現実的な理想化に満ちた、可能者の住む楽園において追求することが許される、そのように言う人もいる。だとすれば、数学とパラレルに論じることは、私の目的にこれ以上ないほどうまい具合に適うことになる。集合に対する存在論的なコミットなしに、集合論をそのままのかたちで、そして数学がうまく落ち着くような仕方で、それを受け入れるなんらかの方法が発見されるというようなことが考えられないわけではない。だが、そうした希望が実現するとしても、私の論点は生きている。集合の存在を受け入れるか否かが実際にわれわれに許された選択であるとすれば、理論の統一性と経済性という点において十分な利点を確保するために、議論の余地のある存在者からなる広大な領域の存在を信じる価値はある。数学者たちはそう判断してきたのであり、慎み深い哲学者ならこれを尊重するべきだ。

　集合の領域が数学者にとっての楽園であるように、論理空間(logical space)は哲学者にとっての楽園である。われわれは可能者からなる広大な領域を信じさえすればよく、そこにおいて、自分たちの企図を押し進めるために何が必要かを見いだす。原始概念として受け入れなければならない多様な概念を還元し、それにより、われわれの専らの関心であるところの理論——真と考えられるものの全部、その完全《トータル》な理論——の統一性と経済性における改善に必要な手段を見いだすのである。この楽園の代償は何か。可能者について語ることによってもたらされる理論的な利点が欲しければ、腹蔵のないそれ相当の権利を得るためのもっとも率直な方法は、このような語り方を文字通りの真理として受け入れることである。数学におけるパラレルな議論に見たときほどは華々しくはないとしても、この代償は正当なものだ。これを受け入れることの利点は、その存在論的なコストを補うだけの価値がある。様相実在論は実り豊かなものであり、そのことにより、このテーゼが真であることを信じるもっともな理由が与えられる。

　これももっともな理由だと思う。ただし、決定的とまで言うつもりはない。ひょっとすると、可能者を利用する分析は思ったようにはうまくいかず、そのために、得られるはずのもろもろの理論的な利点は幻想であることになるかもしれない。

ひょっとすると、様相実在論には受け入れがたい含意が隠されており、それゆえ、代償は思ったより高くつくこともありうる。あるいはまた、その代償が正当なものとは言えないかもしれない。どのような存在論的コストに対してどのような理論的な利点が得られるかについて私が正しいとしても、これらの利点が単にそのコストに値しないことはありうる。ひょっとすると、議論の余地のある存在論を理論的な利点のために受け入れるという考えそのものが間違いかもしれない。また、これらの理論的な利点は、もっと犠牲の少ない仕方により、どこか別の場所で手にすることができるために、そのコストに値しないということがあるかもしれない。そして、この疑念こそ私の最大の関心でもある。以上の疑念のなかには、あまりに複雑すぎてここで取り組むことができないか、あまりに単純すぎてそもそも論じることができないものもある。しかし、そうでないような他の疑念については、本書のなかで議論することになるだろう。

一・二　様相実在論に何ができるか――様相

これから見る四つの節において私は、可能世界や可能個体が何の役に立つかを検討する。長々と議論を重ねたとしても、私が念頭におくように、可能世界と可能個体が様々な領域に適用可能であることについて、すべての読者を説得するには短かすぎるかもしれない。ましてや、可能者を利用するアプローチが考えうるすべての対抗理論に勝ることを説得するのは難しいかもしれない（可能者が絶対に不可欠であることを説得するのはなおさら困難で、私自身そんなことは信じていない）。個々の適用を論じるには、そのための本を一冊書かなければならないかもしれない。本書ではそれほど長くは議論できないが、それで我慢することにしよう。

もっともよく知られた適用は様相に対するものである。ある世界を現実と呼ぶことが何を意味しうる（第一・九節を見よ）のであれ、おそらく、われわれを部分としてもつこの世界が現実世界であることはあきらかなはずだ。現実に成り立つものとは、ここで起こっているもののことだとわれわれは言う。これはひとつの世界の可能なあり方だ。他の世界は別の、すなわち現実化されていない様々な可能性である。たくさんの世界が存在し、そして、ある世界の可能なあり方のすべてについて、なんらかの世界の現実のあり方が対応するとすれば、これこれのことが成立しうるというときはつねに、そのこれこれのことが現実に成立しているなんらかの世界が存在することになる。逆に、ある世界についての可能的にもありえないようなあり方には、それに対応する世界は存在しないと言ってまず差し支えないのであるから、これこれのことが成立しているなんらかの世界があるというときはつねに、これこれのことが成り立ちうると言うことができる。それゆえ、様相は量化であることが分かる。たとえば、青いハクチョウが存在することが可能であるのは、なんらかの世界Wが存在して、Wにおいて青いハクチョウが存在するときそしてそのときに限る、という具合に。

しかし、単に量化が含まれているだけではない。量化のスコープの内部を見ると、「Wにおいて」という語句も存在し、これは説明を要する。この語句の機能は主として、「オーストラリアでは」という制限的な修飾詞とおよそ同じような仕方で、そのスコープのなかにある量化のドメインを制限することによって遂行される。オーストラリアでは、すべてのハクチョウは黒い。だから、オーストラリアにはないものを全部無視すれば、すべてのハクチョウは実際に黒い。つまり、オーストラリアにあるものだけに限って量化を行なうならば、すべてのハクチョウは黒いのである。ある奇妙な世界Wにおいて、すべてのハクチョウが青いとしよう。その場合、Wに含まれないものを全部無視すれば、すべてのハクチョウは実際に青い。つまり、Wの部分をなすものだけに限って量化を行なうならば、すべてのハクチョウは青いのである。

このような修飾詞には、他の様々な効果もある。その効果のひとつとして、明示的には量化を含まないが、分析すれば暗に量化を含んでいることがあきらかになるような表現の解釈に影響を与えるということがある。そのなかには、確定記述やそれによって定義可能な単称名辞、クラス抽象（class abstracts）[3]や複数形、最上級表現等々が含まれる。例を挙げよう。世界Wにおいて太陽系の惑星の数が九であるということが成立するのは、Wの部分をなす太陽系の惑星の数が九であるときそしてそのときに限る。もうひとつ別の例は次のものだ。「発明する」とか「発見する」というような語は暗に最上級表現であって、したがって、暗に量化を含んでいる。というのも、これらの語は、他の誰よりも前になにごとかを一番にしたことを含意するからだ。したがって、Wにおける遠近両用眼鏡の発明者とは、Wの部分をなす人であって、Wの部分をなす他の誰よりも前に遠近両用眼鏡を考えた人のことである。また、明示的あるいは暗黙的な量化表現を制限する以外の別の効果として、上に見たような修飾詞は固有名を制限することもできる。オーストラリアにおいて、そしてまた、英国の町の対応者が奇妙な仕方で再配置された可能世界でも同じことが言えるが、カーディフはニューカッスルの郊外である。[4]このような名前の場所には様々なものがあって、こういった場合われわれは、適切なドメインに注意を限定することで多義性を取り除く。ここで私は、われわれが名前を与えるその仕方に従えば、これらの名前はこの世界のものにだけ結びつくのではなく、他の世界にあるその対応者にも結びつくと考えている。そのような仕方で、他の世界のカーディフとニューカッスルは、このわれわれの世界の言語におけるこれらの名前の意味の担い手になっている。同様にして、Wにおける太陽系の惑星とは世界Wの星であるおひさまの周りを回る惑星であり、Wのおひさまとはこの世界のおひさまの対応者にほかならない。自然言語は複雑であるから、おそらく、われわれが注目する修飾詞の効果のすべてが列挙し尽くされたわけではない。だが私は、上に示した原理がつねに同じように成り立つだろうと考えている。つまり、これらの修飾詞がどのような効果をもつのであれ、そのような効果がもたらされるのは、限定されたドメイン――たとえば、オーストラリアにあるものからなるドメインや、ある特定の世界の部分からなるドメイン――の部分をなすもののみを考慮せよという指示が適度な仕方で与えられることによってである。

この制限的な修飾詞に関して、二つ但し書きを加えておく。(1)制限的な修飾詞が例外なく、そのスコープのなかにあるすべての量化子を制限しなければならないとは私は考えていない。「オーストラリアには、あるヨットが存在し、それは他のどれよりも速い」は、「オーストラリアには」という修飾詞が最初の存在量化子だけではなく、二つの量化子のどちらも制限しているとした場合にこの文が意味することまでは意味していないだろう。また、「今日、ある支配者が存在し、かつそれはどの古代ローマ人よりも危険だ」は、今日では生きていない古代ローマ人を無視するとトリビアルになってしまう。さらに、「ある小さな世界においては、どんな個体のクラスをもってしても、そのクラスの濃度より大きな自然数が存在する」は、この文を真にするその大きな数が当の小さな世界の部分をなさない場合にさえ真でありうる。(2)もちろん、通常は他の制限もまた存在している。というのも、われわれは、別の場所からやってきた様々なハクチョウやその子孫をすでに無視しているし、オーストラリアにハクチョウの変種や色を塗られたハクチョウがいるとしてもそのようなものはすべて無視し、世界Wの部分のなかにこういったものがあるとしてもそれらを無視しているる。だから、「オーストラリアにおいて」や「Wにおいて」というような修飾詞は、すでに有効な制限に加えて、それより多くの制限を付加している。要するに、われわれが見た修飾詞はしばしば、量化子や名前等々に対する制限を加える傾向がある一方、発話は有意味になるような仕方で解釈すべきとする語用論的な規則に多くのことがまかされている。このことの意味するところが、さらに暗黙的な制限を加えるべきだということになるのであれ、あるいはわれわれが見た修飾詞の課すもろもろの制限のうちのいくつかは放棄すべきだということになるのであれ、ある程度まではそれはそれでかまわない[3]。

可能性とはつまり、制限的な修飾詞を用いた世界に対する存在量化である。それと同じように、必然性とは全称量化である。すべてのハクチョウが鳥であるということが必然であるのは、どの世界Wについても、Wの部分に対してのみ量化を行なうならば、すべてのハクチョウが鳥であると言えるときそしてそのときに限る。もっと単純には次のように言ってもよい。どの世界の一部として含まれるかにかかわりなく、すべてのハクチョウが鳥であると言えるときそしてそのときに限る、と。他の様相もこの分析にならう。不可能なものはどの世界においても成立しない。また、偶然的なものはある世界においては成立し、別の世界では成り立たない。

通常、様相は制限された量化である。そして、ある与えられた世界（おそらくはわれわれの世界）の観点から、いわゆる「到達可能性（accessibility）」関係を用いて量化は制限される。たとえば、摩擦によって熱が生じることは、制限なしに必然とは言えないが法則論的には必然だ。つまり、われわれの世界の自然法則に従うどの世界でも、摩擦によって熱が生じるのである。どの世界がわれわれの世界かは偶然である。それゆえ、われわれの世界の法則がどのようなものかは偶然であり、したがって、どの世界がわれわれの世界から法則論的に「到達可能」であるかもまた偶然だ。よって、これらすべての世界を通じて何が真であるか、すなわち、何が法則論的に必然かは偶然なのである。

同様にして、私がこれらの語を書いているいま、私の著書は少なくとも部分的には書き上げられたということは歴史的な必然である。というのも、現在に至るまでわれわれの世界と完全に一致し、現在より後においてのみわれわれの世界と異なるようなあらゆる世界において、この本は少なくとも部分的には書き上げられているからだ。

法則論的な到達可能性と歴史的な到達可能性による制限を合わせて考えると、先行決定（predetermination）についての適切な取り扱い――すなわち、何が原理的には知ることができかつ計算可能であるかについての、あるいは因果の分析についてのごまかしなしの定義――が得られる。たとえば、アダムが罪を犯すことが、彼が創造された時点で先行決定されていたというのは、われわれの世界の法則に従い、かつアダム創造の瞬間に至るまでわれわれの世界の歴史と完全に一致するあらゆる世界において、彼が罪を犯すときそしてそのときに限る、というように。

他の世界が、ある世界全体の代替的な可能性であるのと同じように、他の世界の部分を成すもろもろの事物は、世界よりは小さいがその部分である個体についての代替的な可能性である。事象様相（modality *de re*）、すなわち、事物についての潜在性や本質は可能個体に対する量化である。可能世界に対する量化が一般には到達可能性関係によって制限されているように、可能個体に対する量化は一般に対応者関係によって制限されている。いずれの場合も、これらの制限的な関係には通常、類似性の概念が含まれている。法則論的あるいは歴史的に到達可能な世界は、世界の従う法則に関して、また、ある時点までの歴史に関して、われわれの世界と類似している。同様にして、オックスフォードの対応者は、その起源においてオックスフォードと類似することもあるし、他の場所（の対応者）との相対的な位置に関して類似することもあるし、部分の配置や本性において類似することもあり、またある国家やある学問分野の営みにおいてそれが果たす役割に関して類似することもある。したがって、オックスフォードが、自動車の生産よりも機関車の生産によってもっと多くの注目を浴びるということはありうるし、あるいはまた、矛盾許容的な解釈学研究で有名な中心地だったということもありうるが、そうであるのは、われわれのオックスフォードとなんらかの適当な対応者関係にある他の世界の対応者が何か存在していて、それが上のような特徴をもつときそしてそのときに限るのである。

制限された様相にはどういったものがあるかを耳にすることがある。法則論的な様相、歴史的な様相、認識的な様相、義務論的な様相、ひょっとすると、あとひとつや二つはあるかもしれない。そして、ある個体にとって何が可能な事象様相であり何がそうではないかについて、一度できっぱりと立場を決めるように期待されることがある。私としては、そのようにきっぱりと立場を決定してしまうのではなく、到達可能性関係や対応者関係によって様々な様相に制限をかけることは、通常量化子に制限をかけるのと同じように、きわめて流動的な事柄だと示唆したい。つまり、様相の制限は、文脈的な圧力に反応して突如変化することもあり、どこか不確定で気まぐれなものなのだ。すべてが流動的というわけではないが、非常に多くの部分がそうである。そして、かなりの程度、述べたことが真実を形成する。たとえば、あなたが、特定の制限のもとでのみ真であるようななにごとかを述べ、会話の相手が黙ってそれに従うならば、ただちにこれらの制限が効力をもつことになる。(4)

様相論理の標準的な言語においては、二つの様相表現だけが与えられている。すなわち、「〜ということは可能だ」と解釈されるダイヤモンド記号と、「〜ということは必然だ」と解釈されるボックス記号である。これらはどちらも、文オペレータである。文にくっついて文を形成することもあるし、開放文にくっついて開放文を形成することもある。だから、様相論理においては、

◇あるxについて、xはハクチョウであり、かつxは青い

と書くことによって、なんらかのハクチョウが青いということが可能であること、すなわち、青いハクチョウが存在しうることが意味される。また、

□すべてのxについて、xがハクチョウなら、xは鳥である

は、すべてのハクチョウは鳥であるということが必然であることを意味する。同様にして、

◇xは青い

は、青いことが可能である任意のものによって充足される文であり、また、

□xは鳥である

は、鳥であることが必然である任意のものによって充足される文である。ダイヤモンド記号とボックス記号が文にくっつくときは、これらのオペレータは可能世界に対する（多くの場合は

制限された）量化子と考えてかまわない。これらのオペレータが開放文（すなわち、自由変項をもつ文表現）にくっつくとき、それらをどう考えるべきかについては、より不確かな点もある。

ひとつの単純な説明は、その場合にもまた、これらのオペレータは世界に対する量化にほかならないというものだろう。しかし、これは問題を生じさせる。この世界の部分をなす何かについて考えてみよう。たとえば、ヒューバート・ハンフリーを取り上げる。彼はアメリカ大統領選に勝利したかもしれないが、実際には勝利しなかった。それゆえ、彼は、「xは勝利するということが可能だ」という様相文を充足するが、「xは勝利する」という文を充足しない。「〜ということが可能だ」というダイヤモンド記号を世界に対する量化子（おそらくは制限された量化子だが、それは無視することにしよう）と考えれば、その様相文が意味するのは、ハンフリーがWにおいて「xは勝利する」を充足すると言えるようななんらかの世界Wが存在するということである。ところが、ハンフリーがWの部分でさえもない場合、どのようにして彼はそれを充足するのだろうか。

ハンフリーはじつはこの世界の部分であると同時にWの部分でもある、そう応答されるかもしれない。このことにより、ハンフリーの全体がWの部分であることが意味されるとすれば、第四・二節で与える理由により私はこれを拒否する。また、そのことにより、ハンフリーの一部がWの部分であることが意味されるとすれば、第四・三節で与える理由により私はこれを拒否する。そうすると、先の単純な説明を救うには、ハンフリーがもろもろの文をある世界において充足するためにその世界の部分である必要はないと言わなければならない。つまり、ある世界が存在して、ハンフリーはそこでは不在の状態でありながらも、なんらかの仕方で「xは勝利する」を充足すると言わなければならない。

様相オペレータがどのように働くかについて、より複雑な説明を選ぶことができるかもしれない。[5]「〜ということが可能だ」が開放文にくっつくとき、それは世界に対する量化であるだけでなく、この世界にある個体の他の世界の対応者に対する量化にもなっていると言えるかもしれない。そうすると、ハンフリーが「xは勝利するということが可能だ」を充足するのは、ある世界Wと、ハンフリーのWにおけるある対応者について、その対応者がWにおいて、「xは勝利する」を充足するときそしてそのときに限る、と言うことができる。「xは勝利する」が対応者によって充足されることに問題はない。このときには、不在の状態での充足に訴える必要もまったくない。

単純な説明と複雑な説明は競合関係にあるわけではない。どちらも同じようにうまくいく。なぜなら、それらが同等となるような、不在の状態での充足についての対応者理論による説明が存在するからだ。不在の状態での充足は代理による充足である。すなわち、ハンフリーの対応者が選挙に勝利する任意の世界においてハンフリーは、「xは勝利する」を代理によって充足する。そうすると、どちらの説明に従うにせよ、ハンフリーが「xは勝利するということが可能だ」を充足するのは、なんらかの世界で彼が選挙に勝利する対応者をもつときそしてそのときに限る。

ボックス記号とダイヤモンド記号は相互に定義可能である。「〜ということが必然だ」は、「〜ではないということは可能でない」を意味する。だから、私が一方について述べたことは、他方にも引き継がれる。単純な説明に従えば、ハンフリーが「xは人間であるということが必然だ」という様相文を充足するのは、Wにおいて彼が「xは人間ではない」を充足すると言えるようなWが存在するということがないときそしてそのときに限る。すなわち、ハンフリーが「xは人間ではない」を——不在の状態によってであれ、その他の仕方であれ——充足するような世界がどこにもないときそしてそのときに限る。複雑な説明に従うと、ハンフリーが「xは人間であるということが必然だ」を充足するのは、世界Wと、ハンフリーのWにおける対応者について、その対応者がWにおいて「xは人間ではない」を充足する、そのようなことがないときそしてそのときに限る。つまり、「xは人間ではない」を充足するようなハンフリーの対応者がどこの世界にも存在しないときそしてそのときに限る。不在の状態での充足は対応者を通じての代理による充足だと考えれば、単純な説明と複雑な説明はやはり一致する。結局、ハンフリーが「xは人間であるということが必然だ」を充足するのは、彼が人間ではない対応者をどの世界にももたないときそしてそのときに限るのである。

（ハンフリーが人間ではない対応者をもたないことは十分にありうる。あるいは、対応者関係は一定の決まりきったものではなく不確定なことがらだという私の意見が正しいならば、ハンフリーが人間ではない対応者をもたないことになるような、理に適ったなんらかの対応者関係が存在することはいずれにせよ十分もっともらしい。だとすれば、先の例を考えるには、このような対応者関係に注意を向ければよい。）

明敏な読者なら気づくだろうが、ハンフリーが様相文をどのような仕方で充足するかについて私が述べたことが正しいように聞こえるとしても、それは私が慎重に都合のよい例を選んだからにすぎない。よく知られたひとつの問題は、ハンフリーの存在の偶然性に関わる様相文を彼が充足するかどうかを考えてみるときに生じる。私がすでに述べたことに従えば、単純な説明によって記述するか複雑な説明によって記述するかにかかわらず、ハンフリーが「xは存在するということが必然だ」を充足し、「xは存在しないということが可能だ」を充足しないのは次のときそしてそのときに限る。すなわち、任意の世界Wについて、ハンフリーがWにおいて存在しない対応者をもたないときそしてそのときに限る。しかし、その対応者が「Wにおける」ものであるということが、Wにおいてその対応者が存在するということでないとすれば、それは一体何を意味しうるだろうか。[6] それゆえ、ハンフリーは「xは存在するということが必然だ」を充足すると同時に、「xは存在しないということが可能だ」を充足しないように思われる。だが、これは間違っている。ハンフリーがどんなに優れていても、彼を必然的存在者にまで格上げするのは実際にはやはり無理な相談だろう。

私が言いたいのはもちろん次のことだ。ハンフリーが必然的に存在するというのは、あらゆる世界で彼がなんらかの対応者をもつときそしてそのときに限るのであり、彼は実際にはすべての世界でその対応者をもつわけではない。そしてまた、ハンフリーが存在しない可能性があるというのは、なんらかの世界において彼が対応者をもたないときそしてそのときに限るのであり、彼は実際ある世界においては対応者をもたない。このように述べることに何も問題はない。しかし問題は、このことと様相文の充足についての私の一般的説明を一致させることである。

われわれは、様相文の充足についての説明を見直してみるべきだろうか。ハンフリーが、「xはϕということが必然だ」を充足するのは、彼が、「xはϕ」を充足するなんらかの対応者をあらゆる世界においてもつときそしてそのときに限る、このように言うべきだろうか。そうだとすると、ボックス記号とダイヤモンド記号は相互に定義可能であることから、ハンフリーが「xはネコであるということが可能だ」を充足するというのは、彼が、「xはネコではない」を充足するなんらかの対応者をあらゆる世界においてもつというのではないときそしてそのときに限る、ということになる。そして、ハンフリーが対応者を一切もたないような世界もあるのだから、そのことはたしかに成り立たない。しかし、そうすると、ハンフリーがその対応者のなかにネコであるようなものをひとつももたない場合でさえ、彼は「xはネコであるということが可能だ」を充足してしまうことになるように思われる。これではまったく改善策になっていない。他にどのような改善策があるだろうか。

対応者の体系を放棄してしまうべきだろうか。しかし、それで何かが解決するわけではない。なぜなら、はるかに中立的な枠組みにおいてもわれわれはまた、その問題を再び生じさせることができるからだ。次のことだけを仮定してみよう。(1)様相オペレータは単純に、世界に対する量化子として扱いたい。(2)ハンフリーは様々な世界において様々な文をなんらかの仕方で充足すると考えたい。ただし、充足の仕方は気にしない。(3)ハンフリーが「xは人間であるということが必然だ」という様相文を充足するようにしたい。というのも、それは、真なるなにごとか、つまり、彼が本質的に人間であることを述べているように思われるからだ。(4)ハンフリーが「xは存在しないということが可能だ」という様相文を充足するようにしたい。というのも、それもまた他の真なるなにごとか、つまり、彼は存在しなかったかもしれないことを述べているように思われるからだ。(5)ハンフリーが「xは人間でありかつ存在しないということが可能だ」という様相文を充足しないようにしたい。というのも、それは偽なるなにごとか、つまり、存在してさえいないが人間でありえたことを述べているように思われるからだ。こうしてハンフリーは、「xは人間である」をすべての世界で充足し、「xは存在しない」をいくつかの世界において充足する。

よって、彼はいくつかの世界においてそれらの両方を充足する。だがしかし、ハンフリーは連言肢のどちらも充足するにもかかわらず、それらからなる連言を充足することはない。このようなことがどうして可能だろうか。

多義性による誤謬があるのかもしれない。ハンフリーがある文を不在の状態で充足することが何を意味するかは、文の種類、あるいは世界の種類が異なれば異なるかもしれない。たとえば、次のように言えるかもしれない。ハンフリーは、ある世界に対応者をもたないことで、「xは存在しない」をそこにおいて充足することができるが、「xは人間である」をある世界で充足するためには、人間である対応者をそこにもっているのでなければならず、そしてまた、「xは人間でありかつxは存在しない」を充足するためには、人間であるが存在しない対応者をもたなければならないことになるかもしれない。あるいはまた、言語はつねに多義的で、異なるケースでは異なる意味の明確化が求められるかもしれない。いずれにせよ、様相述語論理は、多義性とも、異なる場合に異なる働きをするひねくれた意味論的規則とも無縁の、行儀のよい形式言語だと思いたい人にとっては、以上のことにはがっかりさせられるだろう。

あるいはまた、次のように言われるかもしれない。ボックス記号とダイヤモンド記号の使い方を学んだ後となっては、様相文を充足することは必ずしもわれわれが直観的に理解することを意味するわけではない、と。たとえば、ハンフリーが「xは人間であるということが必然だ」を充足することは、彼が本質的に人間であることの正しい言い方ではない、そのように言うこともできるだろう。だが、ボックス記号とダイヤモンド記号をもつ言語が、日常的な様相に関わるわれわれの思考のまずまずの規格化になっていると思いたい人にとっては、以上のことにはがっかりさせられるだろう。

どのみち、ボックス記号とダイヤモンド記号を使いたい人はがっかりすることになる。そして、好きな案を採用して、それで我慢することになるかもしれない。ある規格化された形式言語の一様かつ明確な意味論的規則を定め、その言語と様相に関わる日常的な語りの間でどのように翻訳すべきかについての直観的理解を再教育することになるかもしれない。たとえば、「本質的に人間である」を意図しているときに、「必然的に人間である」とは決して言わないようにし、そのような場合にはつねに、「存在するならばそれは人間であるということが必然だ」と述べるようにみずからを訓練すればよい。その他の方策として、日常的な表現のパターンにより忠実に言語を組み立てることになるかもしれない。たとえば、組み立てる言語にあからさまな多義性を与えるか、あるいは、ある文が述べていることを見た後で、その文の充足条件が判明するようなひねくれた規則を与えればよい(7)。

様相述語論理の標準的言語における様相文について、対応者理論によるその正しい解釈とはどのようなものか。誰がそんなことを気にするだろうか。それらの文は、われわれが望むことを意味してかまわない。われわれこそがその支配者である。子どものときに学んだ意味に忠実である必要はない。なぜなら、われわれは確たる意味を学んだわけではないからである。ボックス記号とダイヤモンド記号をもつこの言語が、本質や潜在性の問題を語るには使い勝手のよくない道具であることがあきらかになるとしても、そのままで放置しておこう。ハンフリーが本質的に人間であるとか、偶然的に存在するというようなことが何を意味するかを述べるには、様相実在論の資源を直接利用すればよい。

いずれにせよ、ダイヤモンド記号やボックス記号ばかりが様相というわけではない。日常言語のなかには、標準的な様相論理の資源を越えてしまうような様相的な言い回しがある。もちろん、様相論理の拡張を提案することもできるだろうが。アラン・ヘイゼンはHazen (1976) において、この種の事例に言及している。しかしここでは、さらにいくつかの事例に言及したい。

数的量化 (numerical quantification) の事例と私が考えているものがある。たとえば、ロバがしゃべるということが異なる三つの仕方で起こりうるというのは、互いにまったく異なる三つの可能個体があって、それらがおしゃべりをするロバであるときそしてそのときに限る。しかし、数的量化の既存の道具立てに訴えない限り、無限にある数的様相のすべてをカバーすることなどほとんど不可能に思われる。そうすると、量化の対象である「仕方」と言えるようななんらかの存在者が必要になる。私がその候補とするのは、可能世界や可能個体自身、あるいはこれらのものからなる集合である。

比較に様相が絡む事例もある。たとえば、赤いものが青いものに類似しうるよりも、赤いものはオレンジのものに類似しうる。私はこれを、異なる世界の部分でありうる色のついたものの類似性を比較する量化言明として分析する。すなわち、

あるxとyについて、(xが赤くかつyがオレンジであり、かつすべてのuとvについて、(uが赤くかつvが青いならば、uがvに類似するよりも、xはyに類似する))。

できるものなら、標準的な様相論理でこのことを述べてみよ。問題は、文はひとつの世界と相対的に評価されるので、世界をまたぐ比較はできないということにある。

ひょっとすると、「〜が〜に類似するよりも、〜は〜に類似する」という元々の比較関係を何か奇抜な分析に置き換えて、この問題を解決することができるかもしれない。たとえば、類似の程度の数値的尺度を導入し、それらの数値の大小関係によって分析するというようなことが考えられるかもしれない。そして、残りの仕事は結局、ボックス記号とダイヤモンド記号があればよしということにできるかもしれない。そうした奇抜な分析が正しいことはありうるだろう。だが、私はやはり、そのような解決策は反則だと示唆したい。というのも、われわれの言語はそのようには機能していないからだ。われわれの言語

は類似の程度などをもち込んではいない。われわれの言語は元々の比較関係に固執しており、その比較関係を「〜しうる」という助動詞によって様相化している。文修飾表現である標準的なダイヤモンド記号が、修飾される文が真でありうるときにその文を真とするのに対して、この「〜しうる」の方はしかし、そのような仕方では振る舞ってくれない。私の考えでは、この修飾表現の効果は、通常はこの世界にあるものに対して及ぶ量化子の、その制限を取り払うことである。先の事例から私が学ぶ教訓は、他の世界にもろもろのものが存在し、われわれはそれらに対して量化を行なうと考えるべきだということである。これに対して、様相を原始概念としたい人にとっての教訓は、実際に考えていたよりも多くのものを認めなければならないということではないかと私は思う。つまり、単なるボックス記号やダイヤモンド記号以外にも、原始概念とされる様相的な言い回しがあることを認めざるをえないのである。

ダイヤモンド記号とボックス記号ではうまく扱えないもうひとつの様相的な概念は、スーパーヴィーニエンスである。このアイデアは、次のように単純で分かりやすいものだ。一方の種類における相違なしに他方の種類における相違が生じえないとき、スーパーヴィーニエンスが成立する。これは少なくとも、十分に単純で分かりやすいものであるように思われる。だがしかし、最近の議論[8]では、同値とは言えない数々の好ましくない定義が溢れかえっている。元のアイデアと近いところに留まりながらも、弱すぎるように思われる定義もある。他方、十分に強いが、元のアイデアとの接点を失っているような定義もある。有益なアイデアはこのように、混乱のうちに消失する危機にさらされている。こうした混乱について、ここで私の診断を与えておこう。単純で分かりやすく役に立つアイデアは、実際にはただひとつのみ存在する。しかしながら、それは、すべての様相はボックス記号とダイヤモンド記号にまとめあげられなければならないと考えている人々には利用できない。あまりにもたくさんの不十分な近似や代用的定義が溢れているのは、このためである。

スーパーヴィーニエンスのテーゼを定式化することが難しいのはなぜか。それを理解するには、二、三の例が必要である。ひとつ目の例は、それほど議論の余地のないものだ。格子状に点を配置して描かれた絵は、全体として様々な性質をもつ。たとえば、対称的であったり、散乱していたり、その他にも様々な性質をもつだろう。だがしかし、この点格子画にとっては、その格子の各箇所に点があるかないかがすべてである。全体としての諸性質は、これらの点のパターンであるにすぎない。だから、それらの性質は点のパターンにスーパーヴィーンする。つまり、点があるかないかに関してどこか相違がない限り、二つの点格子画が全体としての性質において異なることはありえない。

二つ目の例は、議論の余地はあるが、より興味深いものである。この世界には固有の自然法則や、蓋然性、そして因果的な関係が備わっている。だがしかし、私見ではおそらく、この世界に存在するのは、点単位で分布する局所的な質的特徴のみである。まず、もろもろの点の時空的配置がある。そして各点においては、様々な局所的な内在的性質が、その点自身、あるいはその点に位置する点サイズの物質もしくは場によって例化されて存在するかもしれない。これらの局所的な内在的性質のなかには、質量、電荷、クォークの色《カラー》と香り《フレーバー》、場の強さ等々の性質が存在するかもしれない。そしてまた、現行の物理学では記述することができないようなものがあるとすれば、さらに他の性質が存在するかもしれない。それで全部だろうか。自然法則、蓋然性、そして因果関係は、性質の点単位での分布にスーパーヴィーンするパターンにほかならないのだろうか。二つの世界が、局所的な質的特徴のどこかで何か異なることなしに、それらの法則において異なることがありうるだろうか（決定的な結論は与えていないものの、Lewis（1986a）の序文において、「ヒューム的スーパーヴィーニエンス」に関するこの問題を論じた）。

第三の例。人には、態度や経験といった心的活動がある。だがしかし、私見ではおそらく、そうした人のすべては、物理法則に従って相互作用を及ぼすもろもろの物理的粒子の配置によって尽くされる。心的なものは、物理的なものにスーパーヴィーンするだろうか。次の二つの問いを区別することができる。(1)狭い心‐物スーパーヴィーニエンスは次のことを問う。すなわち、二人の人物のあいだに物理的な違いがないとき、その二人のあいだに心的な違いがありうるかどうか。(2)広い心‐物スーパーヴィーニエンスは次のことを問う。すなわち、二人の人物、あるいは二人をとりまく環境のどこであってもよいが、とにかくどこかに物理的な違いがないとき、その二人のあいだに心的な違いがありうるかどうか。考慮される可能性の範囲がどれだけ制限されるかに応じて、狭い・広いという区別を横断し、別の仕方でもろもろの問いを区別することもできる。現実の自然法則に従う世界にのみわれわれの注意を制限する場合には、二元論者といえども、心‐物の相関関係についての厳密な法則があると考える限り、ある種の心‐物スーパーヴィーニエンスを受け入れるかもしれない。何の制限もかけない場合には、頑強な唯物論者といえども、唯物論を偶然的真理とみなす限り、どんな種類の心‐物スーパーヴィーニエンスも放棄するかもしれない。唯物論を心‐物スーパーヴィーニエンスによって定義したいと思うならば、これらの両極端のあいだで舵をとらねばならないだろう。[9]

スーパーヴィーニエンスが意味するのは、一方の種類における相違なしに、他方の種類における相違はありえないということだ。この「ありうる」という語はあきらかに、様相をほのめかしている。この様相がなければ、興味を引くものは何もない。点と点で複製になっているどんな二つの絵も、対称性に関して異なってはいない。さらには、そのような二つの絵は異なることがありえないのであり、だからこそ、対称性は点の配置のパターンにほかならないのである。あるいはまた、点と点で複製になっているどの二つの絵もそれらの起源において異なっていない、そのようなことがたまたま起こるかもしれない。しかしそうだとしても、そのことが意味するのは、ある特定の偶然の一致がたまたま起こらなかったということにすぎない。それが意味するのは、絵の起源が点の配置のパターンにほかならないということではない。点と点の複製が異なる起源から生じることは、現実に起こるかどうかにかかわらず、十分にありうることなのだ。

それならば、「ありうる」という語をダイヤモンド記号として、つまり、文を修飾する様相オペレータ「〜ということが可能だ」を表すものとして読むこともできると言われるかもしれない。その上で、「一方の種類における相違なしに、他方の種類における相違はありえない」を次のように解釈せよと言われるかもしれない。すなわち、一方の種類における相違なしに、他方の種類における相違があるような二つのものが存在することが可能であるということはない、と。これはつまり、Wにおいて、二つのものが一方の種類において異なることなく、他方の種類において異なる、そのような世界Wが存在することはないということである。いつも通り、「Wにおいて」を制限的な修飾詞と考えるなら、これはつまり、二つのものが一方の種類において異なることなく、他方の種類において異なるような世界は存在しないということだ。これはスーパーヴィーニエンスを定式化する適切なやり方だろうか。

適切な定式化になっている場合もある。点格子画についてスーパーヴィーニエンスのテーゼを述べるときには、十分うまくいくだろう。対称性（その他もろもろ）が点の配置にスーパーヴィーンするのは、二つの絵がその点の配置において異なることなく、対称性において異なるような世界が存在しないときそしてそのときに限る。狭い心-物スーパーヴィーニエンスを述べる場合も、うまくいくだろう。すなわち、このテーゼが述べているのは、二人の人物が物理的に異なることなく、心的に異なるような世界は存在しない（あるいは、一定の制限の内部では存在しない）ということだ。これまでのところ、まずまずである。

ところが、ダイヤモンド記号による定式化が適切でないこともある。広い心-物スーパーヴィーニエンスのテーゼに関しては、問題はすぐそこにある。そのアイデアは、心的なものが物理的なものにスーパーヴィーンするということだ。しかしながら、ある人の心的活動にとって関連のある物理的パターンが、その人の外部のどこまでも遠くに広がり、その人をとりまく環境に至るというようなことがありうるかもしれない。そうすると、求められているテーゼは次のことを述べていることになる。すなわち、内在的であれ外在的であれなんらかの物理的な相違がなければ、二人の人物のあいだに心的な違いはありえない、と。この「ありうる」をダイヤモンド記号として読めば、このテーゼは次のようになる。すなわち、二人の人物のあいだに、内在的であれ外在的であれ何か物理的な相違があるわけではないのに、その二人が心的に異なるような世界は存在しない（あるいは、一定の制限の内部では存在しない）。これは実際には正しくない。われわれは不当にも、同一の世界にいる二人の人物のあいだの物理的相違に注意を限定してしまっている。これが意味するのは、異なる世界にいる人々のあいだにおいてのみ生じるような外在的な物理的相違を無視しているということだ。たとえば、一方の人物がリーマン時空に住んでいて、他方の人物がロバチェフスキー時空に住んでいるとしたときに、二人の人物のあいだに存在するような相違が無視されてしまうのである。そういうわけで、先にわれわれが述べたことは、実際には自分たちが意図したことではなく、むしろ次を意味していたことになる。すなわち、同一の世界のなかにいる人々のあいだに生じうるような種類の物理的な相違がなければ、心的な相違もありえない。この傍点部分は、不当な制限が付加されている箇所である。ひょっとすると、それはここではほとんど問題ではないと言われるかもしれない。なぜなら、同一の世界にいる人々のあいだでは決して生じえないほどの外在的な物理的相違が、心的活動に多大な違いをもたらすとは思えないからである。とはいえ、「ありうる」をダイヤモンド記号として読むことにどうしてもこだわるなら、意図する意味をやはり曲解したことになる。

　このような曲解がより深刻となる、第二の事例を考えてみよう。それは、法則についてのスーパーヴィーニエンスである。われわれが問題にしたいのは、二つの世界が、その局所的な質的特徴の分布において異なることなく、その法則において異なることがありうるかどうかである。ところが、この「ありうる」をダイヤモンド記号として読むと、問題とするテーゼは次のようになってしまう。すなわち、二つの世界が、その局所的な質的特徴の分布において異なることなく、その法則において異なることが可能であるということはない。言い換えると、ある世界が存在し、そこでは二つの世界が局所的な質的特徴の分布において異なることなく法則において異なる、そのようなことはない。しかし、これはトリビアルである。なぜなら、どの世界においても、二つの世界がどこか異なっているというようなことはないからだ。どの世界Wにおいても、存在するのはそのWひとつだけである。文に対する様相オペレータは、そのスコープの内にある世界に対する量化を見るも無残な仕方で制限してしまう。そんなことはやめた方がいい。しかし、様相的な何かは必要である。このテーゼがいわんとするのは単に、局所的な質的特徴の分布をひとつ備えたこの一個の現実世界には、それ固有の法則体系がひとつあるというようなことではない。[10]

　われわれが求めているのは様相であって、文に対する様相オペレータではない。いかなる場合でも、最初に述べた単純なスーパーヴィーニエンスこそが正しいテーゼである。つまり、スーパーヴィーニエンスとは、一方の種類における相違なしに、他方の種類における相違はありえないというテーゼなのである。ごたごたした問題が生じるのは、「ありうる」をダイヤモンド記号として読むべきだと主張するからである。比較に様相が絡む事例とまったく同様に、この場合の「ありうる」がもつ本当の効果は、通常この世界にあるものに対して及ぶ量化子の制限を取り払うことだと思われる。すべての世界のあいだで、またすべての世界にあるすべてのもののあいだで（何か制限がある場合には、全部とまで言わなくてもよいが）、一方の種類における相違なしに、他方の種類における相違はない。異なるものが同じ世界の部分かどうかは問題ではない。ここでの教訓もまた、原始概念としての様相的な文修飾表現ではなく、他の世界のものを量化の対象として認めるべきだということなのである。

可能世界が様相の分析に役立つと私が言うとき、それがメタ論理学的な「様相論理の意味論的分析」に役立つということを意味しているわけではない。たしかに、可能世界に対する近年の関心はそこから始まった。ところが、そのような関心の芽生えは適切なものではない。その作業をするのに可能世界など必要ない。ヒューリスティックな手引きとして、可能世界とみなすことができるなら、実際には何であってもよいような存在者からなる集合があればよい。その場合われわれが取り組んでいるのは、数学であって形而上学ではない。可能世界が必要になるのはむしろ、これらのメタ論理学的な研究の成果を適用する場面においてである。メタ論理学的な成果それ自体は、様相についての唯一の論理に関する諸問題に対して何の答えも与えてくれない。それらの成果が与えてくれるのは、条件つきの解答のみだ。すなわち、様相オペレータがしかじかの仕方で正しく分析できるとすれば、それはしかじかの様相論理の体系に従うということだけである。様相オペレータが実際そのように分析されてよいかどうかは検討してみなければならない。そして、そのときわれわれが取り組んでいるのは、数学ではなく形而上学なのである。

かつては、多くの様相命題論理の体系があった（そしてまた、様相述語論理の体系もたくさんあったが、それらをさらに論じることはしない）。そこで扱われる様相オペレータのボックス記号とダイヤモンド記号は、「〜ということが必然だ」と「〜ということが可能だ」を意味するとは言われたが、世界に対する量化子としては解釈されていなかった。これらの体系は主として、様相の反復適用に関する議論の余地のある様々な公理を含むか含まないかに関して、互いに異なっていた。もっとも有名な公理は次のものだ。

(B) Pならば、Pが可能だということが必然である。

(4) Pが必然ならば、Pが必然だということが必然である。

(E) Pが可能ならば、Pが可能だということが必然である。

様相に関わる様々な原理の演繹的な相互関係と帰結を探求することは以前も可能だった。たとえば、

(T) Pならば、Pが可能である

というもっともらしいもうひとつの公理と、最小といってまず

差し支えない（しかし、議論の余地がまったくないというわけではない）基本体系K[11]を前提すれば、(E)は、(B)と(4)を合わせたものから演繹することができ、そしてその逆も言える。ところが、かつて可能ではなかったのは、これらの原理のうちどれが疑いなく受け入れられるべきで、それはなぜかを直観的に理解することだった。そればかりか、何が問題になっているかについての明確な見通しさえつかない状況だったのである。

そうこうしているときに、およそ同じ時期の幾人かの人々によって、次のことが発見された。すなわち、ボックス記号とダイヤモンド記号を「可能世界とみなされる」存在者の集合に対する制限された量化子として解釈すれば、(B)、(4)、(E)そして(T)は、ダイヤモンド記号とボックス記号に制限をかける関係に対して課された単純な条件に対応することが分かったのである。[12]これは次のように説明することができる。まず、（関係的）フレームは、空でない集合――これをインデックスの集合と呼ぶことにしよう――とこのインデックスに対する二項関係Rからなる。また、様相論理のある体系の言語に対するあるフレーム上の付値は、その言語のあらゆる文の真理値をすべてのインデックスにおいて特定する。こうした真理値の特定は、真理関数的な論理結合子に対する標準的な規則と、様相オペレータに対する次のような規則に従って行なわれる。

「ϕということが必然だ」が i において真であるのは、iRj となるすべての j について、j において ϕ が真であるときそしてそのときに限る。

「ϕということが可能だ」が i において真であるのは、iRj となる j が少なくともひとつ存在し、j において ϕ が真であるときそしてそのときに限る。

（まさにここで、様相オペレータが制限された量化子として扱われるのである。）次に、ある文があるフレームにおいて妥当であるのは、そのフレーム上でのあらゆる付値に対して、その文がすべてのインデックスにおいて真であるときそしてそのときに限る。そしてまた、様相論理のある体系があるフレームにおいて妥当であるのは、その体系のすべての定理がそのフレームにおいて妥当であるときそしてそのときに限る。さて、先の公理とフレームに対して課された条件のあいだに、次のような対応関係が与えられる。すなわち、

(B)は、フレームが対称的であること（つまり、iRj ならば、jRi となること）と対応する。

(4)は、フレームが推移的であること（つまり、iRj かつ jRk ならば、iRk となること）と対応する。

(E)は、フレームが「ユークリッド的」であること（つまり、iRj かつ iRk ならば、jRk となること）と対応する。

(T)は、フレームが反射的であること（つまり、iRiとなること）と対応する。

このとき、ゼロ個あるいはそれ以上の公理の任意の組み合わせを基本体系Kに加えれば、加えた公理に対応する条件の組み合わせを満たすフレームのすべてにおいて妥当となる体系が得られることは容易に見て取れる。さらには、このような体系はどれも次のような意味において完全である。すなわち、任意の文について、当の体系を妥当とするフレームのすべてにおいてその文が妥当となるとき、その文はすでにその体系の定理になっているという意味において完全なのである。対応する公理と条件のリストがずっと長くなっても、同じことが言える。この結果は様相述語論理にも拡張することができるし、Kよりも弱い体系についても同様の結果を得ることができる。

これらのメタ論理学的な探求により、議論の余地のあるもろもろの公理の身分があきらかになったように思われる。それらの公理を受け入れるべきかどうか、これだけではまだわれわれは確たる答えを得ていないかもしれない。しかし、少なくとも何が問題となっているかは分かったのである。古くからの問題が新しい問題に道を譲ったと言ってもよいだろう。たとえば、現実的なものはなんであれ、それが可能だということが必然かというような、人を面食らわせる問いをたてる代わりに、関係Rは対称的かどうかと問うこともできるのである。

だが実際には、これらのメタ論理学的な結果はそれだけでは何もあきらかにしていない。なんらかのフレームのインデックスに対する量化子（当のフレームの関係によって制限された量化子）として様相オペレータを解釈することが正しいとすれば、議論の的となっているもろもろの公理を理解する手がかりがどこにあるかは分かる。しかし、そのように解釈することができないならば、何かが分かったことにはならない。得られた結果を利用するためには、様相についてのなんらかの実質的な分析にコミットしなければならない。たしかに、私のような本物の様相実在論者になる必要はないかもしれない。たとえば、様相オペレータは、ある種の抽象的な代用世界――それは言語的記述のようなものかもしれない――に対する量化子であるとする分析の方がより好まれるかもしれない。（代用世界による分析こそ、様相についての完全に一般的な分析だと主張しようとするならば、私はいくつかの反論を提起したい。これらの反論については、第三・二節を見よ。他方、チェスのありえたゲーム展開についての様相的な語りのように、ある限られたケースにのみその分析が適用されることを意図しているとすれば、私はそれに反論するつもりはまったくない。）ところで、メタ論理学的な結果が仮にも様相と関連するならば、量化を用いたなんらかの分析が正しいのでなければならない。様相オペレータがもしも、鉄道によって結ばれたという関係によって制限された町々に対する量化子だとしたら、様相論理のなんらかの体系がこの構造において妥当であることになるだろう。しかし、様相オペレータはこのような構造とはまったく別種のものであるから、これによって妥当性が得られたとしても、それが一体何だというのだろうか。ある体系がどの解釈のもとで妥当になるかを知ったとしても、その解釈自体が誤りである場合、それは何のためになるのだろうか。

私自身はもちろん、様相オペレータは可能世界に対する量化子だと考えている。そして、様相オペレータはしばしば制限を受けるが、適用可能な制限は異なる世界の観点からは異なるかもしれず、「到達可能性」関係によってそのような制限が与えられると私は考えている。それゆえ私は、フレームを構成するインデックスは、単に可能世界「とみなしうる」と考えているのではない。すべてのフレームのなかには、実際に可能世界であるインデックスを備えたものがある。そして、これらのフレームのなかには、様相オペレータに対して実際に正しい（適切な文脈で正しい）制限をかける関係を備えたものがある。そう私は考えている。だから私にとっては、先のメタ論理学的な結果は実際に適用可能である。なぜなら、私は、様相オペレータの正しい解釈を与えるフレームが存在することを信じているからだ。

以前に私が言及した事例を再び取り上げよう。摩擦によって熱が生じることは法則論的に必然である。なぜかというと、われわれの世界から法則論的に到達可能なあらゆる世界において、摩擦によって熱が生じるからである。その場合、法則論的な必然性についての様相の反復適用の論理をめぐるやっかいな問題はじっさい、法則論的な到達可能性に関するより扱いやすい問題へと変容する。この到達可能性関係は対称的か、推移的か、ユークリッド的か、あるいは反射的か。言い換えれば、次のように問い直すことができる。すなわち、W_1がW_0の法則に従う場合はつねに、W_0もW_1の法則に従うと言えるか。また、W_2がW_1の法則に従い、かつW_1がW_0の法則に従う場合はつねに、W_2はW_0の法則に従うといえるか。W_1とW_2が共にW_0の法則に従う場合はつねに、W_1とW_2は互いの法則に従うと言えるか。どの世界もそれ自身の法則に従うと言えるか。法則性に関する理論は、これらの問いに答えることが期待されている。そしてわれわれは、異なる理論が異なる解答を与えるとしても、その相違点がどこにあるかを理解することができる（たとえば、法則性についての私自身の見解では、最後の問い以外にはすべて否定的な答えが与えられる）。このように問いを変容することはたしかに有益である。しかし、これが有益であるのは、法則論的な必然性とは何かということについての実質的な理論があってのことであり、正しい解釈を与えるなんらかのフレームがあるとして、それはどれかということについて沈黙を守るメタ論理学的な探求のおかげではない。メタ論理学ではなく実質的な理論にこそ、可能世界が必要なのである。

一・三　様相実在論に何ができるか——近さ

反事実的条件文（あるいは「仮定法」）は、選択された「反事実的な状況」において、すなわち、他のなんらかの可能世界において、何が起こるかを考えるようにうながす。問題となる世界は、部分的には条件文の前件によって明示的な仕方で特定される。たとえば、「カンガルーにしっぽがないとしたら」という前件をもつ条件文では、カンガルーにしっぽがないような可能世界が特定される。また、背景となる事実からの余計な逸脱がないようにするべきだという終始変わらない了解によっても部分的には特定される。たとえば、カンガルーが風船のように浮いてあたりを漂っているような世界は無視しなければならない。というのも、われわれの世界のカンガルーは重すぎて、風船のように浮いてはいられないからだ。そしてまた、その都度の文脈の影響によっても部分的には特定される。そうした影響は、どのような逸脱がとりわけ余計であるかを示す。たとえば、事実が述べられた直後では、その事実は固定すべきことがらであるという特別な主張を含んでいるかもしれない。

しかしながら、どのような世界を問題とするかは、部分的にはまったく特定されていないかもしれない。たとえば、カンガルーのしっぽは切り取られたのか、それとも元々なかったのかについてはまったく何も言われていない。だから、きちんと定義されていない世界のクラスを考えるのではなく、ひとつだけの世界を考えるのは理想化である。この理想化のもとではじめて、次のことが言える。すなわち、「AだとしたらCであるはずだ」という反事実的条件文が真であるのは、選択されたA世界においてCが真であるときそしてそのときに限る。より一般的に言えば、この反事実的条件文が世界Wで真であるのは、Wの観点から選択されたA世界において、Cが真であるときそしてそのときに限る[13]。

反事実的条件文に対するいま素描したアプローチに限っても、議論すべき問題はたくさん残っている。

(1)さきほど述べた理想化は、どうすればもっともうまく扱うことができるだろうか。たとえば、類似性関係において引き分けが生じる状況を許容するように条件文を分析するべきか。あるいは、比較不可能な状況を許容するべきか。あるいはまた、Wにもっとも類似したA世界などは存在しないが、どこまでもより類似した世界が続くという（多少こじつけめいた）状況を許容するべきか。反事実的条件文の分析を複雑化することによって、どれほどのことをするべきか。反事実的条件文の単純な分析を、意味論的不確定性という現象の一般的な取り扱いと組み合わせることで、どれほどのことをするべきか。

(2)Wの観点からあるA世界が選択され、別のA世界が選択されない場合、これにより、前者の方がWにより近いということの意味が確立される。この「近さ」という順序の形式的な性質はどのようなものか。それは、整列順序[5]だろうか。それとも、引き分けが生じる状況を許容するだろうか。あるいは、比較不可能な状況を許容するだろうか。

(3)選択されたA世界こそWにもっとも類似したA世界であると主張することによって、「近さ」を類似性の順序として説明することは有益だろうか。そのようにすると、あまりにもわずかなことしか意味できないか、過剰なことを意味してしまうかのどちらかだろう。類似性の順序がある特定の形式的な性質をもつことしか意味しないならば、その説明はほとんど内実をもたない。また、この順序を守るために、われわれの手元にある類似性の「直観」を当てにしてもよいというのであれば過剰である。より満足のいく、ほどほどの意味づけはあるだろうか。反事実的条件文が機能するのは類似性によってであるというのは、理論の骨格にすぎない。これに肉づけするためには、類似性にとって重要な比較の観点がどれかを言わなくてはならない。この問いに対して一度できっぱりと答えられるのは、どの程度までだろうか。そして、異なる文脈で使用される異なる反事実的条件文について、この問いに対して異なる仕方で答えなくてはならないのはどの程度までだろうか。

(4)英語で「would」を用いて表現される「〜だとしたら、〜であるはずだ」という形式の反事実的条件文は、「might」を用いて表現される「〜だとしたら、〜だったかもしれない」という形式の反事実的条件文や、確率的な反事実的条件文とどのように結びつけられるか。一群の関連する論理結合子を用意するべきか。それとも、条件文の結合子をひとつだけ用意して、様相や確率に関わる修飾表現を条件文の後件あるいはその全体に適用するべきか。

(5)直接法の条件文はまったく別の何かだろうか。直接法の条件文は、たとえば、真理関数的な条件文に慣習的な含み（conventional implicature）や会話の含み（conversational implicature）を加えたものだろうか。それとも、この条件文もまた、選択された前件世界で後件が真であることにより機能しており、直接法と仮定法の違いは単に、世界を選択するさいの原理における違いにすぎないのだろうか。

これらの問題はすでにたくさん論じられてきたし、ここでそれらを追求しようとは思わない。[14]だが、それらはすべてひとまとまりの問題であることは指摘しておきたい。反事実的条件文が関わるのは、その前件や事実的な背景、文脈の影響が一緒になって与えられる可能世界において何が起こるかであり、この核となる考えがこれらの問題によって脅かされることはない。

この説明に可能世界をもち込むことの有用性に疑問を突きつける、より深い問題は次のものである。まずわれわれの世界が存在し、それはある特定の質的特徴をもっている。（ここで、「質的」の意味は、必要なだけ広くとってかまわない。還元不可能な因果関係や法則、蓋然性、その他得体の知れないものであっても、それらの存在を信じるのであればそこに含めてよい。）様々なA世界もすべて存在し、それらは様々な特徴を備えている。それらのうちのいくつかは、他の世界よりもわれわれの世界により近い。さらに、なんらかの〈AかつC〉世界が存在し、それが〈AだがCではない〉どの世界よりもわれわれの世界に近いなら、そのことにより当の反事実的条件文はわれわれの世界において真である。さて、ここでの近さは、それを類似性と呼ぶべきかどうかにかかわらず、問題となる世界がどのような特徴をもつかによって決まる。いくつかのA世界が他のA世界よりも近いとされるのは、われわれの世界がもつ特徴によってである。したがって、反事実的条件文の真理を決定するのは結局、われわれの世界のもつ特徴である。だとすれば、この説明に一体なぜ、他の世界をもち込む必要があったのか。

この問いに対して、私は次のように答える。反事実的条件文を真にするのはたしかに、われわれの世界のもつ特徴である。しかし、ある反事実的条件文が真であるために、この世界がどのような特徴をもたねばならないかを簡潔な仕方で述べるには、他の世界をその説明にもち込むしかない。他の世界は、われわれの世界の特徴づけを可能にするような枠組みを与えてくれる。この枠組みのうちにわれわれの世界を位置づけることで、反事実的条件文の真理に関わるこの世界の特徴について正確に述べることができる。具体的には、われわれの世界は、〈AかつC〉世界が〈AだがCではない〉どの世界よりも近いとされる、そのような世界なのである。

反事実的条件文が何の役にも立たず、不幸なカンガルーについての無益な空想にすぎないとしたら、可能世界によって反事実的条件文の分析が容易になると主張してもあまりありがたみはないかもしれない。だが、反事実的条件文はじっさい、われわれのまじめな思考にとって決して周辺的なものでもなければ、不必要なものでもない。反事実的条件文は、因果概念そのものと同じくらい非常に重要である。私がこのキーボードのキーを叩けば、私の目の前には緑色に光る文字が現れ、その後、黒く印字された文字があなたの目の前に現れるだろう。そしてここで、私が別のキーを叩いたとしたら――これが反事実的想定なのだが――それに応じて、異なる文字が現れていたはずである。このようにして、それらの文字は私のキーの叩き方に因果的に依存しており、私がキーを叩いたことが原因となって文字が現れるのである。

二つの完全に別個の出来事CとEが起きたと想定しよう。そして、Cが起こらなかったとしたら、Eもまた起こっていなかったはずだとする。このような仕方で、一方の出来事が他方の出来事に反事実的に依存している（そして、それが適切な反事実的条件文であり、その真偽は世界の適切な近さに従う）ならば、EはCに因果的に依存しており、CはEの原因であると私は考える。もっともこれは、反事実的条件文による因果の分析のほんのさわりにすぎない。すべての反事実的条件文が適切とは限らないし、適切な反事実的条件文とそうでないものをどのように見分けるかというのはもっともな問いである。また、出来事とは何かを説明する必要があるし、出来事が異なるとはどういうことかを説明する必要もある。そしてまた、すべての結果がその原因に反事実的に依存するとも限らない。たとえば、段階的な依存の連鎖による因果というものがあってもよい。これは、EがDに依存し、DがCに依存し、したがって、CがEの原因であるが、Cに代わるなんらかの原因が背後に控えているために、Eが直接的にはCに依存しているとは言えないような因果の事例である[15]。出来事の反事実的依存によって因果を分析することについて、読者が私のように楽観視してくれるかどうかは分からない。しかし、この種の分析に見込みはないとされるとしても、反事実的条件文と因果が実際に深く絡み合っていることはほぼ否定できない。

これやあれやの因果理論が近年ポピュラーになったことには、それなりの理由がある。これらの理論は、反事実的依存の通常のパターンが成り立たないような事例が考えられることによって動機づけられている。だが、私の知覚経験は通常、その内容が大部分正しいものとなるような仕方で、私の周囲で起きていることがらに依存している。また、私の身体運動は、私の欲求に従いつつ私の信念におよそ適うような仕方で、自分の信念と欲求に依存している。さらに現在の私のあり方は、緩やかな変化を保つような仕方で、その直前の私のあり方に依存している。こうした通常の依存関係がないとしたらどうなるだろうか。私の周囲で何が起きているとしても私の知覚経験が同じだとしたら、私は世界を知覚していないことになるだろう。私の信念や欲求がどのようなものであっても私の身体運動が同じだとしたら、それらの運動は私の行為ではないことになるだろう。今日の私の身に何が降り掛かろうとも、明日私のベッドで目を覚ますその人物が現実と変わらないあり方をしているとしたら、その人は私の名を語る別人であることになるだろう。

反事実的条件文の分析に可能世界が役立つならば、反事実的条件文なしには考えることが非常に難しいような思考の多くの部分についてもそれは役立つ。

自然科学の間違った理論でも真理に近いことはあるが、それが何を意味するかを説明するさいにも、世界の近さという概念は役に立つ。間違いは間違いであり、少しでも誤りがあれば、理論が間違っているとされるのに十分である。しかし、間違った理論がすべて対等なわけではない。今日の科学理論は、まったく誤りがないとは言えないまでも、少なくとも以前の理論より真理に近いと考えることは理に適っている。将来の理論は、さらに真理に近づくと期待することができる。こうしたことをどのように説明できるだろうか。

リスト・ヒルピネンはかつて、この真理への近さという概念(「真実味（truthlikeness)」あるいは「近真度（verisimilitude)」)は、可能世界の近さによって説明できるかもしれないと提案した(Hilpinen 1976)。反事実的条件文の場合と同様、この近さもある種の類似性の問題である。われわれの世界が、ある理論が厳密に真であるようななんらかの世界と似ていれば似ているほど、その理論は真理に近い。そして、真なる理論はもっとも真理に近い。なぜなら、われわれの世界は、その理論が真となる世界のひとつにほかならないからである。間違った理論に関して言えば、実際の世界との相違をほとんど含まないような仕方で真となりうる理論の方が、そうでない理論よりも真理に近い。

たとえば、単純で近似的な気体の法則がいくつかある。それに加えて、その修正項もいくつかある。しかし、修正項がすべてゼロだとしても、それほど違いは大きくないはずだ（異常な状況であったり、非常に細かな測定を行なったりするのでない限りは、その違いを見分けることができない)。この近似的な気体の法則が成り立つ世界のうちもっとも近いものは、われわれの世界にかなり近い。そういうわけで、近似的な気体の法則は真理に近いのである。もろもろの修正のうちもっとも重要なものを加えることで、気体の法則を改良したと考えてみよう。その場合、われわれの世界とさらによく似た世界において成り立つ理論が得られたことになり、それゆえ、この改良された理論はさらに真理に近づく。

反事実的条件文の場合と同様、以上のことも単なる分析の骨格にすぎない。この骨組みに肉づけしていくには、もう少し何かを言う必要がある。類似性による世界の適切な順序づけがどのようなものとなりうるか、すなわち、どのような比較の観点が重要となるかについて何か言う必要がある(近真度と反事実的条件文のどちらにも、類似性による同じ順序が利用できるというのはありそうもないことのように思われる)。しかし、骨格であってもそれには十分意義がある。どのような肉づけをすればよいかが分かるからだ。近真度ということで何が意味されているかを説明するには、世界の適切な比較の観点はこれだと言えばよい。

比較類似性という面倒なものを受け入れなければならないかどうかは、より扱いやすい何かが期待できるかどうかによる。理論と真理のあいだの一致・不一致にすべて平等な重みづけを与え、どの一致が近真度にとってもっとも重要であるかについて、あれこれ騒ぎ立てなくて済むならすばらしい。しかし、問題は見かけよりも難しく、近真度についてのトリビアルでない比較が平等主義的なやり方で与えられる望みはほとんどないように思われる。二つの競合理論を、適当な言語のすべての文について それが真か偽かを問うクイズにかけたとしてみよう。理論が答えを与えることを拒否する場合、それは間違った答えを与えるよりはましだが、正しい答えを与えるよりは劣る。複数の競合理論に対してひとつひとつ質問をぶつけていくことで、それらの理論を全体として比較するにはどのようにすればよいだろうか。正しい答えや間違った答えの数え上げでは決着しない。というのも、間違った理論はすべて一様に、同じだけ無数の正しい答えと誤った答えを与えてしまうからだ。また、優位性に訴えても決着しない。というのも、二つの間違った理論のうちの一方が他方よりもうまくいく場合があり、しかも前者が後者に対して劣ることは決してない、というようなことは起こりえないからだ。[16] 仮にこのクイズがうまくできていて、もろもろの問いがその重要さに応じて選り分けられ、冗長さもなく、ミスが相殺される可能性も少ないとしたら、複数の競合理論をこのクイズにかけて数え上げにより点数評価したり、優位性を比較したりすることにはもう少し意味があると言えるかもしれない。しかし、可能な問いをすべて含んでしまうようなクイズとは対照的に、えり抜きのクイズを作るにはもちろん、評価者の側の判断が必要となる。そして、えり抜きのクイズであっても、理論が正しいとされるためには何がもっとも重要かについて、異なる意見をもつ論者が批判を加える余地はある。それがどうした、と言われるかもしれない。一方の理論が他方の理論よりも好ましいとするどの基準に対しても、批判の余地はある。なぜなら、事実上不可能な仮定だが、優位性の評価という方法に従って間違った理論の順位づけがうまくなされたとしても、真理をほとんど気にかけない論者によって批判を受ける可能性が残ってしまうからである。だがしかし、えり抜きのクイズにはもっと深刻な困難がある。どの問いについても、われわれが最初に見た問題が再発してしまうのだ。このえり抜きのクイズのある問題に対して理論が誤った答えを与えてしまう場合、間違いはやはり間違いである。しかしながら、他のミスよりもずっと的外れなミスもある。「光よりも速いものはあるか」という問いを考えよう。「ない」という答えが真である（と仮定する）。だが、「ある」と答えるましな理論もあって、それによると、非常に希少な微粒子は光よりも速い。他方、「ある」と答える劣った理論もあり、それによると、たとえば、たいていの飛行機は光よりも速く、鳥のなかにも光より速いものが存在する。このクイズがえり抜きのものではないとしたら、ましな理論と劣った理論の違いは続く問いのどこかで現れてくるだろう。ところが、このクイズがえり抜きのものである——意味のある比較を行なうなら当然そうでなければならない——とする場合、その違いをあきらかにしてくれる後続の問いがクイズのリストから抜け落ちている可能性を否定できないだろう。

適切なえり抜きのクイズを実行することによって、近真度が説明できるかもしれないということを否定するつもりはない。しかし、どの問いをクイズのリストに含め、それらの問いにどのような重みづけを与えるかという選択は、ヒルピネンの提案に沿って世界の類似性関係を選択することと同じくらい難しいだろうし、どの問いに正しい答えを与えることが重要かをめぐってまさに同じ問題が生じるだろう。じっさい、何をもってクイズが適切とされるかについてのもっとも直観的に受け入れやすい指針は、次のようなものだと私は示唆したい。われわれが望んでいるのは、クイズで得られた点数が、テストにかけられた理論に適合する世界とわれわれの世界がどのくらい類似しているかをあきらかにするためのよくできた尺度になっているということにほかならない。だすれば、世界の類似性を比較するさい、どの観点が重要であるかの判断を避けて通ることはできない。もっとも、哲学の領域の外部で理解されていることを不合理なほど軽視して、真理への近さというまさにその考えを捨て去るのでなければの話だが。

ヒルピネンの提案の利点は、クイズによる比較が混同しがちな、近真度の様々な側面が区別されることである。ひとつの理論Tは、可能世界の空間においてひとつの領域を定める。この領域はすなわち、すべてのT世界からなるクラスである。現実の真理の全体はまた別の領域を定める。この領域は、われわれの世界からなる単位クラスにほかならない。類似性を距離として見ると、これらの領域を比較する三つの重要な方法がある。(1)大きさ。T世界の領域が小さければ小さいほどそれは、現実の真理の全体によって定められる点の大きさしかもたない領域に似ている。(2)形。T世界の領域がコンパクトであればあるほど、また広範囲にわたって分散した部分が少なければ少ないほど、点としての形しかもたない現実の真理の全体により似ている。[17] (3)隔たり、すなわち、T世界の領域とわれわれの世界のあいだの最短距離。もっとも明白に「真理への近さ」という名に値するのは、この隔たりである。しかし、領域が小さいことや形がコンパクトであることも理論の利点だし、より広い意味では近真度や「真実味」がもつ側面として考えることができるかもしれない。最短での隔たりだけでなく、隔たりに関するさらなる問いを考慮する場合、三つの側面すべてが必要になる。たとえば、T世界は、われわれの世界から最大でどのくらい離れているかと問うことができる。また、(なんらかの尺度に照らして) それらの世界は平均どのくらい離れているかと問うこともできる。空間との類比から見て取れるように、これらの比較は、最短の隔たりだけでなく大きさや形とも関係してくるのである。

近真度はそれなりの意味があるものとして、主に科学的進歩との関連において論じられてきた。古い時代の間違った理論でさえ、ある程度は真理に近かったと考えることはできる。そして、科学は決して誤りを免れないとはっきり確信するような懐疑論者でさえ、少なくとも真理への絶えざる接近を期待することはできる。

だが、近真度をもつ間違った理論は、ある時代に真なるものとして受け入れられた理論だけに限らない。意図的な歪曲にも当てはまる。たとえば、摩擦のない平面や質量をもたないテスト粒子、完全に合理的な信念体系、そういった有用な理想化を前提する理論にも当てはまる。このような前提をおく理論は、単に真実味を帯びることだけを意図している。物体が平面上をどのように動くかを述べるさい、われわれは摩擦を無視することがあるが、それは現実にはありえない虚構であり、真実味を帯びているとはいっても間違っている。われわれはまた、摩擦のない平面は現実にはありえないが、そうした虚構は滑らかな薄氷の上で実際に何が起こるかを考えた場合の真理には近いと言うこともある。それがまさしく物理学であり真実である。複雑な現象について真理を語るうまいやり方は、それらの現象がより単純な理想的状況とどう似ているかを述べることだ。ひょっとすると、その同じ真理を直接語ることが原理的には可能かもしれない (それが絶対不可能とは考えにくい)。だが、現実にはありえなくても真実味のある虚構をもち出せば、真理を語ることはずっと容易になる。われわれは間違いなくそう考えている。[18]

このとき、可能世界が利用される。理想的状況は非現実的だが、現実になぞらえて考えるには有用である。理想化を前提する理論は、われわれの世界において偽な理論であることは分かっているが、われわれの現実に近いとされる世界では真である。摩擦のない平面、理想気体、完全に合理的な信念体系、これらはすべて、われわれの世界以外の他の世界の部分として存在する。[19] 可能者の楽園に見いだすべき理論的長所のひとつとして、理想的状況について語ることの科学的有用性が挙げられる。

一・四　様相実在論に何ができるか——内容

様相の種類はたくさんあるが、そのなかにはおそらく知識に関わる（epistemic）必然性や可能性、さらに信念に関わる（doxastic）必然性や可能性もある。他の様相と同じように、これらの様相概念も可能世界に対する制限された量化として説明することができる。この場合、可能世界を用いて表されるのは、思考の内容（content）である。ある人が世界に関する知識を有する場合、その知識の内容は、彼にとって知識的に到達可能な世界のクラスによって与えられる。これらの世界は、粗っぽく言えば、彼が知る限りでの彼の世界の候補である。きちんと定義すれば、世界Wが彼の知識的到達可能世界であるのは、Wが彼の住む世界であるという仮説を排除するような証拠を彼がもたない（明示的にであれ暗黙にであれ）ときそしてそのときに限る。同様に、ある人が世界についての信念体系を有する場合、その信念体系の内容は、彼にとって信念的に到達可能な世界のクラスによって与えられる（信念は知識でもある場合とない場合があるが、この定義はどちらのケースにも妥当する）。世界Wが彼の信念的到達可能世界であるのは、Wが彼の住む世界であるという仮説を排除するいかなることも彼が信じていない（明示的にであれ暗黙にであれ）ときそしてこのときに限る。

ある人にとっての知識的到達可能世界あるいは信念的到達可能世界の少なくともひとつで真であることがらは、それがなんであれ、その人にとって知識的あるいは信念的に可能である。というのも、そのことがらは、彼の知る限りあるいは彼の信じる限りでは、真でありうるからである。彼はそれが偽であるという知識あるいは信念を有さない。次に、知識的到達可能世界あるいは信念的到達可能世界のすべてで真であることがらは、それがなんであれ、知識的あるいは信念的に必然的である。これは要するに、彼はそのことがらを知っているあるいは信じている（明示的にであれ暗黙にであれ）ということである。

知識の対象でありうるのは真理のみである。それゆえ知識主体の住む世界はつねに彼の知識的到達可能世界のひとつである。しかし、このことは信念的到達可能性に関しては必ずしも成立しない。というのも、信念主体が何か間違ったことを信じている場合には、彼の住む世界は彼の信念体系と完全には一致しないからである。[20]

知識あるいは信念の内容を特徴づけるさいの出発点はひとつではないが、いずれにせよ、内容に適合する世界と適合しない世界の区別がどこかで導入できなければならない。なぜなら、この区別の導入によって、知識様相あるいは信念様相を導入することは可能になるからである。たとえば、解釈された文を受け入れることとして信念を捉える、という信念の概念から始めたとしよう（「解釈された文」は、われわれの言語の文である場合もあれば、信念主体が話すなんらかの公共言語の文である場合もあれば、信念主体が有する仮説的な「思考言語」の文である場合もある）。このとき、信念的到達可能世界は受け入れられた文のすべてが真である世界である、と言うことができるだろう。私はこうした順序で進めていくことには懐疑的である。その理由は本書でとりあげるに及ばない[21]。私は次のプランの方がうまくいくと思う。このプランは、最初から知識的あるいは信念的到達可能世界のような何かを用いて知識あるいは信念の内容を特徴づける、というものである（ここからの議論では、信念と知識を区別するさいに生じる余計な複雑さを無視して、信念だけを論じることにする）。われわれが必要とする信念の内容とは、おおまかには信念的到達可能世界のクラスであるが、厳密にはそうでない。いささか調整が必要である。

ひとつ目の調整。私は「信念的到達可能世界によって、人が世界に関して有する信念体系の内容が与えられる」と述べた。だが、すべての信念が世界に関するものであるわけではない。信念のいくつかは自己中心的（egocentric）信念である。これは私が別の著作で「還元不可能な仕方で自己的（*de se*）」と呼んだ信念である[22]。たとえば、ある人が自分の世界のあり方について、詳細のすみずみに至るまで意見をもっているとする。彼はこの世界についていかなる信念も欠いていない。彼にとって信念的到達可能世界はただひとつである（あるいは――この複雑さは無視したいが――識別不可能な世界を集めたクラスひとつだけである）。だが、この場合にも、彼が意見をもたない問いが存在しうる。たとえば以下のケースである。まず、彼が、自分が一方向に永劫回帰する世界に住んでいると信じている、という状況を考えよう。その世界には始まりはあるが終わりはなく、同じ歴史が何度も繰り返し、この反復に応じて時代《エポック》が区切られる。ここで、彼は、自分が何番目の時代に生きているのかに関して意見をもっていない、という場合がありうる。この場合、どの時代にも、彼の信じる限りでは自分自身かもしれない人物がいる。しかし彼はそのどれが自分であるかに関して意見をもっていない。したがって、仮にもし彼が、たとえば一七番目の時代に生きていると納得していたとすれば、その場合の彼が信じていることがらは実際の彼が信じていることがらよりも多いだろう。だが、世界に関しては、彼にはこれ以上信じるものがない。それゆえ追加された信念は世界に関するものではない。それはむしろ彼自身の位置に関する信念である。

それゆえ、人の信念内容を十全に捉えたいのであれば、自己中心的部分も無視するわけにはいかない。自己中心的信念の内容とは、可能世界のクラスによってではなく、可能個体のクラスによって特徴づけられるべきものである。こうした可能個体を、信念主体の信念代替（doxastic alternative）と呼ぼう。すなわち、信念代替とは、信念主体が信じる限りで自分自身であるかもしれない個体である。個体Xが信念代替であるのは、自分はXであるという仮説を排除するいかなることも問題の信念主体が信じていない（明示的にであれ暗黙にであれ）ときそしてこのときに限る。こうした個体は、言ってみれば、信念主体の信念的可能性である。しかしこれらは、世界のありうる仕方ではなく、むしろ個体のありうる仕方である。そして、複数の信念代替が一個の世界の内部に共存することもありうる（個体的可能性、すなわち、可能個体に関するさらなる議論については第四・四節を見よ）。さて、ある人の信念代替がすべて特定の性質をもっていると仮定しよう。このとき彼は、明示的にであれ暗黙にであれ、自分がその性質をもっていると信じている。

世界の住人がもちうる性質のひとつに、〈ある命題が成立する世界に住んでいる〉という性質がある（言い換えると〈ある世界の集合に含まれる世界に住んでいる〉という性質である――次節でこの二つが同一となることを示す）。ここで、ある信念主体の信念代替がどれもある命題Aが成立する世界に住んでいるとしよう。このとき、彼は自分がA世界に住んでいると信じている、と言えるが、これは、彼はAが自分の世界で成立すると信じている（それが正確にどの世界であるかは確定されないとしても）、ということである。単純に、彼はAを信じていると言ってしまってもよいだろう。こうして、世界に関する信念は自己中心的信念の特殊なケースであることが分かる。信念的到達可能世界による世界に関する信念の元々の取り扱いは、限られた範囲内ではあるが、それでもうまくいく。まず、信念代替によって信念的到達可能世界は決定される（ただし、逆は成り立たない）。つまり、世界Wが信念的に到達可能であるのは、信念代替の少なくともひとつがWに住んでいるときそしてこのときに限る。また、もしすべての信念代替がA世界に住んでいるならば、Aはすべての信念的到達可能世界で成立する。こうして、元々の取り扱いに従うと、この場合にはAが成立することは信念的に必然的であることになる。

同一人物が異なる時点では異なる信念体系をもつことがある。次のことを真であると仮定しよう（私は実際に真であると考えるが）。人が時間を通じて持続するのは、異なる時点に位置する異なる瞬間的段階《ステージ》（momentary stage）から構成されることによる（この見解には反論がありうるが、この点については第四・二節を見よ）。こう仮定すれば、次のように言える。まず、異なる段階は異なる信念体系をもつ。そして、持続する人がある時点である信念体系をもつのは、その人のその時点での段階が当の信念体系をもつことによる。

信念主体を瞬間的段階として扱えば、今が何時なのかに関する信念を自己中心的信念の特殊なケースと見なすことができる。あなたが七〇歳まで生きるとしよう。このとき、ある与えられた時点に関して、その時点であなたの信念を体現しているのはひとつの瞬間的段階である。もしこの段階が様々な人段階（person-stage）を信念代替としてもち、そしてそういう代替がすべて一九八五年三月一一日正午ごろに位置しているならば、このことによってあなたは問題の時点において、今が何時なのかに関する信念をもつ（時点を貫世界的に比較することが何を意味するかについては、第一・六節を見よ）。他方で、もし問題の段階が様々な日の様々な時刻の段階を信念代替としてもつならば、このことによってあなたは問題の時点において、今が何時なのかに関して不確かである。次の点に注意して欲しい。それは、たとえあなたが、自分がどのような世界に住んでいるかや自分がどの人物であるかについてどれほど確信していようとも、今が何時かを見失うことはありうる、という点である。

（知識も信念と同様に自己中心的でありうる。自分がどのような世界に住んでいるのかについての知識に加えて、自分が誰であるかや今が何時なのかについての知識もある。それゆえ知識は、信念と同様に、知識的到達可能世界のクラスだけでは完全に特徴づけられない。それどころか、主体の知識代替（epistemic alternative）として、そうした世界にいる可能個体のクラスが必要である。主体が第一に知るのは自分がそうした可能個体のひとつであることである。よって、もしこれらの個体のすべてがある性質を共通にもっているならば、彼は自分がその性質をもっていることを知っている。また、もしこれらの個体のすべてがある命題の成立する世界に住んでいるならば、彼はその命題を知っている。）

二つ目の調整。第一の調整では、到達可能世界を代替である個体で置き換えることによって自己中心的信念が導入された。それに加えて、部分的信念（partial belief）も導入する必要がある。すなわち、ある個体が信念代替であるかどうかは白黒はっきりつくわけではなく、程度を許容する問いとみなしたい。このためのもっとも単純な方法（理想化されているのは間違いないが）は、信念代替のクラスを明確に区切るのをやめて、主観確率を用いることである。たとえばあなたは、自分がこのクラスに含まれる可能個体のひとつであるという仮説に九〇％の信念の度合いを与え、自分があのクラスのメンバーのひとつであるという仮説のために残りの一〇％をとっておく。われわれは次のように言うことができる。すなわち、端的な信念代替とは、ゼロより大きい確率（ひょっとすると無限小かもしれないが）を得た可能個体のことである。ただし、割り当てられたゼロより大きい確率がすべて等しいわけではない。

信念が正確な数値をもつことは不自然に感じられる。それゆえ、数値ではなく、少数の段階を用いたきめの粗い体系が好まれるかもしれない。しかし、段階の数をいくつに設定しようとも、実際に可能な区別を捉えるには粗すぎ、実践的な見地からは細かすぎるということがありうる。より良い対処法は次のものだ。一方で信念体系を正確な数値をもつ確率分布と捉えつつ、同時にある人がどの信念体系をもつかを完全に決定する「事の真相」は、通常は存在しないと考えることである。その人に同程度に適合してはいるが、どれも完璧には適合していないような信念体系は一定の範囲で複数存在する。つまり、彼の本当の信念体系がこの範囲内の体系のうちの特定のひとつだということについては何も言えないのだ。適切なきめの粗さがどのようなものであろうと、それは問題の範囲内の体系に表れる正確な数値のばらつきとして与えられる。大きいばらつきや小さいばらつきがありうるが、いずれにしても段階区別がどれほど細かくあるべきかを一度できっぱりと決定する必要はない。

人が複数の信念体系をもつことを認める理由がもうひとつある。多かれ少なかれ、われわれはみな二重思考者（doublethinker）である。われわれは、提示される質問に応じて、提示される選択肢に応じて、またどんな話題の文脈に参加しているかに応じて、考え方を変える傾向にある。信念は区分けされ断片化している。[23] 二重思考者は、ときにあるひとつの信念体系に適合し、ときに別の信念体系に適合するように行為する。この事態は「その人の信念体系が瞬時に変化する」と表現されるべきでない。なぜなら、この主体はずっと、両方の信念体系へ向かうようなひとつの傾向的な状態にとどまっているからである。このように、ここでもまた、二つの信念体系はどちらも主体へ同程度に適合する。もっとも、いずれも完璧には適合しないのであるが。

こうした二重思考のケースにおいて人が何を信じているかを述べる方法は二つある。どちらか一方を選んで他方は絶対使わないと決める必要はまったくない。だがそれらを区別することは有益である。第一は共通部分をとる方法である。すなわち、二重思考者の複数の信念すべてに共通するものへ目を向けることである。第二は和集合をとる方法である。すなわち、異なる信念のもとで信じられているものをひとまとめにすることである。

具体例を挙げよう。あなたの内部で憂鬱と陽気が戦争している。あなたはその両方へ向かうひとつの状態にある。一方の気分が生じてあなたの思考と行動を操作するときもあり、他方の気分が生じてそうすることもある。あなたがもつ信念体系のひとつは憂鬱な信念体系であり、これに従うと、あなたの信念代替はすべて致命的な病気の初期段階にある。あなたがもつもうひとつの信念体系は陽気な信念体系であり、これに従うと、あなたの信念代替はすべて健康である。このようにして、あなたは二つの信念体系のもとで完全に異なる信念代替をもっている（他のケースの二重思考はこれほど極端ではなく、代替のあいだのオーバーラップが存在するだろう）。とはいえ、これら二グループの代替は健康かどうかに関して異なるが、共通する側面ももっている。たとえば、どの代替も当の病が不治である世界に住んでいる。共通部分をとる方法を適用しよう。この場合、あなたは自分が病気であるとも自分が健康であるとも信じていない。和集合をとる方法を適用しよう。この場合、あなたは一方の信念体系のもとで自分が病気であると信じ、他方の信念体系のもとで自分が健康であると信じている。しかし、だからと言って、あなたは〈自分が病気であり、かつ自分が健康である〉とは信じていない。なぜなら、どの代替も病気でありかつ健康であることはないからである。じっさい、そのような可能個体は存在しない。

あなたは、その二重思考状態のために、はたして自分が健康かどうかについて全体的な信念をもたない。言い換えれば、あなたは半面的に自分が病気であると確信し、そしてまた半面的に自分が健康であるとも確信している。ただし、これら二つの半面的な確信は決して部分的信念と同じものでない。というのも、病気か健康かに関してあなたが全体的な不確信状態であることを特徴づけるのは、統合されたひとつの信念体系のもとで、あなたに病気の代替と健康な代替が存在し、主観確率がこの二つの部分クラスに多かれ少なかれ等しく分配されることであるが、あなたの二重思考状態はこうした全体的な不確信ではないからである。この二つの違いは、もしあなたが病気か健康かのどちらかに賭けることを迫られれば明確になる。もしあなたが全体的な不確信状態にあるならば、あなたは賭けを避ける。もしあなたが半面的な確信状態にあるならば、あなたはどちらかに賭ける。ただし、この場合、実際にどちらへ賭けるかは質問の形式やあなたがそのときどう感じているかに依存する。じっさい、より複雑なケースでは、信念は半面的であると同時に不確信でありうる。たとえば、あなたが以下の三つの信念体系を同時にもつときがそうである。そのうちのひとつの信念体系に従うと、あなたの主観確率は病気の代替と健康な代替に等しく分配される。そして別の信念体系に従うと、あなたの主観確率は大半が病気の代替に割り当てられる。さらにもうひとつの信念体系に従うと、あなたの主観確率は大半が健康な代替に割り当てられる。

信念の内容を信念代替のクラス（あるいは確率分布）で与えるなら、特徴づけられるものはひとつの全体的な信念体系であり、複数の信念でない。つまり、ここで問題となっている信念の概念は単数であって複数でない。このように全体論を組み込んでいるために、目下のアプローチは、「信念ボックス」に書き込まれた思考の言語に属する様々な文のすべてに対して異なる信念が存在するとする戦略と対照的である。全体論的アプローチにおいては、あるものがそれ自体としてあなたの信念のひとつなのか、それともそれはあなたの他の信念からの帰結にすぎないのか、という問いは有意味な仕方で立てることができない。自分は多毛的であるというあなたの信念と自分は毛深いという信念は同一かどうか、という問いについても同様である。あなたの信念代替はすべて毛深い。言葉を変えれば、彼らはすべて多毛的である。これで終わりだ。あなたの「信念ボックス」にたとえ何が書き込まれていようが、あるいはあなたがどのような言葉を用いようが、そんなことは全体論的アプローチにおいては問題にならない。

もちろん派生的な信念の概念を導入することもできる。この概念に従うと、ひとつの信念体系が複数の信念を含む。この概念を導入する方法はいろいろある。たとえば、ひとつの方法によると、信念主体の信念代替すべてに共通する性質が彼の信念のひとつ、すなわち、自分がその性質をもっているという信念とみなされる（特殊なケースとして、彼の信念世界すべてで共通して成立する命題は、彼の信念のひとつ、すなわち、自分はその命題が成立する世界に住んでいるという信念とみなされる）。

別の方法は、「〜は〜だと信じている」という形式の信念を帰属するときに用いられる日常言語の文（略して信念文）を用いる。すなわち、この方法によれば、主体は彼に関して真である信念文のおのおのに対応する信念をもつ。この方法は第一の方法とまったく異なる。なぜなら、信念代替と信念文のあいだの関係は一様でもストレートでもないからである。信念体系が信念文を真にするパターンは様々である。私にはすべてのケースをカバーする統一的な定式化を提示することはできない。

ひとつ目は、信念的に到達可能な世界が関わるパターンである。たとえば、フレッドの信念代替のおのおのは一切が堕落した世界に住んでいる。この事実によって文「フレッドは一切が堕落していると信じている」は真になる。

二つ目は、世界ではなく、信念代替が関わるパターンである。たとえば、ルネの信念代替のおのおのが非物質的であるとしよう。この事実によって文「ルネは自分が非物質的であると信じている」は真になる。しかし、ルネの信念代替はどれも、ルネが非物質的であるような世界に住んでいるというわけではない。なぜなら、ルネが本質的に物質的である――つまりルネには非物質的な対応者が存在しない――と仮定してよく、この仮定のもとでは、ルネの対応者が非物質的であるような世界はないからである。これは、ルネの対応者にはルネの信念代替がひとりも含まれていないことを意味する。[24]

三つ目は、見知り関係を通じて自分以外の対象へ性質を帰属することが関わるパターンである。たとえば、ラルフの信念代替がすべて、活動中のスパイが闇のなかでこそこそ動き回っているのを見ているとしよう。そして、ラルフは自分の見ている人の正体が誰か分からないが、彼が実際に見ているのはバーナードであるとする。この場合、ラルフはバーナードに、スパイであるという性質を帰属する。この事実によって文「ラルフはバーナードがスパイであると信じている」は真になる。[25] しかし、ラルフの信念代替はどれも、バーナードがスパイであるような世界に住んでいるというわけではない。なぜなら、この場合にも、ラルフの信念代替に見られているスパイは誰ひとりとしてバーナードの対応者でないと仮定してよいからである。バーナードがラルフの信念に関与する根拠は、彼の対応者にあるのではなく、彼をラルフが現実に見ているという事実にある。

見知り関係はそれほど直接的でなくてもよく、また知覚的でなくてもよい。情報の流れの通路となりうるものであればなんであれ見知り関係となりうる。たとえば、名前によって何かについての話を聞くときに成立する関係がそれである。「Londres《ロンドル》」見知り[6]を例にして、ある人が何かを「Londres」見知りするのは、この人がそれの話を「Londres」という名前のもとで聞いたことがあるときであるとしよう。さて、ピエールの信念代替はすべて、なんらかの美しい街を「Londres」見知りしているが、ピエール自身はロンドンを「Londres」見知りしている。こうして、ピエールはロンドンに美しさを帰属する。したがって、文「ピエールはロンドンが美しいと信じている」は真になる (Kripke 1979)。同様に、フレッドの信念代替はすべて、彼がふとももにもつ病気を「arthritis」見知りしている。フレッド自身は関節炎を「arthritis」見知りしている。したがって、文「フレッドは自分がふとももに関節炎を患っていると信じている」は真になる (Burge 1979)。とはいえ、フレッドの信念代替が実際に自分の太ももに関節炎を患っているわけではない。なぜなら、関節炎は本質的に関節の病気であり、いかなる可能個体もこれを太ももに患うことはないからである。同じ理由で、フレッド（の対応者）が信念的到達可能世界で太ももに関節痛を患うこともない。

四つ目は、文を受け入れることが関わるパターンである。ピーターの信念代替はすべて「サンタがプレゼントをもってくる」という文に同意する。すなわち、サンタがプレゼントをもってくるかと尋ねられれば「イエス」と答える。加えて、ピーターとその信念代替は、多かれ少なかれ、この文が何を意味するかを理解している。この場合、文「ピーターはサンタがプレゼントをもってくると信じている」は真になる。しかしピーターはなんらかの見知り関係によってサンタに〈プレゼントをもってくる〉という性質を帰属しているわけではない。なぜなら、ピーターが関係しうるサンタは存在しないからである。たしかにピーターの信念代替のおのおのはプレゼントをもってくる誰かを「サンタ」見知りしているが、ピーター自身は誰も「サンタ」見知りしていない。さらに、はたしてピーターの信念代替はすべてサンタがプレゼントをもってくる世界に住んでいるかというと、これに対する答えも「ノー」である。少なくともあきらかに「イエス」だということはない。たしかに、ピーターの代替が住む世界では赤い服で太鼓腹の人物がプレゼントをもってくるが、しかし――『名指しと必然性』の読者だったら知っているように――サンタのステレオタイプにあてまることとサンタ本人であることは別である。

信念体系が信念文を真にするパターンを四つ紹介した。これらは多くをカバーしているが、すべてをカバーしているわけではない。次のようなケースもある。ピエール自身は誰も「Père Noel」[7]見知りしていないが、ピエールの信念代替のおのおのはプレゼントをもってくる誰かを「Père Noel」見知りしている。この場合、ピエールの信念代替はすべて「Père Noel がプレゼントをもってくる」という文に同意する（ピエールとその代替は日本語を知っており、かつ日仏混合言語を用いることを嫌がらないとする）。この場合、文「ピエールは Père Noel がプレゼントをもってくると信じている」は真になる。ここまではピーターのケースと同様である。他方で、文「ピエールはサンタクロースがプレゼントをもってくると信じている」も真になる。なぜか。ピエールの信念代替がすべて「サンタクロースがプレゼントをもってくる」という文に同意するからではない――ピエールは「サンタクロース」という名前を聞いたことがなく、「Père Noel」という語を日本語へ翻訳したことがないと仮定してよい。むしろ決定的な理由は次のものである。それは、指示対象を欠く二つの名前「Père Noel」と「サンタクロース」はフランス語話者と日本語話者の両方にとって共通するひとつの伝統に起源をもつ、という点である。もしたまたま似た話が二つあってピエールが日本語の方の話を聞いたことがなかったとすれば、文「ピエールはサンタクロースがプレゼントをもってくると信じている」は偽となっていただろう。こうした事実を信念文の一般的分析へ組み込むにはどうすればよいのか――気にするな。私の論点は次のことだ。信念代替によって特徴づけられる信念と信念文の関係は複雑かつ多様である。

可能者のクラスを用いて内容を定義するというアプローチは、従来、論理的全知という現象を引き起こすとされ、そのためにうまくいかないアプローチだとされてきた。この批判は正しくない。われわれはすでに信念主体が矛盾に陥るいくつかの状況を見てきている。それは不可能な信念をもつケース、あるいは相矛盾する二つの信念をもつケースである。

(1)二重思考のケースがある。たとえば、さきほど論じた憂鬱症患者は、彼が健康だと信じると同時に、信念の別の区域において彼が病気であると信じていた。これは極端な事例である。普通は、信念区域のあいだの壁はもっと弱くて一時的である（というのも、通常こうした壁は、根本的な混乱に由来するのではなく、一時的な不注意に由来するからである）。しかし、この弱い壁でも論理的全知から後退するには十分である。たとえば、ある人が複数の前提をすべて信じているにもかかわらず、それらの前提から結論を導出しそこなっているという日常的失敗を考察しよう。スタルネイカーはこうした事例を信念区域に分割された思考として説明する方法を提示した（Stalnaker 1984 : ch. 5）。ここではもっとも単純な仕方で考えてみよう。すなわち、ある人の信念的到達可能世界のすべてである命題が成立している、という場合である。次の三つを仮定する。あなたはPを信じている。あなたはQを信じている。PとQをあわせるとRが帰結する。すなわち、PとQが共に真である世界ではつねにRも真である。この場合にもあなたはRを信じていないかもしれない、それどころか、あなたの信念的到達可能世界はどれもR世界でないかもしれない。どうしてそう言えるのか。それはあなたが二重思考者であり、PとQが異なる信念区域のなかにあるかもしれないからである。すなわち、あなたはひとつの信念体系においてPを信じている。そして、この信念体系によって定まる信念的到達可能世界のおのおのにおいては、Pが成立しているがQもRも成立していない。他方、あなたは別の信念体系においてQを信じている。そして、この信念体系によって定まる信念的到達可能世界のおのおのにおいては、Qが成立しているがPもRも成立していない。この場合、あなたはPを信じそしてQも信じているが、どちらも半面的にしか信じていない。しかしながら、あなたはPとQの連言を信じていないが、この不信は全体的である。あなたは、自分がもっている二つの前提をあわせない限り、それらからの帰結を信じることはない。

(2)もしルネが彼自身を非物質的であると信じているならば――もちろん彼は本質的に物質的な考えるもの（*res cogitans*）であるが――ルネは自分の本質に反する性質を自己帰属している。このため彼は、不可能なことを信じていることになる。同様に、なんらかの対象に、なんらかの見知り関係を通して、その対象の本質に反する性質が帰属されることがありうる。

(3)同一の対象に二つの異なる見知り関係を通して相反する性質が帰属されることがありうる。[26] たとえば、ピエールはロンドンを「Londres」見知りし、かつ「ロンドン」見知りしている。

ただし、ピエールの信念代替のおのおのは、ある美しい街を「Londres」見知りし、ある汚い街を「ロンドン」見知りしている。このようにして彼は矛盾した信念をもつ。すなわち、ピエールはロンドンが美しいと信じ、そしてロンドンが汚いと信じている。もちろん、ピエールの信念代替の誰ひとりとして美しくかつ汚い何かを見知っている人はいない。なぜなら、そのようなものはいかなる世界にも存在しないからである。それゆえ、文「ピエールはロンドンが美しくかつ汚いと信じている」は真でないと思われる（他方で、たとえこうした文が正しかったとしても、私が考えた以上に雑多な仕方で信念文が機能するということが示されるだけである——だが、このことは私の主張の反論にならない）。ところで、ここでは信念が連言にはなってないので、このケースも二重思考の事例に見えるかもしれない。しかし、これはそうではない。一流の論理学者であり哲学者であるとされるピエールが二重思考者でありうるかどうかはさだかでないが、いずれにせよピエールはまさしく統一的精神の持ち主である。じっさいピエールは、彼の「Londres」思考と「ロンドン」思考を別々の信念区域においておくことはせず、むしろことあるごとに自分の運命を嘆いて言う。「こんなボロボロのロンドンではなくて、あの美しいLondresへたどり着きたかった!」また、ピエールの代替や彼らが住む世界には何ら矛盾的なことも不可能なこともない。もちろんこの理由は、ピエールとは違い、ピエールの代替が決して同じ街を「Londres」見知りしかつ「ロンドン」見知りしていないからである（ピエール自身はピエールの代替に含まれない）。

(4) 巧妙な仕方で矛盾している文が真であると信じられるケースがある。たとえば、ダンツの信念代替のおのおのは「自分自身のひげを剃らない人すべての、そしてこのような人のみの、ひげを剃る床屋が存在する」という文に同意している。かくしてダンツはこうした床屋が存在すると信じている。つまり彼は不可能なことを信じている。しかし、もちろん、この文に同意しながら、この文によってわれわれ（あるいはダンツ）が意味する通りのことを意味できる者はいない。それゆえ、ダンツの信念代替は誰もこの文の意味を正確に捉えていない。ここで誤解しないように注意しよう。すなわち、ダンツが当の文の意味をまったく理解しておらず、彼はこの文がなんらかの真理を意味しているとだけ考えている、ということは決してない。もしそうだとすれば、ダンツの信念を間接話法で記述することは誤りになるだろう。実際には、ダンツの信念を間接話法で記述することは間違いでない。なぜならダンツは、たとえ矛盾に気づくほど十分に理解していないとしても、当の文の意味をきちんと捉えているからである。[27] 以上をまとめよう。内容の概念を可能者によって特徴づける場合にも、矛盾的信念という現象を無視する必要はない。むしろ、こう特徴づければ、こうした信念の様々なバリエーションを区別できるようになる。では、すべてのバリエーションを尽くせただろうか。この問いには、言うまでもなく、はっきりした答えはまだない。

　このように、主体の信念代替によって定義された信念内容は、日常言語における信念帰属文の真偽と一様かつストレートな仕方では結びついていない。また、主体が心のなかで文を受け入れることにも結びついていない。では、そもそも信念内容はどのようにして主体と結びついているのだろうか。私が思うに、信念内容は主に信念欲求心理学によって主体と結びついている。じっさいわれわれは、人々は自身の信念に従い、自身の欲求に寄与する仕方で行動する傾向にあると考えている。これはいわゆる「道具的合理性の原理（principle of instrumental rationality）」であるが、この原理は信念の記述的な原理や規範的な原理とみなされるべきではなく、むしろ構成的な原理とみなされるべきである。すなわち、この原理は、人がある信念体系をもつということがどのような状態であるのかを述べる暗黙的な定義に組み込まれているのである。

　これはおおざっぱな近似的説明であり、さらに言うべきことがある。まず、行動に適合するものは、信念だけからなる体系ではなく、信念と欲求が組み合わされた体系である。そして可能個体は主体にとっての信念代替とそれ以外へクラス分けされるだけではなく、この主体がそうありたいと欲する個体とそうでない個体にも分けられる。また、一般的に言えば、信念と欲求はどちらも程度を許す。程度を許す信念欲求体系に行動が適合するということが何を意味するのかを述べるのは意志決定理論の仕事である。ただし、ここではばかばかしいほど単純化された事例――程度や度合いがない、すなわち、すべてが白黒で階調などない事例――を見れば十分だろう。まず、信念においては、可能個体は主体の信念代替とそれ以外へとクラス分けされる。また、欲求においても、可能個体は主体が属したいクラスとそうでないクラスへと分けられる。（ここでは主体の選好が利己的であると仮定されているわけではない。人類全体が繁栄している可能世界に住む個体からなるクラスが選好されるかもしれない。）ここで、ある身体運動を考えよう。主体はこの運動を自分の意志のもとで行なうことができるとする。また、この運動は主体の能力に関して極大に特定された[8]ものであり、そのため主体はこの運動を複数の仕方で遂行することはできないとしよう。この運動が、左腕を特定の仕方で振ること（以下、単純に「手を振ること」）であるとしよう。加えて、主体の信念代替のおのおのが次のようなものだと仮定する。すなわち、その信念代替は、もし手を振っているのであれば選好されたクラスに属しているとする。このことは、世界の近さと対応者によって理解できる。すなわち、信念代替の対応者が手を振っている世界のうちで、その代替の世界ともっとも近い世界は、その代替の対応者が選好されたクラスに属している世界である。（こうした理解のためには、因果的反事実条件文にとって適切な種類の「世界の近さ」が必要となる。また、ひとつの世界に複数の対応者が存在する場合や、対応者が手を振っているもっとも近い世界が複数存在する場合には複雑さが生じるが、ここではこうした複雑さを無視しよう。）この場合、手を振ることは主体の信念に従って主体の欲求に寄与する行動のひとつである。よって、もしその主体が実際に手を振るならば、この点で目下の信念欲求体系はその主体の行動に適合した体系であると言える。

信念と欲求が行動に適合するパターンには、ひとつの時点における適合だけでなく、時点を通じての適合もある。こうしたパターンを考察するひとつの見方は、これを複数の信念体系のつらなりと、次々に与えられる証拠とのあいだの適合とみなすことである。この場合、与えられた証拠に応じて、しかるべき変化が信念に生じる。だが、もっと簡単な見方がある。それは、時点を通じた適合を、一時点における信念欲求体系と、どの状況が生じたかに応じて未来の行動を決定するプランに従おうとする現在の傾向性とのあいだの適合とみなすことである。この見方に従うと、これまで通り、瞬間的な主体のもつ現在の信念欲求体系へと話を集中できる。程度を欠く単純な事例へ戻り、それを発展させてみよう。前段落で登場したあの主体は、レストランの様子をうかがいに行っていたとしよう。残されたわれわれは近くに駐車された車のなかで待っている。この主体は、レストランが開いており混んでいないことが判明すれば、われわれに手を振る。この主体の信念に従って主体の欲求に寄与する行動は、いま手を振ることや後で無条件に手を振ることではなく、彼が目にしたことに応じて手を振ったり振らなかったりするというプランに従うことである。この主体は自分の意志でこのプランに従うことができ、このプランは主体の能力に関して極大に特定されたものである。加えて、この主体の信念代替のおのおのは、もしこのプランに従うのであれば選好されたクラスに属している。言い換えれば、代替の対応者がこのプランに従う世界のうちで、その代替の世界ともっとも近い世界は、その代替の対応者が選好されたクラスに属している世界である。この場合、もしその主体が、レストランに近づいたときに何が判明しようともこのプランに従おうとする現在の傾向性をもつならば、その点で目下の信念欲求体系は彼の現在の行動傾向に適合する体系であると言える。

(瞬間的段階はどのようにして一定の期間にまたがるプランに従うのか——その瞬間的段階が、適切な相互関係にあって共にプランに従う複数の段階からなるつらなりの最初の段階になることによってである。では、何がおのおのの瞬間的段階が(このような意味で)プランに従うことを可能にするのか——信念が証拠の影響のもとで変化する、それも、何が知られようともそのプランに従い続けることが、後に続くおのおのの段階がもつ信念欲求体系に適合した行動になるように変化する、という事実である。したがって、信念変化の認識的合理性は結局のところ見過ごされているわけではなく、むしろ主体がそうしたプランに従うことができるという仮定のなかに組み込まれている。)

特定の信念欲求体系を主体に割り当てることが正しい割り当てとなるのは何によってか。その根拠は、主体の行動および行動の傾向性がその体系に適合すること、すなわち、行動および行動の傾向性がその体系の割り当てる信念に従ってその体系の割り当てる欲求に寄与することのみではない。なぜなら、適合はきわめて容易だからである。じっさい、まともで合理的な信念欲求体系に適合するのと同じ行動が、無数の奇妙な体系へも適合してしまう。ある合理的体系、すなわち、実際に正しい体系から出発し、その信念体系を歪めて主体の信念代替のクラスがグルーのようにゲリマンダー的[9]になるようにし、この加工とちょうじりをあわせる仕方で欲求体系を歪めて倒錯的で正しくない割り当てをつくるとしよう。この場合、主体の行動は元々の合理的で正しい割り当てに適合する一方で、この倒錯的で正しくない割り当てにも適合する。[28] したがって、適合を構成的な原理とすると道具的合理性の尺度が得られるが、信念内容は根本的に過小決定されたままとなる。

とはいえ、道具的合理性――これは体系的理論にとってもっとも扱いやすいことが分かっている合理性の一種であるが――はその他もろもろの合理性のなかのひとつにすぎない。一般的な考えによれば、ある種の信念や欲求（あるいは、証拠に応じた信念と欲求をもつ傾向性）はもっと強い意味で不合理とされる。すなわち、不適当なほどに懐疑的である、無分別である、不公正である、独断的である、悪意がある、偏向がある、近視眼的であるなどの意味で不合理とされるだけでなく、まったく理解不能でナンセンスであるという意味で不合理とされるのである。たとえば、まだ掘り出されていないエメラルドがグルーであると特別な理由なしに期待している人を想像してみよう。また、アンスコムの例であるが（Anscombe 1957: sec. 37）、泥でできた皿をなにがなんでも欲しがっている人を想像してみよう。こうした信念や欲求は不合理的である。しかし、歪んだ欲求とそれに対応する歪んだ信念がうまく組み合わさっている場合には、不合理性が道具的合理性の埒外にあることがありうる。したがって私は、合理性の他の基準も構成的役割を担いうると主張する。倒錯的に歪められた内容割り当ては、それがどれほど主体の行動に適合していようとも正しくない。その理由はまさしく、その割り当てが、もっと適格な割り当ても同じくらい良く行動に適合するにもかかわらず、不適格で不合理な内容を割り当てているからである。信念と欲求の機能的役割を暗黙的に定義し、そのことによって、とりわけ可能個体が主体の信念代替のひとつであるとはどういうことかを特定する理論は、道具的合理性に関わる構成的理論であるだけでなく、合理性一般に関わる構成的理論なのである。[29]

ここまで私は根本的な不確定性、特に合理的な信念欲求体系と倒錯した信念欲求体系のあいだの不確定性に反対してきた。この不確定性が生じるのは、道具的合理性のみを構成的制約として済まそうとした場合である。しかし、より穏健な形態の不確定性にはまったく反対しない。たとえば、二重思考者が何を信じており、何を信じていないかについての明白かつ確定的な「事の真相」は存在しないかもしれないということは、なんらかの理論的要請によって強いられているというわけではまったくないが、とりあえず正しいと思われる。すでに述べたように、二重思考者の事例においては、あるいはこれよりは明白ではないが、信念の正確な程度がはっきりしない事例においても、人は複数の信念体系をもちうる。そして、どの体系も彼の行動に完全には適合せず、すべてが同程度に適合することがありうる。私がどのような種類の適合のことを考えていたのかの説明は以上だ。

もうひとつ複雑な事情がある。もちろんこれでおしまいではないが、本書で検討するのはこれで最後としたい。これまで私は、あたかも内容割り当てが主体そのものへの割り当てであるかのように語ってきた。しかし正確には次のように言うべきだった。すなわち、内容は複数の主体において繰り返し生起する状態——脳状態かもしれない——に属している、と。問題の状態は、住民の解剖学な側面や自然法則に関して十分に似ているのであれば、複数の世界にいる複数の個体において繰り返し生起する。また、たとえば、ある世界に永劫回帰が生じているならば、あるいは、ある世界の住民の脳が同じような仕方で組み立てられているならば、問題の状態は同じ世界にいる複数の個体においてすら繰り返し生起する。この繰り返し生起する状態は、その状態にある誰に対しても、ある合理的な内容割り当てに適合して行動するような傾向性を与える。したがって、次のように言うことができる。この状態は問題の内容をもつ信念欲求体系にほかならない。また、主体がこの状態にあるとき、そのためにこの主体はこの状態に属している内容をもつとも言える。私が内容を主体にではなく状態へ関係づけることを好む理由は、このことによって次のような例外的事例の存在する余地が生まれるからである。その事例とは、適合に関する原理が構成的な役割を果たしているにもかかわらず、主体の行動がなんらかの仕方で彼の信念欲求体系に適合しそこねている事例である。私はたったいま「この繰り返し生起する状態は、その状態にある誰に対しても、ある仕方で行動するような傾向性を与える」と述べた。だが、こうした傾向が無効化されていることもありうる。次のようなポケット電卓の状態と比較してみよう。ポケット電卓のある状態は、特定の設計図に従って組み立てられた電卓すべてにおいて、「recall」キーが押されたとき「一三七」が表示されることを引き起こすという傾向にある。この場合、この状態は「メモリに一三七を保存している状態」と呼ばれる。しかし、「recall」キーに欠陥をもった電卓がいくつかあり、これらの電卓は問題の状態にあるときに「recall」キーを押しても何も生じない。それにもかかわらず、慣習により、残りの電卓と同様にこれらの電卓に対しても、メモリに一三七を保存していると言うことができる。この状態は何を引き起こす傾向にあるかに基づいて定義されているが、欠陥のある電卓ではこの傾向が無効化されているのである。この場合のメモリの状態は、その状態が一般的に（つねにではない）何を引き起こす傾向にあるかに基づいてその数値的内容を得る。同じことが信念欲求体系を内容として割り当てられる脳状態についても言えるのである。[30]

可能世界と可能個体は、思考を取り扱うだけでなく、言語を分析するときにも役に立つ。ある自然言語（あるいは、それを模した人工言語やその断片）に対して、体系的な文法——構文論のみならず意味論もカバーした文法——をわれわれが組み立てようとしていると仮定しよう。こうした文法は、言語使用という社会的実践を説明する際に用いられることを意図して組み立てられる。言語共同体は言語的慣習の一端を担っているがゆえに、そうした社会的実践の説明は言語共同体によって部分的に異なる。そして、この異なる部分を担うのが、こうした体系的な文法である。さて、この文法がある言語集団にとって正しい文法となるのは、その集団の社会的実践の説明に接続したときにその集団の言語実践の正しい記述が得られることによってである。そこで記述されることは、たとえば、その集団のメンバーがどのように自分の言葉を自分の態度に合致させているか、メンバーのおのおのがどのように自分の態度を他者の言葉に合致させているか、そして、こうしたことがらに関して相互に期待していることなどである。

言語はもっぱら、必要な情報を伝達するさいに用いられる。たとえば、あなたには自分が何について話しているのかが分かる。そしてあなたはあることを私に伝えたい。だからあなたは私に真である何事かを述べる。さらに、私はあなたを頼りにして、あなたが何について話しているのかを知り、そして真であることを述べうるようになる。このようにして私は、あなたが私に伝えたかった知識を得るに至るのである。しかし、あなたが私に述べたことが真であるとしても、また、私が真であることを述べるためにはあなたが頼りだとしても、あなたの言葉は端的に真であるわけではない。あなたの言葉は特定の意味論的解釈のもとで真なのであり、他の解釈のもとでは偽となる。正しい解釈（あなたと私にとって正しい解釈）とは、あなたと私が共に実際に真であることを述べ、かつ真であることを述べるために実際に互いに頼りにしあっていることになるような真理条件を与える解釈である。したがって、もしこうした文法が言語使用の説明に接続されるのであれば、その言語の文（の多くあるいはすべて）の真理条件を特定するものでなければならない。

こうした真理条件が発話の状況に依存するのは当然だろう。文は特定の話者によって、特定の時点において、特定の世界で発話される。さらに、特定の場所で、特定の聞き手に対して、場合によっては指さしなど特定の直示的身振りを伴って、何か目につくものがある状況で、直前に話された文脈のもとで発話される（文脈が影響を与えるのは、何が前提されているか、量化に対してどのような暗黙的制限がかけられているか、支配的なあいまい性の解消法はどれか、といったことであり、この他にもたくさんある）。ある文が発話されたときに真であるかどうかには、こうしたもののすべてが関連するだろう。しかし、話者・時点・世界の三つが決まれば残りのものも決まる。たとえば、場所はその話者がその時点においている場所であり、聞き手はその場にいて話者が話しかけている相手であり、というように。

私の考えでは、話者が残りのすべてを決定するとさえ言いうる。発話状況に関わる世界は、話者が含まれる世界である。時点に関して言えば、われわれが時間を通じて持続し、複数の異なる時点で発話することはもちろん否定されるべきではない。

だが、われわれは複数の異なる瞬間的段階から構成されることによって持続する。そして、こうした複数の段階のおのおのも「話者」と呼んでよいだろう。われわれが「話者」によってこの瞬間的話者を意味するのであれば、発話状況に関わる時点は話者がいる時点であることになる。

よって、話者（もちろん特定の世界と時点にいる話者である）は、さきほど考察したような、態度の持ち主である瞬間的主体のひとつである。それゆえ、彼の知識および信念は知識代替と信念代替によって与えることができる。これらは、彼の知る限りあるいは信じる限りにおいて彼だったかもしれなかった瞬間的な可能個体である。また、彼が真であることを述べることはありうる。彼が何か発話をし、その発話が彼にとって真だったようなときは幸運にも真であることを述べたと言える。しかし、言語共同体のメンバーはお互いに、それぞれが真であることを述べると期待しあっている。この期待に応えるには、彼の発話は、彼にとってだけでなく、彼の代替すべてにとって真でなければならない。誠実で相手を信用しているパートナー間の情報伝達のために言語が使用されている場合には、情報のやり取りはすべてこの世界の内部で生じるかもしれないが、だがそれでも、文の真理条件は他の世界の個体に関わらなければならない。したがって、意味論的に解釈された文法を言語使用の説明に接続するさいには、どの世界において、どの時点で、どの話者が、どの文を発話したら真になるのかが特定されていなければならない。

このとき、有限の手段で無限の特定を行なう必要がある。この作業は次のようにすれば実行可能である。まず、有限個の基礎的な表現（単語とみなしてほぼ差し支えない）をリストアップし、そのおのおのに構文論的カテゴリーと意味論的値を割り当てる。次に、ある表現から複合表現を構成する規則をリストアップする。そして、こうした規則のおのおのについて、その規則に従って構成される表現のカテゴリーとその意味論的値を、構成要素である表現のカテゴリーと意味論的値の関数として定める。構文論的カテゴリーのひとつは「文」である。よって最後に、文の真理条件を文の意味論的値によって定める。

意味論的値には二つの仕事がある。ひとつは他の意味論的値を生み出すことであり、もうひとつは文の真理条件を生み出すことである。第二の仕事は、意味論的値の体系全体が目指すものであり、第一の仕事は、意味論的値の体系全体を与えるものである。

私はここまで抽象的なスタイルで語ってきたが、その理由は、語彙・規則・カテゴリー・意味論的値の体系がどのようなものであるかについて、複数の異なる捉え方のあいだで中立を保ちたかったからである。同様の理由で、「意味論的値」という味気ない言葉を選び、もっとなじみのある用語を用いなかった。というのも、なじみのある用語を用いれば、意味論的値がどのようなものであるかやそれがどのようにしてその仕事を行なうかについて、もっとくっきりした考えを伝えてしまうことになるからである。ここでの目標は、意味論において確立されているジャーゴンに対してその名にふさわしい存在者を見つけることではなく、前段落の二つの仕事を果たしうる存在者を見つけることである[31]。

とりうる戦略はいくつかある。われわれが意味論的値の体系に望むのは、複数の世界に散らばったすべての（瞬間的）話者について、どの文がどの話者にとって真であるかを特定することである。単語への割り当てから始めて、意味論的値の割り当てすべてを話者に相対化することによって、文脈依存性を意味論的値の外部に置くことができる――こうした戦略を「外的戦略（external strategy）」と呼ぶことにしよう。異なる世界にいる話者が存在するので、このような単純な話者相対化では、意味論的値そのものがどのようなものであるかにかかわらず、可能者を説明に取り入れることになる。まず、ある与えられた文と話者について、その文に現れる単語のおのおのに対してその話者にとっての意味論的値を定める。すると、これらの意味論的値は、文法の規則に従い、単語から構成される複合表現のおのおのに対して、その話者にとっての意味論的値を生み出す。こうした複合的表現のなかには文そのものもある。文の話者にとっての意味論的値は、その文がその話者にとって真であるかどうかをどうにかして決定する。話者に相対化することにより、文の意味論的値からその文の真理値を得ることが期待されているのである。さらには、こうした文の意味論的値は真理値そのものにほかならないということすら期待されるかもしれない――こうした戦略を「極端な外的戦略（extreme external strategy）」と呼ぼう。

対極的な戦略として、意味論的値を一度できっぱりと割り当て、文脈依存性をすべて意味論的値の内部に組み込むこともできる――こうした戦略を「内的戦略（internal strategy）」と呼ぼう。この場合、意味論的値そのものの構成に可能者が必要となる。そうしなければ、文の意味論的値が固定されているので、複数の世界に散らばった話者の誰にとってその文が真であるのかを決定するのは難しくなる。

当然ながら、中間的な戦略として、以上の二つの戦略をミックスすることもできる。すなわち、文脈依存性の一部を意味論的値の内部に置き、別の一部を話者相対的な意味論的値の外部に置くこともできる――こうした戦略を「穏健な外的戦略（moderate external strategy）」と呼ぼう[32]。

これらの戦略の違いを例示するためには、そしてこの作業の途中で生じるその他の様々な選択や問題を例示するためには、以下のようなミニチュア言語について考察することが役に立つ。この言語における修飾表現のタイプは文修飾のみである。だが、もっと洗練された言語に見られる普通名詞や動詞、量化子、修飾詞そのものに対する修飾に関しても生じうる現象を例示するには、これで十分である。この言語は三つのカテゴリーを備えたカテゴリー文法をもつ。それは基本カテゴリーである「文」と、派生カテゴリーである「修飾詞」および「結合詞」である。また、これらのカテゴリーに属する基礎的表現がある。文の意味論的値については後で説明するが、修飾詞の意味論的値は文の意味論的値から文の意味論的値への関数であり、結合詞の意味論的値は文の意味論的値のペアから文の意味論的値への関数である。このことを表す二つの文法規則がある。

修飾詞規則：もしSが意味論的値sをもつ文であり、そしてMが意味論的値mをもつ修飾詞であるならば、表現MSは意味論的値 m(s) をもつ文である。

結合詞規則：もしS_1とS_2がそれぞれ意味論的値s_1をもつ文と意味論的値s_2をもつ文であり、そしてCが意味論的値cをもつ結合詞であるならば、表現CS_1S_2は意味論的値 $c(s_1, s_2)$ をもつ文である。

こうした規則によって、基礎的表現とその意味論的値にそれ以外のすべてが依存することになる。

最初に、極端な外的戦略に従ってこのミニチュア言語を取り扱おう。すると意味論的値は話者に相対的に割り当てられ、文の意味論的値は真理値以外の何ものでもなく、修飾詞と結合詞の意味論的値はこれに合わせて真理値から真理値への関数となる。このやり方はある程度までうまくいく。たとえば、次のような基礎的な文が二つあるとしよう。これらは二つの異なる文脈依存性を呈示するが、どちらも外的戦略に沿った仕方で扱われる。

「Rains」は基礎的な文である。任意の話者について、その話者にとっての「Rains」の意味論的値が真理値〈真〉であるのは、その話者がいる世界・時点・場所の近くで雨が降っているときそしてそのときに限る。

「Cold」は基礎的な文である。任意の話者について、その話者にとっての「Cold」の意味論的値が真理値〈真〉であるのは、その話者がいる世界・時点・場所の近くで温度が一定レベル以下であるときそしてそのときに限る。ただし、このレベルはいくぶんフレキシブルであり、その話者が参加する会話のそれまでの流れに依存する。たとえば、ある人が何事かを述べ、それが彼にとって真となるために境界線のシフトが必要となる場合には、境界線はシフトする。

この言語には修飾詞がもうひとつあり、結合詞もうひとつある。どちらも次のように真理関数的である。

「not」は基礎的な修飾詞である。どのような話者にとっても「not」の意味論的値は、真理値〈真〉を真理値〈偽〉へ、また真理値〈偽〉を真理値〈真〉へと写像する関数である。

「iff」は基礎的な結合詞である。どのような話者にとっても「iff」の意味論的値は、同じ真理値のペアを〈真〉へ、また異なる真理値のペアを〈偽〉へと写像する関数である。

（文脈依存的な修飾詞や結合詞があってもよい。こうした修飾詞や結合詞の意味論的値は、話者によってはひとつの真理関数となるが、そうならないこともある。具体例は省略する。）

ここまでは問題ない。だが、このミニチュア言語が修飾詞「possibly」も含んでいるとしよう。そして、ある話者にとって文「Possibly φ」が真であるのは、世界をその話者がいる世界からなんらかの別の世界へ置き換えたときに（いわば、なんらかの世界シフトのもとで）「φ」が真であるときそしてそのときに限ると仮定しよう（このように世界をシフトさせてしまうと話者や時点や場所などに対して何か生じるかもしれないが、この重要な問題は先送りしておこう）。この場合、極端な外的戦略にとってまずいことが生じる。もし文の意味論的値が真理値以外の何ものでもないならば、与えられた話者にとって「Possibly φ」の意味論的値を、その話者にとっての「possibly」と「φ」の意味論的値から導出することは、当然ながらできない。問題は、話者のいる世界以外の世界に関して「φ」の真理値がどのようになるかという情報が捨て去られてしまっている、という点である。それゆえ、たとえ修飾詞の文法規則を作り直し、修飾詞をもつ文の意味論的値を関数と代入項によって生成する方法をあきらめ、「possibly」に奇妙な意味論的値を設定したとしても助けにはならないだろう。なぜなら、ひとたび情報が捨てられてしまうと、それを取り戻すことはできないからである。

（とはいえ、修飾詞の規則の述べる内容が、この話者にとっての「Possibly φ」の意味論的値は他のもろもろの話者にとっての「φ」の意味論的値に依存する、というものだったとしよう。この場合、意味論的値を真理値とみなすことはできないだろうか。ここではまだ論じないが、この場合には、世界シフトによって話者が一切存在しない世界へ至るとどうなるのかという問いが生じる。しかし、この問いを別にしても、この提案は誤った理解に基づいている。意味論的値であるとは、十分に大きなひとかたまりの情報になっていることである。それゆえ意味論的値は、それがその名に値するものであるならば、他の意味論的値を生成するために必要となる情報をすべて含んでいなければならない。そして、いくつも束ねないと十分に大きな情報を得られないものは、まさにそのことによって、適切な意味論的値とみなすことはできない。）

極端な外的戦略はうまくいかないので、残る選択肢は穏健な外的戦略と内的戦略の二つである。穏健な外的戦略を選んだ場合は、以下のように話を進めることができる。文の意味論的値が世界から真理値への関数であるとしよう。すると、文の真理条件は次のように述べることによって手に入る。すなわち、ある文がある話者にとって真であるのは、その文のその話者にとっての意味論的値がその話者の世界に対して〈真〉を割り当てるときそしてそのときに限る。残りはこれに合わせて調整する。修飾詞と結合詞の意味論的値は文の意味論的値から文の意味論的値への関数である。修飾詞規則と結合詞規則は前と同じ形式である。基礎的表現の意味論的値は以下のようになる。

「Rains」は基礎的な文である。任意の話者について、その話者にとっての「Rains」の意味論的値は、次のような世界Wすべてに、そしてこのような世界のみに〈真〉を割り当てる関数である。すなわち、Wにはその話者の対応者Xが存在し、WのXのいる時点にXのいる場所の近くで雨が降っている。(「Cold」も同様。)

「not」は基礎的な修飾詞である。どのような話者にとっても「not」の意味論的値は次のような関数である。すなわち、その関数がfをgへと写像するのは、fもgも世界から真理値への関数であり、かつ次の条件が満たされるときそしてそのときに限る。すなわち、任意の世界Wについて、g(W)が〈真〉であるのはf(W)が〈偽〉であるときそしてそのときに限る。

「iff」は基礎的な結合詞である。どのような話者にとっても「iff」の意味論的値は次のような関数である。すなわち、その関数がeとfをgへと写像するのは、eもfもgも世界から真理値への関数であり、かつ次の条件が満たされるときそしてそのときに限る。すなわち、任意の世界Wについて、g(W)が〈真〉であるのは、e(W)とf(W)の真理値が一致するときそしてそのときに限る。

「possibly」は基礎的な修飾詞である。どのような話者にとっても「possibly」の意味論的値は次のような関数である。すなわち、その関数がfをgへと写像するのは、fもgも世界から真理値への関数であり、かつ次の二つのケースのいずれかが成立するときそしてそのときに限る。ひとつは、すべての世界Wについてf(W)は〈真〉であり、かつなんらかの世界Wについてg(W)は〈真〉であるというケースであり、もうひとつは、すべての世界Wについてg(W)とf(W)はどちらも〈偽〉であるというケースである。

かくして、意味論的値の内部に世界への依存性があるために、修飾詞「possibly」をうまく扱えるようになった。しかし、意味論的値の外部の文脈依存性はまだ残っている。たとえば、基礎的な文「Rains」の私にとっての意味論的値は私の対応者がいる場所の近くの雨に関連しており、またその文のあなたにとっての意味論的値はあなたの対応者がいる場所の雨に関連している。

まだ文脈依存的な修飾詞や結合詞は導入していないが、いまや実生活に即した例を与えることができるだろう。たとえば、次のような到達可能性関係を備えた「possibly」がそれである。この到達可能性関係に課される制約はいくぶんフレキシブルであり、話者が参加する会話のそれまでの流れに依存する。同様に、対応者関係の非一貫性(第四・五節を見よ)は、これまでに言及した種類の文脈依存性のほかに、別種の文脈依存性を「Rains」の意味論的値の内部に生み出す。

いま考察している戦略での文の意味論的値は、真理条件——

これを与えることを目指して意味論的値の体系全体は構築される——とあまり違わないものであるように見えるかもしれない。とはいえ、ここでミニチュア言語が基礎的な文をさらに含んでいたと仮定しよう。

> 「Am」は基礎的な文である。任意の話者にとっての「Am」の意味論的値は、その話者の対応者を含む世界すべてに、そしてこのような世界のみに〈真〉を割り当てる関数である。

「Am」はきわめて単純な真理条件をもつ。それは、どんな話者にとっても真である、というものである（私がしているように、話者自身も話者の対応者のひとりだと仮定すれば）。しかし、この文の（様々な話者にとっての）意味論的値はそれほど単純でない。一般には、「Am」の意味論的値は話者が存在する世界に〈真〉を割り当てるが、すべての世界に〈真〉を割り当てるわけではない。まさにこのことによって、文「Possibly not am」はある話者にとって真になりうるのである（そしてもちろん、これはそうでなければならない）。お望みなら、「Am」を「ア・プリオリで偶然的な真理」の一例と呼ぼう。ただし「ア・プリオリ」と「偶然的」の両方があてはまるひとつのものが存在するというのは疑わしく感じられる。

話者がひとり定まると、彼のいる世界も定まる。しかし、「possibly」との関連で世界をシフトさせる場合に、それに合わせて話者もシフトするとは限らない。世界をシフトさせるとき、話者に対して何が起こるだろうか（これは先送りされていた問いである）。ある場合には話者が完全に消え去ってしまう。すなわち、その話者の対応者がひとりもいない世界へシフトすることがある。まさにこのことによって、「Possibly not am」は真になる。ときには一切の話者が存在しない世界へシフトすることすらあるかもしれない。出発点の世界は話者によって定まるが、それから後は世界と話者は独立して変化するのである。

これまでのところ穏健な外的戦略はうまくいっている。しかし、ここでミニチュア言語にこれまで検討しなかった修飾詞が含まれていたとしてみよう。たとえば「past」があるとする。任意の（瞬間的）話者について、文「Past φ」がその話者にとって真であるのは、φが話者のいる時点に関してではなくそれ以前のある時点に関して真であるときそしてそのときに限る。すると、文法をもう一度初めから構築しなおす必要が生じ、文の意味論的値を世界と時点のペア（時点はその世界の時点である）から真理値への関数とみなし、この変更に合わせて残りを調整することになる。この場合、たとえば、次のように定義できる。

> 「past」は基礎的な修飾詞である。任意の話者にとっての「past」の意味論的値は次のような関数である。すなわち、その関数がfをgへと写像するのは、fもgも世界・時点ペアから真理値への関数であり、かつ次の条件が満たされるときそしてそのときに限る。すなわち、任意の世界Wと時点t

について、g(W, t)が〈真〉であるのは、Wにおいてtに先行するある時点t'について、f(W, t')が〈真〉であるときそしてそのときに限る。

「Rains」は基礎的な文である。任意の話者にとっての「Rains」の意味論的値は、次のような世界Wと時点tのペアすべてに、そしてこのようなペアのみに〈真〉を割り当てる関数である。すなわち、その話者のある対応者XがWに存在し、Wの時点tにおいてXがいる場所の近くで雨が降っている。

世界と「possibly」に関して生じたのと同様のことが時点と「past」に関して生じる。すなわち、話者がひとり定まると、彼のいる時点も定まる。しかし、「past」との関連で時点をシフトさせる場合、話者はシフトしない（というのも、話者は瞬間的であるので、ある時点にいる話者は決して先行する時点に存在しえないからである）。それゆえ、時点tにおいて対応者Xがいる場所の近くで降っている雨について話をするとき、この場所はtにおけるXの場所ではなく――というのもXはその時点に存在しない――Xのいる時点でのXの場所である。

さらに、ミニチュア言語が修飾詞「sorta」を含むとしよう。任意の話者について、文「Sorta φ」が真であるのは、文脈に依存するフレキシブルな境界線――たとえば、気温が寒いとみなされるかどうかの境界線――を「φ」が真となりやすくなるように調整すると「φ」がその話者にとって真となるときそしてそのときに限る。たとえば、文「Cold」が真になるほど十分に寒くなくても、文「Sorta cold」は真である。また、文「Not cold」が真になるほど十分に温かくなくても、文「Sorta not cold」は真である。さらに、文「Sorta cold」が真になるほど十分に寒くなくても、文「Sorta sorta cold」は真である。この場合は、文法をさらにもう一度初めから構築しなしてもよいだろう。このとき、文の意味論的値を世界・時点・境界線の三つ組から真理値への関数とみなし、この変更に合わせて残りをふたたび調整することになる。

この作業に終わりはあるのだろうか。ないかもしれないし、あるかもしれない。私はこのミニチュア言語を心のおもむくままに作り上げている。だからここで終わりということにしよう。この言語では生じないが、次のような言語現象を想像しうる。話者にとって文「Reversedly φ」が真となるのが、その話者が話しかけている聞き手にとって「φ」が真となるときそしてそのときに限る、というような規則をもつ修飾詞「reversedly」は存在しない。たしかに、もしこうした修飾詞が存在したならば、ふたたび出発地点に戻って文の意味論的値を世界・時点・境界線・話者の四つ組から真理値への関数とみなすことになっていただろう。このような現象は生じないので（英語で生じていないのとまったく同じように）、こうする必要はひょっとするとないかもしれない。この話者相対性は、意味論的値の外部に留めておくことができるのである。

これまでの作業で、穏健な外的戦略は不格好なものになってしまった。だから、代わりに内的戦略を追求してみようという気になるかもしれない。もっとも単純な方法は、文の意味論的値（これは一度できっぱりと割り当てられる）を話者から真理値への関数とみなすというものである。ここでも、これに合わせて修飾詞の意味論的値は調整され、修飾詞がついた文の意味論的値は、修飾詞規則が規定する関数と代入項を用いた手法によって生成される。結合詞についても同様である。この場合、文の真理条件はその文の意味論的値から直接的に読みとることができる。

しかし、世の中はそんなに甘くはない。次の二つの文、「Am」と「Iff rains rains」について考察しよう。この二つの文は、話者が誰であろうとも真であるため、同じ真理条件をもつ。しかし、意味論的値が同じであることはありえない。理由は以下のとおりである。おのおのの文に修飾詞を二つくっつけて「Possibly not am」と「Possibly not iff rains rains」を作るとしよう。この二つの文は、真理条件が同じでないため、同じ意味論的値をもつことはありえない。後者の文はどの話者にとっても偽であるが、前者の文はそうでない。

それゆえ、より良い内的戦略は、文の意味論的値（これは一度できっぱりと割り当てられる）を世界・話者ペアから真理値への関数とみなすというものである。これに合わせて残りは調整される。任意の話者について、文がその話者にとって真であるのは、その文の意味論的値が話者と話者の世界のペアに対して〈真〉を割り当てるときそしてそのときに限る。このとき次のようにすれば、「Am」と「Iff rains rains」にまつわる問題をうまく処理できる。

「Rains」は基礎的な文である。「Rains」の意味論的値は次のような話者Yと世界Wのペアすべてに、そしてこのようなペアのみに〈真〉を割り当てる関数である。すなわち、Yの対応者XがWに存在し、WにおいてXがいる時点にXがいる場所の近くで雨が降っている。

「Am」は基礎的な文である。「Am」の意味論的値は、WがYの対応者を含むような話者Yと世界Xのペアすべてに、そしてこのようなペアのみに〈真〉を割り当てる関数である。

「not」は基礎的な修飾詞である。「not」の意味論的値は次のような関数である。すなわち、その関数がfをgへと写像するのは、fもgも話者・世界ペアから真理値への関数であり、かつ次の条件が満たされるときそしてそのときに限る。すなわち、任意の話者Yと世界Wについて、g(Y, W)が〈真〉であるのはf(Y, W)が〈偽〉であるときそしてそのときに限る。

「iff」は基礎的な結合詞である。「iff」の意味論的値は次のような関数である。すなわち、その関数がeとfをgへと写像するのは、eもfもgも話者・世界ペアから真理値への関数であり、かつ次の条件が満たされるときそしてそのときに限る。すなわち、任意の話者Yと世界Wについて、g(Y, W)が〈真〉であるのは、e(Y, W)とf(Y, W)の値が一致するときそしてそのときに限る。

「possibly」は基礎的な修飾詞である。「possibly」の意味論的値は次のような関数である。すなわち、その関数がfをgへと写像するのは、fもgも話者・世界ペアから真理値への関数であり、かつ任意の話者Yについて次の二つのケースのいずれかが成立するときそしてそのときに限る。ひとつは、すべての世界Wについてg(Y, W)は〈真〉であり、かつなんらかの世界Wについてf(Y, W)は〈真〉であるというケースであり、もうひとつは、すべての世界Wについてg(Y, W)とf(Y, W)はどちらも〈偽〉であるというケースである。

いまや次の点を確かめることができる。文「Am」と「Iff rains rains」は真理条件が同じであるにもかかわらず意味論的値が異なるため、文「Possibly not am」と「Possibly not iff rains rains」は意味論的値だけでなく真理条件も異なる。じっさい期待通りに、あらゆる世界に対応者が存在するのでない限りどんな話者にとっても前者の文は真であるが、どんな話者にとっても後者の文は真でない。

以上のことは、穏健な外的戦略に従って「possibly」と「Am」の振る舞いについて考察したさいに見たことと非常によく似ている。穏健な外的戦略では、出発点となる世界は話者の世界であるにもかかわらず、世界を話者と独立にシフトさせる必要があった。内的戦略で話者・世界ペアを採用することは独立にシフトさせるための別のやり方にすぎないのである。このペアから二つの世界が与えられる。そしてそれらは必ずしも同じではない。というのも、一方はペアの第一項に現れる話者がいる世界であり、他方はペアの第二項に現れる世界だからである。[33]

さらに進んで内的戦略のもとで修飾詞「past」について考察すると、文の意味論的値（これは一度できっぱりと割り当てられる）は話者・世界・時点の三つ組から真理値への関数であるとせざるをえなくなる。さらに「sorta」を考慮に入れるなら、文の意味論的値は話者・世界・時点・境界線の四つ組からの関数であると言わなければならない。不格好になり始めたようだ。しかし、幸運なことに、このミニチュア言語には「reversedly」が存在しないため、話者・世界・時点・境界線・話者の五つ組からの関数はなしで済ませられるだろう。あきらかなように、さきほどと同じことをしてしまっている。穏健な外的戦略と内的戦略のあいだに大きな違いはないのである。世界・時点・境界線の三つ組からの関数である意味論的値を話者相対的に割り当てることと、話者・世界・時点・境界線の四つ組からの関数である意味論的値を一度できっぱりと割り当てることのあいだにはトリビアルな翻訳が存在する。突き詰めれば、二つの戦略は同じものになる。[34]

ミニチュア言語の考察から次の点はあきらかである。すなわち、真理条件——私がこのフレーズに与えた意味での——が同じだからといって意味も同じであるとは限らない、ということである。もし同じであるとすれば「Am」と「Iff rains rains」の意味が同じであることになる。これはもちろん間違いだ。これに対して、はたして意味論的値が同じときには意味も同じであると言うべきかどうかはそれほど明確でない。「Rains」と「Not not rains」の意味論的値は同じである。あるいは「Iff rains rains」と「Iff am am」もそうである。では、二つの文は同じことを意味しているだろうか。

これは正しく立てられた問題でないと私は考える。はたして「意味する（mean）」という語の理論的使用あるいは日常的使用のうちに、この問題に確固たる解答があること——言い換えれば、多義的でない解答があること、誰がやってもつねに同じ仕方で解答が与えられること——を示唆するようなものが何かあるだろうか。答えは「ノー」だ。これは単に、「意味する」という語は何を意味するのかという問題にすぎない。「意味する」という語と多かれ少なかれ相互交換可能な意味論のジャーゴンはあり余っており、そのどれについても完全に意味が特定されているわけではないことを考えれば、ひょっとすると「意味」は、次のようなきめの細かい概念、すなわち、先の例であったように、異なるルートで同じ意味論的値が生成される場合に異なっている何かの概念を表す語としてとっておくのが都合がよいかもしれない。

もし私たちが「意味」に望むのがこれであるならば、意味論的値が生成される仕方を意味にコード化することができる。ミニチュア言語は意図的に単純化されているということを考えれば、意味の生成を意味論的値の生成に「乗っからせる」ことは容易である。次のようにすればよい。（単純化のため、内的戦略に従うとする。もし外的戦略に従うのであれば、意味論的値と同様に、意味も話者相対的にすればよい。）(1)基礎的表現の意味はその表現の意味論的値である。(2)Sが文、Mが修飾詞である場合、文MSの意味は、Mの意味とSの意味からなる列である。(3)S_1とS_2が文、Cが結合詞である場合、表現CS_1S_2の意味はCの意味とS_1の意味とS_2の意味からなる列である。かくして「意味」は、単語がしかるべき位置に置かれている構文解析された表現に、おのおのの単語の意味論的値が伴ったものとなる。したがって、意味が決まれば意味論的値も決まるが、逆は成り立たない。これは、「Rains」と「Not not rains」や「Iff rains rains」と「Iff am am」の意味が異なるときに見た通りである。[35]

意味は意味論的値（少なくとも、これまで考察されてきた意味論的値）よりも多くの情報を担っているので、意味論的値に現れない区別をするために意味を利用することができる。トリビアルかどうかの違いについて考察しよう。任意の話者に対して、その対応者がいない世界があるとしよう。これは偶然的なことがらではないが、しかし決してトリビアルなことがらでもない。なぜなら、そのことがらが成立するかどうかはまさに、他の世界がどのようなものか、正確にどのような種類のものが「話者」と呼ばれうるのか、そして対応者関係がどのようなものかに依存するからである。このとき、文「Possibly not am」の意味論的値はつねに真理値〈真〉を返す定値関数になる。それゆえこの文は必然的真理を表すが、このことはトリビアルではない。他方で、文「Iff rains rains」の意味論的値も同じで、つねに〈真〉を返す。そしてこの文も必然的真理を表す。しかし今回はトリビアルである。このようにトリビアルかどうかに違いがあることは意味の違いによって捉えられる。しかし、意味論的値によって捉えることはできない。意味論的値には違いがないからである。

（このことは困難な問題を引き起こす。[36] ミニチュア言語の内部に修飾詞「trivially」が含まれており、この単語の機能がわれわれの期待通りのものだとしよう。このとき、「Trivially possibly not am」はすべての話者にとって偽になるが、「Trivially iff rains rains」はすべての話者にとって真になる。このことは次のことを示唆する。まず、われわれが「意味論的値」と呼んできたものが実際にはその仕事を果たすほど十分に大きな情報パッケージではなく、その名に値しないこと、そして、むしろわれわれが「意味」と呼んできたものこそ、意味論的値の仕事を本当に果たすことのできるものであり、「意味論的値」という名に値することである。このようなことも許されるかもしれないし、また許されるべきかもしれないが、まったく容易ではない。問題は、「trivially」それ自体の意味論的値は何かと問うさいに生じる。われわれがこれまでにしてきた作業からすると次のように考えられるだろう。「trivially」の意味論的値は、文ϕの意味論的値——これまでは「意味」と呼ばれてきたもの——を代入項とし、「Trivially ϕ」の真理条件を取り出すことができる何かを値として返す関数である。このとき、ϕを文「Trivially iff rains rains」とすると、関数の代入項が関数自体よりも集合論的階層において上に位置することになるが、このことは不可能である。どうするべきか。奇妙な集合論に訴えるべきか。ミニチュア言語に「Trivially trivially iff rains rains」という文が含まれると想定することはそもそも禁じられていたと主張するべきか。この文がミニチュア言語に含まれることは認めるが、真理条件をもつことはありえないと言い張るべきか。ひとつ目の「trivially」と二つ目の「trivially」が異なる意味論的値をもつ同音異義語であることを要求するべきか。どの解決も魅力的とは思われない。）

一・五　様相実在論に何ができるか——性質

われわれは様々な局面で、性質に対して量化を行なう必要に迫られてきた。もし可能世界と可能個体の存在を信じ、これらに加えて、われわれが存在すると信じるものから集合論的手法で構成されるものもさらに存在すると信じるならば、性質の役割を果たすのに適した存在者が手に入るのである。

もっとも単純なプランは、性質をその性質をもつすべての事例、それも、この世界の事例だけでなく、他の世界の事例も含めたすべての事例の集合にすぎないと考えることである。たとえば、ロバであるという性質は、すべてのロバ、すなわち、われわれの世界のロバと他の世界のロバを合わせた集合になる。(37)

性質を集合とみなすことに対するよくある反論は、二つの別個の性質の外延がたまたま同じであることだってありうるというものである。心臓をもつ生物のすべてが、そしてそのような生物のみが腎臓をもつ。また、すべてのしゃべるロバが、そしてそのようなロバだけが、空飛ぶブタである。なぜなら、どちらも一匹たりともいないからだ。だが、心臓をもつという性質は、腎臓をもつという性質とは異なる。心臓をもつが腎臓はもたない生物が存在しえたかもしれないからだ。同様に、しゃべるロバであるという性質は、空飛ぶブタであるという性質とは異なる。こうして、もし性質を集合とみなせば、たまたま外延が同じであるだけの二つの性質を区別することができなくなってしまう、と主張される。

しかし、様相実在論によれば、こういう「たまたま外延が同じ」であるような性質の外延は、じつは同じではない。他の世界の事例を無視したらそう見えるというだけなのである。すべての事例を考慮に入れるならば、外延が同じである二つの性質の外延が同じでなかったこともありえた、という事態が生じることはありえない。たしかに、二つの性質がこの世界で同じ事例をもつかどうかは偶然である。だが、端的に同じ事例をもつかどうかは偶然ではないのである。

性質が集合だとしたら、性質は事例（つまり、その集合の要素）を本質的にもつはずだ。したがって、その性質をもつかどうかが偶然であることは決してありえないことになってしまう——この反論は間違っている。しゃべるロバであるという性質について考えてみよう。これはさきほど、あらゆる世界のすべてのしゃべるロバの集合であるとしたものである。この集合全体に何が属しているかは世界ごとに変わったりしない。世界ごとに変わるのは、量化のドメインをその世界に制限したときに、この集合のどのような部分集合が得られるかである。このようにして、事例の数がいくつなのかは偶然の問題になるのである。たとえば、しゃべるロバであるという性質が事例をもたないということが真なのは偶然である。さらに、特定の個体がこの性質をもつかどうかも偶然の問題である。他の世界にいる一頭のしゃべるロバについて考えてみよう。こいつを「ブラウニー」と呼ぼう。ブラウニー自身はしゃべるロバの集合の要素であり、このことは変化しない。したがって、その性質の事例であり、このことも変化しない。だが、ブラウニーがしゃべるかどうかは偶然である。ブラウニーにはしゃべる対応者もいれば、しゃべらない対応者もいる。これとまったく同じ意味で、ブラウニーがこの集合に属しているかどうかも偶然である。つまり、ブラウニーにはこの集合に属している対応者もいれば、属していない対応者もいる。このようにして、ブラウニーがこの性質をもつかどうかは偶然の問題になるのである。

性質に当てはまることは関係にも当てはまる。二項関係の事例は、関係項の順序ペアである。よって、関係もすべての事例、それも、この世界の事例だけでなく、他の世界の事例も含めたすべての事例の集合とみなしてよい。この場合もまた、別個の関係の外延がたまたま同じであることもありうるからといって問題が生じたりはしない。これは、その二つの集合の、この世界での部分集合が同じだということにすぎないからである。その集合には、この世界での部分集合以外にも部分集合があるのだ。加えて、この場合もまた、ペアが関係を偶然に表していることもありうる。それは、そのペアが、その関係を表している対応者と、その関係を表していない対応者の両方をもつときである。[38] これと同じように、三項関係は順序三つ組の集合とみなしてよい。その他の関係も同様である。項数が変化する関係もこれに含めてよい。たとえばペアと三つ組が、同じ集合の要素であることはありえないと考える理由など、まったくないからだ。[39]

事物が何かと相対的に性質をもつこともあると言われる。たとえば、のどの渇きは端的にもったりもたなかったりする性質ではない。ある時点ではもち、別の時点ではもっていないということがあるからだ。また、道路は異なる地点では異なる性質をもつ。ここでは舗装されているが、あそこでは土がむき出しになっているということがあるからだ。あるいは、数九は、われわれの世界では太陽系の惑星の数であるという性質をもっているが、[10] アステロイド・ベルトの代わりに惑星があるような他の世界では、この性質をもっていない。(ここでの「太陽系」は現時点での太陽系のことを意味している。また、「他の世界」は、太陽系と現時点のどちらもがあきらかな対応者をもつ世界のことを意味している。)また、フレッドは、テッドに対しては父であるという性質をもっているが、エドに対しては息子であるという性質をもっており、六は、一八に対しては約数であるという性質をもっているが、一七に対してはもっていない。

このような、何かと相対的に例化される性質は、事例の集合ではありえないだろう。理由は以下の通りである。あるものに対して性質をもつが別のものに対してはその性質をもたない事物は、事例の集合に含まれるのだろうか、それとも含まれないのだろうか。可能世界や可能個体から「性質」を構成する哲学者が相対的な例化を同じ仕方で与えようとして苦労しているのをよく目にするのはこのためである。たとえば、性質が世界から事物の集合への関数とみなされ、各世界に、その世界と相対的にその性質をもつ事物の集合が割り当てられることがある。あるいは、世界と時点のペアから事物の集合への関数であることもある。こうすることにより、のどの渇きのような一時的な性質が与えられる。これと同じ仕方で、舗装されているという性質を、各地点に対し、その地点で舗装されている事物の集合を割り当てる関数とみなすことができるだろう。また、息子であるという性質を、それぞれの人に対し、その人の息子の集合を割り当てる関数とみなすことができるだろうし、約数であるという性質を、各数に対し、それの約数の集合を割り当てる関数とみなすことができるだろう。

だが、このように構成するのは見当違いだと私には思われる。何かと相対的にもつのなら、それは性質ではなく関係と呼ぶほうが良いだろう。[40] じっさい、他のものが性質をもつがゆえに関係が成り立つこともある。たとえば、ある地点に位置する道路の一部が〈舗装されている〉という性質をもつがゆえに、道路の全体とその地点とのあいだで、〈〜は〜では舗装されている〉という関係が成り立つ。同様に、ある人が様々な時点でのどが渇いているのは、のどが渇いている時間的部分をもつことによる。もちろん、時間的部分の存在を信じない人はこのことに同意できない。のどの渇きが関係的であることは還元不可能だと彼は考えるからである。だが、このことは、彼の見解の中心的な特徴なのだから、良かれ悪しかれおおっぴらにすべきである。何かと相対的に例化されるものも「性質」と呼ぶ用語法を私が支持しないのは、このような理由による。この用語法だと、関係と本物の性質の違いが分かりにくくなり、小さく見えてしまう。その結果、本物の性質が存在すると考えられそうなケースでも関係しか存在しないのだ、と説得してくる理論に対して、ガードが下がってしまうのである（第四・二節を見よ）。また、端的にもつことと端的にもたないことしか許されないものとして性質を取り扱い、それとは区別されるがパラレルな仕方で関係を取り扱うことを私が提案するのも、同じ理由による。

相対的な性質と同様に、私の理論には、程度を許す性質の居場所もない。したがって、二つの事物が程度の違いはあれ同じ性質をもつ、ということはない。その代わり、程度をもたないシンプルな性質の集まりがある。例えば、様々な長さの集まりや、様々な重さの集まりがある。また、数との関係もある。たとえば、ネコのブルース（の最近の時間的部分）と四五〇〇あたりの数とのあいだには、〈〜の重さは〜グラムである〉という関係が成り立っている。

私は命題を、ある種の性質、すなわち、世界全体によってのみ例化される性質と同一視する。よって、性質一般が事例の集合ならば、命題は可能世界の集合ということになる。命題はある世界で成り立つ、あるいは、ある世界において真である（true at）と言われるが、命題は〈当の命題が成り立つ世界である〉という性質と同じものであり、当の命題が成り立つ世界の集合と同じものである。したがって、命題は、当の命題の要素である世界でのみ成り立つのである。[41]

事物が何かと相対的に性質をもつと言われることがあるのとまったく同じように、命題も何かと相対的に成り立つと言われることがある。もちろん、世界と相対的に成り立つことには何の害もない。だが、世界以外のものと相対的に成り立つとするなら、「命題」の意味を変更しなければならない。たとえば、時制付きの（tensed）命題は、ある時点と相対的に成り立ち、それ以外の時点と相対的には成り立たないと言われる。これは世界と時点のペアの集合とみなすことができる。別の言い方をすれば、これは世界と時点のあいだで成り立つ関係である。もし私が考えるように（第一・六節を見よ）、同一の時点が二つの別個の世界によって共有されることがないのなら、このことを単純化できる。時制付きの命題は、たんに時点の性質、すなわち、時点の集合であると言えるようになるのである。

自己中心的命題は、ある人々にとって成り立つが、他の人々にとっては成り立たない。これも同様に、人々の性質、すなわち、人々の集合とみなしうる。そして、もしこれを一般化し、人々以外のものにとって成り立つ自己中心的命題（たとえば、「自分はポーチドエッグである」という命題）を許すならば、自己中心的命題は可能個体の性質、つまり、可能個体の集合だと言うべきである。しかし、すでに「性質」という呼び名があるのだから、まったく同じものを「自己中心的命題」とも呼ぶことに何か意味があるだろうか。

そうすることには良い理由があるかもしれない。われわれの「命題」という語の捉え方には、相反する複数の要件がごちゃまぜになって含まれているのかもしれないからだ。ひとつの要件によれば、命題は端的に真または偽だとされる。あるいは少なくとも、命題の真偽は世界以外のものと相対的ではないとされる。すなわち、命題は文とは異なり、ある解釈のもとでは真だが別の解釈のもとでは偽ということはなく、また、あるあいまい性の解消法のもとでは真だが別の解消法のもとでは偽ということもなく、メルボルンでは真だがアデレードでは偽ということもなく、昨日は真だが今日は偽ということもなく、私にとっては真だがあなたにとっては偽ということもない、とされる。だが、別の要件によれば、命題は思考の対象だとされる。われわれの知識や信念や欲求の内容は、命題として与えることができるとされている。だが、自己中心的な、すなわち、自己的であることが還元不可能な思考もあることはあきらかである。そして、そのような思考の内容は、世界と相対的に真になる命題によっては与えられない。そうした命題では、同じ世界の住人が区別されないからである。もし命題と呼ぶに値するものは世界以外のものと相対的に真や偽であってはならないと主張するのなら、少なくともある種の思考の対象は、じつは命題ではないと言う方がよいだろう。逆に、命題と呼ぶに値するものはどんな種類の思考の対象にもなりうると主張するのなら、自己中心的な命題があることを認めた方がいいだろう。どちらの言い方を選ぼうがポイントは同じである。思考の対象一般は、可能世界の集合ではない。代わりに可能個体の集合とみなすことも時には必要であり、いつでもそうみなすことが可能なのである。

性質をこの世界におけるその性質の事例の集合とみなしてもうまくいかない。このことには誰もが同意する。なぜなら、たまたま外延が同じであれば同一の性質とみなされてしまうからである。可能世界全体におけるその性質の事例の集合とみなしたとしても、これと同じぐらいだめだという人もいるだろう。必然的に外延が同じである二つの性質は同一の性質とみなされてしまうからだ。おきまりの例は、三角形であるという性質と、三辺形であるという性質である。線分で囲むことによって得られる平面図形がもつ角の数は、必然的にその図形の辺の数と同じである。それゆえ、三角形のすべてが、そしてこれらのみが三辺形である。だが、この二つは別個の性質であると言いたくはないだろうか。

言いたくなるときもあれば、言いたくないときもある。私には、これが論争を呼び起こす問題だとは思えない。ここには、われわれが性質について述べることにおける食い違いがある。われわれは、単に二つの異なる捉え方をしているのである。ここで生じているのは次のような状況ではない。すなわち、われわれが「性質」と呼ぶものは、なんらかの完璧に確定した多義的でない方法によって一度できっぱりと定められてしまっており、その上で、たとえば、そのうちの二つの外延が同じであることはそもそも必然的かどうか、などといった問いについての論争がいままさに始まろうとしている、という状況ではない。そうではなく、これまでに日常的に行なわれてきた、あるいは哲学で行なわれてきた、多様な言語使用から導入された「性質」という語があるだけなのだ。この語は、そのように導入されたがゆえに、様々な哲学理論や常識的な考え方における役割と結びついている。「性質」という名に値するとは、そのような理論上の適切な役割を果たすのに適しているということ、より正確には、適切な役割を全体として果たすのに適した存在者のクラスのひとつであるということなのである。だが、「性質」という語に結びつくべき唯一の役割が存在し、それがどういうものであるかが議論の余地なく完全に決着しているかのように語るのは誤りである。性質の捉え方は相当ごちゃごちゃしており、多くの点で異なった多くのバージョンがある。ここで問う価値があるのは次の問いである。われわれが存在すると信じるべき存在者のうちのどれが（そのようなものがあるとするなら）どのバージョンの性質役割を果たしうるのか。私の答えは（部分的には）次の通りである。そうした存在者のうち、可能者の集合は、性質役割のひとつのバージョンにとってまさにぴったりである。

これが性質の捉え方として唯一の正しいものだと主張することは無意味である。別のバージョンの性質役割では、性質と密接に結びつけられているのは、その性質の標準的な名前がもつ意味と、その性質を事物に帰属するときに用いられる述語がもつ意味の方である。たとえば、「三角形」という名前は角が三つあることを意味し、「三辺形」という名前は辺が三つあることを意味する。よって両者がもつ意味は異なる。（いや、本当にそうだろうか。「意味」の捉え方もごちゃごちゃしている。）なので、三角形と三辺形の事例を区別することはわれわれにはまったく不可能なのだが、それでもこの性質の捉え方のもとでは、三角形であることと三辺形であることを区別したくなるのである。われわれがこの区別を利用できるのは、たとえば、この二つの性質のうち、一方にとっては三角形であることと外延が同じであることはトリビアルだが、他方にとってはそうではないと述べるときである。

この捉え方では、性質に構造が付いていることが要求される。性質を、構文論的構造の付いた言語表現がもつ意味とぴったり一致させたいのであれば、性質の方にもなんらかの準構文論的な構造を与えたくなる。そして構造付きの性質は、前節で検討した構造付きの「意味」のモデルを元にして構成することができるのである。いちから作る必要はない。われわれは構造なしの性質や関係、すなわち、この世界や他の世界の事例の集合をすでに手にしている。これらから始めることができるのである。そうすると、こうした構造付きの性質にも、構造なしの性質とまったく同じように、可能者が必要だろう。必要なのは個体の性質や関係だけではない。個体の性質や関係のあいだで成り立つ構造なしの高階の関係も使われる。これもやはり関係（すなわちペアの集合）であり、個体の一階の性質や関係とまったく同じように、可能者から構成される。

Aを角関係（図形とその角とのあいだで成り立つ関係）とし、Sを辺関係（図形とその辺とのあいだで成り立つ関係）だとしよう。話を簡単にするために、これらは構造なしの関係であってよいことにしよう。もちろん分析のレベルを深くしていくことはいくらでもできるのだが、そうしたところで性質の構成が複雑になるだけで、新しいことは何も示されない。さて、Tを構造なしの高階の関係とし、Tが個体のもつ構造なしの性質Fと個体のもつ構造なしの関係Gとのあいだで成り立つのは、Fが〈ちょうど三つのものとのあいだで関係Gが成り立つようなものである〉という性質であるときそしてそのときに限るとしよう。このとき、AとのあいだでTが成り立つ構造なしの性質がひとつだけある。ということは、この性質が（構造なしの）三角形性である。一方で、この性質はSとのあいだでTが成り立つ唯一の性質でもある。ということは、この性質は（構造なしの）三辺形性でもある。したがって、構造付きの三角形性をペア〈T, A〉とみなし、構造付きの三辺形性を〈T, S〉とみなすことにしよう。SとAは異なるので、われわれが構造付きの三角形性と三辺形性だとみなしているこの二つのペアのあいだには、望まれていた違いがあると言える。

構造付きの関係も同様に構成できる。また、もし分析のレベルが少し深く、構造付きバージョンの角関係と辺関係が存在するとしたら（それらは〈A_1, A_2〉と〈S_1, S_2〉というペアかもしれないし、もっと複雑なものかもしれない）元々のAとSの代わりに、これらを使って構造付きの性質を作ることができただろう。このとき、構造付きの三角形性は〈T, 〈A_1, A_2〉〉、構造付きの三辺形性は〈T, 〈S_1, S_2〉〉として得られただろう。

命題についても同様である。主語述語形式の命題や否定、連言、量化を含む命題についてまともに語るには、なんらかの準構文論的構造があればよい。こうした構造があることが「命題」に結びつけられる役割にとって重要なのであれば、世界の集合ではうまくいかない。だが、その代わりに、可能者を使ってもっと複雑な集合論的構造を作ればうまくいく。そうした構造が、前節で登場したミニチュア言語の文の「意味」にきわめてよく似ている場合もあるかもしれない。たとえば、修飾詞の

「not」を、任意の構造なし命題とその否定（これは元の命題が成り立っていないすべての世界の集合である）のあいだで成り立つ構造なしの関係Nに結びつけることができるだろう。このとき、構造付きの否定命題は、Pが（構造が付いていようがいまいが）命題を表すとすると、〈N, P〉という形式で表すことができる。命題を世界の集合とみなす場合、命題の二重否定は結局のところ元の命題になるので、Pとその二重否定を区別するのはナンセンスである。だが、構造付きの命題Pと〈N,〈N, P〉〉は実際に同じものではない。もっとも、両者は同値である、すなわち、どの世界でも同じ真理値をもつのだが。

もし前節で説明に用いたミニチュア言語に主語述語文が備わっており、個体定項と単項述語の意味論的値として個体と性質を用いていたとしたら、その場合の「意味」には、別の種類の構造付き命題が対応するはずである。主語と述語の意味論的値が個体Aと性質Pであるような原子的主語述語文には、その意味としてペア〈A, P〉が対応する。これは構造付きの主語述語命題であり、単称命題や事象命題と呼んでもよいかもしれない。これが真なのは、AがPをもつときそしてそのときに限る。もっていなければ偽である。

（二点ほど敷衍しておこう。まず、このように用いられる性質それ自体には構造が付いていても付いていなくてもかまわない。次に、関係と複数の個体を用いてもまったく同じようにうまくいくだろう。構造付きの命題〈R, A, B〉が真なのは、AとBのあいだで関係Rが成り立つときでありそしてそのときに限るとしよう。Rを二項述語の意味論的値とし、AとBをその述語の項となる二つの個体定項の意味論的値とすると、この命題は二項の原子的主語述語文の意味になりうる。）

こうした単称命題は様々な名称のもとでさかんに議論されてきた。だが、その多くは次の不適切な問いと関連している。単称命題が存在すると信じるべきなのだろうか——もちろん信じるべきだ。それどころか、性質が存在すると信じ、個体が存在すると信じ、そしてわれわれが存在すると信じるものの順序ペアも存在すると信じるならば、信じなければならない。もっとも、私が性質と呼んでいる、可能者の集合の存在を信じる必要はまったくない。どれかのバージョンの性質役割を果たすのに適した存在者の存在を信じる必要があるだけである。

だが、単称命題は正しい意味で命題なのだろうか——それら（および、それらから構成されるより複雑な構成物）があるバージョンの命題役割を果たすのは間違いない。だが、ただひとつしかない正しいバージョンの命題役割を果たすわけではない。多様にいりくんだわれわれの「命題」という語の使用には、どのバージョンが正しいかを決定できるものは何もないからである。

単称命題は思考の対象だろうか——他はともかく、このことだけは正しい。どのようにしてかはさておき、現にわれわれは考えることによって個体に性質を帰属している。（もちろん、特別なケースを除けば、考えることだけによってではない。むしろ、考えることとプラス周囲の環境との関係によってである。）個体に性質を帰属するときはいつでも、その個体とその性質のペアが存在する。よって、性質を帰属したのであれば、そのことを個体と性質のペアによって特徴づけることができる。別の言い方をすれば、その帰属により真となる単称命題によって特徴づけることができるのである。他はともかく、このことにだけは異論があるべきではない。また、単称命題は思考の対象であると適切な意味で言えるようにするためには、このことだけで十分である。

単称命題は唯一の思考の対象だろうか。つまり、知識や信念の主体を特徴づけるのに最適な存在者だろうか――この問いが一度できっぱりと答えられるようなものでないのは間違いない。答えは、この特徴づけがどういう目的のために使うよう意図されているかに依存する。

狭い意味での心理学的目的のために使うよう意図されているとき、すなわち、主体の信念からすれば彼の行為は彼の欲求にとってどのように役立っているのか、主体の信念は経験の影響を受けてどのように発展していったのか、といったことをあきらかにすることが意図されているときに、単称命題を用いて彼の思考を特徴づけようとすると、思っていたより不満足な結果になるだろう。単称命題を用いて思考を特徴づけると、主体が厳密にはどのような仕方で性質を帰属しているかに関連する情報が目立たなくなる。心理とは無関係な、彼と世界の他の部分とをつなぐ様々な関係の、まさに反対側にある個体についての情報が挟み込まれてしまうのである。

（例を使って説明しよう。ピエールのことを思い出して欲しい。彼にどこにでも行けるバスチケットをプレゼントし、国際バスターミナルに連れて行ったとしよう。ピエールが最初に向かったのはイギリスのバスで、目的地が英語で書かれている。しかし彼はそれを避けて別のバスに向かう。なぜか。彼はそのバスがロンドンに行くと信じているからである。すなわち、彼はそのバスとロンドンに〈～は～に行く〉関係を帰属しているからである。すなわち、単称命題〈～は～に行く、そのバス、ロンドン〉が（ある適切な意味で）彼の信念の対象だからである。ピエールが次に向かったバスはフランスのバスで、目的地がフランス語で書かれている。彼は大喜びでそれに飛び乗る。なぜか。彼はそのバスがロンドンに行くと信じているからである。すなわち、単称命題〈～は～に行く、もう一台のバス、ロンドン〉が彼の信念の対象だからである。あきらかに、何か関連のあることが抜け落ちてしまっている。とはいえ、ピエールの思考を単称命題によって特徴づけることに固執すると問題の状況全体を述べることは不可能になる、とまで言うつもりはない。たとえば、イギリスのバスと〈汚い街に行く〉という性質をペアにした単称命題と、フランスのバスと〈美しい街に行く〉という性質をペアにした単称命題に言及することができたからだ。このように、単称命題による特徴づけは、信念欲求モデルの心理学が要求することにうまく噛み合わないのである。しかし、十分な努力をすれば、この食い違いを乗り越え、必要な情報すべてを引き出すことができるということは否定しない。）

しかし、主体の心理にはそれほど関心がなく、彼が周囲にあるものをどう扱うかの方に関心があるとしよう。共同作業のパートナーとして、あるいは、情報の入手先として、彼に関心があるときがそうだ。こうしたケースでは話は別である。彼とわれわれが同じ個体に同じ性質を帰属すればするほど、力を合わせてその個体に影響を及ぼすことがうまくできるようになる。また、彼がしているのと同じものに同じ性質を帰属しようとすると、彼から学ぶことになり、われわれがしているのと同じものに同じ性質を帰属させようとすると、彼に教えることになる。こうしたケースで重要なのは、ものごとのあり方に関する一致である。そして、われわれが一致するのは、同じように考えているときではなく、同じものに同じ性質を帰属するときだ。一致という観点から彼とわれわれを特徴づけるのであれば、単称命題はまさにぴったりなのである。というのは、彼からしてもわれわれからしても同じ単称命題が真であるとき、それはわれわれが同じものに同じ性質を帰属しているときだからである。

　以上を要約しよう。性質や関係や命題の構造付きバージョンと構造なしバージョンの争いなど存在しない。集合論と様相実在論を組み合わせて用いることができれば、どちらのバージョンも手に入るからである（つまり、「性質」「関係」「命題」という用語に結びついている役割の両方のバージョンを果たすのに適した候補が手に入る）。そして、どちらのバージョンも可能者を必要とする。だが、どちらのバージョンがその名により値するのだろうかと不安に思う必要はない。これまでその名は、この問題に決着をつけられるほど一様に使われてきたのではないからだ。本書では、何の形容詞もなしに用いる「性質」「関係」「命題」という用語は、構造なしのバージョン、すなわち、事例や世界の集合のためにとっておきたい。また、程度を許さず端的に例化される、すなわち、他の何かと相対的に例化されるのではない性質や関係と、真偽が世界だけに相対的に決まる命題のためにも同様にとっておきたい。だが、これらはすべて用語上のことであり、学説ではない[42]。

　われわれが性質について述べることには、大きな食い違いがもうひとつある。性質は豊富に存在すると考えられることもあれば、まばらにしか存在しないと考えられることもあるのだ。前者のタイプの性質、すなわち、豊富な性質（abundant property）〔11〕は、外在的であってもよいし、グルーのようにゲリマンダー的であってもよいし、雑多な性質の選言であってもよい。あなたの思うがままだ。豊富な性質は、実在の質的な継ぎ目にまったく無頓着であり、あらゆる仕方で実在を切り分けている。なので、豊富な性質を共有することと類似することのあいだには何の関係もない。完璧な複製が共有している性質は数えきれないほどだが、それらが共有していない性質も数えきれない。まったく同じことが、想像しうる限り異なっているものについても言える。また、豊富な性質の数は、われわれがもちうるどんな言語の述語の数をもはるかに上回っている。そのため、われわれに記述可能などんな状態についても性質がひとつある。たとえわれわれが無限の長さにわたって記述できるとしても、また、われわれの出会える範囲をはるかに越えているがゆえに名前を与えるのが不可能であるようなものに対して、そのすべてに名前を付けられるとしても、それに対応する性質があるのである。じっさい、性質は集合と同じだけ豊富である。というのも、どんな集合にとっても、その集合に属するという性質があるからだ。私が性質と同一視するのは、もちろんこの豊富な性質である。

一方、まばらな性質（sparse property）[12]では話は別である。まばらな性質を共有すれば、質的に類似することになる。まばらな性質は、実在を継ぎ目で切り分けており、内在的であり、きわめて特定的である。また、まばらな性質の事例の集合は、まさにそのことによって完全には雑多ではない。まばらな性質は事物を完全に、無駄なく特徴づけるのにちょうど十分な数しか存在しないのである。

物理学には「基本的な物理的性質」のリストがある。この短いリストに載っているのは、素粒子の電荷と質量、そしていわゆる「スピン」と「色」と「香り」である。まだ見つかっていないものもいくつか入るかもしれない。物理学が異なっている別の世界には、この世界に対してエイリアンな、別の基本的な物理的性質がある。（エイリアンな性質は、この世界の構成要素から代用的可能世界を構成するというプロジェクトの妨げになる。第三・二節を見よ。）そして、非物理主義的世界では、基本的な物理的性質の分布によって、その世界の完全な質的特徴づけが与えられることはない。なぜなら、その世界で「基本的な」性質のなかには、いかなる意味でも物理的でないものがあるからである。物理学が引き受けているのは（われわれの世界でそれが成功するかはともかくとして）この世界のまばらな性質の完璧なリストを作ることである。そうでなければこのプロジェクトを行なう意味がない。豊富な性質の完璧なリストを作ろうとするのは、ドンキホーテが風車に立ち向かうようなことだからだ。そのリストは短いものにならないし、それがどういうものかは、経験的な探究によっても理論的な探究によっても分からないだろう。

性質は本当に豊富なのだろうか。あるいは、本当にまばらなのだろうか。この論争に立ち入ることはお勧めしない。どちらの側を選ぶ必要もないからだ。むしろ、次のことを受け入れるべきである。われわれはどちらの性質の捉え方ももっているのであり、何が存在するかについての適切な説明は、どちらの捉え方も認めるべきである[43]。

もし豊富な性質を認めれば（これまでも集合論と可能者を仮定することによって認めてきたように）、まばらな性質のそれぞれに対し、豊富な性質をひとつ割り当てることができるようになる。よって、まばらな性質は、豊富な性質の一種（それもきわめて少数派）にすぎないと言ってもかまわないかもしれない。だから他の存在者は必要ない。われわれがすでに手にしている不平等主義的な区別さえあれば十分なのである。その少数派に属している性質のことを、私は自然的性質と呼ぶ[44]。おそらく、自然的性質と非自然的性質の区別は程度を許すと言っておくべきだろう。わずかな性質だけが完全に自然的である。その他の性質は、それがたとえいくぶん選言的ないし外在的であろうとも、少なくとも次のような派生的な意味で、多少は自然的である。すなわち、完全に自然的な性質から、複雑になりすぎない程度に定義を繰り返していくことによって到達できるものは、その程度に自然的なのである。色の自然さは、現在われわれが知っているように、質量や電荷のような完全に自然的な性質よりは劣る。また、グルーやブリーンの自然さは色より劣る。だが、グルーですら徹底的にグルー的な非自然的性質だとは言えない。もしそうなら、われわれには名指すことすらできなかったはずだからだ。

関係も性質と同様に、豊富であるとも、まばらであるとも考えることができる。すなわち、ペア（または三つ組や四つ組など）の集合のどれについても、それに対応する関係があるとも考えられるし、類似や相違という関係的な側面を特徴づけることに必要十分な基盤となる関係だけがあるとも考えられる。ここでもまた、ある種の関係は自然的である、または、それらは他の関係よりも自然的であると言ってもよいだろう。あるいは、自然的関係は他の関係と同じ種類であり、ペアや三つ組などの集合のなかでも特別なものにすぎないと言ってもよいだろう。命題もまた、豊富であるとも、まばらであるとも考えることができる。したがって、世界の集合をより自然的なものと、そうでないものに分類してもよいだろう。命題を世界の性質と同一視し、性質を自然さによって分類すれば、自動的にそうなる。

体系的な哲学では、より自然的な性質とそうでない性質を区別することが絶えず必要になる。この区別なしでやっていくのは問題外だ。この区別の使い道については、Lewis（1983b）とLewis（1984）で、そのうちのいくつかについて論じた。ここで触れるのはひとつだけにしておこう。

われわれは、事物がそれ自体のあり方によってもつ内在的（intrinsic）性質と、他のものとの関係の有無によってもつ外在的（extrinsic）性質を区別している。どのように区別すべきだろうか。うまく区別できないアプローチもあれば、循環してしまうアプローチもある（Lewis（1983c）を見よ）。だが、次のように自然的性質と非自然的性質を区別することから始めれば、内在的性質と外在的性質の区別は、そう遠くはないところにある。まず、すべての内在的性質は完全に自然的だ、とは言えない。なぜなら、たとえば〈三者からなる、または液体である、または立方体である〉という性質は、選言的であるがゆえに非自然的であるが、選言肢が内在的なら内在的であると言いうるからだ。だが、すべての完全に自然的な性質は内在的性質であるとは言えそうだ。だから、次のように定義してよいだろう。二つのものが複製（duplicate）であるのは、(1)両者がもっている完全に自然的な性質がまったく同じであり、(2)両者の部分のあいだで、対応する部分のもつ完全に自然的な性質と完全に自然的な関係がまったく同じであるような対応関係が成り立つときそしてそのときに限る。（二番目の条件は余計かもしれない。このことは、ある種の構造的（structural）性質（独自の性質や関係をもつ部分が事物をどのように構成しているかに関連する性質）を完全に自然的と認めるかどうかに依存する。）これで、内在的性質は複製のあいだで異なることがありえない性質である、と言うことができる。

関係にも、これに対応する区別がある。内的（internal）関係とは、関係項がもっている内在的本性にスーパーヴィーンする関係のことである。すなわち、X_1とY_1がある内的関係にあるがX_2とY_2はその関係にないのであれば、X間かY間のどちらかで内在的本性に違いがあるのでなければならない。もしX_1とX_2が複製（または同一）であり、Y_1とY_2もそうならば、ペア〈X_1, X_2〉と〈Y_1, Y_2〉によって表される内的関係はまったく同じ関係である。内在的本性における類似性や相違性に関する関係は内的関係である。たとえば、私が反事実的条件法や近真度の説明で用いていた「世界の近さ」は、世界のあいだの内的関係である（第一・三節を見よ）。

関係のなかには内的でないものもある。特に時空的距離関係がそうである。この関係は関係項の本性にスーパーヴィーンしない。もしX_1とX_2が複製（または同一）であり、Y_1とY_2もそうであっても、ペア〈X_1, Y_1〉と〈X_2, Y_2〉が異なる距離関係を表していることがありうる。（古典物理学における）水素原子のひとつを例として考えてみよう。この水素原子は、陽子ひとつと、その陽子の周りを一定の距離で回る電子ひとつから構成されている。これらの陽子と電子の複製について考えると、複製の陽子と電子が元と同じ距離を示すとは限らない。これらがひとつの原子を構成している必要はないし、別々の銀河や別々の世界にあってもかまわないからである。

しかし、異なる考え方をすると、距離関係は内在的特徴にスーパーヴィーンする。電子と陽子の複製の代わりに、水素原子全体の複製で考えれば、複製の水素原子の陽子と電子は、元の水素原子のときと同じ距離を示す。距離は、別々に考えられた関係項の内在的本性にスーパーヴィーンしないのだが、関係項をひとまとめにしたもの（この例では陽子と電子からなる水素原子）の内在的本性にはスーパーヴィーンするのである。

以上のことすら当てはまらない関係もある。たとえば、〈所有者が同じである〉という関係がそうだ。この関係は、別々に考えられようがひとまとめにされようが、関係項以上のものを必要とする。というのは、この関係には関係項の他に所有者が関わっており、それ以外にも所有制度が存在するために必要なものは、それがどれだけあろうとも、この関係に関わっているからである。このように、内的関係とその他すべて、という区別で済ませるわけにはいかない。関係には三種類あるのである。そこで次のように定義しよう。ある関係が外的（external）関係であるのは、その関係が、別々に考えられた関係項の内在的本性にはスーパーヴィーンしないが、ひとまとめにされた関係項の内在的本性にスーパーヴィーンするときそしてそのときに限る。内在的な類似性に関する関係は内的関係であり、距離関係は外的関係である。だが、〈所有者が同じである〉関係は内的関係でも外的関係でもない。

私は複製であることと識別不可能（indiscernible）であることを区別している。二つのものが複製であるのは、両者がもっている内在的な質的特徴が同じときそしてそのときに限る。これは、両者と両者の部分がもっている完全に自然的な（したがって定義上、内在的な）性質、および両者の部分がもっている完全に自然的な外的関係によって定まる。一方、二つのものが識別不可能であるのは、両者がもっている内在的な質的特徴と外在的な質的特徴が同じであるときそしてそのときに限る。外在的な質的特徴（これは複製のあいだで異なっていることがありうる）は、完全に自然的ではないにせよ、完全に自然的な性質および関係から定義可能であるために多少は自然的な外在的性質から構成される。識別不可能なものどうしは、こうした多少は自然的な性質をすべて共有している。もちろん、例外なくすべての性質を共有しているのではない。性質と集合を同一視すると、どんな集合についてもその集合に属しているという性質があることを自動的に認めることになるので、これを認めるならば、例外なくすべての性質を共有するということはありえない。

説明のために、二種類の永劫回帰世界を比べてみよう。まず、一方向の永劫回帰を示す世界がある。すなわち、時間の始まりがあり、それに続く最初の時代があり、その後に最初の時代とまったく同じ二番目の時代が続き、同様の三番目の時代が続き、というように無限に続く世界である。この場合、異なる時代の対応者である住人たちは複製である（つまり内在的な比較の観点ではまったく異ならない）が、識別不可能ではない。あるものは最初の時代の住人であり、別のものは一七番目の時代の住人であるというように、外在的な質的特徴が異なるからである。これに対し、二方向の永劫回帰を示す世界もある。すなわち、最後の時代も最初の時代もなく、自然数ではなく整数のように時代が並んでいる世界である。この場合、異なる時代の対応者である住人たちは複製であるだけでなく、識別不可能でもある。だが、それでもすべての性質を共有してはいない。なぜなら、そういう住人のどの二人についても、一方を含むが他方を含まない集合があるからだ。

自然的性質とグルー的性質の区別に懐疑的な哲学者は多い。そうした哲学者は、この区別を前提していない用語によって規定できるのでない限り、この区別は正当でないと考えている。私には、そんなことをするのは不可能だと思われる。なぜなら、われわれはこの区別を絶えず前提しているからである。たとえば、自然的性質とは自然法則に現れる性質のことである、と定義することにしようか——自然法則と偶発的な規則性を区別するときに性質の自然性を使うのなら、そうしない方が良いだろう。それでは、自然的性質とは思考の内容に現れる性質のことである、と定義することにしようか——正しい内容の帰属には性質が過剰にグルー的になるのを避けることが求められると言うのなら、そうしない方が良いだろう。では、自然的性質とはその事例が類似性によってひとつにまとめられる性質のことである、と定義することにしようか――類似しているとは自然的性質を共有しているということである、と言うのなら、そうしない方が良いだろう。自然的性質と非自然的性質の区別の使い道の一部を捨てる用意があるのでない限り、この区別を循環せずに定義する簡単な方法はない。だが、これはこの区別を拒否する理由にはまったくならない。むしろ、この区別を受け入れる理由になる。必要なら原始概念として。

自然的性質と非自然的性質の区別を分析の別のところで使うためには、この区別を原始概念として受け入れるしかないというのであれば、私は喜んでそうしたいと思う。理論の統一性や経済性への貢献はコストに十分見合うものになると見込まれるからだ。だが、私の見るところ、魅力的な代案が二つある。どちらも、この区別を分析する材料を与えてくれる理論であり、存在論と原始概念の両面でいくらか代償を払う必要はあるけれども、この区別の様々な使い道は何ひとつ失われない。私は以下の二つの理論を念頭に置いている。ひとつは、まばらな内属的普遍者理論である。これはほぼ、Armstrong（1978）で提唱されたものである。もうひとつはトロープ理論である。これはほぼ、Williams（1953）で提唱されたものだが、アームストロングの理論を手本にして、トロープをまばらにしたものである。[45] これら三つの案（自然性を原始概念とするか、普遍者を認めるか、トロープを認めるか）を比較すると、優劣はだいたい同等だと思う。勝敗はつけないままにしておこう。

この二つの理論では、以下のように説明される。完全に自然的な性質のそれぞれに対して、対応する普遍者（またはトロープの集合）が存在する。そして、性質が例化されているところには、それがどこであれ、対応する普遍者（または対応するトロープのひとつ）がある。正の単位電荷は完全に自然的な性質であると仮定しよう。この性質は様々な粒子の瞬間的な段階によって例化される。要するに、電荷は粒子によって例化される。よって、どこであれ荷電粒子があるところには電荷の普遍者（または電荷トロープのひとつ）もある。それは粒子自身とまったく同じようにその場所に位置しているのである。じっさい、それは粒子の一部である。ただし、時空的部分ではない。普遍者やトロープは、粒子自身が占める時空領域の全体（点サイズだろうがそれより大きかろうが）を占めるのである。また、電荷の普遍者や電荷トロープ以外にも、同じ粒子の別の非時空的部分として、他の普遍者かトロープがその場所にある。たとえば、質量の普遍者や質量トロープがある。

普遍者とトロープの違いは、同一の完全に自然的な性質の二つの事例（たとえば、正の単位電荷をもっている二つの粒子）について考えたときに見えてくる。どちらの粒子にも電荷に対応する非時空的部分が含まれる。だが、もしこの非時空的部分が普遍者であれば、どちらの粒子にとっても同じ普遍者である。同じひとつの普遍者が、繰り返し現れているのであり、複数の場所に位置しているのであり、両方の粒子において余すところなく現れているのである。また、この普遍者はこの二つの粒子の共通部分であり、そのためにこの二つの粒子はオーバーラップしていることになる。普遍者を共有することによって似ているとは、完全に文字通りの意味で「あるものを共通にもっていること」なのである。他方、もしこの荷電粒子を荷電状態にしている非時空的部分がトロープであれば、別個の荷電粒子がもつのは別個のトロープである。非時空的部分が繰り返し現れているのでもなければ、複数の場所に位置して共有されているのでもない。ただし、その代わりに、一方の粒子の電荷トロープと他方の粒子の電荷トロープは複製であると言うことができる。電荷トロープと、たとえば質量トロープだったら、そうとは言えない。

もし普遍者が存在するのであれば、粒子は部分的には普遍者から構成されていると言える。だが、粒子の全体が普遍者から構成されているとは言えない。なぜなら、まったくそっくりな別の粒子がまさに同じ普遍者をもっていたとしても、両者は同じではないからである。粒子はそれがもっている普遍者と他の何か、繰り返し現れることなく、その粒子に個別性を与える何かから構成されている、と言うことはできる。このとき、この何かと普遍者がどのように結びついているのかを述べるための原始概念が必要となる。この結びつきのことを「例化」と呼ぼう（性質を集合とみなす場合、要素はその性質を「例化」するが、これと混同されることはないと信じている）。普遍者はひとつの個別者の全体によって例化されると言うこともできるし、個別性を与える部分（通常の個別者から、それが例化している普遍者を取り除くと残される部分）によって例化されると言うこともできる。

（残念ながら、普遍者を部分としてもつものはどれもその普遍者を例化しているとは言えない。まず、部分-全体関係は推移的である。よって、電荷の普遍者が原子の部分である粒子の部分であれば、電荷の普遍者は原子の部分になる。しかし、電荷の普遍者を例化しているのは粒子であって原子ではない。同様のことがこの先も生じる。どれだけ大きいものであっても、粒子を部分としてもつあらゆるものが電荷の普遍者を部分としてもつのである。さらに、雑多な部分から構成されたバラバラの全体が存在するとしよう。じっさい私はそのようなものが存在すると考えているが（第四・三節を見よ）、このような全体は、自分が例化していない普遍者を部分としてもつかもしれない。）

もしトロープが存在するのであれば、粒子の全体がトロープから構成されていると言えるかもしれない。まったくそっくりな粒子がもうひとつあっても何の問題もない。その第二の粒子は同じトロープから構成されているのではなく、元のトロープの複製である別のトロープから構成されているからである。このとき、粒子を構成しているトロープがどのように結びついているのかを述べるための原始概念（また別の意味での「例化」）が必要になる。トロープ理論は個別性を与える特別なもの（つまり、繰り返し現れないもの）を必要としない。トロープは最初から個別者だからである。この点でトロープ理論は普遍者理論に優っている。このことに伴う欠点は、トロープ間の複製関係が原始概念として必要になることである。これに対し、普遍者では、あらゆる荷電粒子が同じひとつの普遍者をもっていると言うだけで済む[46]。

すべての類似性を普遍者の共有として分析しようとする普遍者理論もあるかもしれない。(これが成功するかどうかは普遍者自体の類似性について何が言えるかにかかっている。Armstrong (1978 : chs. 22-3) を見よ。) トロープ理論ではこれほど野心的になれない。トロープ間の複製関係それ自体が原始的な類似性のひとつなので、すべての類似性を分析することはできないからである。しかし、原始概念とされるかもしれない他の類似性に比べて、トロープ間の複製関係はずっと行儀がよい。例で説明しよう。粒子の類似性はやっかいだ。二つの粒子がある点で似ているが別の点では似ていないということもありうる。たとえば、似た質量をもつが電荷が逆の場合がそうである。なんらかの点における類似性から始めて、すべての類似点を分析によって復元しようとする理論は深刻な困難にぶつかる (Armstrong (1978 : ch. 5) と Goodman (1951 : ch. V) を見よ)。ところが、トロープでやると単純になる。二つの電荷トロープは似ているか似ていないかのどちらかである。これで終わりだ。もしあなたがいかなる原始的類似性をも容認できないのであれば、トロープ理論はあなたのための理論ではない。だが、もしそうでないのなら、トロープ間の複製関係は、原始的類似性として特に満足がいくもののひとつなのである。

普遍者は、それを例化しているすべての個別者を、そしてそのような個別者のみを選び出し、ひとつの集合へとまとめることができる。複製トロープの極大集合 (つまり、この集合に含まれるトロープどうしはどれも複製だが、この集合に含まれないどのトロープの複製でもない) も同様に、その集合に含まれるトロープを例化しているすべての個別者を、そしてそのような個別者のみを選び出し、ひとつの集合へとまとめることができる。もし普遍者理論かトロープ理論を受け入れれば、(個別者がもつ) 完全に自然的な性質を、このようにしてまとめられた集合として定義できる。

これは回りくどいと思われるかもしれない。実際に普遍者理論を受け入れるのであれば、性質をそれの事例の集合と同一視するというプランをあきらめ、普遍者それ自体が性質であると言ってしまってはいけないのだろうか。あるいは、実際にトロープ理論を受け入れるのであれば、複製トロープの集合が性質であると言ってしまってはいけないのだろうか。なにしろ、もしこれらが存在するのであれば、性質が果たす役割の担い手として優れた候補であるのは間違いないのだから。しかも、可能者を必要としないのだ。

答えは「イエス」でもあり「ノー」でもある。まず第一に、この世界では例化されないエイリアンな性質があることを認めるのであれば、やはり可能者が必要になる。普遍者とトロープは事例があるところに現れる。よって、仮にも現れるのであれば、事例をもたなければならない。例化されない性質は、普遍者の場合は、他の世界の普遍者ということになる。トロープの集合の場合は、他の世界のトロープの集合ということになる。

第二に、たしかに普遍者と複製トロープの集合はまばらな性質が果たす役割の担い手としては優れた候補である。だが、まばらな性質だけでは十分ではない。もちろん、様相実在論で可能者の集合として提供される、豊富な性質とグルー的な性質のすべてに対して量化を行なうことは、緊急に必要なことではないだろう。だが、完全に自然的な性質の範囲を越える必要があるのは確かなのだ。たとえば、ある信念主体が自分自身や周りのものに帰属している様々な性質について何かを語るとき、または、フレッドはそれほど多くの長所をもっていないと言うとき、あるいは、妥当な分類法は有機体の解剖学的性質だけでなく生化学的性質も説明すると言うとき、そのようなとき、われわれは、まぎれもなくグルー的でもなければ、完全に自然的でもない性質に対して量化を行なっている。われわれは、なんらかの意味で選言的だったり否定的だったり外在的だったりする性質をすべて拒絶しようとは思っていないのである。しかしながら、普遍者やトロープをあてにできるのは性質がまばらなときだけである。点粒子がいくつかの非時空的部分に分かれていて、そのうちのひとつが粒子に電荷を与え、別のひとつが質量を与え、他の部分も同様になんらかの性質を与える、と信じるのは、なんら難しいことではない。だが、事物はそれのもつ無数の豊富な性質のすべてに対応する非時空的部分（それが繰り返し現れようが、そうでなかろうが）をもつ、などと考えるのは、ばかげているとしか言いようがない。われわれが言及か量化を行ないうるものだけに絞ったうえで、事物はそれのもつ性質のそれぞれに対応する非時空的部分をもつ、と考えてもほとんどましにならない。たとえば、このベッドがもつ性質のうち、もっとも注目に値するのは、ジョージ・ワシントンがこのベッドで寝たことであるとしよう（こう述べることがなんらかのまっとうな性質の捉え方のもとで正しいのは間違いない）。だが、この性質がこのベッドのもつなんらかの特別な非時空的部分に対応するなんて、まったく信じられない。この性質は普遍者やトロープと対応する完全に自然的な性質のひとつではない。むしろ、ある程度派生的な自然的性質である。なぜなら、完全に自然的な性質から複雑になりすぎない程度で定義できるからである。このように、普遍者や複製トロープの集合は、豊富な性質の役割を果たす担い手としては良い候補ではない。それほど豊富でもなければまばらでもない性質についても同様である。どちらもより適用範囲が広い性質理論の有用な補佐役なのであり、それにとって代わるものではないのである。

（用語法に関して一点述べておきたい。「普遍者」が「性質」とほぼ同じ意味をもつ言葉として使われることがある。すなわち、この二つの言葉の意味として、競合する明確な理論的役割のどれかが選ばれることがなく、そのせいでこの二つの言葉がルーズに、交換可能なように用いられてしまっていることがある。このように用いられているときには、豊富な性質だろうがまばらな性質だろうが、性質が果たす役割の担い手となるものはなんであれ、どれも等しく普遍者の名に値するだろう。だが、私はこの二つの言葉をルーズに、交換可能なようには用いない（残念ながら、かつてそうしたことがある。それは Lewis（1966）である）。代わりに、「普遍者」という言葉は、次のものだけに当てはまる厳密な言葉としてとっておくことにする（そのようなものがあるとするなら）。すなわち、完全に自然的な性質を例化するものひとつひとつのなかにその非時空的部分として余すところなく現れるものが「普遍者」である。）

単項の普遍者とトロープが完全に自然的な性質を選び出すことの役に立ちうるのとまったく同じように、多項の普遍者とトロープは完全に自然的な関係を選び出すことの役に立ちうる。じっさい、まさに自然性を原始概念とすることを避けるために普遍者やトロープの存在を信じるのであれば、性質と同様に関係も扱えるべきだと思われる。[47] だが、〈きわめてわずかな一定の距離だけ離れている〉という距離関係に対応する二項の普遍者かトロープがあるとしよう。そして、ある陽子と電子がその距離だけ離れており、共にある原子を構成しているとしよう。このとき、二項の普遍者ないしトロープは、その原子の非時空的部分としてそこにあることになる。すなわち、原子自身と同じく、二カ所に分かれて位置していることになるのである。だが、そのあり方は異なる。原子とは違い、普遍者やトロープはそれ自体では分かれていない。一部が陽子のなかにあり、別の一部が電子のなかにあるというわけではないのである。よって、この理論を受け入れるのであれば、分かれていないものが分かれた場所に位置しうるということを受け入れなければならない。問題の普遍者ないしトロープは原子の部分であるが、その普遍者ないしトロープの部分は陽子の部分でも電子の部分でもないのである。よって、もしこの理論を受け入れるならば、陽子と電子だけでは原子は尽くされないと言わなければならない。[48] この帰結は奇妙すぎて不安になるほどだ。単項の場合だとさらにもっと奇妙になる。しかし、もしこの代償が正しい代償ならば、いつかは許容できるようになるだろう。

原子は〈ある一定の距離だけ離れた陽子と電子から構成されている〉という構造的性質をもっている。この性質に対応した構造的普遍者や構造的トロープは存在するのだろうか。もし存在するのならば、それもまた原子の非空間的部分としてそこにあることになる。性質はまばらである方が望ましいのなら、こうした構造的性質は余計だと考える人もいるかもしれない。陽子と電子がもつ単項の普遍者やトロープと、両者のあいだで成り立つ距離に関する二項の普遍者かトロープがすでにある。これらの存在により、原子の構造はすでに決定されている。すると、構造的普遍者や構造的トロープがあると何が付け加わるのだろうか。だが、原子それ自体が陽子と電子と両者の距離を越えた余計なものでないのとまったく同じように、原子の構造的普遍者ないし構造的トロープも余計なものではないと言ってよいかもしれない。構造的普遍者ないし構造的トロープは、より単純な普遍者ないしトロープから構成される。よって、そうした単純なものを越えた何かではない。だから、余計なものがあると不平をこぼす必要はないのである。もっとも、構造的普遍者がどのようにして構成されるのかは完全にはあきらかでない。だから私は、普遍者理論は構造的普遍者を認めるべきだという主張は疑わしいと思っている(49)。他方、構造的トロープには問題がないように思われる。

原始的な自然性をとるべきか、普遍者あるいはトロープをとるべきか。この問題は本書の中心作業である様相実在論の擁護にとっては周辺的なことがらである。にもかかわらず、ここでこの問題を取り上げた。これにはいくつか理由がある。まず第一に、すでに論じた問題のためである。すなわち、普遍者かトロープの存在を信じ、そのために性質を可能者の集合とみなす必要が減ると、様相実在論から得られる利益も減るのだろうかという問題である。第二に、私が信じる本物の可能世界と可能個体を、この世界の普遍者やトロープから作られた代用物で置き換えることはどれほどうまくいくのかという問題のためである。これについては第三・二節で取り上げる。第三に、普遍者やトロープのせいで、様相実在論の主張や様々な様相実在論のあいだの違いについての議論の多くがややこしくなっているためである。ひとつ例を挙げよう。以前にも述べたように、普遍者は、それを例化する個別者が部分をなす、あらゆるものの部分である。これにより普遍者は、それが例化されているすべての世界の共通部分であることになる。これが意味するのは、私が普遍者の存在について中立を保ち続ける限り、貫世界的同一性を否定するときには限定をつける必要がある、ということである（第四・二節を見よ）。

一・六　世界の分離

これまで、私の言う世界の複数性テーゼが、そもそもどのような理論的目的をもって提案されたものなのかについて論じてきた。そうすることが、このテーゼがどういうものかをあきらかにすることにつながると考えたからだ。ここからは、このテーゼそのものをさらに精確に定式化するさいに生じてくるだろう、もろもろの問題を見定めながら、そのテーゼ以外の私の考えも述べていきたい。

可能世界は部分をもっている。その部分とは、可能個体である。二つの事物が同じ世界の部分である場合、私はそれらを、世界をシェアする仲間という意味で、「世界メイト（world-mate）」と呼ぶ(50)。世界はその部分である可能個体すべてのメレオロジー的和[13]（mereological sum）(51)である。なので、世界とは、お互いが世界メイトどうしの関係にある可能個体すべてのメレオロジー的和であるとも言える。世界はまた極大のメレオロジー的和でもある。すなわち、ある世界の部分の任意の世界メイトもまた、その同じ世界の部分となっている（これは私が世界間のオーバーラップ関係を否定することのひとつの帰結にすぎない）。しかし、世界の部分の和はどれもすべて、それ自体で世界となるわけではない。当然ながら、世界の部分の和が、世界の一部にすぎないケースもありうる。また、世界の部分の和が、同じひとつの世界ではなく、二つ以上の異なる世界の部分から構成されている場合もありうる。このように世界の部分の和は、いわば論理空間上にちらばっていて、ひとつの世界には完全に収まりきらずに、その部分のすべてが互いに世界メイトになっているとは限らないこともありうるのである。

すると、可能個体の和のうち、可能世界であるものとそうでないものの違いは何だろうか。何が二つの事物を世界メイトとして束ねているのだろうか。世界の境界線はどのように引かれているのだろうか。すべての可能者がひとつの巨大な世界を成したりしないのはなぜだろうか。またそれとは真逆の極端なケースとして、可能なニュートリノのそれぞれが、それ自体でひとつの小さな世界を構成しないのはなぜだろうか。これらの問題をペリーの用語を使って言い直せば、こうなる。個々の可能世界にひとつの世界としてのまとまりを与えている統合関係(unity relation)はどういったものなのだろうか[52]。

この問題に対する回答の一部は冒頭の第一・一節で与えておいた。繰り返すと、空間的に遠すぎるがゆえに、あるいは遠すぎる過去か未来にあるがゆえに、われわれ自身と同じ世界の部分でないようなものは何もないのである。ここには論争を招くような論点はなく、またそれを次のように一般化することも可能だとも思われる。すなわち、二つの可能個体のあいだに時空的関係が成り立ちさえすれば(言い換えれば、両者が同じ時空内にありさえすれば)、両者は世界メイトである。両者のあいだになんらかの距離が設定できれば(その距離が大きかろうが小さかろうが、空間的距離だろうが時間的距離だろうが)両者は同じひとつの世界の部分と言えるのである。

(次のように定義するとさらに良くなる。任意の二つの可能個体について、一方のすべての部分が、他方のすべての部分(ただし、両者の共通部分は除く)と時空的に関係しているならば、両者は世界メイトである。この定式化により、二つの(複数の世界にまたがった)貫世界的なメレオロジー的和が、部分的に時空的関係にあることに関して生じうる困難と、複数の時空的位置をもつ普遍者についての困難と、オーバーラップするものは時空的に関係していると言うべきかどうかについての困難が回避できる。)

ひょっとすると、これは思っていた以上に論争を招くものかもしれない。私は先行決定との関連で、分岐する世界について述べたのではなかったか。つまり、ある時点まではまったくそっくりだがそれ以降は異なる世界について述べたのではなかったか。このことは、時間が貫世界的に比較できること、つまり、異なる世界の出来事が同時であったり継起したりすることを前提していたのではなかったか。こうした出来事の参加者やこうした出来事が生じる時空領域のあいだで、貫世界的な時空的関係が成り立ちうることを前提していたのではなかったか。

私はそうは思わない。貫世界的な比較は可能だが、貫世界的な時空的関係は不可能である。二つの世界が、ある時点までまったくそっくりだが、それ以降は道を違えているとしよう。私はこのことを次のように説明する。一方の世界の最初の区間（initial segment）と他方の世界の最初の区間は、互いに完全な複製になっているのである。しかも、両者はそういった区間の極大である。すなわち、一方を含んだもっと長い区間と他方を含んだもっと長い区間が、互いに複製となっていることはない。このような、互いに完全な複製となっている二つの区間の部分のあいだでは、次のような対応関係が成り立つ。すなわち、対応する部分どうしもまた複製になっているがゆえに、一方で成り立つのと同じ時空的関係が他方でも成り立つ。部分-全体関係についても同様である。したがって、対応する部分と部分は、互いに文句のつけどころのない対応者である。内在的特徴が類似していることを重視した対応者関係を採用しようが、起源が一致しているという外在的な点を重視した対応者関係を採用しようが、あるいは、どういう歴史的役割をもっているかを重視した対応者関係を採用しようが、このような部分が対応者であることに変わりはない（ただし、複製である領域に含まれる部分が、その領域の外にまで関わる歴史的役割をもっているケースは例外である）。たとえば、世界を時間軸と垂直に切ることによって得られる区間どうしは、文句のつけどころのない対応者である。世紀や週や秒がそうである。同様に、対応者をもつ場所もある。銀河や惑星や街がそうである。よって、対応者理論からするととても自然な意味で、このような別個の世界の部分であるもののなかには、同時であるものもあれば同時でないものもあり、また、同じ街にあるものもあれば別の街にあるものもあり、近くにあるものもあれば離れているものもあることになる。しかし、これらは、世界をまたいだ本物の時空的関係ではない。ここで比較に関わる貫世界的関係は、類似性という内的関係だけである。これは、いま述べたような意味で準同時的（どの時空的関係でもよいが）な複数の個体そのもののあいだで実際に成り立つ関係ではなく、そのような個体が位置する二つの世界に含まれる、互いに複製となっている、もっと大きな部分と部分のあいだの関係なのである。

あなたが次のことを発見したとしよう（たとえば、信頼できる占い師に言われたとしよう）。人類の歴史の大部分が、遠い過去と遠い未来に、はるかかなたにある数々の銀河で、興味深い違いもあるこそあるものの、忠実に再現されていた。あなたがこのような歴史の再現について語ることがあれば、間違いなく、対応者理論的な場所と時間の比較をするだろう。たとえばあなたは、この歴史の再現に含まれる注目すべき出来事のひとつは、昨年ヘディントンで生じたものだと言うかもしれない。そして、その出来事がおおよそ 6.4×10^{12} 年後、ケンタウルス座がある方向の 3.8×10^{9} 光年先で生じると述べても何の矛盾も生じない。私は異なる世界の部分のあいだで時空的関係が成り立つことを否定するが、あなたが私と同様にこれを否定し、かつ先週ディドコットで起きた出来事の他の世界でのあり方について語っても、困難を抱えることなどないのである。

これで、世界メイトであることの十分条件が得られた。すなわち、二つの事物が時空的に関係しているならば、両者は世界メイトである。この条件文の逆の方にはずっと多くの問題がある。だが、私が提案する学説はほぼこれなのである。この二つの条件文をひとつにして必要十分条件にしよう。すなわち、複数の事物が世界メイトであるのは、それらが時空的に関係しているときそしてそのときに限る。したがって、世界は、その部分どうしのあいだで成り立つ時空的相互関係によって、ひとつにまとめられていることになる。また、ある世界と別の世界の境界線をまたぐ時空的関係はありえない。だが、世界のなかの境界線をどのように引こうとも、その境界線をまたぐ時空的関係が必ずあるのだ。

この提案に対する最初の、そしてもっとも単純な反論は、次のものである。まず、世界が、完全に分断された二つ以上の時空から構成されていることもありうるかもしれない（実際にそのような分断が可能だとしたら、われわれの世界も、そうした世界かもしれない）。だが、どんな世界の可能なあり方であっても、それにはなんらかの世界の現実のあり方が対応しており、二つの分断された時空をもつ世界は、私の提案の反例となる。だから私は、この反論の前提を直接に否定しなければならない。そうしたくない気持ちも多少はある。問題の前提に同意したくなる気持ちがあることは認めよう。だが、この前提は、様相に関するわれわれの思考にとって、まったく中心的でないと思われる。また、何が可能であるかについての、興味深い一般原理から帰結することでもないように思われる。よって、ここには交渉の余地がある。ひとつの世界が分断された複数の時空を含むこともありうるという主張を否定するか、（私がもうひとつの選択肢だと考えている）世界メイト関係を原始概念にするかのどちらかを選ばないといけないのであれば、より信用できるのは前者だと思う。

たしかに私の学説では、分断された複数の時空をもつひとつの世界を与えることはできない。だが、まずまずの代替物を与えることはできる。ひとつの巨大な世界が、時空的な相互関係にある多くの世界類似的部分（world-like part）をもつことがあるかもしれない。私の学説からすれば、このような世界類似的部分は、世界となるには何かが欠けているはずだ。だが、何も欠けていないように見えることはありうるだろう。これらは四次元的かもしれないし、境界線がないかもしれないし、これらをまたいだ因果的相互作用はほとんど、あるいはまったくないかもしれない。じっさい、ひとつの巨大な世界がもつ世界類似的部分のひとつひとつが、本物の完全な世界の複製になっているかもしれない。ひとつの巨大な世界が複数の世界類似的部分を含む仕方は、少なくとも四通りある。どれも世界の可能なあり方である。よって、私の立場では、どれもなんらかの世界の現実のあり方である。

(1)巨大な世界の時空には第五の次元があるかもしれない。そして世界類似的部分は、二次元の平面が三次元空間内に積み重なるような仕方で、この第五の次元に沿って広がっているかもしれない。

(2)世界類似的部分が同じ時空を共有しているかもしれない。そして、その世界の住人はいくつかのグループに分かれており、みなひとつの時空に住んでいるが、互いに影響することなく共存しているかもしれない。当然ながら、もしそうなら、その世界の住人がわれわれのように時空の形に影響することはない、とする方がよい。さもなければ、時空の形に影響することを通じて、別のグループの住人と間接的に影響しあうことができるようになってしまうからだ。

(3)時間が実数直線ではなく、いくつもの実数直線の端と端がくっついたものによって表される距離構造（metric structure）をもつかもしれない。この場合、異なる時代がいくつもあって、ひとつの時代の後に別の時代が続くということになるだろう。それでも、ひとつひとつの時代の長さは無限であり、始まりもなければ終わりもない。異なる時代の住人は時空的に関係しているが、両者を隔てる距離は無限である。あるいは、空間内で隣り合っている無限の大きさをもつ領域が無限に多くあるかもしれない。このとき、異なる世界類似的領域に属している二点間の空間的距離は無限でなければならない。

(4)あるいは、われわれがふつう考えるように時間は実数直線によって表される距離構造をもつのだが、世界類似的時代が無限に多くあり、ひとつの時代の後に別の時代が続いているかもしれない。そして、ひとつひとつの時代の長さは有限かもしれないが、時代の終わりが近づくにつれてすべてがスピード・アップするために、有限であることが住人には分からないのかもしれない。たとえば、ある一世代が十二ヶ月で死に絶え、その次の世代は六ヶ月で、次の世代は三ヶ月で……としよう。すると、その時代の最後の二年間に無限に多くの世代が収まることになる。同様に、有限の直径をもつ世界類似的領域であっても、そのなかのものが端に近づくにつれて縮むために、すし詰め状態になっているかもしれない。

私が考えたようにあなたも、ひとつの世界が多少なりとも分離した複数の世界類似的部分から構成されることもあるかもしれないと考えたかもしれない。そうだとしても、私が否定した可能性を本当に念頭に置いていたということに、あなたはどれほど確信できるだろうか。二つの世界類似的部分が時空的に関係していることはありえないということが、そのときのあなたの考えの本質的な部分を成していたということは確かだろうか。むしろ、私が与えた代替物のひとつを念頭に置いていたこともありうるのではないだろうか。また、あなたの考えは具体性を欠いているため、私が与えた代替物でも十分だということはないだろうか。

二つ目の反論は、霊魂《スピリット》とその心的活動に関わる。どちらも伝統的には、空間の外にあるとされている。このような不適当なものがわれわれの世界メイトであることはない、ということをどれほど確信していようとも、伝統的な説明が正しいかもしれないということは、少なくとも可能ではないだろうか。もしそうならば、霊魂が住む世界があることになるのである。だが、これはまったく反論ではない。すべての世界がまさにまったく同じような時空的相互関係によってひとつにまとめられている、とは私は言っていないからである。霊魂がいる世界の時空的相互関係は、われわれの世界のようなまともな世界の時空的相互関係よりルーズかもしれないのだ。霊魂および霊魂の行為が時間的に位置づけられるのであれば、それで十分である。（このことを理解可能なものにするためには、霊魂がいる世界の時間と空間は、われわれの世界の時間と空間よりも分離可能なものでなければならない。だが、これが可能であることは間違いない。）どこにでもいることによって他のものと時空的に関係するという不思議な精霊《スピリット》の存在でさえ、私は認めることができる。それも時空的に関係する様々な方法のひとつだからだ。もっとも、なぜ霊魂の物語の可能性を擁護する必要があるのかは定かではない。結局のところ、人々が不可能な理論を受け入れることはよく知られている。素朴集合論がその証拠である。だが、実際に私は霊魂の可能性に対して、少なくともそれがもつに値するだけの余地を論理空間内に認めていると思う。

三つ目の反論は、何かがあるのではなく何もないかもしれないという可能性に関わる。もし世界が、時空的に相互関係した事物からなる極大のメレオロジー的和であれば、絶対的に空っぽの世界の余地はないことになってしまう。世界はビールが入っていないこともある瓶のようなものではない。世界はそれに含まれるものの総体にほかならない。よって、たとえビールがなくとも瓶はある。瓶すらなければそこには何ひとつない。何もないことは、何かがあることの最小ではない。最小の世界というものは実際にありうる。ごくわずかなものしかない世界だ。その世界には、均質でどんな物質にも満たされていない時空があるだけかもしれないし、あるいは時空点ひとつしかないかもしれない。だが、ごくわずかでもやはり事物は事物であり、まったく何もないような世界は存在しない。これにより、何かがあることは必然的になる。何かがあることはすべての世界で真だからだ。何かがあるということは、量化子のドメインをあるひとつの世界の部分に限定すると、必ず真になるのである。たとえ世界の部分が分割不可能で特徴をもたないひとつの点だけであっても。そして当然ながら、どれかの世界の観点から量化子を限定することをやめてしまえば、何もないのではなく何かがあることが真なのはなおさらだ。論理空間、すなわち、壮観なる世界の総体があるのである。

これはどれほどまずいことなのだろうか。私が思うに、もっともまずい点は、何もないのではなく何かがあることの理由を、ただ単にそれが必然的真理であると言うだけで説明しようとしていると思われてしまう恐れがあることである。だが、恐れる必要はない。私はこれが説明だとは思っていない。というのも、私の考えでは、説明とは因果関係の報告だからである。因果関係の報告とは、ある出来事がどのように引き起こされたのかについて、何事かを述べたものである。あるいは、ある種に属しているいくつかの、または多くの、あるいはすべての出来事が、どのように引き起こされるかについて何か一般的なことを述べたものである。もしくは、存在に関するある事実が、複数の出来事がどのように協調することによって真になるかについて、何かを述べることによって（場合によっては、さらにそれらの出来事がどのように引き起こされたのかについて何かを述べることによって）、その事実を説明したものである。つまり、私が言うかもしれないことのなかに、何もないのではなく何かがあることの説明とみなしうるようなものはひとつもない。これには、何もない世界は存在しないということも含まれる[53]。

これまで意図的に避けてきたことがある。私は自分の提案がもつ望ましくない帰結を受け入れ、その帰結は思われているほどまずいものではないと主張してきた。だが、考慮すべき反論がもうひとつあり、これは本当に後退を必要とするように思われる。最後の手段は世界メイト関係を原始概念とすることだろう。だが、そこまで退却する必要はないように思う。

ニュートン力学（あるいは常識）に合うように作られた時空理論を想像してみよう。（ここで考えているのは、ある意味でニュートン力学と呼べる近年の再構成ではなく、昔ながらのニュートン力学である。だが、絶対静止（absolute rest）は抜いておこう。）この理論では、どの二つの時空点も、空間的距離と時間的距離によって関係しているとされるだろう。つまり、ここには二つの別種の距離があるのだ。どちらか一方の距離だけならゼロであることもありうる。よって、絶対的同時性と絶対静止は明確に定義できる。私はこれも世界の可能なあり方のひとつだと考えている。したがって、それはなんらかの世界の現実のあり方である。しかし、われわれの世界はその世界とは異なると考えることには、良い理由がある。われわれの相対論的な世界では、二つの時空点のあいだの距離はひとつしかない。それは空間的距離かもしれないし、時間的距離かもしれないし、時間的距離でも空間的距離でもないゼロ距離かもしれない（相対論における二点間の間隔には、正の実数によって表される「空間類似的（space-like）」間隔と、正の虚数によって表される「時間類似的（time-like）」間隔と、「光類似的（light-like）」間隔がある）。もちろんニュートン時空と相対論的時空のあいだには他の違いもあるが、距離が一種類か二種類かの違いは、存在論にとって重要な違いである。

われわれは自分たちの世界に登場する性質に名前をつける。だから、われわれが「時空的関係」と呼ぶものは、相対論的に振る舞い、空間的距離と時間的距離という二つの距離ではなく、時空的距離というひとつの距離をもつ関係である。すると、われわれがニュートン世界について語るとき、われわれの世界に登場する関係が異なった振る舞いをする可能性について語っているのだろうか。すなわち、同じ二点間の距離が二種類得られるように、われわれの世界に登場する関係が、ひとり二役をこなしているということなのだろうか。それとも、われわれの世界の時空的関係にとって代わることもありえたような、何か別の関係について語っているのか、どちらなのだろうか[54]。

前者であれば心配はいらない。たとえニュートン世界では時空的関係が異なる振る舞いをするとしても、ニュートン世界はわれわれの世界とまったく同じように、時空的に相互関係していることになる。しかし、後者であれば、厳密には、時空的に相互関係しているとは言えない。ニュートン世界にはそれ固有の外的関係が織りなすシステムがあり、ニュートン世界の各部分は、それに従って配置されている。これは、われわれの世界の各部分が時空的関係に従って配置されていることと対応している。だが、こうしたニュートン世界にあるニセモノを「時空的関係」と呼ぶべきではない。なぜなら、この名前は、われわれの世界の部分のあいだで成り立つ別の関係に対して与えられたものだからだ。(われわれの世界の関係に名前が与えられたとき、その関係は相対論的ではなく、ニュートン力学的に振る舞うと考えられていたかもしれない、という意見は的を外している。なんらかの理論に従う関係に名前を付けたつもりだったかもしれないが、それ以上に、われわれの世界の至るところで成り立っている関係に名前をつけたつもりだったことに疑いの余地はない。)必要な変更を加えれば、ニュートン世界の住人が、われわれの世界や、われわれの世界に類する世界について語るときについても、同様のことが言える。ニュートン世界の住人は、自分たちの「時空的関係」に名前をつけるとき、われわれとほとんど同じことをしたとしよう。そして、まさに同じひとつの関係が、ある世界ではニュートン力学的に振る舞い、別の世界では相対論的に振る舞うことはないとしよう。すると、厳密にはわれわれの世界が「時空的に相互関係している」と言ってはいけないことになる。

同じ関係が異なる世界で成り立っているのだろうか。この問いにどう答えるべきか、私には分からない。ケースが違えば答えも違うということすらあるかもしれない。すなわち、あるニュートン世界とある相対論的世界の組み合わせでは同じ関係が使われている(ニュートン世界ではひとり二役をしている)が、別の組み合わせではそうではない、ということがあるかもしれない。また、ニュートン世界でひとり二役によって得られる距離よりも(少なくとも振る舞いに関して)相対論的な距離と異なっている外的関係が織りなすシステムによって、相互に関係している世界があると私は考える。たしかに、どういう振る舞いの違いがあろうが、すべての世界がまさに同じ関係(すなわち、われわれが「時空的関係」と呼ぶ関係)によって相互に関係しているという考えはすばらしい。私はその考えを否定しない。だが、それに頼るのは気が進まない。

私が言う必要があるのは次のことである。それぞれの世界の部分は、「時空的関係」と呼ぶのが正しくない場合であっても、少なくともそれに類比的な関係が織りなすシステムによって相互に関係している(そして世界はその極大である)。よって、私の課題はこの類比を詳しく説明することである。類比点のいくつかは以下のようなものでなければならない。(1)その関係は自然的である。すなわち、グルーのようなゲリマンダー的性質ではないし、わずかに選言的であることさえない。(2)その関係は浸透的(pervasive)である。すなわち、その関係が織りなすシステムにおいて関係が連鎖することによって、あるものが別のものと結びついているときはほとんど、あるいはひょっとすると例外なく、その二つのあいだでその関係が直接的に成り立つ。⑶その関係は識別的（discriminating）である。すなわち、その関係によって相互に関係しているものからなる大きな集まりで、それに含まれるどの二つをとっても、その関係が織りなす構造上の位置に関してまったく同じであることはないという条件を満たすものが存在することが、少なくとも可能である（その関係があるすべての世界でそうなっているかどうかはどちらでもよい）。⑷その関係は外的である。すなわち、別々に考えられた関係項の内在的本性にはスーパーヴィーンせず、関係項をひとまとめにしたものの内在的特徴にスーパーヴィーンする。（第一・五節を見よ。関係が外的であることの定義は可能者を必要とするが、可能世界は必要ではない。それゆえ、ここで用いても循環しない。）関係が織りなすシステムが（いわば厳密な）時空的関係と類比的であるときは、その関係は類比的に時空的であると呼ぶことにしたい[55]。

私は、類比的な時空的関係という面倒くさい考え方を迂回できるかもしれないという期待を少し抱いている。ずっと単純な対案として、どういう関係かはともかくとして、なんらかの外的な相互関係が成り立つことにより世界はひとつにまとまっている、というものがある。この案では、どんな自然的な外的関係であっても、世界をひとつにまとめられる。すなわち、世界のどの部分も、その世界の他のすべての部分となんらかの自然的な外的関係にあるが、ある世界の部分と別の世界の部分のあいだでその関係が成り立つことは決してない、ということになる。問題の関係が時空的関係かどうかは（厳密であれ類比的であれ）気にしないでおこう。

この単純化に望みがあるとすれば、自然的関係の制限はかなりの重みに耐えるものでなければならない。つまり、グルーのようなゲリマンダー的性質以外のものも排除しなければならなくなる。たとえば、〈同一でない〉という関係はどうだろうか（これについてはジェームズ・グリーヴとの議論に負う）。この関係は、私の定義によれば外的関係とみなされるが、別個の世界に属する部分のあいだでも例外なく成り立ってしまう。しかしながら、この関係がわれわれの選ぶ自然的関係のリストに入ることを拒否しても、正当なこととして許されるだろう。定義によって導入することができるのであれば、自然的関係のリストに含める必要はないからだ。じっさい、われわれはそうすることができる。というのも、XとYが同一でないのは、XとYの一方は属しているが他方は属していないようなクラスがあるときでありそしてそのときに限られるからである（もし「真クラス」が同一でないこともカバーする必要があると考えるのであれば、「またはXとYの一方には属しているが他方には属さないものがある」という一節を挿入した方がよい）。

この単純化が成功するかどうかを断言するのは難しい。私にとって問題は、テストケースが足りないことである。（厳密であれ類比的であれ）時空的関係を除けば、どんな自然的な外的関係がありうるだろうか。その候補として提案されるかもしれないもののうち、たとえば、原始的な生成的同一関係（genidentity）、非質的な対応者関係（第四・四節を見よ）、原始的な世界メイト関係については、私は拒否する。

　ひょっとすると、次のものはテストケースとなるかもしれない。もしそうなら、単純化にとって好ましくないように見える。正と負の電荷は粒子の自然的な内在的性質だと考えられることが多い。だが、電荷は自然的性質ではないとしよう。その代わりに、〈電荷が同種である〉と〈電荷が逆である〉という自然的な外的関係があるとしよう。（このとき、電荷の外在的性質バージョンを導入することができる。電荷が中性であるとは、電荷が同種の粒子は存在するが電荷が逆の粒子は存在しないということであり、負の電荷をもつとは、近くにある重い粒子の集まりの周りを回るような軽い粒子のほとんどと、電荷が同種であるということであり、正の電荷をもつとは、負の電荷をもつ粒子と電荷が逆であるということである。）この見解からすると、標準的な見解とは逆に、〈電荷が同種である〉と〈電荷が逆である〉という関係は、別々に考えられた二つの粒子の内在的本性にはスーパーヴィーンしない。電子と陽子が完璧に内在的複製であってもよいのである。これがこの関係を外的と呼ぶことのポイントだ。この関係は仮定により自然的である。また、この関係は（少なくとも適切な法則を仮定すれば）浸透的である。すなわち、二つの粒子がこの関係の連鎖によって結びついているときはつねに、両者は直接的に結びついている。だが、識別的であることには（ここでも適切な法則を仮定したところで）ほど遠い。もしわずか三つの粒子しかなければ、そのうちの二つはこの関係に関する限り似ているのでなければならない。もしこの説明、ないしこれと似たものが真でありうるのであれば、厳密に時空的でも類比的に時空的でもない自然的な外的関係が得られたことになる。

　別個の世界に属する二つの粒子のあいだで〈電荷が同種である〉や〈電荷が逆である〉という外的関係が成り立つことはありうるのだろうか。とりあえずは、ありえそうだ。もしそうなら、この単純化は失敗することになる。別個の世界に属する粒子のあいだでこうした関係が成り立つことはありえないとする理由が——検証主義的なものには説得力があるとは思えないので、それ以外に——あるのなら歓迎しよう。だが、そのような理由が見つからないので、私の気持ちは、この単純化をあきらめる方に傾いている。それゆえ私は、この単純化の代わりに、まだ十分に発展していない次の提案にしがみつかなければならない。それはすなわち、世界をひとつにまとめる外的関係は、厳密に時空的でなくても、少なくとも類比的に時空的でなければならないという提案である。

　世界が分離している仕方はもうひとつある。ある世界から別の世界へと及ぶ因果関係はないのである。もし必要ならば、この因果的に分離していることを、時空的に分離していることとともに、世界の線引き原理として採用しよう。だが、実際にはその必要はない。因果関係を反事実的依存によって分析するならば、世界が因果的に分離していることは自動的に導かれるのである。したがって、世界の線引きに対して世界の因果的分離が貢献することは何もない。世界の線引き問題がどのように解決されるにせよ、世界をまたぐ因果関係は無意味なものになるのである。

世界内部での因果関係に関しては、おおよそ次のように事が運ぶ。(話を単純にするために、因果的先取り(pre-emption)と過剰決定(overdetermination)に関係するややこしい問題は無視する。もっとも近い前件世界が必ずあるという理想化に関しても同様である。これらを考慮に入れても、世界をまたぐ因果関係に有利なことは何もないだろう。)出来事Cが出来事Eを引き起こす世界Wを考えよう。どちらの出来事もWで生じ、両者は別個の出来事である。そして、Cが生じなかったならばEもまた生じなかったはずだということがWにおいて成り立つ。この反事実的条件文が意味するのは、Wにもっとも近いCが生じない世界ではEもまた生じないということである。

では、世界をまたぐ因果関係があると想定して、すなわち、ある世界の出来事が別の世界の出来事に影響する事例を想定して、上の分析をそれに当てはまるように書き換えてみよう。すると次のようなものになる。出来事Cは世界W_Cで生じ、出来事Eは世界W_Eで生じる。両者は別個の出来事である。そして、Cが生じなかったならばEもまた生じなかったはずだ。この反事実的条件文が成り立つ――どの世界において?――とされる。この反事実的条件文が意味するのは、もっとも近い――どの世界から?――Cが生じない世界ではEもまた生じない――どの世界で?――ということである。

通常、反事実的条件文は、ある出来事が別の出来事を引き起こす世界で成り立つとされる。ということはおそらく、因果関係が二つの世界に関わるのであれば、反事実的条件文が両方の世界で成り立つべきなのかもしれない。こうして、次の二つの文が得られる。

(1) W_Cにもっとも近いCが生じない世界ではEもまた生じず、かつ、

(2) W_Eにもっとも近いCが生じない世界ではEもまた生じない。

だが、(1)は適切でないと思われる。われわれが目を向けているのは世界をまたぐ因果関係だと想定されている事例なのだから、W_Cに近い世界にEがあるかどうかは無関係だ。むしろW_Eに近い世界に目を向けるべきである。なぜなら、問題の事例で結果であると想定されている出来事が実際に生じる世界はW_Eだからだ。(2)はさらにまずいように思われる。W_Cに似た世界からCを取り除いたものを仮定すべきである。W_Eに似た世界からCを取り除いたものは無関係だからだ。じっさい、W_Eにもっとも近いCが生じなかった世界がW_Eそのものであってもまったくおかしくない。

するとし、反事実的条件文の書き換えが適切な世界に対して行われることを保証するために、出来事を取り除く世界を明確に特定すべきなのだろうか。たとえば、次のように：

(1′) W_Cにもっとも近い〈W_CでCが生じない世界〉で、W_EではEは生じず、かつ、
(2′) W_Eにもっとも近い〈W_CでCが生じない世界〉で、W_EではEは生じない。

だが、これはこれまでのなかでもっともまずい。「この世界で、あの世界ではある出来事が生じない」という二重修飾は何を意味するのだろうか。Cは実際にW_Cで生じ、Eは実際にW_Eで生じる。ある世界ではこの二つの事実が成り立たない、などということはない。あなたは「オークランドで、メルボルンでは雨が降っており、ウェリントンで、メルボルンでは雨が降っていない」と言うことだってできただろう。外側の修飾句は無意味であるとする以外に、この文を額面通りの意味で理解する方法はない。(だからこそ、額面通りでない意味で理解する二つの方法をすぐ思いつくことができるのである。そのひとつは、オークランドで「メルボルンでは雨が降っている」と言われているが、ウェリントンではそう言われていないと解することである。もうひとつは、オークランドと比べればメルボルンではかなり雨が降っているが、ウェリントンと比べればそうではないと解することである。)

次の案を試してみよう。通常の因果関係にはひとつの世界が関係しているように、世界をまたぐ因果関係には世界のペアが関係している。よって、徹底して世界のペアでやってみよう。

(3) 世界のペアの第一の世界でCが生じないもののうち、〈W_C, W_E〉にもっとも近いペアでは第二の世界でEは生じない。

これは理解できる。だが、この文が真になりうるようには理解できないと思う。というのは、ある世界のペアと別のペアとの近さは、それぞれのペアの第一の世界の近さと第二の世界の近さを合わせたものだと私は考えているからである。〈W_C, W_E〉にもっとも近いペアの第一の世界を考えるときはW_Cから遠ざかる必要がある。Cを取り除かなければならないからだ。だが、第二の世界を考えるときは、同じようにW_Eから遠ざかる必要はない。さて、その世界それ自身よりもその世界に近い世界はあるだろうか。もちろんない。よって、〈W_C, W_E〉にもっとも近いペアがどんなものであっても、その第二の世界は単にW_Eであり、もちろんそこでEは生じる。したがって、(3)は偽である。

(世界のあいだで成り立つ重要な外的関係があったなら、世界のペアを比較する別の観点がそれによって得られたかもしれない。しかし、これに対しては次のように言いたい。まず、世界の線引き問題に対するわれわれの解決策は、こうした貫世界的な外的関係を絶対的に禁止しているのではないにせよ、許されるのは、少し前に登場した想像上の関係である〈電荷が同種である〉と〈電荷が逆であ

る〉のようなものだろう。このような関係が(3)を真にすることの役に立つとは思えない。次に、世界のペアによる特別な反事実的条件文が因果的依存を生み出すのなら、通常の因果的な反事実的条件文の真偽を左右するのと同じ種類の近さが特別な反事実的条件文の真偽を左右すべきである。だが、通常の世界の近さは、世界のペアの近さを与える貫世界的な外的関係にまったく関与しない。）

考えるに、貫世界的な因果関係があたかも理解できているかのように思えるときには、以下のようなことが起きているにちがいない。そのときは、すべての可能世界の総体をあたかもひとつの大世界（grand world）のように考えており、そのために、その大世界に他の可能なあり方があると考え始めてしまうのである。だから、そうしたときに本当に念頭に置いているのは、ひょっとすると次のようなことかもしれない。

(4) W_Cに対応する部分においてCが生じない別の大世界のうち、われわれの大世界にもっとも近い大世界ではW_Eに対応する部分においてEは生じない。

だがこれはまったくの見当違いである。もし私が正しければ、大世界を構成する数多くの世界によって、可能性はすでに与えられている。可能性をもう一度与えることには何の意味もない。あるいは私が間違っていて、そうした数多くの世界によって本物の可能性は与えられないのかもしれない。（そのように考える人もいる。第二・一節を見よ。）だが、もしあなたがそう思うのなら、その間違った方法をまねる、それも、より大きいスケールだけでまねることには何の意味もない。世界の総体を構成しているのは、適切な仕方でひとつにまとめられた事物の極大だけである。もし世界がそれより大きな塊を形成し、さらに大きい塊の塊も形成し、というように、この先も同様に続くのだとしても、それには何の意味もない。私が「世界の総体」と言うときに意味する範囲はすべての世界である。（また、いったいどうすれば世界は塊を形成できるのだろうか。どういう種類の関係でなら、世界が融合してひとつの和になってしまうことなしに塊を形成することができるのだろうか。）世界の総体はひとつしかない。世界の総体は世界ではない。世界の総体が異なったありかたをしていたことは不可能である。したがって、(4)はナンセンスである。これを理解できるのは、「大世界」を指示対象をもたない名詞と捉えたときだけだ。

このように、世界をまたぐ因果関係はありえない。そしてこれは、私が世界の線引き原理としてそのように約定したからではなく、因果関係と反事実的条件法に対する私の分析の結果としてそうなるのである。またこれは、他の世界を見ることができるような、とても強力な望遠鏡がありえないことの本当の理由である。障害となっているのは、クリプキが冗談めかして述べたように、他の世界があまりに遠くにあることではない。他の世界がなんらかの意味で「抽象的」であることでもない——周知のように、彼が本当に障害だと考えているのはこちらである（Kripke（1980：p. 44 and 19）を見よ）。望遠鏡で見ることは、他の情報の集め方と同じく、因果的なプロセスである。「見られている」ものの状態に因果的に依存しない像を生み出す「望遠鏡」は、まがいものである。世界をまたぐ因果関係がなければ、世界をまたぐ望遠鏡もないのである。

同様に、世界をまたぐ因果関係がありえないのなら、世界をまたいで旅行することもできない。あなたは「論理空間船(logical-space ship)」に乗って他の可能世界を訪れることはできないのである。あなたが何かを「論理空間船」と思い込み、それに乗ってノブを回して、消えてしまうことはありうるだろう。そして、あなたが消えた瞬間に、他の世界で、あなたの完璧な複製が、その船の完璧な複製に乗った状態で、無から現れることはありうるだろう。じっさい、論理空間旅行を夢見る人が消えてしまう世界はたくさんあり、論理空間旅行を夢見る人が無から現れる世界もたくさんあり、消えてしまう人と現れる人が質的複製になっている事例もたくさんある。だが、出発と到着を通じて生存する旅行者がいるのでない限り、このような事例はどれも、世界をまたぐ旅行ではない。そして、生存するためには、因果的に連続していなければならない。因果的に連続していることは、時間を通じて持続するひとりの人物であるための条件にとって、根幹をなす部分なのである。これはひとつの世界の内部で考えるときも同じである。ある悪魔が人々をでたらめに破壊しており、別の悪魔がでたらめに人々を創造しているとしよう。そして、きわめてありそうもない偶然の一致の結果、破壊された被害者が新たに創造された人で置き換えられることになったとしよう。この場合、両者が質的には完全に連続していることはありうるだろう。だが、因果的依存がなければ、被害者が本当に生存したことにはならない。世界をまたぐ事例でも同様である。世界をまたぐ因果関係がなければ、世界をまたいで因果的に連続することもない。世界をまたいで因果的に連続することがなければ、世界をまたいで生存することもない。世界をまたいで生存することがなければ、世界をまたぐ旅行もない。「論理空間船」で最後を遂げる様々な世界の人たちはみな、「論理空間船」のなかで無から現れる幸運な人たちと共に、悲しい思い違いをしているのである。

だが、もしあなたが、ナポレオンがヨーロッパ全体を征服した世界を観測したいと思っているのなら、希望を捨ててはいけない。われわれの世界は、奇妙な仕方で時空的に関係している複数の世界類似的部分をもつような巨大な世界のひとつかもしれないからだ。もしそうであれば、ひとつの世界であるわれわれの世界の内部だけで動作する特別な望遠鏡か特別な宇宙船によって、あなたの願いは(ほとんど)かなうかもしれない。もちろん、ナポレオンその人のいる世界類似的部分を見てもあなたの願いはかなわない。あなたはすでにそこにいるが、ナポレオンはヨーロッパ全体を征服していないからだ。だが、文句のつけどころのないナポレオンの対応者がヨーロッパ全体を征服している世界類似的部分を観測すれば、あなたは満足するはずだ。私はまっとうなSFを哲学的に妥当でないと批難するような人間ではない。むしろ逆だ。「他の世界」を見たり訪れたりする物語は完全に整合的である。そうした物語は無数の可能世界において真となる。ただ、そうやって見たり訪れたりする「他の世界」は、私が「他の世界」と呼ぶものではありえないのである。

一・七　具体性

他の世界はわれわれのこの世界と同種のものである、と私は述べた。ならば、可能世界や可能個体は具体的であり、抽象的ではないと私が主張することを、読者は当然、予想するだろう。しかしながら、私としては、きっぱりとそう言い切ることにはためらいがある。それは、私が反対の見解をもっているからではない。そうではなく、こうした場合に哲学者が「具体的」や「抽象的」で何を意味しているのか、私にはまったく明らかでないからだ。もしかしたら私は、可能世界や可能個体が具体的であるという主張に（その主張が正確に何を意味するにせよ）同意することになるかもしれない。しかしその場合でも、やはりそうした主張が私の考えを説明するのに役立つとは思わないだろう。

「具体的」で何が意味されているのかを知らなくても、それについて、次のように、かなりのことを語ることができる。まず私は、ロバや陽子や水溜まりや星が具体的なものの典型例とみなされていると想定している。また私は、具体的と抽象的の区別には、存在者を根本的に異なる種へと分類するという意図が込められていると考えている。この考えが正しいなら、抽象的存在者と具体的存在者が互いに正確に似ている、すなわち、一方が他方の完璧な複製であるなどということはありえないことになる。私の様相実在論によれば、この世界の一部であるロバや陽子や水溜まりや星は完璧な複製をもち、それらは他の可能世界の一部である。ここまでで、少なくともいくつかの可能個体は「具体的」である（それが正確に何を意味するにせよ）と結論づけることができる。そして、もしそうなら、少なくともいくつかの可能世界は、少なくとも部分的には「具体的」であることになる。

はたから見ると、「具体的」および「抽象的」存在者の区別に関して、現代哲学者のあいだで共通了解が成立しているように思われるかもしれない。それは、あまりにもよく理解され、あまりにもあたり前なので、説明するまでもない事柄のように映るかもしれない。しかし、実際に説明しようとすれば、次の四つの方法のいずれか（複数になるかもしれないが）によることになるだろう[56]。

第一の方法は「例示法」である。すなわち、具体的な存在者はロバや水溜まりや陽子や星といったものであり、抽象的な存在者は数のようなものである。しかし、これはほとんど助けにならない。なぜなら、まず第一に、数とは何であるかについて、議論の余地のない説明をわれわれは持ち合わせていないからである。抽象的存在者の典型例として、フォン・ノイマン順序数——ある種の純粋集合（pure set）[14]——が意図されているのだろうか。あるいは、われわれの世界のあちこちで例化される構造的普遍者、たとえば、クォークからなる陽子が存在するすべての場所で例化される〈三つの部分から構成される〉という性質（クォーク自身がメレオロジー的原子[15]であるとして）のようなものが意図されているのだろうか。それとも、「還元不可能な独特の抽象的存在者」なのだろうか。そして、数の本性についての有益な説明がたとえ得られたとしても、数はロバなどとはあまりにも多くの点で異なるため、ロバ的であることと数的であることのあいだのどこに境界線を引くかということに関して、われわれの理解はほとんど深まらないのである。

「例示法」は、少なくとも、他の世界のいくつかの部分についてはうまくいく。先に述べたように、他の世界のいくつかの部分はロバと正確に類似している（なぜなら、それらはロバだからだ）。したがって、それらはとりあえず具体的なものの典型例である。同じことが、他の世界の水溜まりや陽子や星についても言える。ここまではよい。しかし、他の世界のそれ以外の部分、たとえば、他の世界の時空の塊は具体的なものの典型例だろうか。そして、もし通常の個別者がその（非時空的な）部分として普遍者やトロープをもつなら、通常の個別者から構成される世界は、その部分として普遍者やトロープをもつことになるだろう。この場合、世界の部分のすべてが具体的なものの典型例になるわけではない、ということになる。じっさい、ある数の理論について考えてみればよい。それによれば、たとえば数三は〈三つの部分から構成される〉という構造的普遍者であり、それゆえ世界のある部分は抽象的なものの典型例であることになるだろう。

また、世界全体はどうなるのだろうか。その巨大さにもかかわらず、十分にロバ的だろうか。そのほとんどが空っぽな時空から構成されているという事実は、ロバ的であることの妨げにならないだろうか。私としては、例示法に従って、世界は抽象的ではなく具体的である——数的であるよりもむしろロバ的である——と言いたくなる。また、世界は書き物机よりカラスに似ている、とも言いたくなる。それはピンであってポンではない、とも。しかし、なぜそうなのかはわからない。

第二の方法は「混同法」である。すなわち、具体的存在者と抽象的存在者の区別は実のところ個体と集合の区別にほかならない。あるいは、個別者と普遍者の区別、またひょっとすると、個別的個体とそれ以外のすべてのものの区別かもしれない。この方法は、われわれの想定する具体例と十分よく一致する。ロバなどは個別的個体であるが普遍者や集合ではないと言っても問題はない。数は集合であるという見解は、まったく問題がないわけではないが、擁護可能である。その代わりに、数は普遍者であると論じることも可能である。ここまではよい。私は、世界は個体であって集合ではないと主張する。また、世界は個別者であって普遍者ではないと主張する。したがって私は、「混同法」のいずれのバージョンによっても、世界は具体的であると主張することになる。

第三の方法は「否定法」である。これには、抽象的存在者は時空的位置をもたない、抽象的存在者は因果的相互作用をしない、抽象的存在者は決して互いに識別不可能にならない、という三つのバージョンがある。

「否定法」と「混同法」はかなり食い違うと思われる。まず、「否定法」の最初のバージョン、すなわち、抽象的存在者が位置をもつことの否定に対しては、次のように反論したい。このテストに従えば、集合や普遍者のいくつかもまた具体的ということになってしまうだろう。集合は抽象的だとされている。しかし、位置をもつものからなる集合は、位置をもつように思われる（もっとも、ひょっとするとその位置は分割されているかもしれないのだが）。つまり、集合はそのメンバーがあるところにあるように思われるのだ。たとえば、私から構成される単位集合は、ちょうどここに、まさに私のいるここに存在する。私とあなたから構成される集合は、その一部が私のいるここに存在し、別の一部があなたのいるそこに存在する。また、普遍者は抽象的だとされている。しかし、もし普遍者が、その定義が述べるように、位置をもつ個別者のおのおののなかにその全体が余すところなく現れるのなら、このことは、普遍者がその事例のあるところにあることを意味する。普遍者は多重に位置をもつのであって、位置をもたないわけではないのである。これに対して単に、「抽象的存在者は、集合や普遍者が位置をもつような特殊な仕方でのみ位置をもつのだ」と宣言することもできるだろう。しかし、そうであれば、抽象的であることは集合または普遍者であることにほかならない、と言っても同じだろう。位置をもたないと言ったところで、何もつけ加えたことにはならないのだ。たしかに、純粋集合や例化されない普遍者は位置をもたないかもしれない。しかしこれらは、集合や普遍者のなかでも必要性がもっとも低く、疑わしいものである。集合や普遍者は一般的には位置をもたないと主張するなら、性急な一般化をしてしまっているかもしれない。あるいはひょっとすると、抽象的であるがゆえに位置をもたないという推論をしているのかもしれない。もしそうなら、位置をもたないがゆえに抽象的であるという主張を同時にすべきではない。

「否定法」の第二のバージョン、すなわち、抽象的存在者が因果的に相互作用することの否定も「混同法」と食い違うように思われる。集合や普遍者が因果的相互作用することはありえないというのは本当だろうか。なぜ、何かが結果の集合を引き起こすと言ってはいけないのか。なぜ、原因の集合が共同でなんらかの結果を引き起こすと言ってはいけないのか。なぜ、正電荷は例化されるときはいつでも特有の結果を引き起こすと言ってはいけないのか。多くの書き手が、出来事——まさにもっとも確実に原因や結果となりうるもの——をなんらかの種類の集合と同一視する提案をしてきた（たとえば、私は Lewis (1986d) で、出来事をそれが生じる時空領域の集合と同一視することを提案している）。このような同一視は、それによってどれほどの経済性が得られるかにかかわらず、集合は「抽象的」とされているはずだというだけの理由で拒絶しなければならないのだろうか。

「否定法」の第三のバージョン、すなわち、抽象的存在者が識別不可能になることの否定については、たしかに、互いに識別不可能な普遍者の存在を支持して何が言えるか、私には分からない。しかし、集合については、もし二つの個体が互いに識別不可能なら、おのおのが構成する単位集合もまた互いに識別不可能になると考えるべきだろう。二つの集合が識別不可能な個体で置き換わっているという点においてのみ異なる集合も同様である。したがって、「混同法」と異なり、「否定法」は普遍者や集合一般を抽象的存在者には分類しないように思われる。

「否定法」は可能世界についてどのようなことを言うだろうか。他の世界やその部分がわれわれといかなる時空的関係も因果関係ももたないことは確かである。世界は時空的および因果的に分離している。さもなければ、それらは世界全体ではなく、より大きな世界の部分であることになるだろう。しかし、同じ理由により、われわれはそれらといかなる時空的関係も因果関係ももたない。だからといって、われわれが抽象的になるわけではない。ここで、われわれにとってはわれわれ自身が具体的で他の世界の住人が抽象的であるが、他の世界の住人にとってはその人自身が具体的でわれわれが抽象的である、と言っても何の助けにもならない。というのも、確かなことがひとつあるからだ。すなわち、抽象的・具体的の区別がどのようなものであれ、それは少なくとも、二つの種類の存在者のあいだのきわめて根本的な違いだとされているのである。対称的かつ相対的な問題の出る幕ではないのである。

そういうわけで、正しい問いは次のものだ。他の世界やその部分は、なんらかの対象と時空的関係や因果関係をもつのだろうか。世界の部分については答えは「イエス」だ。世界のある部分は、その同じ世界の他の部分と（厳密であれ類比的であれ）時空的関係をもち、また因果関係をもつ。（いくつかの例外はある。たとえば、ひとつの部分しかもたない小さな世界があるかもしれない。また、いかなる法則も成立しないカオス的世界があって、そこではいかなる因果関係も成立しないかもしれない。しかし、こうした特別なケースでは世界の部分は抽象的であるが、他のケースでは具体的である、とは言いたくないだろう。）しかし、世界の全体は、それ自身の外に存在するなんらかの対象と時空的関係も因果関係ももつことはできない。また、いかなるものも、それ自身の部分と時空的関係や因果関係をもつことはできないように思われる。ここから、世界——われわれが住んでいる世界も含めて——は、具体的な部分からなる抽象的な全体であり、ひょっとすると、じつはその全体を具体的な部分へと完全に分割できると結論すべきだろうか。これは「否定法」を厳格に理解しすぎているように思われる。おそらく「否定法」を寛容に理解して、全体は部分から具体性を受け継ぐことができると考えるべきなのかもしれない。識別不可能性について言えば、互いに識別不可能な世界があるのかどうか、私にはさっぱり分からない。しかし、互いに識別不可能な世界の部分はたしかにある。たとえば、二方向に永劫回帰する世界の互いに識別不可能な時代がそうである。したがって、「否定法」を寛容に理解するなら、私は、世界とその部分――普遍者を含めて（そんなものがあればだが）――は具体的であると主張することになる。

第四の方法は「抽象法」である。すなわち、抽象的存在者とは、具体的存在者から抽象されたものである。抽象的存在者は、具体的存在者のもつ特定性をなんらかの仕方で取り除いた結果として得られ、このとき、元の具体的存在者の不完全な記述が、その抽象的存在者の完全な記述となる。われわれが「抽象的存在者」について語るなら、これこそが歴史的かつ語源的に正しい用法であると私は思う。しかし、現代哲学においては決して支配的な用法ではない。

事物の非時空的部分――繰り返し現れる普遍者であれ、そうでないトロープであれ――の理論によって、抽象されたもののうちのいくつかはうまく理解することができる。すなわち、負の単位電荷は多くの粒子に共通の普遍者であり、まさにこれらの粒子の部分であることにより、粒子から抽象されたものになっている、と言うことができる。あるいは、こう言ってもよい。この特定の粒子のこの特定の負電荷は、この粒子の部分、それも真部分であり、その意味で粒子の全体から抽象されたものになっている、と。しかし、抽象されたものを単純に普遍者やトロープと同一視することはできない。というのも、きわめて外在的な側面――たとえば、ある人物の姓――を抽象することができないのはどうしてだろうか。あるいは、時空的な位置や、因果のネットワークにおいて果たす役割や、なんらかの理論体系において果たす役割についてはどうだろうか。これらは事物の内在的本性ではないので、どれも本物の普遍者やトロープの候補としてふさわしくない。

同値クラスをとるという方策もまた、抽象化（あるいはそれに十分よく似たもの）をうまく理解する助けとなる。たとえば、ある直線からその方向を抽象するには、その直線とそれに平行なすべての直線からなるクラスを作り、これをその直線の方向とみなせばよい。ここでは、直線を特定する詳細が本当に取り除かれることはなく、むしろ倍増させられている。しかし、詳細を除去しなくても、あふれさせることによって、元の直線の特定性は失われるのである。たとえば、方向は位置をもつ多くの直線から構成される。そして、そのメンバーが位置するところ、すなわち、あちこちに位置する。したがって、ある場所よりも別の場所に位置するといったことはない。これは、どこにも位置をもたないことの次に良い。しかし、集合一般をこのようなやり方で抽象されたものとみなすことはできない。というのも、ほとんどの集合は、まったく不自然な同値関係のもとでのみ同値クラスとなるからである（また、空集合は同値クラスにならない）。さらに、もし同値クラスをとることによって抽象するなら、われわれは具体的なものの典型例から始める必要はない。それゆえ、方向は直線から抽象されるかもしれないが、直線そのものは実数の四つ組からなるある種の集合とみなされるかもしれない。

したがって、たとえ普遍者や同値クラスが抽象されたものであっても、「抽象法」と「例示法」や「混同法」の不一致は残る。また、「抽象法」は「否定法」ともそれほど一致しない。何かの時空的位置を抽象することができるなら、そうして得られた抽象されたものが位置をもたないことはないだろう。それどころかそれは、位置以外のものを何ももたないことになるだろう。同様に、何かの因果的役割を抽象することができるなら、そうして得られた抽象されたものがなすことは、因果的相互作用だけだろう。

普遍者かトロープか同値クラスとして理解しない限り、抽象されたものはあきらかに疑わしい。そうすると避けられないのは、抽象されたものは言語的虚構にすぎないという仮説である。すなわち、「実質話法」で言えば、われわれが抽象されたものについて語るのは、本当は元々の事物について抽象的に語っているときなのである。われわれはその事物の特徴のいくつかを無視しているのであって、そうした特徴を欠いた何か新しい存在者を導入しているのではない。われわれは「経済人」という抽象されたものについて語っているとされるが、本当は普通の人について、ある抽象的な仕方で、すなわち、彼らの経済活動に限定して語っているにすぎないのである。

「抽象法」によれば、世界は具体的であると私は主張することになる。世界はいかなる特定性も欠いておらず、そこから抽象することによって世界が得られるようなものはない。世界の部分について言えば、そのうちのいくつかが具体的であるのは確かだ。たとえば、他の世界にいるロバや陽子や水溜まりや星がそうだ。しかし、もし普遍者かトロープが日常的な個別者の非時空的部分であり、そうした個別者が世界の部分であるなら、世界の部分であるような抽象されたものが得られることになる。

したがって、「例示法」と「否定法」を用いた考察においては疑いが残ったものの、大局的に見て、次のように結論づけるのが妥当だと思われる。すなわち、私の考える世界は具体的であり、世界の部分もそのうちの多くが具体的である。ただし、ひょっとするとすべてではないかもしれない。しかし同時に、この主張はきわめて多義的な主張であるとも思われる。すべての多義性を取り除いたあかつきにこの主張が真になるとしたら、それはただの幸運にすぎない。

一・八　充満性

冒頭で私は、世界の可能なあり方のいくつかについて言及した。それから、次の二つのテーゼを自分の様相実在論の一部として採用した。

(1)世界の可能なあり方のすべてに、なんらかの世界の現実のあり方が必ず対応する。

(2)世界の部分の可能なあり方のすべてに、なんらかの世界のなんらかの部分の現実のあり方が必ず対応する。

しかし、これは何を意味するのだろうか。これは、世界が豊富に存在すること、そして論理空間がなんらかの意味で完全であることを意味するように思われる。論理空間にギャップが存在しないこと、すなわち、現実ではないが可能ではあるなんらかの世界のあり方に対応する場所が抜けていることはない、ということを意味するように思われる。つまり、充満性（plenitude）の原理を意味するように思われる。しかし、本当にそうだろうか。

様相実在論を前提するなら、「世界の可能なあり方」を可能世界そのものと同一視するのが好都合である。なぜ二つの密接に対応する存在者、すなわち、世界と極大に特定された世界のあり方を区別するのか。経済性を重視するなら、「あり方」を可能世界と同一視すべきである。

しかし、ピーター・ヴァン・インワーゲンが私に指摘したように、そうした同一視は(1)を無内容なものにしてしまう。そうした同一視のもとでは、(1)はすべての世界がなんらかの世界と同一であるということを述べているにすぎないことになるのである。これは世界が一七個しか存在しなくても、ひとつしか存在しなくても、あるいはまったく存在しなくても、真となるだろう。(1)は可能世界が豊富であることや論理空間が完全であることについて何も述べていないことになる。(2)についても同様である。

ためしに、極大に特定された「あり方」と、それほど特定されていない「あり方」とが同種の存在者だとしよう。すなわち、いずれも（集合として理解された）性質だと考えてみよう。そうすると、極大に特定された「あり方」は単位集合になるだろう。このとき、たしかに「あり方」は世界そのものと区別される。さらに、「あり方」は、どんな意味であれ集合が抽象的であるのと同じ意味で抽象的であることになる。しかし、このように考えても(1)が内容を取り戻すことにはまったくならない。「可能なあり方」とは、空でない集合にほかならない。そして、(1)が述べるのは、こうした単位集合のそれぞれがメンバーをもつというトリビアルな事実にすぎない[57]。

あるいは、ひょっとすると「あり方」は単位集合ではなく、互いに識別不可能であるという同値関係のもとで集められた同値クラスなのかもしれない。互いに識別不可能な世界が存在するのかどうか、私には分からない。もし存在するとすれば、私としては、互いに識別不可能な世界のあり方が存在すると言いたい。これはちょうど、二方向に永劫回帰する世界では、ある人の識別不可能なあり方が無数に――時代ごとにひとつずつ――存在すると私が言うのと同様である。しかし、「あり方」が互いに識別不可能であるという考えを好まない人もいるかもしれない。したがってそういう人は、世界が互いに識別不可能であろうとなかろうと「あり方」は決して識別不可能にならない、ということが保証されて喜ぶかもしれない。このとき、(1)が述べるのは、こうした同値クラスのそれぞれがメンバーをもつというトリビアルな事実にすぎないことになる。

あるいは、「あり方」は世界の内在的本性であり、非常に複雑な構造的普遍者であると考えていたとしよう（Forrest（1986）でそう想定されているように）。このテーゼを前提すれば、「可能なあり方」は、例化された普遍者であることになる。このとき、(1)が述べるのは、こうした例化された普遍者のそれぞれがそれを例化している世界をもつというトリビアルな事実にすぎない。

(1)を、可能だとわれわれが考える世界のあり方のすべてに対し、なんらかの世界の現実のあり方が対応する、と読むことができるかもしれない。すなわち、ある一見したところ可能な世界の記述ないし捉え方のどれに対しても、なんらかの世界が合致する、ということである。このとき、(1)は本物の充満性の原理であることになる。しかし、それは受け入れることのできない原理である。なぜなら、そのように理解された場合、(1)は、何が可能であるかについての単なる思いつきの意見を無差別に認めることになるからである。

したがって、(1)を充満性の原理として救うことはできない、そして(2)もまた同様である、と私は結論する。(1)と(2)をトリビアルなままにしておこう。だが、そうなると、(1)と(2)が述べていると思われていたことを述べるために、新たな方法が必要になる。すなわち、十分な可能性が存在すること、そして論理空間にいかなるギャップも存在しないということを述べるための、新たな方法が必要になるのである。

この目的のために、別個の存在のあいだの必然的結合を否定するヒューム的見解に注目することを提案したい。可能世界の充満性を表現するために、私は組み替え原理（principle of recombination）を要請する。この原理によれば、異なる可能世界の部分をつなぎ合わせると別の可能世界が生み出される。おおざっぱに言えば、いかなるものどうしであっても、少なくともそれらが互いに異なる時空的位置を占めているならば、両者は共に存在しうる、ということである。同様に、いかなるものどうしであっても、共には存在しないことが可能である。したがって、もしドラゴンが存在することが可能であり、かつユニコーンが存在することが可能であるにもかかわらず、ドラゴンとユニコーンが隣り合って存在することが不可能であるならば、それは論理空間における受け入れがたいギャップであり、充満性の破れである。そして、もし胴体とつながった物言う頭部が存在することが可能であり、胴体から切断された物言う頭部が存在することは不可能であるとしたら、それもまた充満性の破れである。

（私が意味しているのは、充満性が要請するのは、人の胴体とつながっている物言う頭部と正確に類似した切断物体が存在しうる、ということである。ひょっとすると、あなたはそれを「頭部」と呼ぶことに抵抗を覚えるかもしれない。あるいは、それがすることを「物言う」と呼ぶことに抵抗を覚えるかもしれない。私にはその見解に異議を唱えたい気持ちも少しはあるし、また、こうしたこじつけめいた問題が語の用法によって決着するということを疑いたい気持ちも少しある。しかし、気にすることはない。その物体が何と呼ばれるかということは実は、どうでもいい問題である。同じように、私が可能なドラゴンやユニコーンについて語るとき、私が意味しているのは、そうした名前にわれわれが関連づけるステレオタイプに合致するような動物である。そうした動物がそうした名前によって呼ばれるのは正しいかどうかというクリプキの問題はここでは関係がない。）

私は、いかなるものもいかなるものとも共に存在しうるという定式化を完全に受け入れることはできない。というのも、世界はオーバーラップしない、したがってどのものについても、それが属している世界はただひとつである、と私は考えているからである。ある世界のドラゴンと別の世界のユニコーンは、ドラゴンの世界においても、ユニコーンの世界においても、あるいは第三の世界においても共には存在しない。胴体にくっついた頭部が、切断された頭部として別の世界に再び現れることはない。なぜなら、それが別の世界に再び現れることがそもそもないからである。

通常ならば、私は貫世界的同一性を対応者関係によって置き換えるところである。しかし、ここではそうしない。すなわち、いかなるものの対応者も他のいかなるものの対応者とも共に存存しうる、という原理を私は受け入れられない。対応者は類似性によってまとめられるが、問題になる類似性は、多くの場合、おおむね外在的なものである。とりわけ、起源の一致がしばしば決定的な重要性をもつ。もし私の幼少時代が異なったものであったなら、今の私は非常に多くの重要な点で異なっていただろう――このように言うとき、他の世界に住むある人物が念頭におかれているが、その人が私の対応者であるのは、主に起源の一致によってであって、幼少期以降の内在的類似性はほとんど影響しない。あるいは、（少なくとも対応者関係のあいまい性に対するなんらかの解消法のもとで）次のことが言えるかもしれない。すなわち、あるものがドラゴンの対応者であるためには、それをとりまく世界の大部分がドラゴンの世界に十分よく一致していなければならない。また、同様に、あるものがユニコーンの対応者であるためには、それをとりまく世界の大部分がユニコーンの世界に十分よく一致していなければならない。ところが、ひとつの世界がドラゴンの世界とユニコーンの世界の両方に十分よく一致することはありえず、それゆえ、ドラゴンの対応者がユニコーンの対応者と共に存在する世界はない、と言えるかもしれない。ドラゴンとユニコーンは、それら自体を考えるならば、共可能である。しかし、対応者による方法を用いる場合、われわれはそれらをそれら自体として考えているわけではない。対応者関係が外在的類似性を引き入れる限り、われわれの考える対応者のうちには、それをとりまく環境もまた含まれることになるのである。

組み替え原理を類似性によって定式化するのは正しい。組み替え原理は、たとえば、何かドラゴンと似たものが何かユニコーンと似たものと共に存在する世界がある、と主張すべきである。しかし、ここでは外在的な類似性は無関係なので、私は共に存在する対応者について語るべきではない。代わりに、ドラゴンの複製とユニコーンの複製がある世界において共に存在する、と言うべきである。そして、胴体とつながった頭部は切断された複製をある世界においてもつ、と言うべきである。

　複製関係にあるかどうかは性質の共有に関する問題である。しかし、異なった状況に置かれた複製どうしがすべての性質を共有するとは限らない。第一・五節において私は、完全に自然的な性質の共有によって複製関係を定義し、それから、複製のあいだで決して異なることのない性質として内在的性質を定義した。そこでは、複製がそれをとりまく環境との関係において外在的に異なりうるのかということには、はっきりとした答えを出していなかった。この世界にある互いに複製である二つの分子は、一方がネコの部分であり他方がそうでないという点において異なりうる。別個の異なる世界にいる互いに複製である二匹のドラゴンは、一方がユニコーンと共に存存し他方がそうでないという点において異なりうる。互いに複製である二つの頭部は、一方が胴体とつながっており他方がそうでないという点において異なりうる。

　二つに限らず、あらゆる数の可能個体を、共に存在する複製を用いて組み合わせることができる。じっさい、その数は無限であってもよい。さらに、どのような可能個体であってもそれ自身と組み合わせることができる。すなわち、もしドラゴンが存在しうるなら、そのドラゴンのコピーである二つの（あるいは一七個の、あるいは無限に多くの）複製が隣り合って存在しうる。

　しかし、ここで問題が生じる。時空連続体のなかで共に存在しうる別個のものの数は限られている。その数は、連続体に含まれる点の濃度を越えることはできないのである。したがって、もしコピーされる可能個体の数が連続体濃度を越えるなら、あるいは、ひとつの個体のコピーの数が連続体濃度を越えるなら、時空連続体は、われわれの原理が共に存在することを要求するものすべてを収容するには小さすぎる、ということになるだろう。

　組み替え原理を単純かつ無限定なままにしておき、その原理の導くところに従い、時空の可能なサイズはわれわれが予想していたよりも大きいと結論すべきだろうか。これが魅力的な案であることを私は認める。そして、可能な時空が連続体のサイズを決して越えないことの説得力のある理由を思いつくことも、私にはできない。しかし、時空の可能な占められ方の充満性を表すよう意図された原理から出発したにもかかわらず、その原理が予想に反して変容し、時空そのものの可能なサイズについての帰結を生むに至ったというのであれば、何かがおかしいように思われる。

　したがって、われわれの原理には「サイズと形が許す限りで」という但し書きが必要になる。世界に可能個体の複製をどれだけ詰め込むことができるかという問いに対する解答に課される唯一の制限は、世界の部分を組み合わせた結果が、時空の可能なサイズと形の範囲内におさまっていなければならない、というものである。この制限を別にすれば、いかなるものもいかなるものとも共に存在しうるし、いかなるものもいかなるものとも共には存在しないことが可能である。

このせいで、充満性についての次の問題が残される。時空の可能なサイズや形とはどのようなものであろうか。時空には数学的表現がある。そして、なんらかの特徴をもったクラスに含まれる表現のすべてに対し、それによって時空が表現されるような世界があると言えば、充満性を適切に述べたことになるだろう。「特徴をもったクラス」の候補を提供するのは、数学の仕事である（さらなる議論については、第二・二節を見よ）。

われわれは、想像による実験をすることによってあることが可能だということを納得することがある。ウマを想像し、その頭に角を想像し、それによってユニコーンが可能だということを納得する。しかし、想像可能性は可能性の基準としては貧弱なものである。すべてを一度に細部まで完璧に想像するのでない限り、われわれは不可能なことであっても想像することができる。可能なことであっても、それが少しでも複雑になると、すべてを一度に細部まで完璧に想像することはできない。正一九角形を定規とコンパスだけを用いて書くことは不可能である。一方、正一七角形なら、非常に複雑であるが書くことが可能である。私は、それがどのような意味であれ、可能な作図を想像できるのとまったく同じ意味で、不可能な作図も想像できてしまう。いずれの場合でも、円弧と直線が織りなす模様の真ん中に正多角形が配置されている様子を想像する。個々の円弧や直線を想像することはないが、それは、斑点模様のメンドリの個々の斑点を想像しないのと同様である。こうして私は、不可能性を見落とすのである。

想像と可能性のあいだにはそれなりの結びつきがある。ただし、想像による実験によって組み替え原理からインフォーマルな推論を行なおうとする場合には、この結びつきはそれほど強いものではない。ユニコーンを想像し、それが可能であると推論することは、ウマと角（これらは現実のものであるがゆえに可能である）が想像した通りに並んでいることもありうるがゆえにユニコーンは可能である、と推論することなのである。

クワインは Quine（1969）で可能世界が数学的表現とみなしうることを示唆した。ひょっとすると、それは実数の四つ組の集合であり、物質によって占められる時空点の座標を与えるものとみなされるのかもしれない。彼の方法を拡張して、時空の様々なサイズや形を許容し、様々な種類の物質や場の点サイズの部分が時空を占めることを許容し、場合によっては、非空間的なものが時点を占めることさえ許容するようにできるだろう。第三・二節において私は、世界はいかなる数学的表現とも同一視されるべきでない、と論じる。しかしながら、対応は受け入れるべきだ。すなわち、クワイン的な代用世界のすべてに対して、表現された通りの占有と不占有のパターンを備えた本物の世界が存在することを受け入れるべきだ。これは組み替え原理への訴えにすぎない。しかし、もはやウマや頭の角といった少数の中間サイズのものに適用しているのではなく、点サイズのものに、すなわち、時空点そのものや物質や場の点サイズの部分に適用しているのである。議論の余地なく可能な点サイズのものから始めて（可能なのは現実のものだからかもしれない）、それらの複製を無数に（連続体濃度、あるいはもっとたくさん）つなぎ合わせて、世界全体を作るのである。数学的表現は、「サイズと形が許す限りで」という但し書きが満たされていることを確かめるための、帳簿のようなものなのである。

私の組み替え原理によって、自然法則が厳密に必然的であるかどうかという問いに決着をつけることが——反論者は論点先取だと言うかもしれないが——できる。自然法則は必然的ではない。あるいは少なくとも、何が異なる場所に共に存在しうるかに制限を課す法則は必然的ではない。パンを食べるという出来事は現実のものであるがゆえに可能である。飢えるという出来事も同様に可能である。いかなるものもいかなるものの後に続くことができるということに基づき、両者の複製を順に並べてみよう。パンは栄養になるという法則が破られている可能世界のできあがりである。同様にして、もっと本格的な基礎的自然法則の候補が破られている可能世界を作ることができる。ただし、ひとつの場所に何が共に存在しうるかに制限を課す法則、たとえば、いかなるものも正電荷と負電荷の両方をもつことはないという法則（そのようなものがあるとするなら）は例外かもしれない。私の組み替え原理が、別個の存在が厳密に必然的に結合するのを禁止することは驚くにあたらない。私がしたのは、法則と因果性についてのヒューム的見解をとりあげ、それを可能性についてのテーゼとして用いることである。同じテーゼであるが、強調点が異なるのである。

存在するすべての可能個体のうち、そのいくつかはこの世界の部分である。別のいくつかは、この世界の部分ではないが、この世界の部分の複製である。また別のいくつかは、全体としてはこの世界のいかなる部分の複製でもないが、それを部分に分割して、それぞれの部分がこの世界の部分のどれかの複製であるようにすることができる。さらに別のいくつかの可能個体は、そのように分割することさえできない。それは部分をもつが、その部分のいずれも、この世界の部分の複製とはならないのである。このような可能個体を、エ、イ、リ、ア、ン、な個体と呼ぼう。（すなわち、それらはこの世界に対してエイリアン的なのである。同様に、他の世界に対してエイリアン的であるような個体も存在する。たとえば、この世界の個体の多くは、もっと貧弱な可能世界に対してエイリアン的である。）エイリアンな個体を含んでいる世界——ということは、それ自体もエイリアンな個体であるということだが——を、エイリアンな世界と呼ぼう。

私は Lewis (1983b) でエイリアンな自然的性質を、この世界のいかなる部分によっても例化されず、また、その構成要素である性質がどれもこの世界の部分によって例化されているような連言的あるいは構造的性質として定義することもできないような性質として定義した[58]。あるものがエイリアンな性質を例化するなら、それはエイリアンな個体である。ある世界でエイリアンな性質が例化されているなら、その世界はエイリアンな世界である。

しかし、逆は成り立たない。というのも、いかなるエイリアンな性質も例化しないが、その代わりに、エイリアンでない性質をエイリアンな組み合わせでもっているようなエイリアンな個体を考えることができるからである。正電荷と負電荷は厳密に言えば両立不可能ではないと仮定しよう。ところが、偶然により、あるいは偶然的法則により、この世界には両方の性質をもっている粒子がないとしよう。そうすると、両方の性質をもつような他の世界の粒子は、エイリアンな個体ではあるが、いかなるエイリアンな性質ももっている必要がない。

それに対してはどのような個体も、世界も、性質もエイリアン的にならないような世界は、並外れて豊穣な世界だろう。われわれはそうした世界に住むという特権を与えられていると考えるいかなる理由もない。したがって、可能性についての説明が受け入れられるには、エイリアンな可能性を与える用意がなければならない。

したがって、すべての世界はこの世界の部分、すなわち、現実のものであるがゆえに可能である個体を組み替えることによって産み出される、と言うのは正しくない。エイリアンでない可能性を再配置するだけではエイリアンな可能性を得ることはできない。したがって、われわれの組み替え原理は、可能性の充満性のすべてを捉えるには不足しているのである。

世界の時空的部分の組み替えだけでなく、非時空的部分——普遍者やトロープ——の組み替えも許す原理なら、もう少しましである。エイリアンな性質を例化しないようなエイリアンな個体を産み出すからである。しかし、私は次のように言いたい。(1)こうした原理は、私の原理と異なり、普遍者やトロープの存在についての中立性を犠牲にしている。また、(2)これでもまだ十分ではない。なぜなら、エイリアンな性質の可能性もまた必要だからである。

組み替えによってこの世界の部分からエイリアンな世界を産み出すことはできないが、組み替えをエイリアンな世界に適用することはできる。これによって、エイリアンな世界がほんの少ししかないという事態が避けられる。というのも、いくらかでも存在するなら、たくさん存在することになるからである。いかなるエイリアンなものも、他のいかなるエイリアンなものとも、あるいはエイリアンでないものとも、形やサイズの許す限りどのように配置しても、共に存在しうるし、共には存在しないことも可能なのである。

一・九　現実性

われわれの世界は多くの世界のうちのひとつにすぎない、と私は主張する。われわれの世界は唯一の現実世界であり、残りの世界は現実世界ではない。なぜそうなるのか。私はこの問題を意味に関するトリビアルな問題とみなす。私は「現実（actual)」という語を「この世界」の同義語として用いる。私がこの語を用いる場合、この語は私の世界と私の世界メイトに適用される。すなわち、われわれが部分をなすこの世界とこの世界のすべての部分に適用される。誰か別の人がこの語を用いる場合は、その人がわれわれの世界メイトであろうと、あるいは現実化されていなかろうと、この語は同じようにその人の世界とその人の世界メイトに適用されることになる（ただし、その人がこの語でわれわれと同じことを意味していれば）。私は別のところで、こうしたやり方を現実性の「指標的分析」と呼び、次のように規定した。

> 「現実」という語、およびそれに類する語を、指標的名辞として、すなわち、発話の文脈がもつ関連する特徴に応じて指示が変化する名辞として分析することを提案したい。名辞「現実」の場合、ここで言う関連する特徴とは、どの世界でその発話がなされたのかということである。私の提案する指標的分析によれば、「現実」は（その一次的意義においては）いかなる世界wにおいてもその世界wを指示する。「現実」は、「現在」という、発話の文脈がもつまた別の特徴に応じて指示が変化する指標的名辞と類比的である。すなわち、「現在」は、いかなる時点tにおいてもその時点tを指示する。また、「現実」は、「ここ」、「私」、「あなた」、「これ」、「前述」とも類比的である。これらはそれぞれ、場所、話者、意図されている聞き手、話者の指さし行為、前に述べられたことに応じて指示が変化する指標的名辞である。（Lewis 1970a: pp. 184-5)

こうして、現実性は相対的な問題になる。すべての世界はその世界自身において現実であり、この意味ですべての世界は同等である。これは、すべての世界が現実である、ということではない。そのようなことが真になる世界が存在しないのは、すべての時点が現在であるような時点が存在しないのと同様である。世界のあいだで成立する「〜は〜において現実である」という関係は、単に同一性関係なのである。

世界の複数性を受け入れるなら、相対性は避けられない。私は筋の通ったどんな代案も持ち合わせていない。というのも、仮にただひとつの世界だけが絶対的に現実であるとしよう。このとき、そのただひとつの世界だけがもつ——その世界の住人やそれ以外の何かと相対的にもつのではなく、端的にもつ——何かしら特別な差異が存在することになる。この絶対的な差異だとされるものをどのように理解したらよいか、私には分からないのだが、仮に理解できたとしよう。二つの反論が考えられる。

ひとつ目の反論は、われわれは現実のものであるというわれわれの知識に関わる。絶対的な差異なるものがたとえ存在するとしても、相対的な差異がどこかに消えてしまうわけではないことに注意しよう。あるひとつの世界だけがわれわれの世界であり、この世界であり、われわれが部分をなす世界であるということはそれでも正しい。しかし、われわれが部分をなすまさにこの世界が絶対的に現実であるような世界であるとしたら、それはわれわれにとってなんと驚くべき幸運だろうか。すべての世界のすべての人々のうち、圧倒的多数は絶対的な現実性を欠く世界に住む運命にあるのだが、われわれだけは選ばれた少数者だ、というわけである。実際にそうだと考えるどのような理由をわれわれはもちうるのか。いったいどうやってそれを知ることができるのか。たとえば、現実化されていないお金でも、現実化されていないパンを買うことはできる。それでもなお、われわれが部分をなす世界が現実世界であるということをわれわれは確実に知っている——それは、われわれが部分をなす世界がまさにわれわれが部分をなす世界であるということをわれわれが確実に知っているのとちょうど同じことである。いったいどうしたら、これがわれわれは選ばれた少数者であるという知識になることができるのか。

同じことをD・C・ウィリアムズも問うている。彼が問うているのは「現実性」についてではなく「存在」についてであるが、同じことである。というのも、彼は様々な学説について論じているが、それらによれば、いわゆる「存在」は、世界にあるもののいくつかを他から区別する特別な性質となるからである。彼は次のようにライプニッツを非難している。「[ライプニッツは、] たとえば、彼が存在する世界の一員であって、本質の陳列棚に置かれている単なる可能なモナドでないことを、彼がどうやって知ることができるのかをまったくあきらかにしてくれない。」(Williams 1962: p. 752)

ロバート・M・アダムズは Adams (1974) でこの反論を退けている。彼によれば、絶対的な現実性についての単純性質理論 (simple-property theory) では、われわれ自身が現実のものであることをわれわれが知っていることの確実性を、次のことを主張することによって説明することができる。すなわち、われわれは、みずからの絶対的な現実性について、みずからの思考や感情、感覚と同じぐらい直接的に見知っていると主張するのである。しかし、私はこれに対して次のように答えたい。もしアダムズや私や他のすべての現実の人々が、絶対的な現実性についてこのような直接的な見知りを本当にもつのであれば、私に姉がいると仮定するだけで、彼女もまたそのような直接的な見知りをもつことになってしまわないだろうか。そうすると、現実化されていない彼女は、遠く離れた別の世界において、私に私の知識を与えるとされるのとまさに同じ証拠によってだまされていることになるのである。

二つ目の反論は、偶然性に関わる（これはアダムズによるものであり、ここでは私は彼に同意する）。どの世界が現実かは、間違いなく偶然的なことがらである。偶然的なことがらは、世界ごとに異なることがらである。ひとつの世界において、偶然的なことがらはひとつのかたちをとる。別の世界においては、また別のかたちをとる。したがって、ひとつの世界においてはひとつの世界が現実であり、別の世界においては別の世界が現実である。これがどうやって絶対的な現実性になるのだろうか。相対性は明白ではないか。

指標的分析は、ひとつの問題を提起する。「現実」が指標詞であるとするなら、それは固定的な指標詞だろうか、それとも非固定的な指標詞だろうか。すなわち、他の世界を考慮している文脈であっても、発話が行なわれている世界を指示するだろうか。それとも、指示は変わるだろうか。通常は固定的な指標詞である「今（now）」と、固定的にも非固定的にもなりうる「現在（present）」を比べてみよう。たとえば、あなたが「昨日は、今よりも寒かった（Yesterday it was colder than it is now）」と言うとする。時点シフト的な副詞「昨日は」のスコープの内部でも、「今」は発話の時点を指示する。同じように、あなたが「昨日は、現在よりも寒かった（Yesterday it was colder than it is at present）」と言うとする。このときも、「現在」の指示は移動しない。しかし、あなたが「すべての過去の出来事は、一度は現在だった（Every past events was once present）」と言うなら、時点シフト的な時制つき動詞「だった」は、「現在」の指示をシフトさせる。私は、「現実」やそれに類する語を、「現在」と同じように扱うことを提案する。すなわち、それらはときに固定的になり、ときに非固定的になる。私に姉がいたとしたらどうなるのか。現実には存在しない人が存在したのかもしれない（固定的なケース）。彼女は実際には現実でないが、現実だったかもしれない（非固定的なケース）。現実には現実でない人が、現実だったかもしれない（両方のケース）。さきほど引用した一節のなかでは、私は非固定的な意義のことを「一次的」と呼んだが、十分な理由があってのことではなかった[59]。

私が「現実」という語を用いる場合、それは私の世界と私の世界メイトに適用されると私は主張した。すなわち、私が部分をなす世界とその世界の他の部分に適用されるのだった。他の世界の住人がこの語を同じ意味で用いる場合も、必要な変更を加えれば、同様のことが言える。ただし、集合については別の扱いが必要になる。私は、いかなる集合もこの世界や他の世界の部分であるとは言いたくないが[60]、それにもかかわらず、現実のものの集合は現実のものであると言いたい。いかなる集合も位置をもつことはないと言われることがときどきある。しかし、私はこれを信じる理由をまったく知らないし、集合はそのメンバーが位置するところに位置するという見解の方がよりもっともらしいと思う。集合はそのメンバーが散らばっている場合は散らばって存在している。メンバーが位置をもたないときは、その場合のみ位置をもたない。このことは、ひとつの世界のなかのどこに位置するかだけでなく、どの可能世界に位置するかにも同様にあてはまる。在宅しているオーストラリア人の集合がオーストラリアに位置するのと同様に、この世界のものの集合はこの世界に位置する。言い換えれば、現実のものである。同じようにして、オーストラリアに位置する集合すべての集合は、それ自体がオーストラリアに位置し、現実の集合の集合は、それ自体が現実のものである。同じ議論が、集合論的階層をどこまで登っても繰り返し適用できる。

それでも私には、「現実」という語をもっと広い意味で用いたいと思うときもあるかもしれない。何が現実と呼ばれるべきかを一度できっぱりと確定的な仕方で決定する必要はない。結局のところそれは、「何が存在するのか？」のような立派な問いではないのである。それは、「存在するもののうちのどれがわれわれと特別な関係にあるのか？」という問いにすぎない。だが、特別な関係はいくらでもある。われわれの世界ではなく、われわれの世界の部分でもなく、またわれわれの世界の部分だけから構成された集合でもないにもかかわらず、それら以外については私の量化がこの世界のものに制限されているときでさえも私が量化を行ないたいと思うようなものがあるとしよう。このとき、慣習によって、ときどきはそれらを「現実」と呼んだとしても、まったく害はない。実のところ、それらが現実であるかそうでないかについて、いかなる公式見解も拒んだとしても、まったく害はない。これは本物の問いではないのである。

たとえば数は、慣習によって「現実」と呼ばれるものの候補であってもおかしくない。しかし、それは数が何であるかに依存する。もし数が普遍者であり、数のうちのいくつかあるいはすべてが、この世界における事例（これらはこの世界の部分である）の非時空的部分であるなら、少なくともそうした数は、慣習によってではなく、この世界の部分であるという理由によって現実である。他の数学的存在者についても同様である。

この世界と他の世界におけるすべての事例の集合として理解された性質も、慣習によって「現実」と呼ばれるものの候補である。集合の現実性について私が右で述べたことに従うなら、事例が現実世界に限定される性質だけが現実である。しかし、われわれが興味をもつほとんどの性質は、この世界の内部と外部の両方に事例をもつ。そうした性質は「部分的に現実」と呼ばれるかもしれない。あるいは、単に「現実」と呼ばれてもかまわないだろう。なぜなら、われわれは非常にしばしば、他の点ではこの世界に限定された量化にそうしたものを含めたいと思うからである。

出来事も性質と同様である。というのも私には、出来事とその出来事が生じる（この世界あるいは他の世界の）時空領域であるという性質とを区別する理由がないからである（Lewis (1986d) を見よ）。したがって、現実に生じる出来事は、この世界の領域をちょうどひとつ含む集合である。これにより、この出来事は部分的に現実であることになる。そして、それを単に「現実」と呼んでもかまわないだろう。

命題もまた、世界の集合であるので、集合として理解された性質と同様である。命題は、それが真である世界においてのみ部分的に現実である。というのも、それはメンバーとしてそうした世界だけをもつからである。したがってわれわれは、少なくとも真なる命題は「現実」と呼んでもよいし、現実に真である命題とそうでない命題を区別した上で、すべての命題を「現実」と呼んでもかまわないだろう。

集合だけでなく、個体も部分的に現実でありうる。二つ以上の世界から取り出された部分から構成され、それゆえいくつかの世界に部分的に属している大きな個体がそうである。部分的にこの世界に属しており、それゆえ部分的に現実であるような貫世界的個体があるなら、それらを端的に「現実」と呼ぶべきだろうか。それは場合による。もしほとんどの場合は無視できるような異常なものと考えるなら、そのように呼ぶ必要はない。それらはまさにそうした異常なものだと私は思う（第四・三節を見よ）。しかし、量化を行なうさいにそれらを無視することを躊躇していたならば（ひょっとするとその理由は、われわれ自身がそれらに含まれていると思っていたからかもしれない）、それらを「現実」と呼ぶことは適切だったかもしれない。[61]

第2章　楽園にあるパラドックス？

二・一　あらゆるものが現実的になってしまう？

本章ではいくつかの反論に答える。まずは、一見したところ問題がないように見える補助的前提を用いて、私の様相実在論があからさまなパラドックスに陥ることを示そうとする四つの反論から始めたい。私はそうした補助的前提を問題視することで応答する。たしかにそうした前提そのものは直観に合う点をもつかもしれない。だが私の考えでは、それを否定すればたいへんなコストが生じる、と考えられるほどに説得力のある前提ではない。

ある反論によれば、私は自分の立場を間違って表現している。私は、複数の可能世界が存在し、われわれの世界は現実的であり、残りの世界は現実的でない、と言うべきではない。むしろ私は、現実が通常考えられているよりも大きくかつバラバラに存在している、と言うべきである。というのも、〈存在するものは何であれ現実的である〉ということは言葉の意味からしてあきらかに正しいからである。「現実」という語は、「存在者」や「存在する」などと同様に、いわば「ふろしき語」あるいは包括語である。つまり、それはあらゆるものにあてはまる。私が主張したように、身近なものすべてにあてはまるだけでなく、またわれわれに適当な仕方で関係しているものすべてにあてはまるだけでもない。むしろ、限定なしにあらゆるものにあてはまる。私のように「現実でないものがある」と言うことはナンセンスである。それは「存在しないものがある」と言うことや「そのような対象は存在しない、と言うことが真となるような対象がある」（Meinong 1904 : sec. 3）というマイノングのびっくりするような言葉と同じくらいナンセンスだ。現実主義――すべてのものは現実であるというテーゼ――は、肯定したり否定したりできる形而上学的テーゼではない。それはトリビアルな分析的真理である。それを否定することは理解不能である。もしかすると、私が言ったように、われわれやわれわれの周囲の環境から時空的にも因果的にも分離した「他の複数の世界」が存在するかもしれない。しかしながら、そのときには、それらの世界も現実のまた別の一部であるにすぎない。

この反論には続きがある。すべてのものは現実であるので、他の世界は——もしそうしたものがあるとすれば——現実に存在する。それゆえ、それらが存在することは単に可能なことがらではない。それらは現実化されない可能性ではない。じっさい、そうした世界は可能性と関わりをもたない。なぜなら、現実のはてに可能性があるというわけではないからである。たとえそのはてがわれわれと時空的に分離しているとしても、そうである。むしろ可能性は現実の代替に関わる。現実は——どれほど現実が広大であるとしても、そのすべては——異なったものでありえた。そして、これこそが様相の関わるもののすべてである。現実をどれほど拡大しようとも、可能性をそれで置き換えることができない。

反論のこの後半の部分は、前半の部分ほど頻繁にはなされない。しかし、それはおそらくピーター・ヴァン・インワーゲンが試みた反論である。私が「世界」と呼ぶ（複数の）ものが存在するということをなぜ私は信じるのかという問いを提示した後で、彼はこう述べている。「もしそうしたものが存在するのであれば、［ルイスは］それらが様相とどのように関わるのかを説明するという問題に直面する」（van Inwagen 1985 : p. 119）。これに対して、複数の世界が様相とどのように関わるのかを私が何度も説明してきたのではないかと感じる人がいるかもしれない。たとえば、「様相演算子は世界に対する量化子である」と述べる場合などである。ひょっとするとヴァン・インワーゲンが言おうとしていることは、通常の仕方で理解された様相演算子は現実の一部の領域に対する量化子ではありえないということかもしれない。そういうことであれば私は彼に同意する。しかし私は、実際には、様相演算子を現実の一部の領域に対する量化子として分析してはいない。というのも、反論の前半部分には同意せず、〈他の世界は現実的である〉ということを否定する際の私の言葉を文字どおり受けとることもできるからである。反論の後半は前半に依拠している。それゆえ、もし前半に応答するならば、両方の部分に対処したことになる。

前半の反論は多くの哲学者によって様々な仕方で提示されてきた（もっとも早い時期の例は Richards（1975）と Haack（1977）である）。しかしライカン以上に精力的な反論者はいない。ライカンは「われわれの通常の現実指示的な量化子」と彼が呼ぶものと現実を指示しない私のいわば「マイノング的」量化子を区別した最初の人である（ライカンが指摘したいことは、私が不完全あるいは矛盾的なマイノング的対象に対して量化しようとしているということではなく——もちろん私はそんなことをしていないある）。——私が現実を越えたものに対して量化を試みているということである）。ここからさらに彼は後者のマイノング的量化子に対して次のような文句を言う。

遠慮のない（すなわち本物のあるいは原初的な）マイノング的量化はまったく理解不能であると考える人々の仲間に私は入らなければならない。……要するに私は遠慮のないマイノング的量化がまったく理解できないということである。私にとってマイノング的量化は文字どおりちんぷんかんぷんであり単なる雑音にすぎない。（Lycan 1979：p. 290）

ここでライカンを苛立たせているものは、私の量化の仕方ではないと思う。というのも、私はライカンやその他の人がするのと同じ仕方で量化をしているからである。すなわち私は、存在すると私が考えるものすべてをドメインとして、また（制限する方が都合のよい場合は）こうしたもののうちの一部をドメインとして、量化をしている。量化子はわれわれの共有財産である。それゆえ、量化される対象としてどんなものが存在するかについての意見が変わる場合にも、量化子を新たにしつらえる必要はない。ライカンが問題だと考えていることは、実際には、「現実」という語の意味に関わる。ライカンはこの語が包括語にちがいないと主張しているのである。それゆえ「現実」という語は、どれほど広くなろうとも、制限なしの量化子と同じ範囲に及ぶものでなければならない（そうした量化子の関わるものがどれほど多くとも）。もしそうであるならば、現実を越えた「マイノング的」量化はたしかにナンセンスである。しかし、私自身は「現実」を包括語として用いない。すでに説明したように、私はこの語を「この世界の」という意味で用いる。この語は指標詞であり、相対的な語である。そして、われわれがこの語を用いるときには、われわれの世界と世界メイトが他の世界とそこに住む住民から区別される。他方で私は「存在者」を包括語として使用する。したがって、もしもあなたが、私は非存在者に対して量化——本物かつ原初的な、そして私の「存在者」の使用へいかなる制限も課さずに行なわれる量化——をしようとしていると理解するならば、ライカンのような抗議を行なうことは正当であろう。

ライカンが「現実」という語に文句を言ったのと同様に、「この世界の」という語にも文句を言うことができるだろう。たとえば、「世界」という語は——言葉の意味からして自明だが——あらゆるものの総体を表現する包括語であるので、ひとつの世界しか存在しえない、と言えるかもしれない。リチャーズが言うには、「要するに、世界とは存在するものであり、われわれにはそうした意味をいじくることはできない」（Richards 1975：p. 108）。同様に、スカームズが言うには、真なる命題のクラスが存在するときには、それらの命題が記述する唯一の世界が存在しなければならない——たとえそれらの命題が記述しようとしているものが複数の世界であるとしても（Skyrms 1976：pp. 324-5）。もし「世界」が、定義によって、あらゆるものから構成されるのであれば、私のするように、この世界の外部にあるものについて語ることは、あらゆるものの外部にあるものについて語ることに等しい。だがこれはナンセンスである。しかしもちろん私は「世界」を包括語として用いていない。このことをリチャーズも十分に理解している。というのも彼は私に、ある世界と他の世界を線引きして分けるものが何であるかを述べよと批判するからである。これは適切な問いだが、すでに第一・六節でとりあげた。そこでの議論によって、もし「世界」が包括語でないならばその語は何を意味するのが適当なのかが多少なりともあきらかになったことを望む。

私が「現実」や「世界」を包括語として使用するつもりだったと考える人は誰もいないはずである。それゆえ、私が「この世界の外に現実でないものが存在する」と言う場合にパラドックスが生じると批判者が文句を述べるとすれば、彼らがこうした語はいやおうなしに包括語になってしまうと考えているからにちがいない。すなわち、私は決してこうした語を、常識的な意味との関連を保持しながら、他の仕方で用いることはできないのだ、ということである。だが、本当にそうだろうか。たとえば、適当な誰かを連れてきて常識についてインタビューするとしよう。すると、彼が三つのテーゼに固執していることが分かると思う。

(1)すべてのものは現実的である。

(2)現実は、われわれと時空的に関連するものすべてから構成され、それですべてである（「抽象的存在者」の有無は誤差の範囲である）。現実は、われわれが通常考えているよりも、大きすぎることはなく、バラバラになっているわけでもない。

(3)可能性は現実の部分ではなく、現実の代替である。

(1)と(2)のテーゼは単なる意味の問題ではない。すなわち、自明な分析的真理ではありえない。しかし、これら二つを合わせると、分析的真理に匹敵するものができあがる。私を批判する人によれば、(1)は分析的であり、それを否定する言明はパラドキシカルであるか「単なるノイズ」であり、そして(2)もまた容易に受け入れられる。しかしながら、私の考えでは、二つのテーゼ——正確には三つのテーゼすべて——の土台の堅固さは同じである。(1)と(2)は一緒になって「現実」の意味を確定する。しかしそれらは意味の確定以上のことをする。私は上記のテーゼのいずれかが他のものよりも分析的であることを示すような証拠があるとは思わない。たしかに、常識によって、どのテーゼが分析的かに関する共通の意見が形成されることもありえただろう（仮に「分析性」という概念をいわばクワイン化しないことが正しいのであればだが）。しかし、常識は〈どのテーゼが分析的か〉という問題に決着をつける必要もなければ、賢明なことにこの問題に煩わされることもなかった。あるいは、私にはそう思われる。結局のところ、私は私の共同体の規約の参加者として言葉を用いている。

したがって、〈すべてのものは現実的である〉という常識的な意見を犠牲にし、そして現実の統一性と範囲に関する常識的な意見に賛成する、という権利が私にはある。この場合に常識的な意味が失われないのは、批判者がアドバイスするような他の方策をとる場合と同様である。もちろん、〈すべてのものは現実的である〉ということを否定するとき、私の立場は常識的な見解と食い違う。このことはたしかに正当な反論になりうる（第二・八節を見よ）。しかしながら、われわれがパラドックスに直面するという非難に比べると、はるかに問題は少ない。じっさい、私は存在しないような何かに対して量化を行なっているわけではない。それゆえ私の述べていることは「文字どおりちんぷんかんぷん」ではない――むしろ、比喩的にさえ「ちんぷんかんぷん」ではない。

(1)と(2)を合わせて「形而上学的現実主義」と呼ぼう。これは存在するものに関する実質的なテーゼである。また、(1)を単独で「用語的現実主義」と呼ぼう。これは、テーゼというよりも、言葉遣いの提案である。そして「用語的現実主義が分析的であり、これを否定することは理解不能である」というテーゼを「分析的現実主義」と呼ぼう。私はこれらすべてを棄却する。形而上学的現実主義と分析的現実主義は偽であるという理由で棄却する。用語的現実主義を棄却するのは、形而上学的現実主義を棄却する場合にはお勧めでなくなるという理由からであり、また分析的現実主義を棄却する場合には採用する必要がなくなるという理由からである。

「現実」や「世界」などの語を私のような仕方で使うかどうかは言葉遣いの問題にすぎない。しかしこれは無視できる問題ではない。その理由はわれわれの常識的な三つのテーゼのうちの(3)にある。このテーゼは、分析的であろうとなかろうと、もっともらしく思われる。通常の意味の様相が現実の部分に対する量化であると述べることは私にも奇妙に感じられる。仮に私が世界をどれも現実的だとみなす意見に説得されていたとすれば――この場合には私もそうした世界を「世界」と呼ぶのを躊躇するかもしれない――「起こりうることはどこかの世界で実際に起こっていることである」を言うことはかなり受け入れがたいものになっていたであろう。そして、仮に現実的でない可能性を認める余地があるとすれば、それはひとつの世界よりもさらに大きい何らかに対する可能性であることになるだろう。すなわち、そうした可能性は、世界のあいだの差異ではなく、むしろ「大世界」、つまり、私の小さな世界をすべて含む全体が別様にありえた仕方であることになるだろう。この場合、これまでの私のやり方を繰り返して、大世界の複数性を信じたとしても利点はない。なぜなら、もし世界の複数性が分析的現実主義の餌食になるのであれば、大世界の複数性も同じ運命をたどるからである。[1] 以上のようなことが起こっていたとすれば、たとえ様相実在論に理論的な利点があるとしても、大きな欠点であるだろう。それゆえ、〈すべてのものは現実的である〉というテーゼを分析的とみなす理由がないことは喜ばしいことである。

用語的現実主義や分析的現実主義が間違いであることは、いまのところ確認されていない。それゆえ、他の反論を検討していく際に、批判者はしばしば次のように指摘するだろう。すなわち、現実世界を考察する際に通常採用される仕方で私はそれ以外の世界を考察すべきである、と。そして彼らは、正しくも、このような仕方で考察することは不自然であると言うだろう。だが、私がそれほど不自然な仕方で考察しなければならない理由はあるのだろうか。私は批判者の背後にある発想が次のようなものだと考える。それは、私がそのような仕方で考察せざるをえないから——すなわちすべてのものが現実的であるのはトリビアルな分析的真理だから——私はそのような仕方で考察すべきだ、という発想である。だが、それを分析的真理とみなす理由はない。

二・二　すべての世界がひとつの世界のうちにある？

次の反論は、素朴集合論を棄却するのと同じようなパラドックスに様相実在論も陥っている、というものだ。どのような世界が可能であるかに関するもっともらしいいくつかの前提を認めると、世界を要素とする任意のクラスを単一の世界へ一対一で対応させる写像が存在することになる。そして、この写像はただちに矛盾を引き起こす。これに応答する際に、私はそれらのもっともらしい前提を否定しなければならない。幸いなことに、そうした前提を疑いうる独立した理由があると思われる。

フォレストとアームストロングは Forrest and Armstrong (1984) で、無制限の組み替え原理に基づいて上記のパラドックスを導き出す。世界が可能個体（これらは複数の世界から取り出されてよい）のクラスをコピーするという関係を次のように定義しよう。それは、そのクラスのすべての個体のオーバーラップしない複製がその世界に含まれているときそしてそのときに限る。組み替え原理——これを私は第一・八節で支持した——によれば、可能個体の任意のクラスに対して、このクラスをコピーする世界が存在する。しかしながら、私の考えでは、この原理は「サイズと形が許す限りで」という但し書きによって制限されるべきである。こうした但し書きが必要と思われる理由は以下である（これは、それ自体で、十分な理由にもなっているように思われる）。このような但し書きがなければ、組み替え原理は非常に大きな時空が存在することの証明を与えてしまう。なぜなら、もし連続体濃度よりも多数の可能個体をメンバーとするクラスが存在するならば、このクラスは連続体濃度の時空の内へはコピーされえないからである。これに対して、「時空の可能な占められ方の充満性を表すよう意図された原理から出発したにもかかわらず、その原理が予想に反して変容し、時空そのものの可能なサイズについての帰結を生むに至ったというのであれば、何かがおかしいように思われる」。

フォレストとアームストロングは、制限のない組み替え原理については、何かがおかしいというだけにとどまらないことを示す。すなわち、そうした原理は様相実在論の破綻を導くのである。たとえ無制限の組み替え原理からの帰結をすべて認める態度に甘んじるとしても、その場合の妥協は、きわめて大きな

（すなわち連続体濃度以上の点を含む）時空をもつ世界が存在することを認めるだけにはとどまらない。落ち着く地点はないのである。われわれが妥協すればするだけ、その飽くことなき原理はより多くを要求する。可能個体がたくさん存在すればするほど、それらをメンバーとするクラスはより大きくなる。もし、こうしたクラスのおのおのに対して、それをコピーする世界が存在するのであれば、こうしたクラスが大きくなればなるほど、より大きな世界が存在することになる。しかし、世界が大きくなればなるほど、それだけ多くの可能個体がさらに存在する。ここからまた同じ議論が始まる。安住の地は存在しないのである。

より詳細に言えば、フォレストとアームストロングの議論は次の通りである。まず、すべての可能世界を考えよう。おのおのの世界は可能個体である。この可能個体のクラスへ無制限の組み替え原理を適用する。すると、出発点の世界すべての複製を、オーバーラップしない部分としてもつ大きな世界が存在する。しかし、われわれはすべての可能世界から話を始めたはずである。それゆえ、構成された大きな世界はそれらのうちのひとつでなければならない。すると、この大きな世界はそれ自体よりも大きいことになる。だが、それがどれほど大きくとも、自らより大きくなることはありえない。

大きな世界がそれ自体よりも大きいという帰結は明確化と補助的論証を必要とする。その世界がそれ自体の正確な複製をその真部分としてもつという点に文句を言うだけでは十分ではない。これは反論になっていない。というのも、こうしたことはまったく普通の可能世界で起こりうるからである。たとえば、一方向の永劫回帰世界を考えてみよう。第一の時代（あるいは最初の一七個の時代、もしくは任意の数の時代）以外からなるこの世界の真部分は、その全体の正確な複製である。

フォレストとアームストロングは世界のサイズをそれが含む電子の集合の基数によって測ることを提案している。問題の大きな世界がK個の電子を含むとしよう。ここでKが大きな無限基数としてかまわない。このとき、大きな世界の電子の空でない部分集合は2^K-1個ある。そして、こうした部分集合のおのおのに対して、あの大きな世界から目下の部分集合の電子以外をすべて消去して得られる世界が存在する（私はここで組み替え原理が補助的に用いられていると考える）。こうした世界を、元の大きな世界のバリアントと呼ぼう（大きな世界それ自体もひとつのバリアントである）。こうしたバリアントは2^K-1個存在するが、大きな世界のなかにはこれらすべてのバリアントのオーバーラップしない複製が存在する。ここで、おのおののバリアントは少なくともひとつの電子を含むので、バリアントの複製のおのおのも少なくともひとつの電子を含む。それゆえ、大きな世界は少なくとも2^K-1個の電子を含む。しかし、仮定より、大きな世界にはK個の電子しかない。2^K-1はKより大であるので、大きな世界はそれに含まれる以上の電子を含むことになる。しかし、世界がこの意味でそれ自体よりも大きいことは不可能である。かくして背理法が完成する。

私はフォレストとアームストロングの議論を次のように解釈する。すなわち、彼らの議論により、なぜ組み替え原理が但し書きによって制限されなければならないかに関する第二の根拠が与えられる。そしてその根拠は私が提示した第一の根拠（これはこれで十分に良い根拠であったが）よりも説得的でさえある。フォレストとアームストロングの背理法によって、そうした但し書きが削除できないことが示された。しかしながら、彼らはこの但し書きが削除されるべきだと主張する。なぜなら、直観的に説得的なのは、より単純な無制限バージョンの組み替え原理の方だからである。私の但し書きは、「サイズと形が許す限りで」という抽象的なかたちにとどまらず具体的に書き出せば、時空の可能なサイズへ一定の制限を課すことになる。すなわち、可能な時空の同型物として提示されうる数学的構造のうちには、許容されうるものと、サイズオーバーのために拒否されるものがあるだろう。フォレストとアームストロングはこうした制限が「アド・ホックに感じられる」と言う。そうかもしれない。われわれが想像しうる限りもっとも恣意的でない制限とは、いかなる制限も課さないことである。これに比べれば、どのように制限しようとも少なくともいくぶんかはアド・ホックに感じられるだろう。しかしながら、すべての制限が同じ程度に悪いわけではなく、他と比べてましな制限もある。たとえば、可能な時空を四次元多様体に、あるいは一七次元多様体に、制限することはきわめて恣意的に感じられる。他方で、有限の次元に制限することはずっと受け入れやすく感じられる。もしかすると、この制限も強すぎて、可能であるとわれわれがかたく信じている時空の形やサイズが許されないかもしれない。もしそうだったら、私は、少し制限を緩めたところに同じくらい自然な「くぎり」があることを期待したい。それは、われわれが実際に信じる可能性すべてを許容するほど緩く、同時に、境界として許容できないほどアド・ホックにならないような自然な「くぎり」、である。

注意してほしいのは、ここで私が期待するのはそうした「くぎり」が存在するということだけである。私は世界を製作しようとしているわけではなく、また世界に関するすべてのことを発見する方法があると言っているわけでもない。それゆえ、どのような「くぎり」が正しいのかを言えなくても、私はまったく困らない。私のテーゼは存在言明である。そのテーゼは、なんらかの「くぎり」が存在し、その正しい「くぎり」は、アド・ホックにならない仕方で、数学の宇宙の内部にきわだって存在する、と主張する。もし通常の時空多様体の数学的一般化に関する研究によってなんらかの唯一のきわだった「くぎり」が発見され、しかもそれがひとつしかないならば、私はそれが正しい「くぎり」であると主張してやぶさかでない。すなわち、そうした「くぎり」が許容する形およびサイズをもつ世界であれば、それらはすべて存在し、それ以外の形あるいはサイズの時空をもつ世界はひとつも存在しないのである。もし適当な「くぎり」が研究によって発見されないのであれば、私はこれを深刻な問題とみなすだろう。そして、もし複数の「くぎり」が研究によって発見されるのであれば、私はどれが正しいか分からないと宣言するに甘んじよう（これは、おそらくは、克服しがたい無知である）。

目下の反論の残りの部分――すなわち、形とサイズに関して要求される制限には何か恣意的な点があるにちがいない、という批判――と前節で考察した反論のあいだにはつながりがある。というのも、何かが恣意的に感じられるときには、われわれはそれが他の仕方でもありえたと考えそうになるからである。もし目下の制限があらゆる世界の総体を恣意的に特徴づけているのであれば、われわれはこの総体が他の仕方でありえたと考えたくなる。しかし、もしそうであるならば、世界の総体が現実とは異なる仕方で存在することが可能であることになる。すると、われわれは複数の世界を、本物な代替的可能性ではなく、ひとつの巨大でバラバラな現実の部分とみなすことへ逆戻りすることになる。というわけで、制限は、（仮にそれがどのようなものかが知りうるのであれば）恣意的に感じられないほどきわめて自然な「くぎり」であるべきであると考える。

フォレストとアームストロングは逃げ道を残してくれている。〈どれほど多くの複数の世界でも、単一の世界の内へコピーすることが可能である〉という彼らの前提――彼らはここで組み替え原理に訴えているのだが――が適用されるのは、コピーされる複数の世界がひとつの集合なり「集まり」なりを構成する場合だけとされている。かくして、たとえ複数の世界が存在するとしても、それらすべての集合あるいは「寄せ集め」が存在しない場合には、矛盾は避けられる。この逃げ道によって私は、好ましくない但し書きを用いないで済ませられるだろうか。そうは思わない。(1)可能個体の集合あるいは「寄せ集め」がつねに単一の世界の内へコピーされうると主張しつつ、同じことを集合でも「寄せ集め」でもないクラスに関しては主張しないとしよう。そのようにすることは組み替え原理を、もっともらしさを損なう仕方で制限することに他ならない。(2)「可能者」という語の一定の用法――たとえば、文修飾詞に対する意味論的値を構築する際の用法（第一・四節を見よ）――は、ここで禁じられた集合を必要とする。(3)世界が集合を構成しないことなどありうるだろうか。もちろんわれわれはじっさい、反復的な集合観に従うと、あるクラスは「大きすぎて集合にならない」と言う。しかしながらこれは不正確な語り方である。サイズが問題なわけではない。むしろ、集合を構成することの障害となっているのは、反復的階層のいかなるランクにも、そのクラスのメンバーすべてが現れることはないということである。しかしながら、個体に関しては、それがどれほど多くても、そのすべてが一番下の階層にすでに現れている。結局、個体のクラス――特に、すべての世界を含むクラス――がひとつの集合を構成することを禁止するいかなる理由もないように思われる。(4)同様に、個体のクラスがひとつの「寄せ集め」を構成することを禁止するいかなる理由もないように思われる。

それゆえ、私はこれまでどおりすべての世界の集合を、実際にはすべての個体の集合を、受け入れる。フォレストとアームストロングの背理法は成立する。だがこの背理法は、彼らが言うような背理法ではない。それは、可能世界に関する私の理論に対する背理法ではなく、無制限の組み替え原理に対する背理法である。私は無制限の組み替え原理を認めない。そして私がそれを認めなければならない強い理由も存在しない。無制限の組み替え原理は、受け取ってはならない贈り物である。

二・三　実際よりも多くの世界がある?

次のパラドックスも、世界の集合を単一の世界へ埋め込むことによって生まれるが、その埋め込み方は異なる。ここでは集合の埋め込みが、そのメンバーすべてを単一の世界の内部へ複製することによって行なわれるのではなく、むしろ、その集合が、ある人の思考内容を特徴づける世界の集合とみなされることによって行なわれる。問題のパラドックスはデイヴィッド・カプランによるものだと思われるが、私はそれを一九七五年ごろに彼を通じて知ったわけである。最近では、Davies (1981 : p. 262) に、カプランとクリストファー・ピーコックへのクレジットつきでこのパラドックスが提示されている。デイヴィーズはこのパラドックスを次のように定式化している。

(1)可能世界の集合の基数がKであると仮定する。
(2)この集合のおのおのの部分集合は命題――すなわち、その部分集合に属している世界すべてで、かつこうした世界のみで、真である文によって表現される命題――である。
(3) 2^K個の命題が存在し、2^KはKよりも大きい。
(4)ある人と時点について考えよう。おのおのの命題について、この命題を表現する文によって特定できる内容をもつ思考をその人がその時点に行なうことは可能である。そして、この思考はその時点での彼の唯一の思考である。(2)
(5)それゆえ、こうした命題のおのおのに対応する特定の可能的状況が存在する。
(6)それゆえ、少なくとも2^K個の可能世界が存在することになるが、これははじめの仮定と矛盾する。

カプランの注意によれば、思考主体を発話主体で置き換えることによって、意味論バージョンのパラドックスを引き起こすことができる。この場合、(4)は次のように書き換えられる。おのおのの命題について、この命題を表現する文をその人がその時点に発話することは可能である。そして、この発話はその時点での彼の唯一の発話である。

(第一・四節で述べたように、思考は自己中心的である場合があるので、思考の内容は、可能世界ではなしに、可能個体の集合によって与えられるべきである。あるいは、部分的信念が存在することを認めるという理由で、思考の内容は、可能性の集合ではなしに、確率分布によって与えられるべきである。あるいは、ある人が区分けされた二重思考者である場合や、彼の思考の内容が完全に決定されていない場合があるので、思考の内容は、単一の集合や分布によってではなく、集合や分布を集めたクラスによって与えられるべきである。あるいは、いま挙げた改良をすべて一緒に行なうべきである。しかしながら、こうした改良によっては、パラドックスはいっそう深刻になってしまう。たとえそうした改良がなんらかの違いを生み出すとしても、思考者の思考の可能的内容の数や異なる可能的状況の数を増やすだけである。それゆえ、以下ではこうした増加した内容や状況を無視する。）

私の応答は(4)を否定する。すなわち、任意の世界集合が、人の思考の内容を与えうるような集合である、ということはないのである。世界の集合の大半が（実際には、世界の集合のうちのごくわずかなマイノリティ以外のすべてが）思考の内容としては適格でない。不適格な集合によって与えられた内容をもつ思考を行なうことは絶対に不可能である。

私の言葉遣いでは、任意の世界集合は定義によってひとつの命題である（第一・五節を見よ）。そういうわけで私は(4)を否定し(2)を受け入れる。しかし、同じくらい受け入れられた別の言葉遣いが存在し、それに従うと任意の命題は可能な思考の内容である。こうした言葉遣いを採用するならば、(4)は議論の余地なく正しく、私は(2)を否定することになるだろう。だが、こうした用語法の問題は、世界の集合のすべてではなく、実際にはそのきわめてわずかなものだけが、思考の内容となりうると述べれば回避される。

目下のパラドックスは、任意の世界集合がなんらかの思考の内容を与えうることを否定する十分な根拠となると私は考える。だが私はそのことを否定する別の根拠ももっている。

この根拠は、われわれの賢さがこの程度であること、われわれがこの程度の数のニューロンしかもっていないこと、われわれがこの程度の年月しか生きられないこと、……などの人間の限界に依拠しない。なぜなら、目下のパラドックスにおける「人」は人間の限界に制限される必要はないからである。その「人」は、どのような人間と比べても、同じくらい賢くてもよい。またその「人」は現実の自然法則下におけるどんな人間よりも賢くてもよい。というのも、その「人」は他の法則下にあってよいからである。その「人」はそもそも人間である必要がない。その「人」は神であってもよい。もちろん不可能な神ではない。なぜならあらゆる世界のあらゆるものを思考する者など誰ひとり存在しないからである。しかし、可能な神に限って言えば、目下の「人」は神と同じくらい賢くてもよい。彼はきわめて多くの異なる思考を行なう能力をもっており、この能力は任意の思考者の誰にも負けないとしてよい。

このように、人間の限界への言及を取り払ったうえで、私は次のように問いたい。思考者がある特定の内容の思考を行なうのは何によってか。この問いに対して私は広い意味で機能主義的な回答が正しいと考える。人間であろうが獣であろうが神であろうが、また思考者であれば何であろうが、それは、一定の機能的役割を占める状態にあることによって、一定の内容をもつ思考を行なう。ある状態や内容を定義する機能的役割は、その状態が、思考者の感覚インプット、行動アウトプットおよび他の状態に対してもつ因果関係に関する役割である。こうした因果関係には、少なくとも、その時点のその思考者にとっての因果関係が含まれる。ひょっとすると他の時点のその思考者あるいは異なる人生を生きる彼の対応者にとっての因果関係や、その思考者と同じ種の別の存在にとっての因果関係も含まれるかもしれない。いろいろな機能主義のあいだの差異が論じられているが、目下の目的に関する限り、そのほとんどは問題でない。ただし、私がここである種の分析的な機能主義を必要としているのであって、内容と役割のあいだに偶然的なつながりがあるだけでは十分でない、という点は重要である。というのも、もし内容と役割のつながりが偶然的であったならば、目下のパラドックスで登場する世界はこうしたつながりが成り立っていない世界であるかもしれないからである。

もし思考者の状態の機能的役割が思考の内容を分析的に決定するならば、可能な思考の内容の数は、それを定義する機能的役割の数より多くはならない。機能的役割の差異は、思考の仕方のあいだの有意味な差異である。思考者のあいだのこれ以外の差異は思考の内容を区別しない。(ここで言われているのは、もちろん、「狭い意味で心理学的な」内容である。しかし、もしパラドックスが要求する内容の豊富さが狭い内容のあいだに見出されうることがないならば、反対者が広い内容を使ったとしてもどれだけうまくいくか分からない。)たしかに状態を定義する機能的役割の数が無限であることはありうるだろう。だが無限はどこにでもある。そして、状態を定義する役割が非加算無限個あると考える理由はまったく見出されない。ましてやそうした役割が命題と同じだけ多く存在すると考える理由については言うまでもない(命題はもっとも少なく見積もってもベート三は存在する)。目下のパラドックスは〈状態を定義する機能的役割が非加算無限個存在しないこと〉を帰結するが、この結論は驚くべきものではない。

〈すべての命題をカバーするのに十分な数の機能的役割が存在しないために、思考不可能な内容が存在せざるをえない〉と言うことは何の問題もない。だが、思考不可能な内容がどのようなものかを言うことができれば、それは素敵である。もちろん私はあなたにそうした内容を考えさせることができない。また、つきつめればわれわれの思考の内容によって意味を得るような言語では、そうした内容を表現することができない(かくして、目下のパラドックスの心理学バージョンとともに、意味論バージョンも回避できる)。だが、私の考えでは、第一・四節でスケッチした機能主義的な内容理論を使えば、こうした思考不可能な内容が何であるかについていくぶんかのことを語ることができる。

そこでも述べたように、こうした内容理論は二つの部分をもつとされる。ひとつは、状態への内容の割り当てがその状態の機能的役割と適合するとはどのようなことかを述べる部分であり、そこで働く制約は合理性の原理である。その一例として、一定の信念と欲求の体系からなる内容を割り当てられる状態は、この信念に従ってこの欲求に寄与する行為を産出する傾向にある状態でなければならない、と主張する原理がある。しかし適合原理は、かなり拙い仕方で内容の割り当てを過少決定していると思われるときがある。なんらかの適合した割り当てが与えられたとき、それを変形して、同じくらい適合しているが倒錯した代替的割り当てをつくることができる。それゆえ内容理論は第二の部分を必要とする。適合原理だけでなく、「人間性原理」も必要である。この原理によって一定の種類の内容に好意的で他の種類の内容に敵対的な前提が作り出されるのである。

たとえば適合した割り当ては、〈私はビールを一杯飲むことを欲求し、そして私はビールが最寄りのパブで売られていると信じている〉であるかもしれない。だが、〈私は泥の皿をもらいたいという突然の欲求をいだき、そして私はそのパブがそのような皿を出してくれると信じている〉という割り当ても同じくらい適合しているかもしれない。この倒錯した割り当てを、整合性を保ったまま、拡大しよう。拡大された割り当ては、部分的には、次のようなものになるにちがいない。それは、私が奇妙な種類の帰納的「推論」に従っていることになる、というものである。ちなみにこの「推論」においては私のこれまでのパブ経験はすべて私の奇妙な期待をサポートしている。だが、たとえ上記の二つの割り当てが共に等しく適合的であるとしても、第一のものが正しく第二のものが間違っているはずである。私の言いたいことは第一のものがより正しそうな仮説だという点ではない。むしろ、第一のものを好む原理が、内容を構成する原理のなかに含まれると言いたいのである。

もし私が違った仕方で行動していたとすれば、第二の割り当てがより適合し、そのために第二の割り当ての方が正しい、ということになるだろうか。答えは「ノー」である。なぜなら、仮定によって、二つの割り当ては同じ行動に適合していたからである。たとえ私が違った仕方で行動していたとしても、第一の割り当てより第二のものが優位になることはない。むしろ両方の適合が損なわれる。何かによって第二の割り当てが優位になり正しいものになる、ということはない。仮に第二の割り当てが候補として十分なほど適合しているのであれば、第一の割り当てもそうである。それゆえ第一の割り当てが勝つ。理由は以下の通りである。すべての割り当てをカバーする十分な数の機能的役割は存在しない。第一の割り当てと第二のそれは同じ役割を占めようとするライバルである。そして、第二の割り当ては倒錯的だから、第一の割り当ての方がよりふさわしい。それゆえ、問題の役割は第一の割り当てに属し、第二の割り当てはその役割を欠かざるをえない。したがって第二の割り当ては、全体として、思考不可能な内容の一例となる。

以上はどちらかと言えば扱いやすい事例である。よりいっそう倒錯的だが適合的な割り当てが無数に存在する。これらが割り当てる内容は有限の仕方で表現されえないかもしれない。多かれ少なかれ自然的な性質であればわれわれはそれらにあてがいうる語をもっているが、そうした内容はこうした自然的な性質の無限にグルー的なゲリマンダーを要求するだろう。それらは不適格な思考内容である。というのも、それらは完全に規則性を欠き、完全に雑多であるからである。私は、思考不可能な内容は正しく割り当てることのできない内容だと提案したい。この内容が正しく割り当てられない理由は、それが思考主体の状態の機能的役割に適合するとき必ず、同じく適合するいっそう好ましい内容が存在するからである。もしこれが正しいなら、人はそういう内容をもつ思考を行なうことができない。いくら賢くても無駄である。ひょっとするとあなたは十分に賢く、そうした劣った内容を適合させうるかもしれない。だが、同じく適合するいっそう優位な競合する内容が存在するときには、それはやはり正しくない。

二・四　いかにして知りうるのか？

次の反論は認識論的な視点から行なわれる。私の議論の出発点はわれわれが、個別的な知識であれ一般的な知識であれ、豊富な様相的知識をもっているということであった。われわれはしゃべるロバが存在しうることを知っている。またわれわれは様相に関わる事実を教えてくれる一般原理を知っている。たとえば、もししゃべるロバと哲学するネコが存在しうるならば、それらは並んで存在しうる、などのことを教えてくれる一般原理である。そして、こうした知識を体系的な理論にまとめ上げることが私の目標であり、そうした目標のゆえに私は様相実在論を支持するのである。だが——と反論者は述べるのだが——こうすることによって私は出発点であった様相的知識に反することを行なっている。なぜなら、もしわれわれの知識の内容を正しく分析するのが様相実在論であるならば、そうした内容は決して知られえないことになるからである。

というわけでリチャーズは次のように言う。「可能世界意味論が可能性言明の真理条件を与えるとしても……、こうした真理条件は次のような問題点をはらむ。それは、任意の言明について、その真理条件が満たされているかが一般的に決定できず、それゆえその言明が真かどうかも決定できない、という問題点である。Aがどこかの世界で真であるかどうかを私はどのようにして決定するべきだろうか。Aがこの世界で真でない限り、直接的に検査できない」(Richards 1975 : pp. 109–10)。ライカンも同意して次のように問う。検査できないのに、どのようにしてわれわれは、たとえば、ソール・クリプキがルドルフ・カルナップの子供であるような世界が存在するかどうかを知りうるのか。

こうした反論は数学の哲学におけるベナセラフの有名なジレンマに通じるところがある。われわれは豊富な数学的知識をもっていると言える。ここには直接的に検査することのできない無数の数学的対象の存在についての知識も含まれる。われわれはこうした知識の内容を額面どおり受け取りたいと考えるかもしれない。あるいは、ベナセラフのより慎重な言葉によれば、「数学の命題に対する意味論が、言語のその他の部分に対する意味論とパラレルになる、というような一様な意味論的理論に対する関心」によって数学的真理の説明を動機づけたいと考えるかもしれない。だが、「数学的な表現とそれ以外の表現を同じような仕方で扱う真理の説明には、われわれがどのようにして数学的知識を得るのかという点が理解できなくなるというコストが伴う。他方で、成り立つことをわれわれが明確に知りうるような真理条件を数学的命題に与える真理の説明では、こうした真理条件と、割り当てられた条件がどのような意味で命題が真でありうるのかを示す分析とのつながりが失われるという犠牲が伴う」。問題は、何かを知るためには知識の主体と知識の対象のあいだになんらかの因果的なつながりが要求されるということである。だが、数学的真理の標準的で率直な説明は「対象に関する条件によって真理条件を記述するが、通常考えられるところでは、こうした対象の本性に従うと、この真理条件は、よりよく理解された人間の認知の手段（たとえば感覚的知覚など）の範囲外に位置づけられる」（Benacerraf 1973: pp. 661–2 and pp. 667–8）。

ベナセラフのジレンマのどちらの角を選ぶべきかは明白だ、と私は考える。認識論を重視して、数学へ奇妙な意味論を与えるならば、数学を改変するはめになる。というのも、たとえわれわれが知っている通りの数学に対して言葉の上では同意できたとしても——同意できるかどうかということ自体疑わしいが——認識論を重視するという計画は数学の言葉を他の新しい仕方で理解することにつながるからである。もちろん、現在の形態の数学が認識論研究者を困らせるのであれば、彼らにとって嬉しいことではない。だがこの点を数学改変の理由とすることは傲慢である。またその点を、数学を単なる虚構だとして放棄することの理由とみなすべきでもない。この点は、たとえわれわれが、ハートリー・フィールドの道具主義が言うように、数学はきわめて有用な虚構だとつけ加えて称賛するとしても、依然としてそうなのである。数学の知識の確かさは、数学に疑念を投げかけようとする認識論の知識の確かさよりも、より堅固である。

さて数学は判例になる。もし、理論が統一的であることを重視して、何が存在するかに関する信念を拡張する用意があるならば、そしてそれによって真理を信じるに至るのであれば、われわれは知識を得る。こうした仕方でわれわれは数学者がもつのと同様の知識を得ることができる。たとえば、われわれから因果的に隔絶し、われわれが検査することのできない無限に多くの対象が存在することをわれわれは知りうる。知識の因果的説明は、その守備範囲の内部では、まったく問題ない。だが、もしそれが一般理論として提出されるのであれば、数学はそれを反駁する。

（数学を、われわれの因果的見知りの領域を越えた知識の存在を支持する判例とみなすとき、私は危険をおかしている。数学がいかなる存在論にも与しないものであり、観察されえない特別の数学的対象へはコミットしていないと解釈される場合には、どうなるだろうか。そして、こうした解釈が完全に受け入れ可能な仕方で行なわれる場合には、どうなるだろうか。すなわち、数学の内容をまったく改変せず、数学のいかなる部分も単なる有益な虚構として放棄することなく、また量化についての慣用表現に通常の理解から離れた逸脱的な意味論を与えることなく、そうした解釈が行なわれる場合には、どうなるだろうか。私はこうした解釈がどのようにして行なわれるかが分からない。しかし、それは私の想像力の欠如にすぎないかもしれない。もしそうした解釈が行なわれるならば、それは数学の哲学にとっての偉大な勝利になる。そして私もそれを称賛したい。さて、こうしたことは他の複数の世界についての知識を支持する私の判例を無効にしないだろうか。完全に無効にすることはない。その場合にも、われわれは、本当は、ずっとそのような安全な仕方で数学を理解していた、などと言うことはできないであろう（さもなければ、われわれの理解の説明を与えるのにどうしてそれほど苦労しただろうか）。それゆえ、一定の条件つき判断がなおも成立しており、私はこれを判例として使うことができる。たとえ数学を理解する存在論的に安全な仕方が存在することがあきらかになったとしても、われわれが次のように判断（あるいは、私の意見では、正しく判断）していた点は変わらない。すなわち、数学的知識を獲得するのに先立って、われわれがそうした安全な仕方を必要としなかった、そして、たとえ数学の知識が特別な対象の因果的に到達不可能な領域の知識であったとしても、われわれはそうした知識を得ていただろう、と。）

　われわれが因果的に見知りうる領域を越えた数学的対象の広大な領域に関する知識が存在する、とあなたは認めてくれるかもしれない。そしてあなたは、われわれの知識のこの部分には因果的説明が妥当しない、ということを認めてくれるかもしれない。だが、あなたは数学と様相のケースは別だと言いたくなるかもしれない。というのも、数学的対象は抽象的だが、他の世界は具体的なものと仮定されているからである。そしてあなたはこの区別がものの知られ方になんらかの関係をもつと考えたくなるかもしれない。たとえばスカームズは言う。

> もし可能世界がわれわれの現実世界と同じ種類のものだと仮定されるならば、言い換えれば、もし現実世界が具体的かつ単純に存在するのと同じ意味で可能世界が存在していると仮定されるならば、さらに言い換えれば、可能世界がアフガニスタンや太陽の中心や白鳥座のアルファ星と同じくらい実在的であると仮定されるならば、物理的実在を構成する他のものがその存在の証拠を要求するのと同じように、可能世界もその存在の証拠を要求する。(Skyrms 1976 : p. 326)

おそらくスカームズは次のように考えているのだろう。もし可能世界が特別な意味で存在していると仮定された場合や、それが抽象的なものであり決してアフガニスタンのようなものでないと仮定された場合には、証拠についての異なる規則が適用されることになる、と。

様相的知識が私の述べたようなものであり、そしてわれわれがもっていると自認するような様相的知識をわれわれが実際にもっているのであれば、われわれは自分たちと決して因果的に関係しない具体的個体の存在に関する知識をたくさんもっていることになる。たとえばわれわれは、自分の世界メイトであるロバに加えて、無数の世界に散在した無数の他のロバが存在することをア・プリオリに知っている。それらはエイリアンなロバであり、現実的でないロバであり、「単に可能的な」ロバであるが、それでもやはりロバである。だが、ロバというのはその存在が因果的見知りによってア・ポステリオリにのみ知られるものなのではないだろうか。

(たぶんそのロバそのものとの因果的見知りは必要とされない。たとえば、次の世紀にロバが存在するかを知るために、逆向き因果が必要になるということはない。だが、この場合には、未来のロバの過去の原因を因果的に見知る必要がある。しかしながら、他の世界のロバについては、それ自体を因果的に見知ることができないのはおろか、ロバの原因を見知ることもできない。)

本当のことを言えば私は、数学的対象は抽象的であるがロバは――他の世界のそれであっても――具体的だ、と述べる人が何を言わんとしているかを理解できない。しかし、第一・七節で、私はこうした言明の意味を解釈する四つの異なる仕方をリスト・アップした。例示法によれば、ロバはロバ的であるが、数学的対象は数的である。混同法によれば、ロバは個別的な対象であるが、数学的対象は集合であるか、ひょっとすると普遍者である。否定法によれば、ロバは時空的かつ因果的な関係をもつが、数学的対象はそれをもたない。抽象法によれば、数学的対象はなんらかのものの抽象であるが、ロバはそうでない。問題の言明がどの仕方で解釈されようとも、私は多かれ少なかれ同意する。ただし、最後の方法に関して言えば、特定の数学的対象は他のそれよりもあまり適切に「抽象的」と言われなくなると思われるのだが（たとえば、有理数が抽象的である理由はよく分かる。というのも、それは比の同値クラスだからである。だが、整数を恣意的に集めた雑多な集合についてはどうだろうか）。だがいずれにせよ、こうした解釈のどれかが、知り方の違いと知られる対象の種類の違いのあいだに想定されたつながりをサポートするとは思われない。否定法であれば、少なくとも、関連する区別は立てられる。その解釈で抽象的と呼ばれる存在は因果的見知りによっては知られえない。しかし、このことは、そうした存在が他のどのような仕方で知られうるのかを理解する助けにはならない。抽象的存在のみが因果的見知りに頼らずに知られると言うことはいいかげんに感じられる。あたかも「抽象的な対象は知られているにちがいない、さもなければ知られえないものになるじゃないか！」と言うかのようだ。「抽象的」という語が「心配無用」を意味することがありうるだろうか。

ある種の知識には因果的見知りが必要だが、他の種の知識には必要ないということが真であると私も考える。しかしながら、因果的見知りを必要とする知識の範囲は、その主題の具体性によって確定されるわけではない。そうではなしに、その範囲はそうした知識の偶然性によって確定される。この点の関連性は明快である。たとえば、もし何かを見ることによって私が知識を得る場合、私の視覚経験は眼前の光景に依存している。もしこの光景が（一定の制限内で）異なったものであったならば、それに応じて、私の経験とそれに続く信念は異なったものであっただろう。同様に、その他の因果的見知りの経路も、われわれが周囲で起きていることを知りうるための反事実的依存のパターンを設定する。しかし、いかなるものも偶然的でない事態へは反事実的に依存することはできない。たとえば、いかなるものも〈どのような数学的対象が存在するか〉や〈どのような可能性が存在するか〉へ反事実的に依存することはできない。もし数の一七が存在しないならばわれわれの意見がどう違っていたか、あるいはもしドラゴンとユニコーンが単一の世界に共に存在する可能性がないならばわれわれの意見がどう違っていたかについて、まともなことは語れない。不可能な前件をもつ反事実条件文はたしかに空虚に真であるかもしれない。しかし、たとえそうであっても、そうした反事実条件文を主張することがまともであることはめったにない。

　我々の知識はまったく異なる二つの部分に分けることができる。われわれは最善を尽くせば、すなわち（私の考えでは「最善を尽くす」とは次のことを意味するが）体系的であり恣意性をもたない理論を探すならば、何が存在するかを全体的にとらえることができる。すなわち、存在するものとは、可能世界とその部分である可能個体、そして数学的対象である（たとえこうした数学的対象が、世界の部分をメンバーとしないような純粋集合だと判明するとしても）。こうした捉え方は、それが真である限りは、われわれの様相的知識と数学的知識を構成する。しかし、可能性の空間全体をとらえるだけでは、われわれ自身がその空間のどこに位置しているかはまったく定まらない。それを知るためには、われわれ自身とその周囲の状況を観察する必要がある。そして、どんな種類の観察であろうとも、たとえばそれが感覚による観察であろうとも、道具・痕跡・信号・記録――これらによってより離れた環境に因果的に依存することができる――による観察であろうとも、偶然的事実のあいだの因果的依存の問題である。観察によって発見されるのは、どのような可能性があるのかではない（ただし、われわれが捉えている論理空間のなかにわれわれ自身の適当な候補がまったく含まれないことに気づいたのであれば、それは論理空間の捉え方を見なおす良い理由になるかもしれない）。観察によって発見されるのは、われわれが誰であるかについての可能性である。すなわち、どの世界がわれわれの世界か、そしてそこに住む誰がわれわれであるのか、である。

　それゆえ、因果的な関わりを必要とする知識とそれを必要としない知識のあいだには、期待される境界線が実際に存在する。この境界線は一定の原理に基づいている――ただし、それはまさに目下係争中の様相実在論の内部で動機づけを得ているのだが（私は防衛戦を展開しているので、引き分けにもちこめれば満足である）。様相的知識と数学的知識は境界線で分けられた同じ側に属している。われわれの世界にロバが存在するという偶然的知識は、ロバとの因果的見知りを、あるいは少なくともロバを生みだす何かとの因果的見知りを必要とする。だが、どこかの世界にロバ（しゃべるロバでも、ドラゴンを世界メイトとしてもつロバでも、何でもよい）が存在するという必然的知識は、ロバやそれを生みだす何かとの因果的見知りを必要としない。それはわれわれの周囲の環境を観察することを必要としない。なぜなら、必然的知識は〈どの可能世界がわれわれの世界か〉や〈どの可能個体がわれわれか〉に関する知識の一部ではないからである。

もしあなたがすべての知識は因果的見知りを必要とすると考えるならば、私はそれが性急な一般化にすぎないと考える。しかし、もしあなたが数学的対象に関する知識は因果的見知りを必要としないと認めるにもかかわらず、他の世界のロバに関する知識は因果的見知りを必要とすると主張するならば、私はあなたが本当に後者の知識を偶然的でない様相的知識とみなしているのだろうかと疑う。私の考えでは、他の世界が本当は代替的な可能性ではなく現実の部分であるにちがいないとあなたは考えている。われわれはこうした意見を様相実在論に対する反論として単独でとりあげ、第二・一節で検討した。それは正しいか間違っているかのどちらかだ。もし正しいなら、それだけで決定的である。それが間違っているならば、完全に棄却されるべきだ。いずれにせよ、こうした意見は直接的に論じた方がよく、知識の話題と絡めるべきではない。もし他の世界が現実の一部にすぎないのであれば、様相実在論は頓挫する。だが、そうでないなら、他の可能世界にいるロバについてわれわれがもつ知識は、われわれの世界の遠い部分や隠れた部分にいるロバについてわれわれがもっていない知識と同列には扱えない。われわれはこれら二つのあいだの間違ったアナロジーに惑わされてはならない。前者はどのような世界が存在するかに関する様相的知識であるが、後者はどの世界がわれわれのものかに関する知識である。われわれは後者の知識を、われわれの周囲の世界と因果的に相互作用することによって得る。問題は、われわれがもっぱら近くにあって隠されていない部分としか相互作用しないことである。

他の世界が存在することや他の世界のロバが存在することが因果的な相互作用によって知られないのであれば、われわれはそれをどのようにして知っているのだろうか。この問いは三通りの仕方で理解できる。(1)この問いは、知識の分析を要求するもの、それも様相的知識や数学的知識を含むわれわれの知識の全領域へ適用できるような完全に一般的な分析を要求するものとして理解されうる。これはもっともな要求であり、私はよい提案ができないことを残念に思う。しかし、これは私だけの問題ではないだろう。それは、すべての人（ただし一部の懐疑主義者と規約主義者を除く）にとっての問題であり、様相的知識の内容を様相実在論的に解釈したからといって、問題が難しくなるわけではない。

（私は、実際には、提案できる意見をひとつもっている。知識の分析は、間違った理由によって信じられた真理に関するパズルに対処しなくてはならない。たとえば、エセ導師に教えられた場合、二つの間違いを犯して結果として相殺された場合、運良くミスリーディングな説得や証拠に出会わなかった場合、などである。おのおののケースにおいて、ひとつか二つの事例によってパズルが提示されるのだが、この場合にも、知識の分析は全般的な問題に対処することを求められているとわれわれは期待している。だが、全般的な問題に対処する必要はないかもしれない。ひょっとすると、おなじみのパズルのいくつかは、非偶然的なことがらのうちの単純なものに関する知識のケースでは生じないかもしれない。あなたが２＋２＝４という言明や真な矛盾は存在しないという言明を完全に理解して受け入れているとすれば、はたしてあなたはこれらを本当に知らずにいられるだろうか。私は疑わしく感じている。こうした言明を受け入れることは知識をもつことになるのではないか――たとえあなたがそれを受け入れる理由がエセ導師に教えられたことだけだったとしても。あるいは、二つの間違いを犯して結果として相殺された場合も、そうなのではないか。あるいは、あなたの意見を変えようと企んでいる口のうまい詭弁家が講演するさいに、あなたがそれを運よく聞き逃した場合も、そうなのではないか。私はそうだと考える。あるいは、少なくとも明確に否定することはできない。）

(2)あるいは、知り方に関わる上記の問題は「自然主義的な認識論」を要求しているのだと理解することもできる。様相に関するわれわれの意見は何によって知識になるのか、という点についてはは頭を悩ませなくてもよい。むしろ問題はわれわれが実際にもっている様相的意見をわれわれはどのようにして獲得するのかである。（「あなたはドルの平価が明日に切り下げられると言うが、どうやってそれを知ったのか」。ここでは、質問が、懐疑主義者や認識論研究者ではなく、リークを防ぐためにあなたの協力を求めている役人によって行なわれていると想像されたい。）数学のケースでは、たいていは、すでに受け入れられた一般的原理からの推論によって意見を得るというのが答えになる。こうした推論は、ときに正確かつ厳密な仕方で、ときに比較的インフォーマルな仕方で行なわれる（たとえば、数学の宇宙の充満性に対して恣意的に見える制限が課せられているときに、これを否定することは、インフォーマルな仕方の推論である）。私は様相のケースでも答えは同様だと考える。私の考えでは、様相に関してわれわれがもつ日常的な意見は、たいていは、なんらかの組み替え原理の帰結である（どのような組み替え原理かと言うと、改善の余地はあるものの、第一・八節で論じられた路線のものであろう）。正確に定式化された組み替え原理から厳密に推論するという状況も想像できるが、実際には、われわれの推論はしばしば想像による実験の形式をとる。われわれは、複数のものをあらかじめ可能だとして受け入れ（たとえば、それらのおのおのが現実的であるという理由で）、そして、どのようにしてそれらの複製が当該の可能性の記述と合致するように配置されうるかを考える。多様な配置を想像しながら――もちろん、完全な詳細までを想像するわけではないが――われわれはどのようにしてそれらが適切に記述されうるのかを考察する。たとえば、かくかくの種類のものがしかじかの仕方で配置されていたとすれば、それはクリプキがカルナップの息子であるような世界であるだろう、という具合である。

もっとこじつけめいた可能性に対しては、組み替え原理は使えない。だが適用できる他の原理がある。たとえば、世界の充満性に対する恣意的な制限を拒否するというやり方で、われわれはもし一七次元の世界が存在するならば一八次元の世界も存在すると結論するかもしれない。あるいは、どこかの世界で例化されている自然的性質のすべてがわれわれの世界でも例化されているということはありそうにないと結論するかもしれない。その他の問いのいくつかについては、様相に関するわれわれの意見を確定する方法がまったく存在しないように思われ、克服しがたい無知を告白するしかない。このような問いのひとつに、自然的性質の両立不可能性に関わるものがあると思われる。ひとつの粒子が同時に正と負の電荷をもつことは絶対に不可能なのだろうか。あるいは、これらの性質は、現実に成立している偶然的な自然法則のもとでのみ排他的なのだろうか。私はどのように判定しうるのか分からない。そして、この問いを解決する方法があることのどんな保証をわれわれがもっているかも分からない。宣言することによってこっちを真としたりあっちを真としたりする資格がわれわれにないことは確かである。真理がどのようなものであれ、それを決めるのはわれわれではない。

様相に関する意見を得る仕方が世界をひとつひとつ順番に検査することでないことは間違いない。その理由は、世界すべてを検査することが決してできないからというだけではなく、これらすべてを適切な短さの時間で総覧するためにはとんでもなく速く作業を行なう必要があるからである。(3) それは、実数に関するわれわれの知識が実数をひとつひとつ順番に検査することから生まれると考えるようなものだ。これは間違いである。われわれの方法は一般的でなければならず、数学のケースにも様相のケースにも妥当しなければならない。われわれが想像による実験を通じて組み替えに基づいて推論するときに、方法が一般的である点は間違いない。われわれはいくつかの際立った側面だけを想像し、これによって、一度限りの想像行為によって、無限数の世界のクラスをカバーするのである。

(3)最後に、知り方に関わる上記の問いは、懐疑主義からの挑戦と理解できるかもしれない。ある意見が知識とみなされているときに、その意見を堅固な基礎の上に置くことができるだろうか、あるいは、誤りえない方法でその意見は導出される、ということを示すことができるだろうか。すぐに思いつく反論は、ここでもまた、堅固な基礎や誤りえない方法を求めることが理に適っていないというものだろう。だが、少し考えて見ると、誤りえない方法を得ることは可能だと思われる。しかも極めて容易に、である。おそらく、ここで言うべきことは、偶然的でないことがらの知識に対して誤りえない方法を要求することは意味をなさないということである。というのもこうした要求は、簡単に、トリビアルになってしまうからである。なぜなら、もしかくかくのことが必然的真理であるならば、それを信じることが、それだけで、正しい知識のための誤りえない方法になってしまうからである。もし私が信じていることが必然的真理であれば、それが間違っている可能性はない。このことはどんな場合にも変わりない——必然的真理の内容が何であれ、そしてそれがどのような仕方で信じられるようになったのであれ。そうなると、もしかして、求められているものは、誤りえない一般的方法なのかもしれない。しかし、これもまた簡単に得られそうだ。偶然的でない特定の前提から推論するという方法についてはどうだろうか。様相のケースにおいては、こうした推論は、きわめてインフォーマルなものであり、もっぱら組み替え原理を暗黙の前提とする想像実験によるかもしれない。こうした推論は、数学のケースでは、反復的な集合論の公理や数学の特定の部門の公理から出発し、多かれ少なかれ厳密な仕方で進むかもしれない。たとえば、ある演繹システムの内部でペアノの公理から導出可能なすべての定理をあなたが受け入れているとしよう。もし実際にペアノの公理が（まさにそうであるように）必然的に真であり、そしてその演繹システムが真理を必然的に保存するのであれば、あなたが間違える可能性はまったくない。こういう場合にあなたは、誤りえない一般的な方法に従って、数論上の意見に到達したことになる。エセ導師から聞いたということがあなたがこの方法に従う唯一の理由だとしても、気にすることはない。その場合も、その方法は不可謬かつ一般的である。

では、本当は何が求められているのか。それは、われわれの堅固な基礎をより堅固な基礎の上に置き、われわれの誤りえない一般的な方法をさらに誤りえない一般的な方法で包摂し、さらに……という作業を無限に続けなければならない、という要求だろうか。遅かれ早かれ終わりがやってくるのは間違いない。では、なぜ早くにやってこないのか。あるいは、われわれは理に適ったやり方をしなければならない、という要求だろうか。私の考えでは、あるときは理論に関する保守主義に従い、またあるときは理論的統一を追求するというように、部分ごとに意見を改定する手続きこそがわれわれの言う「理に適った」やり方である。そして、まさにこうした手続きを通じて、われわれはペアノの公理、反復的集合論の公理、組み替え原理などを受け入れるのである。あるいは、理に適っていることが理に適っていることを証明しなければならない、という要求だろうか。そんな証明はジョーク以外の何ものでもない。あるいは、聞く人が必ずよりいっそう理に適ったやり方をするようななんらかの文言を発見しなければならない、という要求だろうか。それは魔法だ。論証ではない。それとも、理に適ったやり方をする人が決して間違いに陥らないことを、疑問の余地のある前提を使わずに証明する、という要求だろうか。そんなことは期待すべきでない。

二・五　懐疑主義への道？

次に、やや穏健な反論を三つとりあげよう。これらの反論によれば、様相実在論は明白なパラドックスに陥るわけではないが、この立場を受け入れるときにはわれわれの考え方や生き方をなんらかの仕方で決定的に変えなければならない。すなわち、たしかに私は矛盾に陥ることなく様相実在論者になることができるが、そのためには、私の生活を、私の哲学と一致させるために極端かつエキセントリックな仕方で変化させる心づもりがなくてはならない、ということである。しかし、私にはそのような心づもりはない。そして私にはそのような心づもりをする理由も見あたらない。

三つの反論のうちで最初にとりあげるものは、ピーター・フォレストが Forrest (1982) で提起した反論である。これはジョージ・シュレジンジャー (Schlesinger 1984) や、ロバート・M・アダムズとJ・J・C・スマートも（討論の場で）、提起したことがある。彼らによれば、様相実在論者は懐疑主義者であることを避けられない。なぜなら膨大な数の「欺く世界 (deceptive world)」が存在するからである。欺く世界には、われわれと非常によく似ている人々――われわれの対応者あるいは複製――が存在するが、これらの人々は、われわれとまったく同じ仕方で経験から学んでいるにもかかわらず、偽なることを学習することになる。

こうした欺かれた対応者の中には次のような者たちがいる。彼らは、未来が過去と類似していると適切な仕方で期待しているのだが、実際には未来が過去とまったく類似していない世界に住んでいる。組み替え原理によれば、こうした世界は存在する。というのも、組み替え原理に従うと、任意の未来を任意の過去につぎ足すことができるからである。欺かれた対応者の中には、未来が巧妙かつ表立たない仕方で間違った方向へ進むような世界に住む者がいる。たとえば、後の観察によってエーテル流の存在が確証されるようなケースである。こうした対応者は運がいい。その他には、未来がまったくのカオスへ退廃するような世界に住む者がいる。さらには、なんらかの理由によって、自らの間違いに決して気づかない者もいる。彼らは間違っていたことに気づいてがっかりすることはないが、それでも欺かれている点にはかわりはない。

未来ではなく、過去に関して欺かれている対応者もいる。たとえば、間違った痕跡と、決して起こらなかった過去の記録で満たされている、できたての世界に住む者がそれである。間違った痕跡を作り出す捏造者が存在するような場合もあるだろう。だが、そうした捏造者は存在する必要がない。なぜなら、世界の状態の任意のものについて、その状態から始まる世界が存在するからである。

現在に関して欺かれている対応者さえいる。彼らのなかには、われわれと同じく、オッカムのかみそりをふるう者がいる。こうした対応者は、自分の観察と適合するもっとも倹約的な理論を好むのだが、気の毒なことに、彼らの世界には、彼らが観察できるものや彼ら自身と相互作用しない随伴現象的がらくたが存在する。あるいは、強大な力をもったフィールド言語学者の実験台にされてしまい、虚偽へ同意するように手なづけられている対応者もいる。また、培養槽のなかの脳である対応者もいる。こうした対応者がもつ理論は、どれほど合理的に組み立てられていようとも、ほとんどすべての点で間違っている。(4)

こうした対応者や複製の悲しい運命は、われわれにとっての警告とみなすべきではないだろうか。われわれが信念や期待の「合理的な」形成方法と呼んでいる方法を、われわれはどうして信頼できるだろうか。というのも、そうした方法によってわれわれにそっくりな者たちがこれほどたくさん欺かれるプロセスが判明しているからである。なぜわれわれは彼らよりも運がいいと期待できるのか。様相実在論者は帰納を信頼する権利がない。それゆえ、様相実在論を採用するならば、ただちに懐疑主義者になるべきだ、ということである。

(私は「帰納」という語を広い意味で用いる。すなわち、われわれの世界の観察された部分に関する経験に基づいて、観察されていない部分に関する信念を形成する方法のうち、合理的とみなされるものをすべて「帰納」と呼ぶ。狭い意味の帰納――サンプルにおける頻度を母集団における頻度へ外挿すること――は、もちろん帰納の重要な部分である。しかし、私が「帰納」という語で一般的に意味するものは、仮説を受け継いだり考案したり改訂したり適用したりすること、代替的な可能性のア・プリオリな信頼度を判断すること、そして新しい証拠の重要度に基づいて信頼度を再配分し続けることなどの複雑な事態である。こうしたことは、ときに熟慮のうえで行なわれ、たいていは習慣によって行なわれ、どっちつかずの仕方で行なわれることもある。)

私は懐疑主義者になる気はない。われわれが「帰納的推理」と呼ぶものはそう呼ばれてしかるべきものである。私は、様相実在論者であるのだが、帰納的推理をあきらめる理由として、他の誰もがもっている以上のものをもたない。たしかに私はそのような理由をもっているが、それは誰もがもっている理由である。そして、私はこの理由が不十分であるという通常の意見に同意する。

この誰もがもっている理由とは、帰納が誤りうるということである。合理的であったために誤りへ陥るというケースが起こりうるが、それは非常に多くの仕方で起こりうる。帰納を信頼することによって、われわれはリスクをおかしつつも、本物の誤りの可能性がめったに現実化しないだろうことを、確信をもって期待する。これらのことはすべて、可能性の本性に関する理論とはまったく独立であると言いたい。私が認める誤りの可能性は、他の誰もが認める可能性である。こうした可能性は、われわれの世界を含むある種の世界だと理解されるような誤りの可能性であり、それ以上でもそれ以下でもない。そうした可能性によって私に与えられる、帰納的推理をあきらめる理由は、可能性の本性に関する別の形而上学的見解を支持する人や特定の見解を支持しない人に与えられる理由とまったく同じである。たとえ可能性のようなものは存在しないのだと言う人がいるとしても、もしその人が、われわれが多くの仕方で欺かれうると述べるのであれば（私には、多くの何が存在すると彼が考えているのかまったく分からないが！）、彼が帰納を疑う理由は、私がそれを疑う理由と同じであり、その不十分さも同じである。

帰納を疑う理由は誰しもがもっているにもかかわらず、なぜこの理由は、誤りのリスクが私の仕方で——すなわち、われわれの対応者が欺かれている他の世界が存在するという意味で——理解されるとき、よりいっそう恐ろしいものになると考えられるのか。もちろん、そう考えるべきではない。だが、なぜそう考えられるのか。二通りの説明が思いつく。第一の説明によれば、われわれが不安定な状態にあることがその理由である。われわれは、もちろん自らが直面する懐疑主義の困難と完全に和解することはないが、そのことを騒ぎ立てないようにしている。じっさい、哲学研究室の外では、誤りうる方法を信頼することを避けられない。だが、心の底では、われわれはそのような方法を本当は信頼したくない。そして、誤りうる方法を「帰納的推理」と呼んだところで——そのような名称を与えたのだから、そのように呼ぶのは正しいのだが——事態はちっとも良くなっていないのである。他方で、こうした不愉快な状態についてはさんざん語り尽くされ、さらに語るべきことはそれほど残されておらず、われわれはふだん、関心を懐疑主義にではなく別のところに置いている。だが、もし以上のようなことがわれわれの状態であるならば、次のような場合にはいつも、われわれの不満足がふたたび息を吹き返す。それは、まったく同じ事実——すなわち、誤りの可能性がたくさん存在すること——が別の新たな仕方で語られる場合である。そして、この同じ事実へ別の新たな装いを与えるやり方のひとつが、可能性の形而上学的本性に関する係争中の説明をその事実へ結びつけることである。これによって、問題は舞い戻り、まるでたったいま生み出されたかのように生き生きとわれわれを悩ませる。様相実在論は懐疑主義を支持する新たな理由を生み出さないのだが、従来の理由をふたたび生き生きとしたものに見せるのである。

第二の説明によれば、ここでもまたわれわれは、すべてのものが現実的であるという考えの影響を受けている。このことが意味するのは、もし他の複数の世界が存在すると主張する点で私が正しいのであれば、それらの世界は、私の言うような、代替的な可能性にはならず、その結果、それらの世界によって呈示されることが誤りの可能性にとどまらなくなるということである。むしろ、他の世界は現実のさらなる部分であることになり、他の世界で起こっている帰納に基づく誤りがすべて、現実で起こっていることになる。だが、もし多くの人が現実に欺かれていることが知られているのであれば、このことは、帰納を疑う従来の理由——帰納は、誤る可能性があるので、疑うべきである——とは異なったものである。それは、帰納を疑うべきとする良い帰納的理由にさえなるだろう。このことは、帰納を信頼すべきでないことをわれわれが帰納によって学びつつも、われわれは帰納を信頼すべきであるということではない。むしろ、われわれが帰納を信用しようと努めることが帰納を否定するということである。「安く買って高く売りなさい、そして私のような者の言うことに耳を傾けてはいけない」と預言者が言う場合、あなたがこの人の忠告にがんばって従おうとしても、従う方法はない。それは、ただ単に、この人の言うことをまじめにうけとることが難しいだけでない。問題は、この人の忠告の一方に従うときには、他方をないがしろにすることになってしまうことである。

　私はあらためて主張したい。私には、他の世界を可能であって現実でないと呼ぶ権利がある。そうであるならば、こうした世界は現実に帰納が誤っているという事例を与えない。それゆえ、帰納を疑う帰納的理由も提示しない。目下の反論が帰納で帰納を否定することに依拠している限り、その反論は間違いであるか（私が正しい場合）、よけいなものになるか（私が間違っている場合）である。というのも、もし他の世界が代替的可能性でないならば、現在の反論は私の困難ではないからである。

　どのような仕方で、帰納に関して欺かれる世界の多寡は、帰納に関して欺かれない世界の多寡と比較されるのだろうか。もしこの「多寡の比較」が濃度の比較を意味するのであれば、その数が互いに等しいことはあきらかだと思われる。なぜなら、欺く世界のクラスと欺かない世界のクラスのどちらに関しても、その下界がベート二（すなわち、時空点の連続体のそれぞれの点に対する二値的な量の割り当て方の数）であることは容易に判明し、またいずれかがベート二より大きい濃度をもつとする確かな議論をつくることは難しいからである。とはいえ、濃度が同じであるにもかかわらず、なんらかの意味で、一方の世界のクラスが他方のそれよりも数の上で優勢であると言えるかもしれない。たとえば、素数と自然数の濃度は同じであるが、あるもっともな意味において、素数は自然数において無限小的な少数派である。というのも、自然数に現れる素数の相対頻度の極限値はゼロだからである。もちろん世界に関して相対頻度の極限をとることはできない。なぜなら世界のクラスには明確な線形順序が存在しないからである。だが、ひょっとして濃度でも相対頻度でもない第三の比較法が存在し、欺く世界の多寡に関する問いを有意味にできるかもしれない。

　Forrest (1982) においてピーター・フォレストは巧妙なやり方で、基数の違いがないにもかかわらず、欺く世界がある意味で数の上で優勢であると主張する。仮にフォレストが正しかったとすれば、誤りの可能性が数の上で優勢であることは、単にそうした可能性が多いだけの場合にはできない仕方で懐疑主義を支持するだろう。

　フォレストはひとつの種類の誤りの可能性だけに議論を絞る。それは、「随伴現象的がらくた（epiphenomenal rubbish）」が多数存在する世界であり、この世界でオッカムのかみそりをふるうと間違うことになる。われわれとそっくりの観察者がいる世界だけをとりあげよう。「随伴現象的」という語は、こうした観察者および彼らが観察するものと相互作用しないことを意味する。また、きれいな世界とは、随伴現象の存在しない世界である。きれいな世界はどれも、いま問題になっている仕方では観察者を欺かない――もちろんそのうちのいくつかはその他の仕方で観察者を欺くだろうが。きれいな世界以外の世界はすべて、がらくた世界である。さて、もし随伴現象的がらくたが存在するならば、そのがらくたはここにはあるがあそこにはない、ここにはないがあそこにはある……などのいろいろな仕方で存在できる。他方で、もし随伴現象的がらくたが存在しないならば、それはどこにも存在せず、これで話は終わりである。要するに、随伴現象が存在する仕方は無数にあるが、それが存在しない仕方はひと通りしかない。このことが示唆することは、どのきれいな世界も、無限に多くのがらくた世界と対応させることができるだろうということである。このことは実際に可能である。二つの世界が、それに含まれる随伴現象的がらくた以外の点で正確にそっくりであるとき、そしてこのときに限り、それらの世界を同値と呼ぼう。きれいな世界はどれも、無限に多くのがらくた世界と同値であるが、その世界以外のきれいな世界とは同値でない。(あるいは、きれいな世界は、それ自体と識別不可能な世界と同値である。とはいえ、議論の便宜として、識別不可能な世界が存在しないという点でフォレストに同意することにしたい。これが真かどうかは分からない。だが、識別不可能な世界へ訴えることによって彼の結論を避けるという試みが見るからにアド・ホックである点については私もフォレストに同意する。)同値クラスによって関連する世界が分けられる。そして、おのおのの同値クラスにおいて、がらくた世界の数はきれいな世界の数を無限対一の比で凌駕する。どの同値クラスにおいても、がらくた世界が数の上で優勢であり、きれいな世界は無限小的に少数派である。

　どの同値クラスを見ても、がらくた世界が数の上で優勢である。それゆえ、ある理に適った意味において、がらくた世界は、端的に、数の上で優勢である。これをフォレストの「直接論証（direct argument）」と呼ぼう。フォレストはこれを直観的には正しそうだが厳密さに欠けると評価する。だが私は論証の力を完全に欠くと評価したい。なぜなら、パラレルな仕方で、反対の結論が主張できるからである。たとえば、ある無限の大きさの表があり、そこにはすべての数が一度に現れているとする。一番上の行に素数以外の数を並べ、それ以外の箇所には素数を並べ、二次元の行列を満たすように並べあげる。

4	1	2	11	13	⋮
6	3	7	17	41	⋮
8	5	19	37	59	⋮

ここで列によって数は分割されている。おのおのの列におい

て、素数はそれ以外の数を無限対一の比で凌駕する。どの列を見ても、素数が数の上で優勢である。ここから素数が、端的に、数の上で優勢であることが帰結するだろうか。もし、通常のように、われわれが素数が無限小的に少数派である（極限的な頻度の意味で）と考えるのであれば、われわれはそのようなことが帰結するとは考えないだろう。

素数が数の上で優勢であると本当に言えるならば、素数でない数、あるいは平方数や奇数や偶数、もしくは自然数の任意の無限部分集合についても、それが同じ意味で数の上で優勢であることを認めなければならない。なぜなら、どの場合にも、同じやり方で上のような表——少数派にしたい数を一番上の行に押し込めて、残りの箇所を多数派にしたい数で埋めてできる表——が組み立てられるからである。

たとえがらくた世界がある意味で数の上で優勢であるとしても、そうした世界のクラスの基数がより大きいとは限らない——この点はフォレストも認める用意があるように思われる。とはいえ、その点が認められるとすれば、われわれは同じやり方で応戦できる。たしかに、フォレストのやり方での世界の区分は存在する。だが、もし基数が同じであるならば、必ず、「対抗区分（conter-partition）」も存在する。すなわち、おのおののクラスには無限に多くのきれいな世界とひとつのがらくた世界が含まれるような仕方で、関連する世界をクラス分けする別の仕方が存在するのである。この場合、どのクラスを見ても、数の上で優勢であるのはきれいな世界であり、この意味できれいな世界は、端的に、数の上で優勢である。このようにしてわれわれはオッカムのかみそりを支持できる。たしかに、フォレストの区分を生み出す同値関係を記述するよりも、対抗区分を生み出すそれを記述する方が難しいかもしれない。だが、そんなことに何の問題があるのか。

フォレストは彼の直接論証を、「より厳密な」間接論証すなわち二つのステップの論証で補強する。ここでもまた、随伴現象的がらくた以外の点ではそっくりな世界の同値クラスに注目しよう。

ステップ一。どの同値クラスに現実世界が含まれるかをあなたが知っていると仮定しよう（こうしたことは実際には不可能だが）。その同値クラスがどのようなものであれ、そこでは無限対一の比でがらくた世界が数の上で優勢である。それゆえ、ほぼ完全な確実性で、あなたは現実世界ががらくた世界であると結論すべきである。

ステップ二。しかし、どの同値クラスでも話は同じである。それゆえ、現実世界を含む同値クラスがどれであると判明しようとも、あなたがそれがどれかを知るときには、あなたは現実世界ががらくた世界であると結論すべきである。その内容がいかなる違いももたらさないような情報を待つ必要はあるだろうか。それゆえあなたは、さっさと、現実世界ががらくた世界であると結論すべきである。

だが、この「より厳密な」論証は、先の単に「もっともらしい」バージョンと比べて論証の力は変わらない。先の直接論証と同様に、パラレルな仕方で、反対の結論が主張できる。じっさい、フォレストが元々用いた区分の代わりに、なんらかの対抗区分を採用し、それによってオッカムのかみそりを支持することができる。あるいは、自然数のケースにおいても、先と同様にパラレルな議論を提示できる。謎の数――これがどのように選ばれたのかをあなたは知らない――が素数かどうかをあてることがあなたの仕事だと仮定しよう。私たちが考案した表では、おのおのの行で、素数が無限対一の比で数の上で優勢である。そして、このことはどの行でも同じである。もし――こうしたことは実際には不可能だが――あなたがどの行が問題の謎の数を含むかを知ったとすれば、あなたはそのとき、その数がほぼ確実に素数であると結論すべきである。それを待つ必要はあるだろうか。あなたは、さっさと、その謎の数が素数であると結論すべきである。そしてその結論は、素数以外の数、平方数、奇数、偶数、あるいは何であれかまわない。

直接論証と異なり、フォレストの間接論証は興味深いパラドックスである。パラレルな反証をかんがみるに、あきらかにどちらかのステップが誤っているはずである。だが、どちらに問題があるのかはまったく明白でない。ステップ一を間違いだとみなすことは、結果的に、われわれの信頼度の分布の初期状態に極端な不均衡があると認めることになる。とはいえ、無差別原理の少なくとも残滓ぐらいは望むことが許されるだろう。すなわち、あらゆる世界へ信頼度を等しく分配することは必要ではなく、さらには、このことは無限数のケースでは明確な意味をまったくもたないことすらあるかもしれないが、少なくとも、単一の世界に対して無限数の世界のクラスよりも高い信頼度を与えるべきではないのである。ステップ二を間違いだとみなすことは、信頼度の加法原理の無限バージョンをあきらめることを意味する。このこともまた歓迎されない。だが、選ばれるのはこちらでないかと思われる。

しかし、フォレストのパラドックスがどのようにうまく解決できようとも、それは万人にとっての問題であり、様相実在論と特別に関係があるわけではない。たとえあるテーゼをパラドックスと結びつけたとしても、そのパラドックスがそれ自体で成り立つものであれば、そのテーゼを棄却することはできない。

フォレストは彼のパラドックスがそれ自体で成り立つものとは考えていない。彼によれば、パラドックスを生み出す前提のひとつは様相実在論である。彼の考えでは、（直接論証で主張されたように）関連するすべての世界を集めたときその中ではがらくた世界が数の上で優勢であるとしても、あるいは（間接論証のステップ一で主張されたように）現実世界を含むことが仮定上知られているクラスではがらくた世界がきれいな世界を無限対一の比で凌駕するとしても、こうしたことは、それ自体では、現実世界ががらくた世界であると結論する決定的な理由にはならない。これは阻却可能な理由にすぎない。そして、仮に現実世界がきれいであるということをア・プリオリに信じることが合理的である場合には、この阻却可能な理由は実際に阻却される。フォレストによれば、そう信じることは合理的なのだが、そのときにはあなたは様相実在論者であってはならない。あなたは現実世界が特別だと信じなければならない。それも、現実世界が、あなたに対して特別なだけでなく、絶対的に特別だと信じなければならない。この点に私は同意しない。私の考えでは、誰にとってもそうであるように、様相実在論者にとっても、現実世界がきれいな世界だとア・プリオリに信じることは合理的である。たしかに、実際にはがらくた世界に住んでいるのだが自分の現実世界がきれいな世界だと誤って信じている合理的な様相実在論者がたくさんいる。とはいえ帰納的推理がうまくいくことが保証されているとは誰も言っていない。

しかし、この点について言い争う必要はない。なぜなら、ここに様相実在論が関連すると主張する点でのフォレストの間違いに加えて、それとは別に、うさんくさいパラレルな議論によってフォレストがどこか間違っていることは示されるからである。彼が正しいと仮定して、様相実在論が前提された場合には間接論証の第一のステップを阻却できなくなるとしよう。そうであるならば、同様に、オッカムのかみそりを擁護する対抗区分を用いたパラレルな論証の第一のステップも阻却できない。この場合、様相実在論者が何を信じるべきかについて、対立する二つの結論に行き着くことになるが、このことは両方の論証の信用を失わせるのに十分である。同様に、謎の数のケースでも、お望みなら次のように仮定することができる。すなわち、謎の数の特徴をあてようとしている予想者が可算無限存在するとし、おのおのの予想者にはその人だけの謎の数があるとする。逆に、どの数も少なくともひとりの予想者にとっての謎の数であるとする。この場合、あなたの謎の数は、あなたとの関係以外ではまったく特別でない。それゆえ、あなたの謎の数が素数であること、あるいは、それが素数でないこと（あるいは平方数、奇数、偶数、その他）のいずれについても、あなたがそれを確信すべきだと主張するフォレスト型の論証の第一のステップを阻却できないことになる。

ジョナサン・ベネットとジョン・ビゲロウは——まったく違った文脈であるが(5)——可能性の多さは「変化の程度（variety）」で測ることができると指摘した。オーストラリアのある二点間の距離は、シドニー内のどの二点間の距離よりもはるかに大きい（ウェスタン・サバーブをシドニーに入れても）。このことは、シドニーがオーストラリアの比較的小さい部分であるという事実に関係している。同様に、すべての可能性からなる空間内のある領域を考えてみよう。可能性の空間全体のある二点間の非類似度の距離は、この領域内のどの二点間の非類似度の距離よりもはるかに大きい。このことが示唆するのは、ある意味で、その領域が空間全体の比較的小さい部分であるということである。（もちろん、このことはごくごく単なるスケッチに過ぎない。私がたったいま話したことだけでは、細長い触手が伸びているだけの小さめの領域に足もとをすくわれかねない。だが、ベネットとビゲロウが示しているように、改善は可能である。）さて、このの空間のアナロジーが示すように、われわれが行なっているサイズの比較は、濃度の比較とまったく関係しない。では、このアプローチを採用すれば、がらくた世界が数の上で優勢であると主張する別のルートが与えられるだろうか。きれいな世界同士が類似していないことはありうるが、がらくた世界同士はさらに多くの異なる仕方で似ていないことがありうる。はたして、がらくた世界のあいだの非類似度の中には、きれいな世界のあいだにあるどのような非類似度よりもはるかに大きいものが存在するだろうか。そして、もしそれが存在する場合には、われわれの世界ががらくた世界でありそれと同値なきれいな世界ではないと信じることは合理的になるのだろうか。

私の考えは「ノー」である。私は、一定の制限つきで「比較類似性（comparative similarity）」の概念を擁護する。適切な仕方で「通常」と言われうる文脈背景が与えられれば、一定の制限つきで、われわれは、世界のあいだの類似性や差異の様々な観点に違った重みづけをすることができ、たとえば次のように言う。すなわち、現実世界でこのマッチが擦られず点火しない場合、水中で擦ったためにそのマッチが点火しない世界のどれよりも、そのマッチが擦られて点火する世界の方が現実世界に似ている。だが、私の考えでは、ここでいう「制限」はきわめて重要である。そして、こうした制限におさまらない比較類似性を語ることについては、私は反対する。随伴現象的がらくたに関わる類似性と差異は通常考慮されないので、こうした類似性と差異よりも、普通の類似性により大きく重みを与えるような確定したやり方をわれわれはもっていないのである。どうしてもつことができるだろうか。任意の通常の反事実条件文について、もっとも近い前件世界は、がらくたがこの世界でのあり方をしている世界――つまり、がらくたが不在の世界――である（あるいは、こう考えることが合理的である）と言えそうだ。しかしながら、ここには、点火の観点で似ていることと濡れていない点で似ていることのあいだにあるようなトレードオフは存在しないのである。そのため、がらくた世界に関してトレード条件をうち立てるチャンスはないのである。はたしてがらくた世界に関する差異がきれいな世界に関する差異よりも大きいかどうかを問うた場合に、これを決定する事実は存在しない。というのも、この問いに答えることは、あたかもトレード条件がすでに定まったかのように振舞うことになるからである。近い世界のあいだでは比較類似性が比較的に確定している。そのため、こうした世界については、多さを変化の程度で測ることはよいアイデアである。だが、変化の程度が大きいためにがらくた世界が数の上で優勢であると主張することは、行き過ぎであろう。

二・六　無関心への道？

同様に、何が起こるかをわれわれがどう気にするかが様相実在論によって変えられてしまうと主張する議論がある。ロバート・M・アダムズはこの点を次のように説明する。彼は「絶対的現実性」のテーゼ――われわれが部分である世界は、代替的可能性とは根本的に違った種類のものであるというテーゼ――と私の現実性の指標理論――世界はどれも同じ種類のものであり、ある世界を現実的と呼ぶことはそれがわれわれの世界だと言うことにすぎないという理論――を対比して次のように言う。

われわれは虚構だと分かっているキャラクターの喜びや悲しみによって心を動かされることがある。だが、現実でない可能世界に悪が生じることが悪いことだとか、現実でない可能世界に善が生じることが善いだとかをわれわれは、本当のところ信じていない。もちろん、そうした善や悪が現実のものであったとすれば、それは善いことであったり悪いことであったりするだろうが。私の考えでは、故意に悪を現実化することに対するわれわれの強力な反感もまた、現実そのものには、単に相対的なものでなく、絶対的に特別なステータスがあるという信念を反映している。じっさい、われわれが「悪を現実化することの何が悪いのか――たとえそれがこの世界で起こらないとしても、他のどこかの世界で起こるのだから」と尋ねるときに、指標理論が、倫理的に完全に満足のいく答えを与えることができるかどうかを私は疑わしく思う。(Adams 1974 : pp. 215–16 ; Loux 1979 : p. 195)

かくして様相実在論者はこの世界の悪に対して無関心になってしまう。どの世界がわれわれの世界であろうと、世界すべてを見渡せば、善悪の総量に違いはないからである。そして、様相実在論者は自分の行ないで頭を悩ませる必要がなくなる。自分が何をしようと、善悪の総量に違いはないからである。[6]

たしかに一定の善悪の総量が存在するだろう(そして、このことは、世界すべてにわたる善悪の総計が、いずれにせよ、無定義の無限和になるからだけではない)。たとえば、犯罪にあけくれるという仕方で私が現実とは違う行為をしたとしても、世界の全体のどこかにある善と悪はどれも、元からあるものであり、何もつけ加わらない。この世界は少し悪くなったが、他の世界には何も違いがないので、世界の全体は少し悪くなった。そうではないのである。この場合、次のように考えるのは誤っている。この世界は少し悪くなったが、他の世界には何も違いがないので、世界の全体は少し悪くなった。そうではないのである。もし私が犯罪に手をそめたとしたら、別の世界が現実であったことになる。私の対応者が犯罪に手をそめるもっとも近い世界は、なんらかの別の世界が現実であるような世界である。もしこの世界がWであり、その別の世界がVであるならば、この世界はWが現実であるような世界であり、私の対応者が犯罪に手をそめるもっとも近い世界は、Vが現実であるような世界である。しかし、両方の世界とそこで起こる善と悪が世界の全体の一部であることは、どちらの世界においても真である。[7]

ひょっとすると混乱は、「この世界は、もし私が犯罪に手をそめていたとすれば悪くなっていたような世界である」という事象的反事実条件文の解釈の難しさによって引き起こされているのかもしれない。私はこの文が次のことを述べていると解釈する。すなわち、私の対応者が犯罪に手をそめるもっとも近い世界は、この世界の対応者（いわば対応世界）がこの世界よりも悪いような世界である、と。VにおけるWの対応者は、おそらく、V自体である。そして、おそらくVはWより実際に悪く、このことによって問題の事象的反事実条件文は真になる。あるいは、混乱はひょっとすると、おなじみのあの反論によって引き起こされているのかもしれない。それは、〈本当は、他の世界は現実の一部にすぎず、それゆえ反事実条件文は、すべての世界の総体がそうでありえた別の仕方に関するものでなければならない〉という考え方である。これに対して私は繰り返し言いたい。それは正しいか間違っているかのどちらかだ。だが、もし正しいのであれば、本節の反論のような回りくどい仕方で私を批判する必要はなくなる。そして、もし間違っているのであれば、それは批判にならない。

同じ議論は、道徳についてと同様に、思慮についても行なうことができる。私の一切の道徳的配慮を脇において、私自身が欲する善のみに注目しよう。私は多かれ少なかれ個人的な願望を数多くもっている。ちょうどいま、私はこの本を仕上げることを心から望んでいる。そして私は、この本が後々いくらかの好評を得ることを望んでいる。そして、様相実在論への転向者が現れることまでは必ずしも望んでいないが、少なくとも、転向を拒むことによって何を得て何を失うことになるのかに関する私の理解を他の人が共有するようになることを望んでいる。この望みがあるために私は、醜悪な緑のスクリーンを目の前にして昼夜がんばっているのである。だが、なぜそんなにがんばらなければならないのか。というのも、もし本書の主題について私の立場が正しいのであれば、私はこの本が書かれた世界が数多く存在することを知っており、そして、この本が書かれない世界がそれと同じくらい存在し、さらに、この本が書き終えられたものの、そこに多くのひどい間違いが含まれているような世界が存在すること、などを知っているからである。私が書き終えたい本は、いずれにせよ、書かれるだろう――その本は、必然的に、一字一句違えずに、数えきれないくらい何回も書かれるだろう（そして、多かれ少なかれ重要な違いを含む本がより多く、数えきれないくらい何回も書かれるだろう）。私の対応者と私からなるクラスには、本を書き終えた多くの者と書き終えられない多くの者が存在する。なので、私自身がどちらであるとしても、何の関係があろうか。

ラリー・ニーヴンの小説が示唆するところによれば、世界が複数存在することを知った場合には、生きる意志が蝕まれることはもっともなことである。あなたが何かを決定する場合、対立する無数の決定が行なわれている。そうした決定のうち、あなたによってある決定が行なわれ、別の決定が、決定の瞬間まであなたと正確にそっくりである他の世界の対応者によって行なわれる。異なる決定が行なわれるのは、重大で困難なものだけではない。簡単な決定、たとえば、いかなる理由もなしに衝動的に自殺をするかどうかを選ぶ決定のような、簡単すぎて考慮にもおよばない決定でさえそうである。対立するあらゆる決定がいずれにせよ行なわれているのであれば、あなたが、どの決定を行なう人の一員であろうと、何の関係があろうか。

（三つの注意がある。(1)ニーヴンの小説は、厳密には、複数の可能世界に関する話ではなく、ひとつの大きな世界のなかの複数の世界類似的部分に関する話である。というのも、そうした部分のあいだで旅行が行なわれるとニーヴンは想定しているからである（この点については第一・六節を見よ）。(2)ニーヴンは分岐する世界について話しているのかもしれない。というのも、現在のひとりの決定者に対して、どれも等しく彼のものである複数の未来が存在するからである。それならば、私は彼の主張に賛成する。この場合には、実際に、決定は無意味になる（この点については第四・二節を見よ）。だが、ここでは、そうではなしに、ニーヴンが語っているのは複数の決定者の事例なのだと仮定させてもらいたい。彼らは、おのおのが自分自身のひとつの未来をもち、決定の瞬間までは正確にそっくりである。(3)ニーヴンの主張には、前節で論じた懐疑主義的な論点が含まれるかもしれない。すなわち、あなたが何を選ぼうと関係なく物事が無数の仕方で生じるというだけでなく、自分にとってどんな結果が起こるかを期待することすら許されなくなるということである。）

私は無関心を支持する論証が間違った前提に基づいていると反論する。このことはこれまで挙げた三つのケースすべてにあてはまり、道徳の場合でも思慮の場合でもそうだが、第三のケースがもっとも明白である。生きることを欲求することは、ある種のことがらが世界の総体のどこかで起こることを欲求しそれがどこで起こるかは気にしないことではなく、自己中心的欲求、すなわち私自身が一定の性質をもつことを欲求することである。私の欲求の適切な内容を与えるためには、すべての世界の総体が満たしてほしいと私が欲求する条件ではなく、私自身が満たしてほしいと私が欲求する条件を特定しなければならない。世界の総体がなんらかの条件を満たすように欲求することは不毛である。なぜなら世界の総体がどのような条件を満たすか満たさないかは偶然的ではないからである。それは一七が素数であることを欲求したり偶数であることさえ欲求したりするようなものだ——充足されていようが、充足不可能であろうが、そうした欲求はいずれにせよ同じく不毛である。だが、この先の人生があることを欲求することは不毛ではない。それはあるかもしれないし、ないかもしれない。そして、衝動的に自殺をするかどうかに関して間違った決定を行なってしまえば、あなたは自分が欲求するものを得ることはないだろう。実在の全体にとっては、あなたがどのように決定するかは重要でない——いずれにせよ、あなたとそっくりな多くの人が存在し、そのなかのある人はある仕方で決定し、別の人は別の仕方で決定する——しかしながら、あなたにとっては重要である。自己中心的な欲求は、一見したところ、世界のあるべきあり方に関する欲求とは異なるものである。他の論文で私はこの一見したところの違いが真の違いだと論じた。前者の種類の欲求は後者のそれへは一般的には還元可能ではない。（Lewis（1979b）の術語を用いれば、ある欲求は還元不可能な仕方で自己的である。）複数の世界の総体のあるべきあり方がどのようなものかに関する欲求は、なおさら、自己中心的な欲求とは異なるものである。

われわれは、実際に、還元不可能な仕方で自己中心的な欲求をもっている。なぜこれが可能かを理解することに困難はない。あるいは、たとえ困難が存在するとしても、これは、一見したところ自己中心的に見える欲求がその見かけどおりのものでありえないという意見に固執するときにだけ生じる。私には、われわれがそうした欲求をもてないとする良い理由も思いつかない。生き続けたいというあなたの自己中心的な欲求が、あなたの対応者が生き続けることによって代理的に充足されることはありえない。だからこそ自分が生きるか死ぬかに無関心であってはならない。

同様に私は、この書きかけの本をどこかの世界の誰かが書き終えることを欲求しているだけではない。そんなことは不毛である。そうではなく私はこの本を私自身が書き終えることを欲求しており、このことに動機づけられて私は仕事を続けている。そして私は、どこかの世界の誰かがこの本から学ぶことによってさらに賢くなることを欲求しているだけでない。そんなことは不毛である。そうではなくて私は自分の世界メイトの考えを変えることを欲求している。これは二重に自己中心的である。というのも私は、自分の世界メイトが学ぶ人に属していることを欲求すると同時に、自分が彼らを教える人になることを欲求しているからである。だから、仕事を続ける対応者と仕事をやめる対応者のどちらに自分が属すかが、私にとって重要なのである[8]。

道徳のケースでは私は実際に次のように言う。他の世界の悪はこの世界の悪と同じく悪であり、他の世界の善はこの世界の善と同じく善である。もしこれが単純に判断の問題であるならば、同じ理屈が適用されなければならない。もっぱらベガ第四惑星で起こることに関してわれわれの世界と異なる世界にいるヒトラーの対応者は、われわれが知っており憎んでいるヒトラーと道徳的に同等である。もし現実でない可能世界で悪が起こることが悪いことだと信じることが、こうした悪が悪いものだと信じること、言い換えれば、そうした悪いことがらは悪だと信じることと同じであるとすれば、私はそれを信じていることになる。そしてもちろん、同様に、現実でない可能世界で喜ばしいことが起こることは善いことだと私は信じている。

しかし、判断を別にすれば、私は本当に他の世界の善や悪を気にかけているだろうか。それは欲求の問題だろうか。すなわち、私は、すべての世界を通じて、全体として悪がより少なく善がより多いことを欲求すべきだろうか。これは不毛な望みであろう。というのも、すべての世界の総体の性格は偶然的なものでないからである。なぜこれほど明白に不毛で無意味な望みをもたなければならないのか分からない。そして、さらに言えば、私は自分が実際にそうした望みをもっているのかどうかすら知らない。こうした望みは行動を導く手引きにはまったく関わっておらず、そのために、私がそれをもっていようがいまいが、それが私の思考や行為にどのような仕方で表出されるのかを言うことはできないのである。ひょっとすると、そうした望みは、他の世界の悪や善も悪や善であることには変わりがないという私の冷静な判断と変わらないのかもしれない。そして、もしそうであれば、私はそれをもっている。ひょっとすると、そうした望みは、不可能なことを行なって他の世界の状況を改善しようとする努力になって現れているのかもしれない。もしそうであれば、私はそうした望みをもっていない。あるいは、もっていないと思う——しかし、そのような不可能な芸当をやろうとする努力がどのようなものかを私はしっかり分かっていないので、よくは分からないが、私はそうしたことを日常的に試みているのかもしれない。ひょっとするとそうした望みは、不毛な思考となって現れているのかもしれない。たとえば、他の世界の悪を嘆きながら夜通し目覚めていないといけないのか。そして他の世界の喜びを祝福しないといけないのか。私には、この世界の遠い部分——他のみんなと同様に私はこうした部分の存在を信じているが——の悪や喜びでさえなぜ私がそれを嘆いたり祝福したりしないといけないか分からない。私は十世紀のがん患者が今日のがん患者とおなじくらいの苦しみを味わったと考えているが、はたして私はわざわざこうした昔の患者の苦しみを嘆くべきだろうか。

「関心」や「気づかい」は、判断と選好と行為と注意が混ぜこぜになった集合体である。様相実在論者がはたして他の世界で起こっている喜びや苦しみそして善や悪に関心をもつべきかという問いに対して、私は四つに分けて答えたい。判断に関しては「イエス」である。そうした善や悪をそれがある通りのものとして判断しないことは間違いであろう。選好に関しては「ノー」である。偶然的でないものが他の仕方であることを好むことは不毛である。行為に関しては、上記の問いは空虚である。いかなる可能な行為も関連しない場合には、はたして関連することがなされるべきかと問うことに意味はない。注意に関しては「ノー」である。まったく見知らぬ人の運命について思い悩むよりも、人生の良い使い方がある。このことは、たとえその見知らぬ人が、あなた自身やあなたが愛する人の対応者であっても、そうなのである。

「悪を現実化することの何が悪いのか。たとえそれがこの世界で起こらないとしても、他のどこかの世界で起こるのだから」——だが、もしあなたが悪を現実化すれば、あなたは悪行者すなわち悪の因果的原因になってしまう。もしあなたが有徳な人であるのであれば、こうしたものになりたくないだろう。他の世界の悪はこのへんやそのへんにはない。それらはあなたの悪ではない。悪でなく善をなしたいというあなたの有徳な欲求は、実在全体における善悪の総和とは関係ない。そうした欲求は、あなたおよびあなたの世界メイトに何が起こるかに関わり、とりわけ、あなたとその他の人に起こることがあなたの行動にどのような仕方で因果的に依存しているかに関わるのである。

　われわれの中には、徳や名誉あるいは報償・尊敬・評判または忠誠・愛情・連帯などをとおして道徳を考える人がいるが、彼らにとっては、他の世界の悪は道徳にまったく関連しないと思われるはずだ。もちろん、われわれの道徳的目的は自己中心的である。そして、このことは、規則・権利・義務をとおして道徳を考える人や、道徳を神の意志への服従とみなす人に、よりいっそう妥当する。

　仮に様相実在論が誰かにとっての問題を生むのであれば、それは功利主義者にとっての問題である。だが、それは通常の功利主義者にとっての問題でさえないのである。というのも、たとえ様相実在論が正しくても、通常の功利主義者であれば、人間の連帯という名目のもとに、あるいは彼らが助けることのできる人々への親切に基づいて、ある程度の一般化された善意に参与することができるからである。様相実在論の問題は、きわめて純粋なタイプの功利主義者だけに関わる。善がどこで誰に生じるかを完全に無視して、善の総量を最大化することこそが道徳である場合にのみ、道徳はまとはずれなものになりうる。なぜなら、複数の世界すべてを通じた善の総量は必然的に定まっており、われわれの行動にまったく依存していないからである。この点についてJ・J・C・スマートが述べていることに私は同意する。

> じっさい、可能世界の実在論においては、いずれにせよ可能世界はすべて存在しており、そのために、真に普遍主義的な倫理は破綻する。可能世界の実在論において認められる倫理は、話者自身の世界の倫理だけだろう。これは個別主義的な倫理である。そしてこれは、自分の部族や国家の善だけを考慮する倫理とほとんどかわらない。(Smart 1984: pp. 88–9)

だが、もし様相実在論が瓦解させるのが「真に普遍主義的な倫理」だけだとすれば、私はこの点が手痛い反論だとは思えない。この場合には、様相実在論と同じくらい常識からかけ離れた、哲学者の作り事が破綻するだけである。われわれ自身の世界の倫理は十分に普遍主義的である。じっさい、私はそれでさえすでに普遍主義的すぎると言いたい。というのも、それはわれわれの個別の愛情に反するからである。もし私の様相実在論が価値や道徳の問題へなんらかの関わりをもつのであれば、それは私を常識の方へ後押しするのであり、常識から遠ざけるのではない。

二・七　恣意性が失われる？

ピーター・アンガーによれば、様相実在論を採用する場合、われわれは世界を、通常考えているよりも恣意性がずっと少ないものとみなすことができる。[9] この指摘が反論になるかどうかはっきりしない（アンガー自身はむしろこれが様相実在論を支持する点になると考えている）。だが、いずれにせよ、この指摘は、便宜上、様相実在論は、いいか悪いかは別にして、この世界のことがらに関するわれわれの思考法を変えてしまうと主張する他の議論と同じグループに入れることができる。私自身は、保守的な性向なので、これを反論とみなす。目につく含意が少なければ少ないほど、納得しやすさは増す。たしかに、ある意味では、この世界の恣意的な生の《ブルートな》事実——こうしたものがあること自体には何の害もない——に対して感じられる違和感が、様相実在論によって減ぜられると言えるかもしれない。しかし、私の考えでは、たとえ様相実在論が正しくても、そうした事実は依然として恣意的なものであり、説明されないものであり続ける。

以下のような事態を考えてみよう。ある確率的プロセスが進行している（このプロセスは真に確率的であり、後続することがらを決定する諸条件がわれわれの観察能力を越えているにすぎない種類の決定論的プロセスではないとする）。そして、このプロセスにおいて、あの結果ではなく、この結果が生じた。あるいは次のような事態を考えてみよう。万物を支配する自然法則に従えば、ある種の粒子は生成もしなければ消滅もしない。そして、そうした粒子が有限個存在する。この場合、あの数ではなく、この数の粒子が存在している。あるいは、自然法則に一定の（次元をもたない）物理定数が現れるという事態を考えよう。この場合、その定数は、あの値ではなく、この値をとる。さらに、基礎的な自然法則が一定の方程式の組で定式化できるとしよう。この場合、これらの方程式は、あのかたちではなく、このかたちをとる。

こうした事態はどれも、世界に関する恣意的な、「奇矯な（quirky）」事実である。おのおののケースにおいて、一定の範囲の代替的な選択肢があり、世界はそのうちのひとつを選ぶ。あの選択肢ではなく、この選択肢が選ばれることは偶然的である。なぜこうした事実が生じたのかを説明する十分な理由は存在しない。もし世界に関する真理全体を演繹システムへ可能な限りうまく組織化するとすれば、こうした事実は、定理ではなく、公理になるにちがいない。こうした事実は、説明が決して得られないにもかかわらず、説明を求めているように見える。説明への要求が答えられないままになっていることは合理主義者にとって不愉快であろう。だが、私のように生の偶然性に慣れている者にとっては、それは期待されるべきこと以外の何ものでもない。むしろ、「実のところ、説明が生の事実で終わらない場合がある」と言われる場合の方が、私は疑わしく感じる。

様相実在論においては、こうした恣意的な特徴はわれわれの世界を他の世界から区別するものにすぎない。確率的プロセスの異なる結果はどれも、なんらかの異なる世界に現れている。これは、保存される粒子の異なる個数・物理定数の異なる値・基礎的法則を表す方程式の異なるかたちについても同様である。諸世界のシステム全体においては、あらゆる選択領域におけるあらゆる選択肢が選ばれているので（すなわち、どのひとつの選択肢もどこかひとつの世界に、という仕方で）、世界を個別的に眺めたとき現れる恣意性はシステム全体には現れない。アンガーの表現では、「われわれの特殊性をより大きな系の一部とすることによって、この特殊性に結びついた恣意性は極小化される」（Unger 1984：31）。仮に異なる選択肢がすべて、ひとつの大きな世界の異なる部分に現れていたとしても、同じことが言えたはずだ。だが、われわれの知る限り、このようにわれわれの世界の内部で特殊性をより大きな系の一部とすることによって恣意性を極小化できる見込みはないだろう。これに対して、特殊性を諸世界のシステム全体の一部とすることによっても、同じ結果が得られる。すなわち、恣意性が消え去るように見えるのである。

次のような反論があるかもしれない。「恣意性は消えていない。別の場所に移動しただけである。たしかに、あらゆる選択領域における異なる選択肢が異なる世界によって選ばれているので、諸世界のシステム全体には恣意性は現れない。しかし、これらすべての世界のうち、現実化されるのはひとつだけであり、どれが現実化されるかは恣意的である。そして、このひとつの恣意的な選出はかつてなく広い領域から行なわれるので、この中には、われわれが以前に見たあらゆる恣意性が含まれるのである。」しかし、様相実在論が真であれば、すべての世界から恣意的に選び出されるような特別なものは存在しない。むしろ、どの世界も、そこに住んでいる者の立場から見れば現実的である。

だが、どの世界がわれわれの世界であるかは恣意的なことがらではないのか。そうは言えないと思われる。われわれは、単に、あの世界でなくこの世界の住人なのである。たしかにわれわれには対応者がいる。そして、対応者を通じて、われわれは代理的に他の世界に住む。この意味で、われわれが他の世界に住むことは可能であった。だが、われわれ自身を文字どおり部分とする他の世界は存在しない。われわれはここにいる。そしてその他の人々は、空間的に、時間的に、あるいは世界に関して別の場所に存在する。われわれが他の世界ではなくこの世界の部分であることを恣意的と呼ぶことは、われわれが、他のどこかに住んでいる人でなく、われわれ自身であることを恣意的と呼ぶことに等しい。

これはあたかも、私がピーター・アンガーではなくデイヴィッド・ルイスであることを恣意的と呼ぶかのようである。このことは恣意的だろうか。もちろん、これは一定の領域の選択肢からの選出である。そしてこれは、ある意味で、偶然であると言ってもよい。すなわち、ある世界にとって他の世界が代替的可能性であるように、ある個体にとっては他の個体が代替的可能性である。とりわけ、アンガーは私にとっての代替的可能性のひとつである。アンガーが私の世界メイトであり他の世界の部分でないという事実にもかかわらず、アンガーは私の代替的可能性である（本書の第一・二節と第一・四節、および Lewis（1983d）を見よ）。しかし私がピーター・アンガーではなくデイヴィッド・ルイスであるということは世界に関する事実ではない。そして、より強く言えば、それは説明を要求する事実ではない。もしそれがなんらかの事実であるならば、それは私に関する自己中心的な事実であり、決して世界に関する事実ではない。このような自己中心的事実を説明するということが何を意味しうるのか、われわれはまったく分からない。それゆえ、そうした説明を与えないことはきわめて賢明である。

（この事実は、私の魂をあの身体ではなくこの身体に結びつけた原因によって説明されるかもしれない、と述べる人がいるとすれば、その人は問題を誤解している。もしわれわれが身体と結びつけられた魂であるならば、問題は、どのようにして特定の魂が特定の身体に住んで特定の人生を歩むに至ったのかではない。むしろ、問題の自己中心的事実は私があの魂ではなくこの魂であることだ。この場合、通常の人間と同様に、ここで仮定された魂についても、そうした自己中心的事実を説明することが何を意味しうるのか、われわれにはまったく分からない。）

どの世界がわれわれの世界かに関する事実についても同様である。この事実は自己中心的事実であり、どの人間が私かに関する事実と同等のものである。じっさい、後者の事実は前者を含んでいる。そして、後者の自己中心的事実が説明をもちえないことから、前者も説明を要求しえないことになる。

かくして次のように言える。第一に、複数の世界が存在するという偶然的でない事実があり、こうした諸世界において異なる選択肢がすべて選ばれている。ここには恣意的な点はなく、説明を要求するものもない（時空には可能なサイズと形に対する制限となる「くぎり」が存在するが、少なくともこの「くぎり」が十分に自然なときには、恣意的な点はない——第二・二節を見よ）。加えて、第二に、われわれが、あの世界に住む人々ではなく、この世界に住む人々であるという自己中心的事実がある。この事実はある意味で恣意的かもしれないが、これもまた説明を要求するものではない。しかし、これら二つの事実を合わせると、われわれの関心を惹くような、この世界に関する恣意的な事実ができあがる。それは、たとえば、確率的プロセスの結果や、保存される粒子の数、物理定数の値、基礎的法則を表す方程式のかたちなどである。さて、恣意性はどこかへ行ってしまっただろうか。

どこにも行っていない。恣意性は元々あったところに残っている。目下の事実が様相実在論の存在論のなかへ組み込まれる前にもっていた恣意性の意味がどのようなものであれ、そうした事実は依然として恣意的である。大きな選択領域からひとつの選択肢を選ぶことが、それらの事実に含まれる点は、依然として変わらない。それらの事実が偶然的である点は依然として変わらない（われわれはいまや、この「偶然性」が、確率的プロセスの結果や保存された粒子の数が世界ごとに異なることを意味すると考えるのであるが）。こうした事実が、それが説明されるという想定がナンセンスでない種類の事実であり、可能であれば説明を与えたくなるような事実である点は依然として変わらない。そして、われわれがそれらを説明できない点も変わらない。目下の事実は非偶然的事実と自己中心的事実――どちらも説明を要求するものではない――から導出できるのであるが、このことによってそれらの事実が説明されたことにはならない。

だが、説明されたように見えるのはなぜか。ひょっとすると、原因に関する情報ではなく、十分な理由によって説明が余るほど与えられたように思われるからかもしれない。様相実在論に従うと、上記の非偶然的事実と自己中心的事実によって、われわれの世界の偶然的事実すべてにとってのある意味での十分な理由が与えられる。しかしこの十分な理由――仮にこれを「十分な理由」と呼んでよいとしてのことだが――は、「説明」と呼ぶに値するような、原因に関する情報の代わりにはならない（Lewis（1986c）を見よ）。原因の情報を求めるとき、われわれが求めていたものを発見する場合がある。いかにしてハリケーンが起こるのかを知るならば、われわれの世界の因果的なあり方に関する知識を得たことになる。だが、こうした知識は、次のことを考えるだけでは得られなかったであろう。「ある世界ではハリケーンが起こり、別の世界ではハリケーンは起きない。そして、われわれはこのわれわれであり、われわれはハリケーンが起こる世界の住民である。」またある場合には、原因の情報を求めたとしても、得られる情報がすべて否定的なものであることが分かり、がっかりするときもある。たとえば、ある確率的プロセスから現実の結果が生じたという因果的歴史を、仮説的な代替的結果が生じたという仮説的な因果的歴史から区別するものが何ひとつ存在しないこと、すなわち、一方ではなく他方を引き起こす原因が何もないことが知られることがある。この場合、われわれの求めていたものは決して得られない。そして、それは、次のことを考えても得られないのである。「ある世界ではこの結果が生じ、別の世界ではあの結果が生じる。他方で、われわれは、このわれわれであり、そしてわれわれは、あの結果が生じる世界ではなく、この結果が生じる世界の住民である。」あるいは、保存される粒子が特定の数存在することには原因がないことが知られることがある（もちろん、先立つ時点におけるその粒子の数というどうでもよい原因は別として）。この場合も、求めても見いだせなかった関連する因果的情報の代わりとなるようなものを、様相実在論は何ひとつ提供しえない。

説明を求めるとき、ある場合には、出来事の因果的歴史に関する情報ではなく、統一的で一般的な根本的法則が求められる。われわれは、それまで知られている限りでもっとも根本的な法則よりもさらに根本的な法則を見つけることを望むことができ、そして、われわれが知っているもっとも根本的な法則を、さらに根本的な法則から導出することによって、恣意的に見える物理定数の値を説明したり、法則を表す方程式のかたちを説明したりすることを望むことができる。望むことができるとは言っても、成功の保証はない。なぜなら、われわれが知っているもっとも根本的な法則が、実際にもっとも根本的な法則であるかもしれないからである。ここで求められているものは、われわれの世界の法則的あり方に関する情報であるが、この場合もふたたび、その代わりになるものを様相実在論は提供しえない。

　恣意的に見える事実が説明を求めているのだが説明がまったく得られないときに、様相実在論はなんらかの仕方で慰めを与え、それによって〈必ずさらなる説明が存在するのであり、われわれがたんにそれを見つけていないだけなのだ〉という頑固な思いこみを除去するかもしれない。そうだとすれば、それはそれで良いことである。なぜならそうした思いこみは、そもそも、合理的でないからである。いずれにせよ、様相実在論にできないことは、この世界に関する欠けた説明をそれ自体で埋め合わせることである。

　問題となる事実が、恣意的というより、むしろ驚くほど幸運なものと思われる場合にも、同様のことを言うことができる。生命の進化が可能であるのは、根本的な物理定数の値と宇宙の境界条件がちょうどよい具合になっているときだけである、ということは立証しうるが、さらに驚くべきことに、それらは実際にちょうどよい具合になっているのである[10]。単に恣意的なだけの事実も説明を要求するかもしれないが、この驚くべき幸運はよりいっそう声高にそれを要求する。もちろん、神の創造による説明や自然目的論による説明が提案されることである。だがこれらは、不明瞭なものをより不明瞭なものによって説明することであって、受け入れられるべきでない。だが、もしこれらが受け入れられるべきでないとすれば、他にどのような説明があるのか。

　様相実在論者は「人間原理（anthropic principle）」を用いることができる。この原理によれば、物理定数と境界条件が知的生命体の進化を許すものであることが判明したとき、たとえ求められる値がどれほど例外的なものであったとしても、われわれはそれをまったく驚く必要のないこととみなすべきである。なぜなら、たくさんの世界が存在して、物理定数や境界条件のとりうる値がすべてそのどこかで実現されているからである。知的生命体が存在する世界は、物理定数と境界条件がそれを許す世界だけである。あるいは、なんらかの法則によって知的生命体が目下の物理定数と境界条件の影響を受けにくくなっているような他の世界でも、知的生命体は存在するだろう。もちろん、どの世界に生きているどの個体も、自分の世界が、生命の存在を許す世界であることに気づく。このことは期待された結果以外の何ものでもない。そしてさらなる説明は求められない。

　（様相実在論者にならなくても、人間原理を使うことは可能である。本物の他の複数の世界（この世界に含まれる世界類似的部分とは別の、互いに適切に分離した世界）は必要ではない。世界のあらゆる可能なあり方のそれぞれに対応する世界（あるいは世界類似的部分）が存在する必要もない。知的生命体の存在する世界が驚くべきものでなくなるくらいの多様性があれば十分である。デニス・シアーマは、なぜわれわれはここにいるのかという問いに「思考可能で論理的に整合的なすべての宇宙を引き合いに出して」答えるような「極端な形式」の人間原理について述べている。これは、なぜわれわれはここにいるのかという問いへ、「論理的に整合的なすべての思考可能な宇宙の存在を認めることによって」回答する形式である(Sciama 1980 : p. 395)。様相実在論が提案するのは、この極端な形式の人間原理である。とはいえ、この点を様相実在論のセールスポイントとして前面に押し出すことはできない。なぜなら、宇宙論《コスモロジー》において人間原理へ訴えるために必要なことが何であれ、それはより穏健な形式の人間原理によっても満たせるかもしれないからである。)

われわれの世界が生命の存在を許すという驚くべきことがらが説明を要求するように見えるとき、人間原理を用いることはまったく問題がない。だが私は人間原理を用いることがそれ自体で説明になるとは考えない。むしろそれは、われわれが説明なしで満足する必要があるときに、なぜ満足できるのかの理由となる。人間原理を用いることが説明にならないのは、それがわれわれの世界の因果的あるいは法則論的あり方に関する情報を与えないからである。それは、出来事がどのように引き起こされたかについて何も教えないし、法則を別のもっと統一的で一般的な法則へ包摂することの役には立たない。

人間原理による「説明」が「説明」の名に値するのは、それによって説明対象に対する驚きが小さくなるからだ、と言われるかもしれない。そうなるのは確かである。だが、それは説明がすることではないし、少なくともつねにそうとは限らない。説明は因果的あるいは法則的情報を与える。こうした情報によって、説明対象に対する驚きが小さくなることはしばしば生じる。だが、驚きは大きくなることもあれば、以前のままであることもありうる。たとえばあなたがホテルでチェックインして部屋に入ると、見たところ新しいひと組のトランプがあったとする。そしてそれが綺麗に並んでいることが分かった。すなわち、クラブのエースからクラブのキング、次いでダイヤのエースからダイヤのキング、そしてハートのエースからハートのキング、最後にスペードのエースからスペードのキングという具合に並んでいたのだ。これは必ずしも驚くべきことではない。新品だからかもしれないし、これを置いた人はソリティアをクリアしたのかもしれない。だが、真実は違っていた。実際には、十分にカードをシャッフルした結果、あの順番になったのである。この説明が知られたならば、説明対象に対する驚きはそれまでよりもずっと大きくなるだろう。

二・八　疑いの眼

多くの人が私の様相実在論を疑いの眼で見るが、反論となる論証を提示する人はほとんどいない、と私はかつて文句を言った (Lewis 1973)。そのような論証はほどなく現れた。そのうちのいくつかを本章で考察した。私は十分に応答できたと考えている。私は、最悪でも、引き分けに持ち込めたと思う。だが疑いの眼は依然として残っている。疑いは依然として払拭されない。だが、そうした疑いは依然として決定的ではない。

様相実在論が、何が存在するかに関する堅固な常識的見解と極端に食い違っていることは事実である（あるいは、疑いをもつ人のなかのあるタイプに関して言えば、様相実在論はむしろ、何が存在するかに関する不可知論――彼らにとってはこれこそが自信をもって採用できる立場なのであるが――と食い違っている）。非可算無限個のロバが存在するとか、非可算無限個の陽子や水溜まりや星が存在するとか、地球とそっくりの惑星やメルボルンにそっくりの都市やあなたにそっくりの人物が非加算無限個存在するとかを様相実在論が主張するとき（実際にこう主張するのだが）、あなたがそれを信じたくないと感じたとしても不思議はない。そして、哲学者の楽園へ入るためにそれを信じることが要求されるのであれば、あなたがその代償は大きすぎると思っても不思議はない。

もちろん、私は次の点を尋ねることができる。はたして私の様相実在論と食い違う常識的意見は、正確にはどのような意見なのか。それは非可算無限個のロバは現実には存在しないという意見だろうか。この点について、私はまったく異議を唱えない。現実に存在するとは、この世界の部分であることであり、われわれの世界メイトのうちに有限個のロバしか存在しないことを私は喜んで認める。あるいはその常識的意見とは、端的に非可算無限個のロバは存在しない（量化子のスコープは広く、完全に無制限であり、「現実には」は明示的にも暗黙的にも含まれない）という意見だろうか。こちらの意見については、私はたしかに否定する。とはいえ、常識の代弁者に対し、だしぬけに、この意見と私の意見のどちらを認めるかと尋ねるならば、彼が二つの意見の違いが分からないと答えることは間違いない。彼は現実こそが、存在するすべてだと考えているが、私の意見は違う（この問題は第二・一節で考察した）。私は彼が区別しないことを区別しているのである。すると、そのような区別のない彼の意見が、私の受け入れている意見なのか、それとも私の否定している意見なのかを言える人はいるだろうか。もし前者ならば、私が心配する必要はなくなる。

残念なことに、彼の意見はその両方であると思う。彼が二つの意見を区別していないのなら、彼は両方を受け入れているか、両方を受け入れていないかのどちらかである。とはいえ、彼が両方を受け入れていない、ということがないことは確実である。それゆえ彼は両方を受け入れていることになる。この場合、私と彼のあいだには深刻な食い違いがある。たしかに、私の意見と彼の意見は一致もしており、彼自身は私と彼が一致している点と一致していない点を区別できない。だが私は区別できる。私が常識を尊重する限り、これは問題である。そして私は、限度はあるものの、実際に常識を尊重しているのである。

私は分析を可能にする道具立てを提供することによってわれわれの理論全体の統一性と経済性を改善しようとしている。世界に対する量化として様相を分析するのはその一例である。このとき私がやろうと試みていることは、いささか対立する二つのことである。私が試みているのはその理論を改善、すなわちその理論を変えることである。他方で私が試みているのはその理論を改善、すなわち以前と同じ理論であることが分かるように維持することである。理由は以下の通りである。まず、たとえどれほど巧みに体系化されていたとしても、信じることが不合理になるような理論を構築することは意味がない。また理論は、統一性と経済性だけでは、信用を得ることはできない。得ることができない信用は、相続するほかない。新品の布地を編み上げるように適切な理論を無から《エクス・ニヒロー》つくりあげることは、われわれの能力をはるかに越えている。それゆえ、すでにもっているものを保存することは避けられない。価値ある理論は信じられうるものでなければならず、信じられうる理論は保守的でなければならない。われわれの従来の考えのきわめて多くと食い違うような理論は、信用を得ることができないし、そもそも信用を得るに値しない。そして、われわれの従来の考えの多くのものとは、まさしく、常識なのである。常識は理論の動かぬ骨格——体系的でない民間理論——であり、何がともあれわれわれは実際にそれを信じているのである。そして私はそれを信じることが合理的であると考えている（正確には、その大半を信じることが）。

哲学では、常識は絶対的な権威でない。高尚ぶった哲学者が忘れがちなことを常識人《フォーク》が生まれつき知っているわけではない。また、「直観」という何かしら不可謬の能力による言葉を常識が語るわけでもない。むしろ、有限の能力しかもたない理論家にとっては、理論的保守主義だけが合理的な探求方針なのである。というのも彼らは、一から出発して成し遂げられることについては、慎み深い態度をとるからである。この保守主義によれば、常識と衝突する理論は容易には受け入れられない。だが、これもバランスと判断の問題である。常識的意見の強固さは一様ではなく、そのため常識的意見を否定する場合のコストはケースごとに異なる。そしてコストは、得られた利益と比べられなければならない。理論をより体系的にすることによって失われる信用が、常識から「相続」されたはずの信用を補って余りある場合には、常識の改訂も適切でありうる。一般人が検討なしに主張すること——自分の意見を変えたときに得ることができる理論的な利益について何も知らされず、それゆえその点に影響されずに主張すること——のすべてに、哲学的理論は一致すべきである、ということは要求されるべきでない（とりわけ、その人が、今日の多くの一般人と同様に、事態へ臨機応変に対応でき、きわめてささいな挑発に対してもむやみに哲学的に語ってしまう場合には、要求されるべきでない）。私の考えでは、適切なテストは次のような単純な誠実の格率である。あなたが、できる限り哲学的な人間であることをやめて常識的な人間になっているときに、信じることのできないような哲学的理論は、決して提案すべきでない。

本節でとりあげた疑いの眼は、様相実在論がこのテストに合格しないと言わんとしている。これは判断の問題であり、尊重はするが私はその判断に同意しない。私が過激だと言えるくらい常識を否定している点は認める。それを重大なコストとみなすことは完全に正しく適切であると思う。だが、どれほど重大であれば、決定的であるほど大きなコストになるだろうか。これがわれわれの中心問題である。これについて私は何を言うことができるか分からない。それでも私はその代価が、たしかに高いが、適正であると考える。様相実在論は正しい理論として受け入れられるべきである。その理論的な利益はそれに値する。

もちろん、その利益がより安値で得られない場合の話ではあるが。

第3章　安上がりな楽園?

三・一　代用主義のプログラム

それではいざ、安上がりな楽園を求める旅を始めよう。私の見解に対抗する、人気があって侮りがたい代替案がある。それは代用主義的様相実在論(ersatz modal realism)[1]というもので、私の理論と同じことができると大見得を切ってみせる。代用主義が言うには、具体的な世界が信じられないほどたくさんあるというようなことはなく、世界はたったひとつしかないが、他方、この世界の可能なあり方を表象する抽象的な存在者は無数に存在する。また同様にして、ロバやその他のものの可能なあり方を表象する抽象的な存在者も存在する。しかし、世界やロバ、原子、神などがどれだけたくさん存在するかということについて、常識とかけ離れた見解を受け入れる必要はない。抽象的な表象は、世界やロバ、原子、神ではない。だから、何が存在するかについて常識的な考えと反する点はないのである。

代用主義によれば、存在するすべてのものは、具体的なものと抽象的なものに分けることができる。この区別について、われわれは行き届いた理解を手にしている。具体的なものに関しては、何が存在するかについて、常識的見解が尊重されねばならない。具体的な世界はひとつ存在し、そしてひとつしか存在しない。この世界には、存在するすべての具体物が含まれている。他の世界は存在しないし、他の世界の可能個体も存在しない。それらは少なくとも、具体的存在者(あるいは、ある程度の具体性をもった存在者)としては存在しないのである。さらには、この唯一の具体的な世界は、常識的見解が想定する以上に広大ということはなく、想定されるよりも小さな時空的まとまりしかもたないということもない。(あるいは、実際にこの世界が想定されるよりも広大であったり小さかったりするとしても、それはまた別の(ありそうもない)話であって、様相に関するここでの議論とは無関係である。代用主義者は確かに、具体的な実在がどれほどの広がりをもつかについて異端的な見解を受け入れることはしないだろうが、それを拒否してしまうよりは不可知論をとりたいと言うかもしれない。）

私もまた、世界はひとつだけ存在し、ロバは有限の数しか存在せず、神はいないと言ったことがあったような気がする。しかし、私がこのようなセリフを吐くとき、私は量化に制限を加えているのだ。それはちょうど、冷蔵庫をのぞき込んでビールがないと言うときと同じである。当の冷蔵庫以外のところにビールがあることを否定するわけではないが、会話においてはそれを無視しているのである。これと同様に、他の世界や他の世界のロバや神を無視することもあるだろう。だがその場合でも私は、（量化に制限を加えなければ）これらのものが実際に存在することを決して否定しない。他方、代用主義的様相実在論の立場ではそうではない。代用主義において他の世界や他の世界の可能個体は存在しないと主張されるとき、制限のない広い量化においてそう主張されるのである。そこでは、すべてのものに対する量化、すなわち制限が一切ない量化が意図されているのであり、無視されているものは何もない。（傍点部分の量化もまた、制限のまったくないものとして意図されている。もっとも私は、量化にまつわる多義性の完全な除去が可能だとは思わない。量化を表すわれわれの言い回しはみな等しく、文脈ごとにフレキシブルな仕方で使用され、暗黙の了解によって様々な制限を負わされる。とはいえ、故意の誤解を別にすれば、ここで私が言いたいことはあきらかだと思う。）

常識的見解に断固として与するならば、具体的なものの領域には可能者の楽園を囲う余地はないように思われる。しかし、抽象的なものの領域はおそらく、比較的融通がきくことが判明するかもしれない。抽象的なものの領域においてであれば、われわれは好きなものを信じてかまわないように思われる。数学者は純粋集合が織りなす広大な階層の存在を信じているが、それに比べれば、われわれの宇宙は有限も同然である。だとしても、数学者に文句を言う人はほとんどいない。だから、数学者にならってわれわれが、「心配ご無用、すべて抽象物なのだから」と主張するとしたら、形而上学者はどうしてそれを止められるだろうか。（そして、抽象的とは何を意味するかと尋ねられれば、次のように答えればよい。「抽象的というのは、数学的な存在者が抽象的であるのと同じ意味においてそうなのだ」、と。）ひょっとすると、数学的な存在者だけでうまくやれるかもしれないし、他の抽象的な存在者が必要になるかもしれない。しかし、いずれにせよ、常識的見解に与したとしても、それが体系的理論が掲げる要求の妨げになることはないと期待してよい。というのも、常識が主張するのはたいてい、具体的なものの領域に何が存在するかについてだからである。

抽象的なものの領域において、何が提供されねばならないか。代用主義的様相実在論によれば、拒否すべき具体的な可能者と同じ理論的役割を果たすのに適した抽象的な代用物が存在する。具体的な存在者をなんらかの仕方で表象することのできる抽象的な存在者が存在する。抽象的な存在者は二重の意味で表象する。(1)それは表象であるから、その表象から見て（according to）何が成立するかについて語ることがなんらかの仕方で意味をなす。(2)それはまた代表するものであり、表象されるものの代わりになっている。

抽象的な存在者のなかに代用世界（ersatz world）がある。代用世界は、全体としてのこの具体的な世界の現実のあり方、あるいは可能なあり方を細部まで完全に表象する。現実化された代用世界はひとつ存在し、具体的な世界を正しく表象する。残りは現実化されていない代用世界である。現実化されていない代用世界はどれも、この具体的な世界を正しく表象していたかもしれない。この具体的な世界が異なるあり方をしていたとしたら、現実化されていない代用世界のひとつがそれを正しく表象したはずである。だが実際には、これらの代用世界は何も正しく表象していない。それらは、この具体的な現実世界の誤った表象である。他の具体的な世界が複数存在するとしたら、おのおのの代用世界はそれらを正しく表象することができただろう。しかし、仮定により、表象されるはずの他の具体的な世界は存在しないのである。

全体としてのこの具体的な世界だけでなく、それより小さい具体的な個体もまた抽象的な表象をもつ。それは、現実化された代用個体である。加えて、現実化されていない代用個体もある。事物が異なるあり方をしていたとしたら、これらの現実化されていない代用個体が具体的な個体を表象したかもしれない。だが実際には、それらは何も表象していない。

現実化されていない代用世界と代用個体は何も正しく表象していないという点においてのみ、現実化された代用世界や代用個体と異なる。現実化されていない代用世界と代用個体もまたたしかに存在するのであり、たったひとつ存在するこの世界に属している。だから、代用主義者はすすんで代用世界や代用個体はすべて現実のものだと言うことができるし、みずからを現実主義者と称することもできる。そして、この立場は、私が第二・一節で批判した、単なる言葉の上での現実主義ではない。（代用主義者は、すべてが現実的であるというのはトリビアルな分析的真理だと考えるかもしれないし、そうは考えないかもしれない。だが、これはまた別の問題である。）しかし、代用世界や代用個体はすべて現実的であると代用主義者が言うとすれば、現実的であることと現実化されていることを慎重に区別しなくてはならない。というのも、現実に存在するすべての代用世界と代用個体のうち、ひとつを除くすべての代用世界と大多数の代用個体は現実化されていないからである。

このような代用主義の語法は、私のそれとどう違うのか。他の世界や他の世界にある個体は、現実的でもなければ現実化されてもいないと私は主張する。そして、「現実的」と「現実化」はどちらも、「この世界の」を意味する指標的な語として分析できると私は考える。私の立場でも、現実化されていない他の世界のものは実際には存在しないと言ってもかまわない。ただし、そのように言ってよいのは、量化を制限して語る場合のみである。また私は、現実的であることと現実化されていることを区別しない。そして、現実的であることは相対的な問題であり、絶対的な現実性という考えは決定的な反論を受ける余地があると私は主張する。（第一・九節を見よ。）

私にとっては現実的であることが相対的であるのと同じように、代用主義にとっては現実化されることが相対的である。すなわち、どの代用世界もそれ自身から見ると現実化されているが、他の代用世界から見ると現実化されていない。というのも、現実化されていない代用世界は、様々なことがらに関して現実の真理の誤った表象であると同時に、どの代用世界が正しい表象であるかに関しても現実の真理の誤った表象――明示的には誤っていないとしても、暗黙的に誤った表象――になっているからだ。おのおのの代用世界Eは、この具体的な世界を次のような仕方で表象している。すなわち、この世界がしかじかのあり方をしているとしたら、Eはそれを正しく表象する代用世界であるはずだ。その結果、Eは暗黙的にそれ自身を現実化されたものとして表象する。相対的な現実化に関する限り、すべての代用世界は対等である。これはちょうど、どの世界もそれ自身に対しては現実的であるが、他の世界に対しては現実的ではないという意味において、私の立場ではすべての世界が対等であるのと同じことだ。

ところが代用主義では、相対的な現実化に加えて絶対的な現実化を考えるので、もろもろの代用世界は結局対等ではない。この具体的な世界を正しく表象する唯一の代用世界は単に、それ自身から見て現実化されているだけではない。それは端的に現実化されている。どの代用世界もそれぞれに正確だと言えるが、この代用世界だけが本当に正しいのである。私なら、代用世界の正確さもやはり相対的だと主張してもよいだろう。代用世界のうちのひとつが具体的な世界のひとつを正確に表象し、別の代用世界は別の具体的な世界を正確に表象するからである。しかし、代用主義においてはそうではない。なぜならそれは、表象されるべき具体的な世界はひとつしかないと主張するからだ。

すでに述べたように、絶対的な現実性が深刻な反論を受ける余地があるとすれば、代用主義はどのようにしてそれを回避するだろうか。世界が複数存在することをそもそも真剣には受け入れないことによって、その反論を逃れようとするだろう。われわれの属する世界が絶対的に現実的な世界であるとして、われわれはどのようにしてそのことを知りうるのかと私は問うた。われわれの世界に特別な身分が与えられるとしても結局、他の世界の多くの人々もまた、われわれと同等の理由で、自分たちの世界こそ特別だと考えるだろう。これに対して、代用主義者は次のように応答する。

> あらゆるものは現実的である。ここに問題はない。そして、たったひとつの代用世界だけが絶対的に現実化されている。だがわれわれは、その代用世界の部分ではない。われわれは具体的な存在者だが、代用世界は抽象的な表象だからである。われわれはむしろ、その代用世界が正確に表象するこの

具体的な世界の部分である。あなたの言う、他の世界の欺かれた人々など存在しない。人は具体的で、代用世界は抽象的である。存在するのは他の世界の人々ではなく、抽象的で誤った表象なのだ。

さらにまた私は、次のように問うた。現実性が相対的ではなく絶対的だとすれば、どの世界が現実かということがいかにして偶然的でありうるのか。これに対して、代用主義者は次のように応答する。

あなたが世界の相対的な現実性によってその偶然性を説明するのとちょうど同じ仕方で、私は代用世界の相対的な現実化によってそれを説明する。そこでは偶然的なことがらが問題になり、異なる世界から見ると異なる結果が生じる。どの代用世界もそれ自身から見ると現実化されているが、他の代用世界から見れば現実化されていない。そのために、もろもろの代用世界はどれが現実化されているかに関して意見が食い違っており、したがって、それは偶然的な問題である。あなたは絶対的な現実化に異議を申し立てたつもりになっている。しかし実際には、あなたが異議を申し立てたのは、相対的な現実化なしで済ませることに対してである。だが私は、それをなしで済ませようとはしていない。相対的か絶対的かのどちらかを選択する必要はなく、両方が用意されているのだ。

私には、この応答に欠陥を見つけることはできない。たったひとつの具体的な世界とひとつの正しい抽象的な表象、そして多くの誤った表象、こうした代用主義の理論的道具立てを前提する限り、ここに欠陥を見つけることはできない[2]。私が言えるのは次のことだ。このような応答がまったく意味をなさない道具立てがあり、それに対して私は異議を唱えたにすぎない。すなわち、多くの世界を想定し、具体的な世界と抽象的な表象の二元論を設定せず、それら多くの世界からひとつを選び出す絶対的な区別があると主張する立場——これに対してのみ、私は異議を唱えることができる[3]。

われわれの様々な分析において、代用的可能者（*ersatz possibilia*）がいかにして本当の可能者にとって代わることができるかはあきらかである。ロバがしゃべることが可能であるのは、なんらかの抽象的な代用世界が存在し、その世界から見るとロバがしゃべるときそしてそのときに限る。他の世界のしゃべるロバなどは必要なく、偽なる抽象的な表象があればそれでよい。ハンフリーは大統領選に勝利していたかもしれないというのは、なんらかの抽象的な代用世界が存在し、その世界から見るとハンフリーが勝利者として表象されるときそしてそのときに限る。しかし、ハンフリーがどのような仕方で誤って表象されることがあっても、現実の敗者であるわれわれのハンフリーだけが存在する唯一のハンフリーである。すべての事例について同じことが言える。必要な変更を加えれば、この分析は維持される。それゆえ、本物の様相実在論を安心して却下することができる。というのも、本物の様相実在論の「クレイジーな」存在論を受け入れることなく、その理論的長所に匹敵する分析の方法をわれわれは手にしているからである。なぜ必要以上にコストを払う必要があるのか。哲学者の楽園にはもっと安い料金で入場できるというのに。

これが代用主義者の言い分である。しかし、これは必ずしも正確ではない。私が先に述べたのと同じ仕方で、代用主義の立場を説明する人はごく少数だろう。代用主義はほとんどの場合、可能世界を抽象的な表象によって置き換えるべきだという立場としてではなく、可能世界とは抽象的な表象にほかならないという立場として説明される。これは単に用語の問題である。たとえそうだとしても、それはやはり重要な問題であると私は思う。代用主義的様相実在論と私の立場では、少なくとも、可能世界が存在するという点においては意見が一致しているが、これらの世界が抽象的か具体的かという点に関してのみ意見が食い違っていると述べることは誤りである。このように述べると、二つの立場の意見の相違が過小評価されてしまう。われわれが意見を同じくしているのは、特定の理論的役割を担うのに適した存在者があるということであり、そして、それだけである。代用主義者は、私が世界と呼ぶようなものが存在することを信じない。そして私は、どのバージョンの代用主義を考えるかに依存するとはいえ、ある場合には、代用主義者が世界と呼ぶようなものが存在することを信じないのである。次のようなばかげた提案と比較してみよう。少なくとも神が存在することは誰もが同意するにもかかわらず、神が何であるかについてわれわれの意見は食い違う。たとえば、神は超自然的な人物だと言う人もいるし、神は栄華の極みにある宇宙だと言う人もいる。そしてまた、神は歴史の凱旋行進だと言う人もおり、諸説紛々である。しかし、「神」といわれるものの本性についてこれほどまで意見の食い違いがあるとすれば、すべての人が存在すると信じている何かがあるとは言えない。

さらには、抽象的な表象こそが「世界」と呼ばれるべきだと代用主義者が一般的に主張しているとすれば、これもまた誤りであろう。ただし、「世界」という名に値する具体的な存在者がある場合にも、同じことを主張するなら話は別だが。しかしそのとき、現実化された代用世界と、それが表象する具体的な世界の対立について何が言えるだろうか。ある抽象的な表象は「世界」であるが、われわれが属するこの具体的なものの全体はそうではないと代用主義は言うだろうか。それは、常識の擁護者を自認するものにとっては受け入れがたい立場である。それゆえ、代用主義者はむしろ可能世界を放棄して、それなしでやる方法を知っていると主張した方がよいのではないかと私は思う(4)。

じっさい、代用主義は魅力的である。何が存在するのかに関して常識と合致する点で、代用主義に利点があることは認めないわけにはいかないし、それは十分に評価すべき利点である。そして、抽象的な代用的可能者は実際に実在物の多くの役割を演じることができる。しかし私は、代用主義の代償は大きいと主張する。その代償が何であるかを一度できっぱりと述べることはできない。なぜなら、代用主義には様々なバージョンがあり、それらは異なる利点と異なる欠点をもつからだ。私は、それら全部にあてはまる深刻な反論を与えることはしない。だが、どのバージョンもそれぞれ固有の深刻な問題に陥ると主張する。バージョンごとに様々だが、代用主義は次のような問題に陥るだろう。本物の様相実在論なら分析を与えることができるはずのところで、原始的な事実に訴えねばならなくなる。あるいは、代用世界の作り方によっては様相についての事実が歪められてしまう。あるいはまた、代用主義の存在論は結局のところ、それほど安全でも健全でもないかもしれない。これらを考え合わせると、代用主義は、私が支持する本物の様相実在論よりもいくらか分が悪いと思われる。かの有名な存在論のフリー・ランチの例[1]と同様、安上がりな楽園など存在しない。本物の様相実在論をとるか、さもなければ、本物の可能世界も代用世界も一緒に放棄するかのいずれかだ。後はあなたの判断に任せよう。

（あるいはむしろ、われわれの分析のどの場面においても本物の可能世界に取って代わることができるような、万能の代用世界は放棄しなければならないと言うべきかもしれない。限定的な用途であれば、代用世界を使うことは可能であり続けるだろう。たとえば、代用世界のある構成方法では複数の可能性を区別することが困難であるとしても、それらを混同することが無害であるようなケースでは代用世界を用いてよい。）

様々なバージョンの代用主義を区分する上で、私には決定的に重要と思われるひとつの問いがある。代用世界が表象を行なうというのはいかにしてか。言い換えれば、ある特定の代用世界から見るとしかじかであることが成立していると言えるのはどのようにしてか。この問いに対しては様々な答えがある。そして、与えられる答えに応じて、代用世界や代用個体とは形而上学的にいったいどのようなものであるかや、それらはどの程度まで本物の可能者に取って代わることができるか、また代用主義はどのような原始概念を必要とするかについて、それぞれ異なる見解へと導かれることになる。そういうわけで、異なる答えを与えることは、利点も欠点も様々な代用主義を生み出すことになる。

私は、大きく三つのバージョンの代用主義を区別する。ひとつは言語的代用主義（linguistic ersatzism）であり、それによれば代用世界は物語や理論のようなものであって、なんらかの言語のもろもろの語から構成され、約定により与えられる意味のおかげで表象を行なう。もうひとつは図像的代用主義（pictorial ersatzism）であり、それによれば代用世界は絵や縮尺モデルのようなものであって、同型構造により表象を行なう。最後に、魔術的代用主義（magical ersatzism）があり、それによれば代用世界はただ表象を行なう。表象を行なうことは単に代用世界の本性なのであり、いかにして表象が行なわれるかについて語るべきことは何もない。

代用主義には三つのバージョンがあるものの、私は代用主義の論者を大きく二種類に区別することしかできない。一方には、様々なかたちの言語的代用主義を明示的に支持する論者がいる。たとえば、ジェフリー、カルナップ、スカームズ、そして（ある時期の）クワインがそうだ。これに対して、図像的代用主義や魔術的代用主義を明示的に支持する論者については、私は誰も知らない。とはいえ、どれとも分類できない代用主義を好む論者はいる。プランティンガやスタルネイカー、その他多くの論者がそうである。彼らは、代用主義の三つのバージョンを区分する上で私には重要と思われる問いについて沈黙を守るか、特定の立場に与することを明示的に拒否している。とりわけ、これらの論者は、表象がいかにして行なわれるかを語らない。それゆえ私は、彼らを魔術的代用主義の支持者とみなしたくもなるが、しかし、これはあまり公平ではない。彼らは決して、代用世界が言語的あるいは図像的な表象を可能にするような内的構造をもつとは言わないが、それを否定するわけでもない。代用主義はそのバージョンの違いに応じて異なる反論に直面する以上、中立を保つ論者に対してはこれという反論を与えることは難しい。中立的な立場は三つのバージョンすべての利点を手にしながら、いずれの欠点も免れるように見えるかもしれない。そういうわけで、論者ごとではなく代用主義のバージョンごとに検討する方が賢明だろう。そして、これまで誰も明示的に支持することのなかった立場を私が批判するときは、それは中立的な立場に対するトリレンマを提起しているものとみなして欲しい。私は、まともな注意に値しないと自分自身が思うようなバージョンに読者の時間を浪費させたり、私の反論すべてを回避するようなバージョンを意図的に無視したりしないことをお約束する。

三・二　言語的代用主義

言語的代用主義は一般に、文の極大無矛盾集合として代用世界を構成する。世界を作成する言語（世界作成言語）は、多かれ少なかれ日常言語ということになるのだろう。たとえば、リチャード・ジェフリーの提案では、代用世界は「完全で無矛盾な小説」と考えられている。このような小説は、

> 当の主体の言語的資源を越えることなくできる限り詳細に、ある可能世界を記述する。ところで、可能世界について語ることが度を越して形而上学的に思われるとすれば、小説それ自体に注意を向け、実際にはひとつの完全で無矛盾な小説こそが可能世界にほかならないと言えばよい。（Jeffrey 1965 : sec. 12.8）

こうした代用世界は語ることによって表象する。世界作成言語が平易な日本語であるとすれば、たとえば、ある小説によるとロバがしゃべるということが成立するのは、その小説のなかに「ロバがしゃべる」という文が含まれているときそしてそのと

きに限る。言語が平易な日本語でないとすれば、代用主義は文の解釈を特定しなければならないだろう。ともかく、解釈が特定されたとしよう。そのとき、ある小説によるとロバがしゃべるということが成立するのは、その小説のなかに、当の解釈に基づきロバがしゃべることを意味する文が含まれているときそしてそのときに限るということができる。これをロバがしゃべることの明示的な表象と呼ぶことにしよう。他方、ロバがしゃべること、ずばりそのことを意味する文がひとつもない場合もありうるし、ロバがしゃべるというまさにそのことを一緒になって意味する文集合さえないという場合もありうるだろう。だとすれば、ある小説によるとロバがしゃべるということが成立するのは、その小説のなかに複数の文（最悪のケースでは無限集合になる）が含まれており、それらの文が解釈を与えられて、ロバがしゃべることを一緒になって含意するときそしてそのときに限るといわなければならない。これをロバがしゃべることの暗黙的な表象と呼ぶことにしよう。

世界作成言語は、平易な日本語でない方がよいかもしれない。ジェフリーが言うには、言語は、「その言語の（平叙）文が、その発話の文脈と独立に固定的な真理値をもつという意味で」いくらか理想化される必要がある。（私の立場とは異なり、代用主義はそのことで偶然性が妨げられるとは考えないだろう。というのも、代用主義はそもそも、他の世界の発話の文脈が存在するとは考えないからだ。）確定的な真理値があることを確実なものとするには、さらになんらかの理想化が必要になる。すなわち、世界作成言語は一義的で正確であることが望ましい。

文はそれを構成する語の列と考えることができるかもしれない。あるいは、文の多義性を排除するには、文は構文解析されると考えた方がよいかもしれない。すなわち、ひとつの文はその直接的な構成要素である語句からなる列であり、個々の語句もその直接的な構成要素である語句からなる列であるという具合に、一個の語になるまで下降することができると考えよう。かくして代用世界は、もろもろの語からなる集合論的な構成物であることがあきらかになる。語の方は個々の印字からなる集合、あるいは、それが発声された時空領域からなる集合と考えることができるだろう。したがって、代用世界とは、具体的な世界の諸部分からなる集合論的な構成物である。

このようにして、安全でまともな存在論を与えるという言語的代用主義の公約は果たされる。それは、いずれにせよほとんどの哲学者がコミットするような存在論をあてにしている。言語的代用主義はこの点においてじっさい、私の様相実在論にまさる利点をもつ。言語的代用主義の言う代用世界は、抽象的だからその存在が容易に信じられるということがポイントなのではない（これらの代用世界が抽象的だと言っても、その意味ははっきりとしないからだ）。ポイントはむしろ、そのような代用世界の存在をわれわれがすでに信じていることなのである。上のような構成を「抽象的」と呼ぶことが適切なら、それはそれでよい。そう呼ぶことができないとしても、何も害はない。

（代用主義を採用したいが、集合論を疑いの目で見て、集合に対する存在論的コミットメントは避けたいと考える場合、どうするべきか。集合論的な構成物を用いるという理由だけで、言語的代用主義を却下しなければならないのだろうか。私はそうは思わない。というのも、集合論的な語り方にはなんらかの意味があることは確かであり、そこでの表面上の存在量化もじっさい真なるなにごとかを意味するからである。問題はそれらをどう理解するかだ。額面通りに理解するしかないとすれば、集合の存在を疑うという企ては望み薄だと私は結論する。その場合、懐疑的な代用主義者は妥協の上、集合論を使うことにしてもよい。他方、懐疑論者が期待するように、集合論の存在量化が何かより無害な仕方で理解可能だとすれば、この場合もまた集合論を用いてよい。というのも、その場合には、集合論の使用は無害だからである。)

私はかつて、言語的代用主義に対して濃度の問題を提起した。「仮に『言語』を文字通りに捉え、したがって、文は有限の文字から構成される有限の列だとするなら、全部をまかなえるほど十分な文の集合は存在しない」(Lewis 1973: p. 90)。列の集合はたかだか連続体濃度しか存在しない。ましてや代用世界はなおさらだ。文は構文解析されると考える場合、その言語の語彙は有限であって、個々の語句の直接的な構成要素も有限であるとすれば同じことが言える。ところが、区別すべき可能性は、連続体濃度以上に存在すると論じることは容易である。そして、おのおのの点は、物質によって占有されているかもしれないし、あるいは空であるかもしれない。任意のものが任意のものと共に存在することは可能なので、占有と空のどのような分布も可能である。そして最後に、このような分布は連続体濃度より多く存在する。それゆえ、異なる分布が同じものと記述されることになるか、まったく記述されることのない分布が存在するかのいずれかである。つまり、異なる可能性が同じものと誤って表象されることになるか、あるいは、不可能なものと誤って表象されるおそれがあることになる。これはしかし、様相についての事実を歪めることにほかならない[5]。

どれほどの価値があるかは分からないが、私の議論は正しかった。しかし、それは核心を突いていなかった。言語的代用主義者は「『言語』を文字通りに捉え」、問題を生じさせる有限性についての二つの仮定をみずから受け入れる必要があるとする理由はない。代用主義者は、自分の理論を与えるさい、既知の自然言語を用いてその構文論と解釈を特定することで、世界作成言語を提示できるのでなければならない。しかし、世界作成言語それ自体が自然言語のようなものである必要はないし、この言語の文を話したり書いたりする方法がなければならないというわけでもない。また、その語彙が有限である必要はなく、この言語の文は必ずしも有限の長さをもたねばならないというわけでもない。必要とされるのは、一般化した意味での言語のみである。すなわち、構文解析ができてかつ解釈することのできる、もろもろの構造からなるひとつの体系としての言語である。語は、安全でまともな存在論によって与えられるはずのものであれば何であってもよい。それは、具体的な世界の部分をなす個体であってもよいし、個体からの集合論的な構成物でも純粋集合でもよく、その他われわれが存在を信じるものなら何であってもよい。任意の約定により表象においてその役割を担うものならば、それが何であるかは問題ではない。ゆえに、無限の数の語があってもよいだろう。実数のすべて、あるいは時空点や時空領域のすべてが語として働くことはかまわないとし、それらが何を意味するかはまとめて約定することもできるだろう。あるいはそれとは別に、有限個の語彙をもとに無限個の結合子を用いて、無限に長い文を作り上げることもできる。いずれの方法でも、連続体の点のそれぞれについて、それが空か占有されているかを明示的に述べる文を作り上げる方法が与えられる。[6]これはよく知られている。たとえば、モデル論は通常、有限個の語彙をもつ有限の言語を特殊ケースとして扱う。濃度の問題は、言語的代用主義をどのように実行していくべきかを教えてくれてはいるものの、それにとっての脅威ではない。

　カルナップは、論理、意味論そして確率に関する著作のなかで、言語的な代用世界を広範囲にわたって利用した。彼は当初、代用世界とは、解釈を与えられた特定の形式体系のあらゆる原子文について、その文かその文の否定のいずれか一方を含むが両方は含まず、かつその他の文を何も含まないような集合であると考えた。これらは、与えられた体系の断片である世界作成言語の文からなる極大無矛盾集合である。この言語には述語と名前を表す無限の語彙があってよく、したがって、濃度について心配する必要はない。ただし、（一回の）否定を除いて、この言語には複合文を構成する手段はない（世界作成言語をこのような仕方で貧弱にする理由については、後に考察しよう）。このような集合は、「状態記述（state-description）と呼ばれる……というのも、それはあきらかに、当の体系のもろもろの述語によって表現される性質や関係のすべてに関して、個体からなる宇宙の可能な状態の完全な記述を与えるからである。それゆえ、状態記述は、ライプニッツの可能世界やウィトゲンシュタインの可能な事態を表象する。」（Carnap 1947 : p. 9）

　この方法には二つ困難がある。第一に、すべてのものに名前がなければならない。さもなければ、名前のないものについて、状態記述は何も述べないことになるだろう。第二に、二つの名前をもつものがあってはならない。さもなければ、状態記述は、異なる名前で与えられた同じものについて、それがある述語を充足することを肯定しかつ否定することになるかもしれない。

　ひとつの解決策はラガード風（Lagadonian）[2]の方法であり、何でも好きなものを語とみなしてよいとすることだ。何か大きなドメインにあるすべてのものに対して、名前をひとつそしてひとつだけ用意する必要があるだろうか。それらはどれもみずからを名指すと宣言すればそれでよい。ガリヴァーが見聞したように、ラガード風の言語は使用に適さない場合もある。しかし、状態記述を構成するには便利だ。ラガード風の言語における状態記述は集合論的構成物であり、述語、否定記号（これらが何であるかはともかく)、そしてどれもみずからの名前として働く当のドメインの要素から構成される。実質的には、カルナップが後期の著作で採用したのもこの解決策である。たとえば、彼はCarnap (1971 and 1980) で、代用世界を標準的なモデル論の意味でのモデルとみなしている。モデルは、ドメインと、n項の述語のおのおのに対する、そのドメインの要素の順序n組の集合の割り当て《アサインメント》関数からなる。このような順序n組が、そのモデルに従えば当の述語を充足するのである。ドメインを固定しておくならば(カルナップがそう約定したように)、もろもろのモデルはラガード風の言語での状態記述に一対一対応する。モデルは、無限の連言によって状態記述から得られる文の変形された「表層構造」と考えることができるだろう。あるいは単純に、モデルを無限に長いひとつの文——ただしそれは、構文解析可能で解釈を与えることのできる構造であり、この世界の言語的表象ないし誤表象である——と直接的に考えてもよいだろう。

(モデルがこのように代用世界として働くとすれば、それを同時に言語の解釈を与えるものとみなさない方がよい。述語に外延をどう割り当てるかは部分的にはその述語が何を意味するかに依存するが、偶然的な事実問題にも依存する。後者を表象するのであれば、前者はあらかじめ確定していなければならない。世界作成言語は解釈を伴って完全なものとして提示されることをカルナップはよく分かっていた。このようにモデルが二重の役割をもつことについては、エチメンディが詳しく論じている。)

この具体的な世界の構成要素として普遍者が存在することも信じるなら(信じるべきなのかもしれないが)、ラガード風のプログラムをさらに一段階先に進めることができる。[7] この具体的な世界はなんらかの仕方で、「基本的な」個別者と普遍者に分割可能だとしよう。ただし、個別者と普遍者への分割は、この世界の真理の全体が、どの個別者がどの普遍者を例化するかについての真理にスーパーヴィーンするようなかたちで行なわれるものとする。これらの普遍者と個別者は、言語の語彙として使用できるとしよう。すると、個々の個別者をそれ自体の名前として使用することができるのとまったく同様に、個々の普遍者をそれ自体の述語として使用することができる。その述語を充足するのは、当の普遍者を例化する個別者だけである。よって、個別者と普遍者のペアは、その個別者がその普遍者を例化するという趣旨の原子文として使用できる。より一般的には、複数の座をもつ普遍者がある場合、n座の普遍者の後にn個の個別者が続く順序n+1組は、これらn個の個別者が一緒になってその普遍者を例化するという趣旨の原子文として使用できる。そして、この言語における状態記述あるいはモデルは、代用世界として働くことができる。(否定記号すら必要ない。原子文の集合すべてを状態記述とみなし、与えられたある状態記述に含まれる原子文のすべてが、そしてこのような原子文のみがその状態記述に従うと真であり、残りの原子文はその状態記述に従うと偽であると約定すればよい。)このように構成される代用世界は、様々な基本的個別者が様々な基本的普遍者を例化していることを表象すると考えられる。どれがどれを例化するかに関する、無矛盾な代替的可能性のすべてがこれで尽くされる。

このようなプログラムから、私が加えた、ある意味で言語的な見かけを取り去ってみよう。それは、ブライアン・スカームズの論文「『論理哲学論考』的な唯名論」（Skyrms 1981）において考察されている。『論理哲学論考』でそう述べられているように、現実世界とは事実の総体である。他の世界についても同様だ。ただし、事実の総体としてのそれらの世界の「事実」はときに偽であり、したがって、本当は事実ではない。原子的事実は世界を構築するのに十分である。その他の事実はスーパーヴィーンする。厳密には、スカームズにとって事実とは「原始的な存在者」である。しかし、われわれとしては、「通俗的な考え方だが、原子的事実はn座の関係とn個の対象からなる表象と結びつくとみなす」（p. 200）ことにしよう。このようにして、「原始的な存在者」の話を脇におけば、ラガード風の言語の文からなる極大無矛盾集合としての通俗的な表象が得られる。

ラガード風の解釈といえども、解釈であることに変わりはない。代用主義が独自の世界作成言語を提示するときはさらに、どのように解釈が与えられるかについて約定しなければならない。その解釈がラガード風のものだと約定する場合でさえそうである。もちろん、ラガード風の解釈だけが、言語の唯一の解釈というわけではない。ラガード風の解釈は、特定することが特に容易な解釈であるにすぎない。ある実数はそれ自身の名前として働くこともできるが、それ自身に一七を加えた数の名前としても同じように働くことができるだろう。私は私自身の名前でもありうるが、あなたの名前となることもありうる。あるいは、たとえば、句読点のようなものとして私を使用してもかまわないだろう。

好きなものを語として自由に使うことの利点はもうひとつある。数学の宇宙（おそらくは、純粋集合の領域として理解される宇宙）の存在をわれわれが信じるとすれば、そこからわれわれの語彙をもってくることもできる。このようにして言語的代用主義は、それと競合するように思われたかもしれないアプローチをもとり込む。それは、数学的な表象を代用世界として使用するというアプローチである。単純な例を取り上げよう。平坦な時空を表す座標系があると考える。そのとき、個々の点に実数の四つ組を結びつけることができる。点の状態は、占有か空のいずれかしかないとしよう。そして、これらの点に対する物質の分布を特定すれば十分だと考えよう。他のものはすべてそれにスーパーヴィーンするのである。そうすると、数学的な代用世界は四つ組からなる集合だと言うことができる。それは占有されている点の集合を特定するのである。あるいは同じことだが、その集合の特性関数（characteristic function）を考えてもよい。この場合、代用世界はペアからなる集合であり、ある四つ組に対して、点が占有されていることを表す1をペアとするか、または空であることを表す0をペアとする。この数学的な表象は言語的な表象でもある。この場合の世界作成言語は、

「占有」と「空」を意味する述語として1と0を用いる。また、四つ組は点の名前であり、名前と述語のペアは原子文であって、同じ点に対して占有と空を述語づける二つの文は矛盾する。したがって、この代用世界は文からなる極大無矛盾集合ということになる。

クワインは、代用世界であれその他の何であれ、可能世界の支持者とは目されていない。しかし、Quine（1969）で彼は、代用世界からなるクラスによって、言語をもたない動物の態度を特徴づけることができるかもしれないと手短に提案した。（クワインの提案はこれで終わりではない。彼は、代用世界をまず代用的な可能個体——彼の言う「中心化された世界」——に変換した後、刺激パターンにまで変換することを目論んだ。）説明のためにクワインは、架空の「デモクリトス流」物理学に基づき、およそ先に述べたようなものを構成して見せたのである。

さらにもうひとつステップがある。四つ組の集合（あるいは、その集合の特性関数）と別の四つ組の集合のあいだの違いが、単に座標の変換のみによってもたらされる場合、どのように考えればよいのだろうか。二つの可能性が表象されているとするべきか、あるいはひとつの可能性が二つの仕方で表象されているとするべきか。クワインは（彼らしいことではあるが）、多くの様々な変換について後者の見解をとった。その結果彼は、同値クラスをとることにより、人工的な違いを排除するのである。うんざりするかもしれないが、クワインが実行しようとしたことを、言語的代用主義の観点から次のように記述することができるだろう。集合ではなく特性関数から始める。以前と同様、1と0を述語として解釈する。四つ組は今回、座標系のクラスをドメインとする暗黙の自由変項を含んだ開放名辞として解釈する。与えられた任意の座標系と相対的に、四つ組はその座標系における適切な座標によって点を表示する。四つ組と1または0からなるペアはこの場合、先と同じ暗黙の変項を含んだ開放式となり、それを充足する座標系もあれば充足しない座標系もある。全体としての特性関数はこれらの式からなる集合であるが、それはそのメンバーからなる無限に長い連言の存在量化として解釈される。二つの特性関数の違いが座標の適切な変換のみによってもたらされる場合、それらは互いに含意し合う。これに対して、座標の変換以外で異なる二つの特性関数は矛盾する。したがって、特性関数からなる同値クラスは文からなる極大無矛盾集合であることになる。

たしかに、デモクリトス流の物理学は非常に単純なものである。しかし、私の論点は、より現実的でより使い勝手のよい他の数学的表象の体系にもあてはまる。（しかしながら、本節の最後に与える理由により、すべての可能性をカバーするほど十分に使い勝手のよい体系を特定できるとは私は思わない。）数学的代用世界が、純粋に数学的な位相空間内の軌道や純粋に数学的なヒルベルト空間におけるベクトルなどのようなかたちをとるとしても、それらを言語的に解釈することはやはり可能だと私は思う。たとえば、なんらかの適切な世界作成言語で書かれた文からなる集合、あるいはひとつの無限に長い文として、個々の数学的代用世界は解釈可能だろう。私が言いたいのは、数学的代用主義をかなり一般的な意味で、したがって、かなり空虚な意味で言語的代用主義として解釈することによって、この立場のよりよい理解が与えられるということではない。むしろ、言語的代用主義に対する私の批判が可能な限り広くあてはまるものであって欲しい、これこそがポイントなのである。

デモクリトス的な特殊ケースにおいて可能な、ひとつのトリックに言及しておくことには価値がある（ただし、私の知る限り、これを一般化することはできない）。代用的可能者の楽園の素材を提供することができるのは、抽象物の領域だけだとわれわれは仮定している。さらに本節では、代用世界は（純粋であるか否かは別にして）集合論的な構成物になるだろうと仮定している。しかし、時空点に関してデモクリトス主義だけでなくこのもの主義（第四・四節を見よ）をも採用するならば、具体的な代用世界を手に入れることができる。時空点は具体的と考えてよいだろう。そして、時空領域は時空点のメレオロジー的和であるにすぎない。それゆえ、時空領域もまた具体的と考えてよいだろう。どれほど奇妙な形の領域についても、このことはあてはまる。任意の領域を代用世界とみなし、そこではその領域に含まれる点のみが占有されており、他の点はすべて空であると考えよう。これらの代用世界は大きくオーバーラップする。というのも、これらの世界は、（言語的表象に特徴的な仕方で）同じ構成要素から組み立てられるからである。このようにして、これらの代用世界はすべて、この具体的な世界がもつただひとつの時空に収まる。現実に占有された点のすべて、そしてこのような点のみにより構成される時空領域は、現実化された代用世界である。これと非常によく似たものが、Cresswell (1972) に見られる（彼は一例としてそれを提示したにすぎず、様々な異なる構成でも自分の目的には適うだろうと主張している）。しかしながらクレスウェルは、自分の提示する時空領域を点のメレオロジー的和ではなくむしろ集合として捉えている。そうすることで、この特殊ケースの独自性を利用することを拒んでいるのだが、これはもっともである。

代用的な可能世界に加えて、代用的な可能個体も必要である。それらは、世界全体よりも小さな個体の可能なあり方を表象する。私の様相実在論においては、可能個体は単純に可能世界の真部分（たとえば、人のような小さな部分）として与えられる。可能者を利用するときは、これらの出番である。私が提唱するように、このもの主義を却下し、個体にとっての可能性が多様であることを、世界の多様性としてではなく、諸世界に存在する可能個体の多様性として理解する場合はとりわけそうである（第四・四節を見よ）。言語的代用主義はしかし、これと同じやり方をとれない。言語的代用主義の代用世界は文の集合であり、代用世界の部分とはその部分集合にほかならない。これらは世界全体についての不完全な記述（あるいは誤った記述）なのであり、世界の部分についての完全な記述ではない。

言語的な代用世界はある世界全体の完全な記述であるとした

のとまったく同様に、言語的な代用個体も世界の部分の完全な記述であるとするべきだ。このような可能個体は、世界作成言語の開放文（自由な代名詞や自由変項を含む文）からなる極大無矛盾集合として考えることができる。あるいは同じことだが、複合的な述語からなる極大無矛盾集合とみなすこともできる。文の集合が無矛盾であるのは、それらの文がすべて真でありうる場合だ。同様にして、開放文の集合が無矛盾であるのは、共通する代名詞あるいは変項の値とみなされる何かについて、それらの文がすべて真でありうる場合だ。また、述語の集合が無矛盾であるというのは、それらの述語すべてに当てはまりうる何かが存在する場合である。必要な変更を加えれば、代用世界についての先の議論は代用個体にも適用できる。

　私自身の見解では、可能個体はある可能世界の部分としてその世界に存在する。ところが、言語的な代用個体はいかなる意味においても、代用世界の部分ではない。その代わり、代用個体はある代用世界から見て現実化されうる。代用個体と代用世界が互いに反映し合う場合には、実際にそうなる。代用世界が文P、Q、R、……から構成されると考えよう。その代用世界を反映する代用個体は、部分的には次のような開放文から構成されるかもしれない。

xはPである世界の部分であり、
xはQである世界の部分であり、
xはRである世界の部分であり、……

したがって、この代用個体は純粋に内在的な記述ではなく、むしろ非常に外在的な記述である。ある個体を完全に記述した時点で、それが位置する世界もついでに記述してしまったことになる。他方、代用個体が開放文Fx、Gx、Hx、……から構成されると考えよう。その場合、その代用個体を反映する代用世界は、部分的には次のような文から構成されるかもしれない。

あるxについて、Fxであり、
あるxについて、FxかつGxであり、
あるxについて、FxかつGxかつHxであり、……

（無限に長い連言が許されるなら、この一連の有限の長さの近似文の代わりに、無限に長い文ひとつでもかまわない。）ある世界を完全に記述した時点で、そのなかにあるすべての個体も記述してしまったことになるのである。

　明示的な表象と暗黙的な表象が一般に区別されたのとちょうど同じように、明示的な反映と暗黙的な反映も区別することができる。反映の関係が明示的であるのは、反映する文（先に示されたように、適切な意味をもつ世界作成言語の文）が代用世界と代用個体のメンバーとして現れるときだ。反映の関係が暗黙的であるのは、反映する文それら自体が現れるわけではないが、実際に現れる文によってそれらが含意されるときである。

　（反映する文を組み立てる論理的資源が世界作成言語にない場合はどうなるのか。たとえば、この言語の文が原子文と原子文の否定のみであるときには、そのようなことが起こる。その場合、暗黙的な反映においては、元の世界作成言語の文の集合から、不足している論理的資源が補充されたより豊かな言語の文への含意が存在しなければならない。）

代用世界と代用個体が互いに反映し合うように、同じ代用世界から見て現実化される二つの異なる代用個体もまた互いに反映し合う。その二つの代用個体のうちの一方は開放文Fx、Gx、Hx、……から構成されており、他方はLx、Mx、Nx、……から構成されていると考えよう。その場合、前者の代用個体には、次のことを意味あるいは含意する開放文が含まれるだろう。

xはLyであるようななんらかのyと共に存在し、
xはLyかつMyであるようななんらかのyと共に存在し、
xはLyかつMyかつNyであるようななんらかのyと共に存在し、……

そして、後者の代用個体には、次のことを意味あるいは含意する開放文が含まれるだろう。

xはFyであるようななんらかのyと共に存在し、
xはFyかつGyであるようななんらかのyと共に存在し、
xはFyかつGyかつHyであるようななんらかのyと共に存在し、……

すべてが単一の代用世界から見て現実化される、無限に多くの代用個体相互の反映についても、より複雑ではあるが、同様のことが言える。

言語的代用主義の解説はこれで終わりだ。このアプローチには人気があり、それも当然である。言語的代用主義は、表象するというおなじみのよく理解された方法に基づいており、ほとんど議論の余地のない存在論によって代用世界や代用個体を与える。しかしながら、それは二つの深刻な反論にさらされる。

私の第一の反論は、様相を原始概念とみなさなければならないということである。このことは、次の二通りの異なる仕方で示すことができる。第一に、無矛盾性という観点から示すことができる。世界作成言語の文からなる任意の集合が代用世界であるわけではない。代用世界になるものは、無矛盾な集合でなければならない。さもなければ、それは具体的な世界——その具体的な世界がどのようなあり方をしていようとも——を正しく記述できていないことになる。矛盾した集合は代用的な不可能世界ではあるかもしれないが、代用的な可能世界ではないのである。さらには、代用世界は極大無矛盾でなければならない。すなわち、世界作成言語の他のどの文を加えても、無矛盾性が破壊されてしまうような無矛盾集合でなければならない。さもなければ、世界は不完全にしか記述されないかもしれず、より大きな無矛盾集合に拡張された場合には区別されるはずの二つの異なる可能性がひとつになってしまう。そうではないとしても、当の言語によって明示的に表象できるはずのなにごとかが暗黙的なものにとどまってしまうかもしれない。それゆえ、世界作成言語の文からなる集合のどれが代用世界であるかを述べるためには、無矛盾なものを区別する必要がある。そしてこれは一見したところ、様相的な区別であるように思われる。というのも、文からなる集合が無矛盾であるのは、これらの文が解釈を与えられたとき、それらすべてがともに真でありうるときそしてそのときに限るからである。

原始的な様相概念が必要になる第二の理由は、暗黙的な表象の観点から示すことができる。ある特定の代用世界から見て、一定の事態が成立するとしよう。ただしその理由は、まさにその事態を過不足なく意味する文がその代用世界に含まれているからではなく、その事態を一緒になって含意する複数の文が存在するためであるとする。まさに当の事態を意味するわけではないが、より多くのことを含意するゆえにその事態をも含意するような、ひとつの文が存在するかもしれない。あるいは、問題の事態を一緒になって含意する、有限もしくは無限の文の集合が存在するかもしれない。この含意は一見したところ様相的である。というのも、ある文の集合がある事態を含意するというのは、これらの文が解釈を与えられたとき、当の事態もまた真でない限り、それらすべてがともに真ではありえないときそしてそのときに限るからである。言い換えれば、それらの文すべてがともに真であるならば当の事態が成立する、このことが必然である場合なのである。

第三・一節において私は、暗黙的な表象の一例に注意を向けた。それは概ね次のようなことだった。おのおのの代用世界Eは、具体的な世界がEの述べるようなあり方をしており、他の代用世界が述べるようなあり方をしていないことを表象する。そして、Eはそのことにより、それのみが具体的な世界を正しく表象することに成功していることを暗黙的に表象する。それゆえ、Eはまた、それだけが現実化されていることも暗黙的に表象するのである。これは特殊なケースだ。なぜなら、このケースでは、その表象は暗黙的にならざるをえないように思われるからである。代用世界はいかにして、それのみが正しい表象に成功しており、その他の代用世界は失敗していることを明示的に表象することができるだろうか。そのような代用世界は、具体的な世界を表象するとともに、それ自身がその具体的な世界を正しく表象しており、かつ無数にある他の代用世界がそれを誤って表象していることも明示的に表象しなければならないだろう。ところが、このように表象される個々の代用世界もそれ自体、すべての代用世界を表象せねばならないのである。それはあたかも、図書館に所蔵されたおのおのの本が、その図書館にあるすべての本を完全に（たとえば、省略なしの直接引用によって）記述していると言うようなものだ。有限のものである本には、そのようなことはもちろん不可能である。代用世界のケースではどうなるか、私にはあきらかでない。いずれにせよ、このような場合には、暗黙的な表象を回避するという極端なことをしても意味はない。仮に回避するとしてもどこかで、無矛盾性を定義するため、あるいは暗黙的な表象を定義するため、もしくはその両方の目的で原始的な様相概念がやはり必要になる。

どこにしわ寄せするかについては、いくつか選択肢があることはあきらかである。世界作成言語の表現力は、豊かかもしれないし貧しいかもしれない。それが平易な日本語を理想化したもののように豊かな言語だとするならば、無矛盾性の問題は難しくなり、暗黙的な表象の問題は簡単になる。代用世界から見て何が成立しているかを明示的に伝える言語の表現力が高くなればなるほど、暗黙的な表象はあまり必要なくなる。ところが、言語の明示的な表現力が高くなればなるほど、あることがらを述べながらその逆を含意する機会も増え、つまりは、矛盾に陥る機会も増える。事実、不整合な文の集合は単純に、一方では明示的にある事態を表象しながら、他方ではその事態の否定も暗黙的に表象しているような集合とみなすことができる。そして、明示的に表象可能なものが多いほど、このような衝突が生じる機会も増えるのである。

このような理由で、世界作成言語は、非常に複雑なことがらを明示的に表象することができないような、貧弱な言語とすることが望ましいかもしれない。そのようなものとして、カルナップの状態記述あるいはモデルの言語がある。こうした世界作成言語は、論理的な語彙――おそらくは（一回の）否定以外の――を取り除くことで、より豊かな体系から取り出される。原子文と原子文の否定しか含まない言語であれば、その極大無矛盾性は簡単に定義できるように思われる。状態記述が与えられていることに注意するだけでよい。すなわち、個々の原子文について、当の原子文かその否定が与えられているが、両方は与えられていないことに注意すればよいのである。同様にして、名前とはそれ自身を名指す基本的個別者であり、述語とはそれ自身を述定する基本的普遍者であるとするラガード風の言語が与えられた場合や、座標上の四つ組に0もしくは1をペアとすることで物質の分布をコード化する場合、簡単な組み合わせの定義があれば、どの文の集合が極大無矛盾であるかを知るのに十分と言えるように思われる。だがその代わり、このような言語で明示的に表象できることはごくわずかなので、暗黙的な表象の問題は難しいものとなる。

豊かな言語を手にして、その言語のどの文の集合が無矛盾かを述べるという問題に直面するか、それとも、貧弱な言語を手にして、その言語の文の集合が何を含意するかを述べるという問題に直面するか、これは大した問題ではない。いずれにせよ、同じ解決策が思い浮かぶ。原始的な様相概念は、構文論的な代用物によって置き換えることができるかもしれない。無矛盾性や含意を形式的な演繹によって定義し、そこから代用世界やその暗黙的な表象を定義する。世界作成言語が豊かで、われわれの目標がその言語における極大無矛盾集合を特徴づけることにあるとすれば、構文論的な代用物はこの言語に限定されるかもしれない。あるいは、世界作成言語が貧弱で、われわれの目標が暗黙的な表象を特徴づけることにあるとすれば、世界作成言語をより豊かに拡張したもの（おそらくは、世界作成言語と日本語の和集合）にも構文論的な代用物を適用しなければならないかもしれない。

言うまでもなく、この構文論的な代用物が、狭い論理的無矛盾性や狭い論理的含意——すなわち、論理的語彙以外のすべての語彙に対するなんらかの再解釈のもとでの無矛盾性や、そのような再解釈すべてのもとで不変な含意——しか生み出さないとすれば困る。仮に狭い論理的無矛盾性や含意しか生み出さないとしたら、既婚の独身者がいるとか、複数の後続数《サクセッサー》をもつ数が存在するとか、そのような不可能なことが起こるにもかかわらず無矛盾とされる代用世界を生じさせることになる。あるいは、時空内の物質の分布や何かを明示的に表象するさい、たとえば、しゃべるロバがいるというような、その物質の分布にスーパーヴィーンする大局的《グローバル》な事実を暗黙的に表象する代用世界が与えられないことになる。このようなことは、様相についての事実をねじ曲げてしまうだろう。しかしながら、世界作成言語（あるいはその拡張言語）の特定の文を公理と規定することは許される。その場合、狭い論理的無矛盾性や含意でも残りの仕事をこなすことはできる。豊かな言語において代用世界とみなしうるものは、(1)論理的に無矛盾であり、かつ(2)先に規定された公理のすべてを含むべきである。貧弱な言語における代用世界が、ロバがしゃべることを暗黙的に表象するのは、そこに含まれるもろもろの文が、拡張言語での先に規定された公理と合わせて、ロバがしゃべることを意味する当の拡張言語の文を論理的に含意するときそしてそのときに限る（この拡張において日本語の重要な部分が世界作成言語に組み入れられるなら、代用世界プラス公理が「ロバはしゃべる」というまさにこの文を含意することを要求するだけでよい）。

問題は、原始的な様相概念をこっそり当てにすることなく、適切な公理の集合を規定することができるかどうかである。それは不可能だと私は思う。しかし、それが不可能である十分な理由を与える前に、二つの不十分な理由をそれと区別しておかなければならない。

不十分な理由の第一のものは、私が Lewis（1973）で提起したものである（p. 85）。われわれは、論理的に無矛盾だが数学的に矛盾した代用世界を欲しいとは思わない。そしてまた、数学的な暗黙の表象を手放したいとは思わない。それゆえ、規定すべき公理の集合には、問題となる言語の語彙で表現可能である限り、数学的真理が含まれている方がよい。世界作成言語それ自体か、もしくは、暗黙的な表象のためにその言語を拡張したもののいずれかは、数学の非常に多くの部分を表現できるほど十分に豊かであることが望ましい。だがそうすると、どのようにして数学的真理の集合を規定することができるのか。言うまでもなく、なんらかの実効的な構文論的テストに合格した文にほかならないと規定することはできない[3]。また、なんらかの形式体系の諸定理にほかならないと規定することさえできない。だが、様相概念を用いて数学的真理を規定することは、原始的な様相概念に対して構文論的な代用物を提供するというプログラムを断念することである。他にどうすればよいのだろう。私はかつてこの議論は決定的だと考えた。しかし、ローパーは Roper (1982) で、数学的公理をモデル論的に規定してはいけないのはなぜかと問うた。たとえば、算術の真理とは、算術の標準的モデルにおいて真であるような、言語の算術的部分に当たる文であると規定することはなぜできないのか。その疑問はもっともである。それでかまわないと主張した点で、ローパーは正しかったと私は思う。たしかに、多義的でない仕方で標準的モデルをいかにして指示しうるかについては、深刻な哲学的問題がある。[4] しかし、われわれは実際にそれをどうにかやってのけているように思われる。どのようにしてかは気にせず、とにかく標準的モデルを指示することができるなら、公理を規定する場合もそうしてよいだろう。それにより、原始的な様相概念の代用物を定義できる。そしてこれにより、代用世界や暗黙的な表象を定義することもできる。やるべきことは、原始的な様相概念を迂回した分析を与えることである。それに加えて、実効的なテストまで問題になるわけではない。

不十分な理由の第二のものは、循環とは何かについての誤解から生じる。代用世界と暗黙的な表象を、そして最後に様相概念そのものを定義するステップとして代用主義において公理が規定されるとき、代用主義者はおそらく、すでにあるみずからの様相に関する見解に導かれている。代用主義者が特定の真理を公理と認めるのは、その人がそれを必然的とみなすからであり、また代用主義者が特定の真理を公理と認めないのは、その人がそれを偶然的とみなすからである。だとすれば、最終的に必然性と偶然性の正しい定義にたどりついたとしても、この手続きは循環ではないか。いや、そうではない。循環とは、何によって何を分析するかという問題であり、自分の分析が正しいと思う理由は何かという問題ではない。分析されるものについて自分の理解することを自由に用いて、しかるべき答えが与えられるように自分の分析を構築するとしても、それは循環ではない。これが循環だと言うなら、「親」による「いとこ」の分析も循環ということになりかねない。なぜなら、「いとこ」という語の理解がすでにあるのでなかったら、この分析を与えることはできなかったはずだからである。分析の目標は、前もってまったく理解していないことを自力で理解するように努めることではない。そうではなく、原始概念という荷物を減らし、暗黙の理解を明示化することなのである。

さて、十分な理由を述べよう。原始的な様相概念が不可欠になる箇所が、少なくとも二つあると私は思う。期待された仕事を果たす公理は存在するかもしれないが、代用主義ではそれらを規定することはできないだろう。代用主義において宣言することができるのは、しかじかの形式をもち、必然的に真であるような文はどれも公理に含まれるということのみだ。一度こう宣言すれば、それから先の代用主義による分析はすべて様相的である。

第一の箇所は、単純な対象の基礎的な性質と関係に関わる。たとえば、基礎的性質にはひょっとすると、点粒子の正の電荷と負の電荷のようなものが含まれるかもしれない。最低限の世界作成言語であっても、このような事態を明示的に語ることができた方がよい。それゆえ、目下の問題は、暗黙の含意というよりもむしろ、代用世界の無矛盾性に関わる。「正」と「負」を意味する述語が与えられていると想定しよう。そのとき、狭い論理的な意味では、何かが正かつ負であるということは無矛盾である。代用世界が与えられた当の言語での状態記述であり、かつその無矛盾性をテストする唯一の方法が、いかなる原子文もその否定と共に含まれないということでしかないとしたら、正かつ負であるような粒子が存在する代用世界があることになってしまう。これは誤りであるように思われる。ここでわれわれは、狭い意味での論理的な矛盾とは異なる、ひとつの矛盾に直面したように思われる。こうした矛盾が生じるのは、正と負の電荷は、ひとつの確定可能性質（determinable）に属する二つの確定性質（determinate）だからである[5]（それゆえ、世界作成言語を最低限に切り詰めても、このしわ寄せを完全に処理することはできない）。解決策はあきらかである。何か公理が必要だ。最低限の世界作成言語それ自体においてではなく、それを適切な仕方で拡張した言語において、正かつ負の両方であるようなものは存在しないことを述べる文を作ることができる。この文を「電荷の唯一性公理」と呼ぼう。そうすると、この公理と論理的に無矛盾な状態記述のみが代用世界とみなされると宣言することができる。

（あるいは、もっとあからさまな仕方で、どの代用世界も、同じ対象に対して「正」と「負」を述定する二つの原子文を含むことはないと宣言してもよいだろう。しかし、便宜上、このプロジェクトの問題のある部分は公理の選択に凝縮されると仮定しよう。）

いや、待て。ひょっとすると、正と負の電荷が共に存在することがないのは、単に偶然的な事実なのかもしれない。法則的な事実であるとしても、それはやはり偶然的かもしれない。だとすれば、先に提案された電荷の唯一性公理を含めることは、様相についての事実の誤った表象を与えてしまう。他方、電荷の唯一性公理が偶然的ではなく、正と負の電荷は実際に両立することのできない確定可能性質だとすれば、その公理を含めないことは様相についての事実の誤った表象を与えてしまうだろう。その公理を書き込んでおくことも危険だが、書き逃すことも危険である。様相についての事実が代用主義者に知られているとしたら、どうすればよいかは分かっただろう。しかし、それは実際には知られておらず、この選択を行なうことはできない。代用主義者はどうするべきか。完全にでっち上げてしまうのか。そんなことをすれば、仮に当てずっぽうがうまくいったとしても、様相についての事実を間違って理解することになる。唯一の安全策は、原始的な様相概念に訴えることだ。宣言は条件法でなくてはならない。すなわち、ひとつの粒子が正かつ負の電荷をもつことが不可能だとすれば、電荷の唯一性公理があるとせよ、このように宣言するしかない。

ただし、様相の非常に特殊なケース——ひとつの確定可能性質に属する複数の確定性質の両立不可能性や、もっと言えば、少数の「基礎的」な性質や関係という特殊なケースに限定した場合の両立不可能性——を原始的とみなすことによって様相一般を説明することができるなら、相当な前進があるはずだ。もしそのようなことが許されるとしたら、わずかばかりの様相を原始概念とする安全でまともな存在論の提案を断ることはたしかに難しいだろう。しかし、それは実際には許されない。原始的な様相概念が不可欠となるもうひとつ別の箇所があり、そこでの要求はより広範囲にわたる。その存在論的な利益は、かなりの様相を原始概念として受け入れることに見合うものでなければならないだろう。

その第二の箇所は、大局的《グローバル》な記述と局所的《ローカル》な記述の関係に関わる。点粒子の時空的配置とそれがもつ基礎的性質を詳細にわたって完全に記述する。そして、よく見ると、しゃべるロバがいることが含意されてしまっている。あるいは、それと同時に、そのようなロバはいないことを明示的に述べるとすれば、矛盾に陥ることになる。この含意と矛盾は、狭い意味で論理的なものではない。というのも、大局的な記述と局所的な記述に用いられる語彙が異なるからである。何かを補う必要がある。世界作成言語が局所的なことがらと大局的なことがらの両方、たとえば、粒子とロバの両方について語るならば、矛盾しないかどうかという問題に直面する。あるいは、世界作成言語は局所的なことがらについてしか語らないが、代用世界は大局的なことがらを暗黙的に表象するとするならば、暗黙的な表象の問題に直面する。必要なのは、結びつけの公理だ。それは以下のような条件文である。すなわち、もしも……（ここには、点粒子の配置と性質についての非常に長い記述、おそらくは無限の記述が入る）ならば、しゃべるロバが存在する。様相についての事実を間違って理解したくなければ、無矛盾性と含意の定義のなかにこのような公理を書き込んでおいた方がよい。

もちろん、これは実践上不可能だろう。公理はひょっとすると、長さにおいても数においても無限になってしまうかもしれない。無限にはならないと仮定してもよい。だが、少なくとも、そのような公理を作り出すことのできる人はどこにもいないと言える。それゆえ、言語的代用主義はみずからの理論を完成することができない。ただし、もちろん、次のような分かりきったことなら大々的に宣言できる。すなわち、局所的な記述を前件にもち、大局的な記述を後件にもつすべての条件文のなかで、必然的に真であるもののみが公理になるだろう。そう宣言することならできる。

ありえないことだが、代用主義者が必要とされる公理を作り出したと仮定しよう。そして、さらに信じられないことに、代用主義者によって与えられた公理が正しいことについてわれわれが説得されたとしよう。ためらいはあるものの、私はなお根本方針に関わる反論を提起したい。やるべき仕事は、様相（そしてまた、本物の可能者や代用的可能者が役に立つその他のことがら）の分析だった。それに加えて、「しゃべるロバ」を分析することが、やるべき仕事に含まれていたわけではない。しかし、代用主義者はその仕事もこなさねばならなかった。というのも、粒子のあらゆる可能な配置について、その配置によってしゃべるロバが存在することになるかどうかを教えてくれる公理が、代用主義者には必要だったからである。事実、代用主義者は、様相の分析を完了させる以前に、局所的なものによる大局的なものの大規模な分析を完了しなければならない。しかし、様相の分析はなぜ、それを待たねばならないのか。将来他のどのようなプロジェクトに着手することになるとしても、様相を分析するさいには、「しゃべるロバ」のようなものを原始的とみなすことはきっと可能なはずである。私なら実際にそうする。私は次のような分析が可能だと主張する。すなわち、しゃべるロバが存在することが可能であるのは、しゃべるロバを部分としてもつ何らかの世界があるときそしてそのときに限る。粒子の配置による「しゃべるロバ」の分析を夢想する必要などない。

　言語的代用主義においては事実、様相は原始概念とみなされねばならないと私は結論する。言語的代用主義の要点のすべてが様相の分析にあるとしたら、このことは致命的な反論になるはずだ。しかし、代用主義によって様相概念が完全に分析できないとしても、そのあるバージョンがもたらす多くの理論的有用性はまだ残っている。様相を原始概念として受け入れるという代価を払った上で、すべてを考慮するとき、代用主義はその代価に十分値すると考える余地はある。様々な代用主義の多くの論者は、本物の様相実在論と代用主義的な様相実在論の争いをまさにこのように見ている。すなわち、好ましくない存在論か、それとも好ましくない原始的な様相概念かという選択があり、自分たちは後者の方がましと考えるのである。代用主義の側に立てば、これはまずまずの応答であるように私は思う。だがもちろん、決定的ではない。

（フランク・ジャクソンはかつて次のように示唆した。原始的な様相概念に訴えること、あるいは、代用世界による様相の分析を行なうときに生じる循環は代価ではまったくない。「循環は、解明を目的とする哲学的分析においては致命的な欠陥である。……だがしかし、存在論の問いに対するパラフレーズについては、状況はまったく異なる」。徳に関する見かけ上の言及をパラフレーズで消し去るさい、「有徳である」を原始概念とみなすならば、それは、「徳の最終的な解明としては受け入れられない。なぜなら、これは循環だからである。それはしかし、「徳」と呼ばれる存在者の存在を信じる必要がないことを示してはいる」(Jackson 1977: p. 18)。よろしい。われわれの仕事が存在論の問いのみに対して向けられているとすれば、ともかく理解可能である限り、好きな原始概念を自由に使ってもよい。だが、われわれの仕事が存在論に関わる問いと分析に関わる問いの両方に対して向けられているとすれば——これはよくあることだと私は思うが——いかがわしい存在論を切り詰める努力をすると同時に、原始概念も切り詰めるように努めなければならない。そして、一方の目的を達成することが他方の目的を達成することよりもコストが大きすぎるとすれば、異議を申し立てることは正当である。）

私の第二の反論は、世界作成言語の記述能力に関わる。世界作成言語が、この世界の言語的代用主義者によって特定可能な（解釈込みの）言語であるとすれば、その言語は記述に用いることができる資源において限界があるにちがいない。そしてまた、そのような言語は、区別すべき可能性のすべてを区別することはできない。ここで私はもはや、濃度の不足について語っているのではない。すでに見たように、これは無限の語彙あるいは無限の長さの結合子を導入することで克服できる。しかし、記述能力について二つの問題が残っている。おのおのの問題は、無害な部分と深刻な部分（と私が思うもの）に分けられる。

第一の問題は、不可識別者についてのものである。代用的な可能世界と可能個体が言語的な記述であるとすると、正確に類似した二つの代用世界や代用個体は得られないことになる。代用的な可能性はその記述にほかならないとすると、任意の記述に対し、可能性はひとつしかありえないのである。われわれの論じる代用世界と代用個体は、不可識別者同一の原理に従うだろう。それゆえ、識別できない可能者が複数あることを認めるべきだとすると、言語的な代用的可能者は不十分なものとなるだろう。われわれは、言語的な代用的可能者をまぎらわしいもの、すなわち、多くの異なる可能性を多義的に表象するものとみなさざるをえなくなる。だがそうすると、複数ある可能性は、ひとつしかない言語的記述ではありえないのである。

識別不可能な可能世界の問題は無害な部分である。私の様相実在論は、識別不可能な世界があるともないとも言わない。私はどちらかを支持する重大な理由を思いつかない。様相実在論の適用はいずれも、識別不可能な世界を要求するようには思われない。また、識別不可能な世界が存在することで、様相実在論の適用が妨げられることもないだろう。これこそ、話し合うべき問題である。言語的代用主義では識別不可能な世界は受け入れられないが、その他の点で魅力的であるとすれば、それはそれでよい。

他方、識別不可能な可能個体の問題は深刻である。内在的本性と外在的性質の両方において、識別できない多くの個体が存在することは少なくとも可能である。それは確かだ。二方向の永劫回帰があるとしたら、そうなるだろう。あるいは、宇宙が全方向において無限の完全な結晶格子から構成されていた場合でもそうなる。時間と空間におけるこのような反復を表象する代用世界から見れば、識別できない多くの個体が存在する。しかし、それらの個体と対応するほど多くの識別できない代用的な可能個体――そのすべてはこの代用世界から見て現実化される――が与えられることはない。ひとつのものがすべての代わりをしなければならない。当の代用世界が述べていること、あるいはそれが含意することは、ひとつの代用個体が何回も繰り返し現実化されるということである。それゆえ、ひとつの個体に対して識別できない可能性がたくさん与えられるべきところで、実際にはひとつの可能性しか与えられない。ある特定の役割、たとえば、ナポレオンとかなりよく似た征服者の役割が、識別できないそれぞれの時代において必ず一度満たされるような永劫回帰の世界の完全な記述を想像してみよう。そのような世界では、ナポレオンの役割を満たす識別不可能な可能性は無限に多くある。あるいは、たしかにそう見える。しかし、言語的代用主義ではそうはならない。代用個体はひとつしかない。すなわち、ナポレオンの役割を満たすものについてのたったひとつの言語的記述しかないのである。

可能性はたくさんあるのか、そうではないのか。どちらの選択も満足のいくものではない。肯定的に答えると、可能性は代用個体ではありえない。だとすれば、それらの可能性に当たるどのようなものが他にあると言うのか。否定的に答えると、妥当と思われる推論が成立しなくなる。すなわち、異なる個体がたくさん存在するような可能性があるとすれば、その可能性と結びつく異なる可能個体がたくさん存在する、この推論が成立しないのである。

次のように言われるかもしれない。「多数性が求められているならば、すぐにでもできる。言語的な代用個体と無限に多くの整数をペアにして、たくさんの順序対を作ればよい」。だが、単に多数あるだけでは私の要求を満たさない。これは見当違いの多数性である。たしかに、整数を組み込むことにより、いまや互いに異なる新たな表象が無限にたくさん与えられる。そして、認められてよいはずの、識別できない可能性が無限にたくさん与えられる。しかし、これらたくさんの表象は、たくさんの可能性を一義的に表象するわけではない。その表象関係は一対一ではないのである。むしろ、たくさんある新たな表象はどれも、元の一個の表象とまったく同じように、たくさんある可能性のどれを表象するかに関して多義的である。状況は何もよくなっていない。

記述能力に関する第二の問題は次である。すなわち、世界作成言語がこの世界の言語的代用主義者によって特定可能なものだとすると、その言語が、すべての異なる可能性を記述し、区別するのに十分な語彙をもつことは期待できない(8)。

この問題の一部はよく知られている。言語的なものであれその他のものであれ、現実のものから代用世界を作り上げるとき、追加的な個体を含む可能性をどのように表象することができるだろうか。言語的代用主義にとっては、これは名指しに関する問題である。われわれに名指すことができるような(あるいは、それ自体が自分自身の名前であると宣言することができるような)追加的な個体が現実に存在しない場合、そのような個体に対する名前をわれわれはどうしてもつことができるだろうか。そして、その追加的な個体に対する名前がないとすれば、割り当てられる役割がどのようなものか——すなわち、どういった種類の個体が存在し、どのような性質や関係をもつか——に関してまったく違いはないが、これらの役割を担うのはどの追加的な個体かに関してのみ異なるような複数の代用世界をどのようにして区別するのだろうか。

こうしたことは、目下の問題の無害な部分と私はみなす。それはこのもの主義が抱える問題であり、私はこのもの主義を却下するからだ。このもの主義を支持するどのような直観も、他の手段で救うことができると私は考える（第四・四節を見よ）。私が思うに、どのような種類の個体が存在し、それらがどう関係づけられているかを記述することで、可能性はそれなりに十分に特徴づけられる。名前を用いて誰が誰であるかを述べることができないとしても、失われる情報はない。現実に存在しない追加的な個体に名前を与えることによって初めて表現することができるような情報は、本物の情報ではないのだ。事実上不可能だが、仮にわれわれがすべての名前を手にしていて、この役割を担っているのは誰で、あの役割を担っているのは誰かを名前で述べることができるとしたら、差異のないところに区別をつけてしまうことになるだろう。重要なことは、満たされるべき役割にはどのようなものがあるかを教えてくれる記述を与えることなのである。

性質に関しては状況が異なる。ここでは、このもの性における違いに相当するものは、事物の可能なあり方における本物の違いである。というのも、それは、対象がどのような性質をもちうるかにおける違いだからである。われわれの現実世界の内部で例化される自然的性質にしか表現が与えられていないとすれば、現実にとってはエイリアンである追加的な自然的性質が存在する可能性を完全に記述することはわれわれにはできない。そのような可能性が存在すると考えることは理に適っているが、そこに含まれるエイリアンな性質に対して、どのようにすれば表現を与えることができるか、私には分からない。したがって、このような可能性は、われわれが利用できるどの言語においても、それらの言語的記述と同一視することはできない。言語的な代用世界はどれほど優れたものであってもときには不完全であり、エイリアンな自然的性質に関してのみ異なる複数の可能性を区別できないのである。

われわれの世界より単純な世界に住む代用主義者を考えよう。その世界の陽子と中性子——もしわれわれがそう呼んでよいなら——は、不可分の粒子である。クォークは存在しない。それゆえ、クォークに特有の性質、いわゆる色と香りは、より単純なその世界では何によっても決して例化されることはない。また、これらの性質は、より単純な世界で例化される性質や関係によっては分析することができないと想定しよう。クォークに特有のそれらの性質は、その世界にとってはエイリアンである。これと同じように、われわれの世界より豊かな世界の内部で例化される性質のなかには、われわれにとってはエイリアンなものがあるかもしれない。存在しうるすべての自然的性質の事例をもつ、とりわけ豊かな世界があるかもしれない（第一・八節で提示した組み替え原理により、すべての世界からとってきたすべての異なる自然的性質の事例を収容する余地のあるほど、十分に大きな時空をもつことが可能である場合にのみ、そのような世界は存在しうる）。だが、このような世界は特殊であって、われわれがそのような世界のひとつに生きていると考える理由はない。むしろわれわれも、この世界より単純な世界に生きている哲学者と同じような状況にあると言う方がもっともらしい。そのとき、エイリアンな自然的性質が存在する可能性をわれわれが認めることができないならば、われわれは、より単純な世界に生きる哲学者とまさに同じような間違いを犯していることになる。ところが、これこそ、言語的代用主義のもとで生じる事態なのである。言語的代用主義者は、自分の世界にとってエイリアンな性質に対する表現（名前あるいは述語）をもつような言語を特定することはできない。それゆえ、言語的代用主義者に特定可能な言語はどれも、存在する可能性のいくつかを区別するのに適していない。

完全な自然的性質に対応する普遍者の存在を信じ、ラガード風のプログラムを採用して、個々の普遍者がそれ自身の述語として働くことを許す場合には、先の論点はもっとも単純なものとなる。この世界に現れる普遍者のみが述語として利用可能だとすると、エイリアンな普遍者にはいかなる述語もないことはあきらかである。何か別の解釈のプログラムを採用しても役には立たない。仮にわれわれがより単純な世界の哲学者と同じ状況にあったとしたら、クォークの色と香りに名前を与えることは決してできなかったはずである。われわれもまたその哲学者と同じように困難な状況にあると言ってよい。少なくとも、その哲学者が実際に直面する困難は、われわれが直面しうる可能性でもある。自分がクォークから構成されない陽子をもつ単純な生物であるとした場合には、可能性としてそのような困難に陥ることを認める一方、（われわれが自分たちはそうだと考えるような）より複雑な生物のひとつである場合には、可能性としても同じような困難に陥ることはないと言うならば、それは恣意的であり不合理であるように思われる。

少なくとも、私はそう思う。言うまでもなく、私はこの問題を様相実在論の観点から説明した。われわれはここにいる。そして、どこか別の世界でしか例化されないエイリアンな自然的性質（あるいは普遍者）が存在する。われわれは、それらに対する表現を導入することができない。代用主義者は、どこか別の世界で例化される性質が存在することに同意しないだろう。というのも、代用主義者は、別の世界が存在するとは考えないからである。とはいえ、代用主義者もなんらかの方法で様相を理解する。そして、そのとき、私は次のように期待する。すなわち、代用主義者もまた、現実には存在しない自然的性質（や普遍者）が存在することもありえたとただ認めざるをえないことに気づくはずだ、と。もしそうでないならば、代用主義者は様相についての事実を間違って理解することになると私は主張する。そして、私はまた次のようにも期待している。すなわち、現実には存在しないが存在することもありえた性質に対して、表現を導入する手立てがわれわれにはないという点についても、代用主義者は同意するはずだ、と。

ここで反論があることを私は予想している。私はこれまで、現実に存在する性質と、現実に例化される性質を区別せずに語ってきた。また、単に存在することもありえただけの性質と、単に例化されることもありえただけの性質も区別せずに語ってきた。次のように応答する途は開かれている。現実に存在する性質は現実に例化される性質よりも多く、単に例化されることもありえただけの性質はそれでもやはり現実に存在する性質のなかに含まれる、と。この応答は例化されない性質に訴えている。これが主張しているのは、現実化されることもありえた性質はどれも、現実（の抽象的な側面）の一部として実際に存在するということだ。そのとき、他の方法がなければ、ラガード風のプログラムに沿って、現実には例化されていないが例化されることもありえた追加的な性質のすべてに対して名前が与えられる。代用世界は、現実に存在するが例化されない性質を含む、現実のリソースから構成されるだろう。

（このような立場から、私が加えた一般化された意味での言語的な見かけを取り去ってみよう。それは、ロバート・M・アダムズのいくぶん中立的な「世界物語（world-story）」代用主義を発展させる自然なやり方のひとつだろう。彼の言う世界物語とは、準構文論的な構造をもつ存在者からなる集合である。これらの存在者は、ときには構成要素として個体、もしくは個体の「これ性（thisness）」をもつ。それゆえ、性質がさらなる構成要素として求められることは、ある意味で当然であるように思われる。）

これに応答するにあたって、これまで無視してきた次の問題を提起しなければならない。代用主義者は「性質」で何を意味しているのか。第一・五節で述べたように、性質については多くの異なる捉え方がある。そして、そのすべてが代用主義者に利用可能というわけではない。代用主義者は、私が「性質」で意味することを意味することはできない。すなわち、この世界かどこか別の世界におけるすべての事例からなる集合としての性質を意味することはできない。というのも、この世界で例化されない性質はこの世界の事例をひとつももたず、また、代用主義においては他の世界にある事例の存在は信じられていないので、その性質の事例からなる集合は空集合になってしまうからである。だが、代用主義者も、例化されない性質をすべて混同してしまうことは望まない。代用主義者にとって性質は、述語からの抽象物の一種なのだろうか。もしそうなら、この世界の述語からの抽象物でなくてはならない。なぜなら、代用主義者はそれ以外のものの存在を一切信じないからである。そうすると、ラガード風の方法でエイリアンな性質に名前を与えるのに先だって、それらの性質に対する表現を導入する何か他のやり方を見いだす必要があるだろう。それとも、代用主義者の言う性質とは普遍者なのだろうか。あるいは、複製トロープからなる集合なのだろうか。これら三つの捉え方はどれも、例化された性質のうちの選ばれた少数については、たぶん問題はない。だが、例化されない性質には役に立たない。というのも、普遍者やトロープはその事例があるところに現れるとされるが、例化されない性質にとっては、それの居場所となる事例はどこにもないからである。少なくとも、代用主義者が唯一無二と考えるこの世界のなかには、例化されない性質が現れる余地はない。（私にはこれとパラレルな問題は生じない。エイリアンな普遍者やトロープは、他の世界のその事例があるところに現れることができる。）代用主義者の言う性質のうち、例化されない性質は厳密には普遍者やトロープではないけれども、それらは少なくとも、その事例があるところに実際に現れる例化された普遍者やトロープと同類である、そういうことなのだろうか。だがそうすると、ここで言う「同類」とは何を意味するのか。二階の普遍者の共有や、二階のトロープのあいだの正確な複製関係によってそれが説明されるとは思えない。普遍者やトロープを考える代わりに、「同類」を原始概念とみなすことはできるかもしれない。しかし、普遍者やトロープに加えて「同類」を原始概念とみなすのは、番犬を飼っているのに自分で見張りをするようなものだ。それとも、代用主義者の言う性質とは、後に第三・四節で論じるような類いの魔術的存在者なのだろうか。だとすると、ここでは次のように言っておけば十分だろう。そのような存在者がどうやってその仕事をこなすかの説明として受け入れられるものがまったくないので、代用主義者はそれらの存在を信じるべきではない。だが、それでも魔術的存在者を信じると言うならば、ラガード風の言語よりも単純なやり方で、代用主義の理念のために役立てることができるだろう。よって、（魔術的な性質は未解決の問題として残ったが）私の結論はなおも有効だと思う。より単純な世界の哲学者も、現実世界のわれわれも、自分たちの世界にはない性質に対する表現を与えられないのである。

　それでも可能なことがある。それは量化を用いて性質について語ることだ。単純な世界の代用主義者も、ある言語を導入すれば、自分の世界では偽であることを述べることができる。

> 陽子は三つの部分から構成される。自然的性質X、Y、Zが存在し、陽子の最小部分はどれも、これらのうちのどれかひとつだけをもち、そして、これらの自然的性質はまた、「—X—Y—Z—」というようなかたちで、陽子とその最小部分の結合を支配する自然法則のなかに含まれており、そして、性質X、Y、Zは電荷とも異なり、スピンとも異なり、……。

ただしここで、ダッシュ記号が含まれる箇所は、変項X、Y、Zが自由変項として現れる開放文である。また、「……」の部分には、単純な世界の代用主義者が名前を与えることのできる自然的性質のすべてについて、それとは「異なる」という節が入ることで全体としての文が完成する。つまり、この代用主義者は、性質に対する存在量化文を定式化する言語を導入できるのである。このような量化文は、当の代用主義者の世界では偽である。しかし、その世界にとってはエイリアンだが、適切な振る舞いをする性質によって真となることがありうる。そしてまた、最後の節のおかげで、エイリアンな性質が存在することによってのみ、それは真となることがありうる。このような文が言語的な代用世界の要素であり、その世界の観点から見ると真であるということはありうる。ラムジーはかつて、この世界についての仮説の内容を表現するために、性質に対する存在量化を用いる方法をわれわれに教えてくれた。それと同じ方法が、現実化されない可能性を記述するさいに利用可能である。より単純な世界の代用主義者は、エイリアンな自然的性質が存在すること、そしてそれによってのみ真となりうるような存在量化文を含む（もしくは含意する）、ラムジー化された代用世界を構成することができるのである。

そして、われわれにも同じことができる。われわれの言語的代用世界のなかにはラムジー化されるべきものもある。ラムジーの手法を使えば、代用世界は、名前でなく量化によって、われわれの世界にとってはエイリアンな性質——特定の法則論的な役割を担い、特定の仕方で分布する事例をもった名前のない追加的な性質——が存在することを語る。こうして、エイリアンな追加的性質が存在する代用世界も得られる。そして、このことにより、そうした可能性も認めることができる。これ以上何を求めると言うのだろうか。

だが、私が求めているのは、単に可能性に漏れがあってはいけないということだけでなく、異なる可能性が混同されてはいけないということである。より単純な世界にいるあの不幸な哲学者が、自分の自由になる限られた資源を使ってラムジー化された代用世界を構成するとき、どの世界も少なくとも部分的には、それらの代用世界のうちのひとつによって記述される。しかし、私は次のように主張する。すなわち、エイリアンな性質を含む世界——つまり、より単純な世界の哲学者にとってエイリアンな自然的性質を含む世界のことであり、われわれの世界はその一例である——は不完全にしか記述されないのである。もろもろの性質にどのような役割があるかは述べられているが、どの性質がどの役割を担うかは述べられていないし、より単純な世界の哲学者にはそれを述べることは決してできない。他方、この現実世界にいるわれわれは、より単純な世界の哲学者には名前を与えることのできない性質の名前を手にしている。われわれには、たとえば、クォークの色のひとつが香りのひとつと入れ替わってしまっているような世界を自分たちの世界とは区別することができる。その二つの世界は同型だが、やはり異なっている。より単純な世界の哲学者が与えるラムジー文のひとつ、あるいはラムジー化された代用世界のひとつを実現するやり方は複数ある。それゆえ、そのような代用世界は、関連する可能性をどれひとつとして完全には記述していないのである。

（ここで私はある返答を予想する。クォークの色と香りが入れ替わることなど、本当に可能だろうか。あるいは、これらのような性質は、その法則論的な役割や因果的な力を本質的にもつのだろうか。シューメイカーやスウォイヤーが示唆したように、仮にそうだとすれば、特定のクォークの色の法則論的な役割を備えた性質はそのクォークの色でなければならず、クォークの香りのひとつになるようなことはありえない。だとすれば、結局、より単純な世界の哲学者も、われわれの世界を——あるいは、どの世界であろうとも——完全に記述する資源を手にしていることになるかもしれない。というのも、関連する法則論的な役割を特定できれば十分だからである。

より単純な世界の哲学者でさえどの世界でも記述できるほど十分な資源をもっているとするならば、われわれはなおさらそうである。このように見ると、私の反論は、法則論的役割が本質的であるというテーゼを否定することに依拠している。私は、組み替え原理（第一・八節を見よ）を通じて、このテーゼの否定を支持する。クォークの色と香りが、それらに本質的とされる法則のなかに実際に現れているような世界から始めて、その世界にあるものの複製をつなぎ合わせることで、先の法則が破られている世界を記述することがおそらくできる。それでも、完全な自然的性質はもちろん内在的であり、複製のあいだで異なることはありえない。組み替え原理はじっさい非常に説得力があるように私には思われる。そして、代用主義のやり方でこの原理を再定式化したとしても、その説得力が減ることはあってはならないはずだ。私に対する代用主義からの応答が、性質の法則論的な役割を本質的なものとするために組み替え原理を犠牲にするということであるならば、それは小難を逃れて大難に陥るようなものだと私は言いたい。）

単純な世界の資源から作成されるラムジー化された代用世界は、複数の仕方で実現可能であると私が論じるとき、ここでもまた私は、様相実在論者として語っている。だが私は、言語的代用主義に対して論点先取を犯してはいない。そのような代用世界は、より単純な世界の哲学者が作成しうるベストのものである。とはいえ、それが不完全であることについては、言語的代用主義者も私に同意するはずだ。なぜなら、運よくこの世界に生きているとすれば代用主義者でも区別できる複数の可能性が、先の代用世界では混同されてしまうからである。そうした代用世界では、われわれが作成しうるより豊かな代用世界のなかの異なるものが混同されてしまう。よって、それは不完全である。

ところで、われわれが作成しうるベストなラムジー化された代用世界についてはどうだろうか。このような代用世界は完全だろうか。それは複数の仕方で実現可能か否か。いずれの答えも満足なものではない。肯定的に答えるならば、これらの複数の実現可能性は、ラムジー化されたひとつの代用世界と同一ではありえない。だとすれば、それら複数の可能性はいったい何だと言うのか。否定的に答えるならば、われわれの幸運は何によって保証されるのかという疑問が生じる。前と同じく、より単純な世界の哲学者が実際に直面する困難があり、それはわれわれが直面しうる可能性でもある。すなわち、自分が作成しうるベストなラムジー化された代用世界のいくつかは不完全かもしれないという可能性である。自分がクォークから構成されない陽子をもつ単純な生物であるとした場合には、可能性としてそのような困難に陥ることを認める一方、（われわれが自分たちはそうだと考えるような）より複雑な生物のひとつである場合には、可能性としても同じような困難に陥ることはないと言うならば、それは恣意的であり不合理であるように思われる。

次のように言われるかもしれない。「多数性が求められているならば、すぐにでもできる。ラムジー化された言語的代用世界と無限に多くの整数をペアにして、たくさんの順序対を作ればよい。」だが、識別できない可能個体の場合と同じように、ここでもまた、単に多数あるだけでは私の要求を満たさない。これは見当違いの多数性であるように思われる。たしかに、整数を組み込むことにより、いまや互いに異なる新たな表象が無限にたくさん与えられる。そして、エイリアンな性質の置き換えにより、認められてよいはずの異なる可能性も無限にたくさん与えられる。しかし、これらたくさんの表象は、たくさんの可能性を一義的に表象するわけではない。その表象関係は一対一ではないのである。むしろ、たくさんある新たな表象はどれも、元の一個の表象とまったく同じように、たくさんある可能性のどれを表象するかに関して多義的である。状況は何もよくなっていない。

　代用主義の問題は、ラムジー化されたひとつの代用世界の実現のされ方が多く存在することを否定してしまっていることである（そして、このことはまったくもっともらしくない）。代用主義者は、この主張を次のように和らげようとするかもしれない。

> ラムジー化された代用世界のおのおのに対して、実際に存在するのはたったひとつの可能性のみである。なぜなら――私は頑としてこの主張を譲らないが――代用世界こそが可能性にほかならないからだ。それゆえ、私は、このような代用世界の実現のされ方がたくさん存在することを否定する。だが、私は原始的な様相概念を自由に使える――私はそうするべきなのである――ので、次のように主張することにやぶさかでない。すなわち、もし代用世界が実現するとしたら、その実現のされ方はたくさん存在することになるだろう。というのも、その場合、名前をもつより多くの性質が存在するだろうし、より豊かな世界作成言語が存在することになり、失われていた区別をつけることも可能になるかもしれないからだ。現実には可能性はひとつしかないが、複数存在することもありえたのである。

私は納得できない。この耳触りの良さは偽りである。この主張によれば、代用主義があたかも私の要求の半分を満たしているかのように聞こえる。私がたくさんの可能性を要求するとき、代用主義者はそれを提供してくれないが、少なくとも、たくさんの可能な可能性を提供している。だとすれば、私は次のように言ってもよさそうだ。君はそれを好きなように呼びたまえ。少なくともわれわれはたくさんの何かを手にしている、と。だが、そうではないのだ。代用主義の存在論には、現実化されない可能な可能性などというものは存在しない。代用主義者は、私があきらかに真と考えるものを認める方向に一歩も進んでいない。私が主張するのは、何かの実現のされ方は実際にたくさんあるということだ。代用主義者は、可能性の実現のされ方はたくさんありえたことを認めるけれども、適切な何かがたくさん存在することを否定するのである。

　とにかく、これが代用主義者のやり方だと私は思う。しかし、実際には意見が食い違っているのに、言葉の上でのみ私に同意すると言うなら、代用主義者はごまかしをやっていることになるだろう。「たくさん存在することもありえた」を意味しつつ、「実際にたくさんある」と言うのであれば、それはごまかしである。私は、自分のことを棚にあげて他人のことを悪く言っているのだろうか。違う。私もたしかに、「しゃべるロバ――他の世界のロバ――がたくさん存在する」と「しゃべるロバがたくさん存在することもありえた」を交換可能な仕方で言うことがある。しかしそれは、私の様相実在論においては、どちらの言い方でも、「たくさん存在する」の通常の量化の意味からまったく逸脱することなく、同じことを述べることができるからだ（量化を表す言い回しはどれも、制限を受けやすいことがその意味の一部をなしており、そして、そうした制限が語用論的な文脈に応じて強くなったり弱くなったりすることがあるということを思い出そう）。ところが、代用主義者がごまかしをするとき、「たくさん存在する」は、その通常の量化の意味から完全に逸脱してしまう。「ラムジー化された代用世界の実現のされ方はたくさん存在する」ということの意味は、好きに決めてよいかもしれない。たとえば、神は偉大であることを意味してもよいだろう。だが、それを量化として意味する限りは、代用主義者には私と同じようにそれを肯定する資格は一切ない。代用主義者は歯を食いしばって、きっぱりと次のように言うべきである。すなわち、たとえ奇妙に思われようとも、ラムジー化された代用世界のおのおのはたったひとつの仕方でしか実現できないのだ、と。

スカームズは、歯を食いしばる覚悟のある哲学者の一人である。先に私が言及したように、彼の「『論理哲学論考』的な唯名論」は、ラガード風の言語的代用主義である。スカームズは、言語的代用主義に対する忠誠を宣言することは思いとどまるが、それが「有効な形而上学的オプションであり、魅力的な選択」だと実際に考えている。彼の見解では、この立場は次のような帰結をもつ。「われわれは、可能な事実と可能世界について二つの非常に異なる仕方で考える。そこに含まれる対象や関係がこの世界の部分集合であるような可能世界については、われわれが手にする可能性は本質的に組み合わせ的である。対象（のいくつかもしくはすべて）のあいだに成り立つ関係（のいくつかもしくはすべて）を再配置することで、われわれはもろもろの可能性を手にする……のである」。他方、「現実に存在するものとは別の、追加的な対象が存在することもありうるだろう。自然界に他の力や他の物理的性質と関係が存在することもありうる。このような直観に見合った扱いをするには、可能性を類比的に考えなければならない。類比の局面では、……ゲームはまったく異なる」。（対象についても関係についても）「…この局面では、このもの主義はうまくいかない」。「そして、『新たな』対象に対しては、ラムジー文によるある種の……アプローチが有効である」（Skyrms 1981：pp. 201-2）。スカームズはあきらかに、ラムジー文によるアプローチが、現実とは別のより多くの対象に対して有効であること――これについては私も異論はない――とともに、そのアプローチがまた、自然界の他の力や他の物理的性質と関係に対して有効性をもつことも容認可能だと考えている。

言語的表象は三つの問題をもたらすのに対して、私の本物の様相実在論にはこれらの問題は一切生じない。(1)記述のいくつかは矛盾しているので、矛盾した世界などというものは存在しない。これに対して、無矛盾な記述を区別する資源が必要になる。(2)われわれは、識別不可能な二つの記述をもつことはできない。これに対して、識別不可能な世界が存在するかもしれないし、少なくとも、識別不可能な世界の部分はたしかに存在する。(3)記述可能なものは、われわれがもつことのできる語によって制限される。これに対して、世界はわれわれがそれを記述する手段を越える。言語的代用主義のこれら三つの欠点を考え合わせると、私自身の世界の複数性テーゼに対して向けられる疑いの目よりもずっとダメージが大きいと私には思われる。しかし、言語的代用主義の利点と欠点を十分承知の上で、そちらの方がよりよい理論だと判断するならば、それは道理に外れるというわけではないだろう。こうしたことは、利点や欠点の重みづけとバランスの問題であり、決定的な論駁ではないと私は思う。

本章のこれ以降に検討する、図像的代用主義と魔術的代用主義についてはは事情が異なる。これらは、本物の様相実在論と言語的代用主義の両方に対して利点をもつと思われるかもしれない。だが私の考えでは、それらの利点は錯覚であり、二つのタイプの代用主義は却下されるべきである。代用主義のなかでは言語的代用主義が抜きん出て優れている。

三・三　図像的代用主義

言語的な表象に対して生じる問題が本物の様相実在論に対して生じないのであれば、本物の世界にもっと似せて作られた代用世界の方が代用主義の目的に適うかもしれない。代用世界は、その抽象性を除けば、絵のようなものになるかもしれない。次のような一般化された意味において、代用世界は絵のようなものであるとしよう。すなわち、彫像は三次元的な絵とみなされ、実動模型は四次元的な絵とみなされるという一般的な意味において、代用世界は絵のようなものである。そしてまた、代用世界は、必要であれば、多次元的で無限の広がりをもつ理想化された絵であることにしよう。それは、具体的な世界の全体をあらゆる細部まで表象する絵である。過度に少ない次元への射影はまったく望ましくなく、隠れた部分や微細な部分を省略してもいけないし、絵にはあるが表象において何の役割も果たさない余計な構造は排除しなければならない。

絵は同型構造により表象を行なう。マットの上にネコがいる。そして、それを描いた絵がある。絵にはそのネコに対応する部分がある。それはさらに、足やしっぽ、ひげなど、ネコの諸部分に対応する部分から構成されている。その絵のネコに対応する部分は、ネコの首の小部分に対応するひとつの白い小部分を除いて、ほとんどは黒である。したがって、その絵は、首の白いぶちを除いて、そのネコを黒いものとして表象している。その絵のネコに対応する部分は、その絵のマットに対応する別の部分に接している。したがって、その絵は、ネコをマットの上にいるものとして表象している。

通常の絵画については、同型であることには限界がある。たとえば、先の絵のネコに対応する部分は毛のようにふわふわしていない。その代わり、その部分は特定の縞状になっていて、このような仕方でネコを毛のあるものとして表象している。大きさは原寸大ではなく、特定の縮尺で対応する。たとえば、絵の各部分のあいだの距離は、その部分に対応するネコやマットの部分のあいだの距離よりも短い。ネコのうしろ側や内臓などは絵には一切描かれていない。これらと同型な部分は絵のなかにはない。にもかかわらず、そのネコは立派に完全なネコとして表象されているのであり、少なくとも不完全なネコとしては表象されていない。実動模型でさえ、同型構造であることには限界がある。機関車の模型は、その原型を(縮尺に比して大きすぎる原子をもつ)プラスチック製のものとして表象するわけではなく、またボイラーに電気モーターを備えるものとして表象するわけでもない。同型であることのこうした実践上の限界は、広範囲にわたる複雑な慣習的理解を通じて修正を施される。この段階では、図像的表象は言語に似ている。だが、われわれが求めているのはそれではなく、言語的代用世界に代わる別の案である。それゆえ、できるだけ別の何かを手に入れるように努めよう。われわれは、新たな代用世界を理想化された絵として考えるので、それらが完全な同型構造により表象を行なうと想定することに問題はないだろう。残る限界は(仮にあるとすれば)、抽象的な存在者を用いて具体的な存在者を絵で表すというプロジェクトにとって不可避な限界だけである。

同型構造による純粋かつ単純な表象は、部分の構成と、性質および関係の同一性によりうまくいく。それゆえ、図像的代用世界は、様々な性質をもち、特定の仕方で配置された部分から構成されていなければならない。このことにより、図像的代用世界は、具体的な世界をそれと同型なものとして表象する。すなわち、同じ仕方で配置され、同じ性質をもつ部分から構成されるものとして表象する。ひとつの代用世界が、この具体的な世界を正しく描く(代用世界に複製が存在しない限りは、正しい図像的代用世界はひとつのみである)。この代用世界の場合、抽象的な図像と具体的な世界は実際に同型である。他のどの代用世界もこの具体的な世界を誤った図像で表している。そのような代用世界は、この世界がみずからと同型であるかのように誤って表象する。だが実際には、この具体的な世界はその代用世界と同型ではないし、それと同型であるような何かが他に存在するわけでもない(あるいは、代用主義者が存在すると信じる何ものも、それと同型ではない)。この具体的な世界を正しく描く代用世界は、現実化された代用世界である。だが、その代用世界の代わりに、他のどの代用世界も現実化されることはありえた。この具体的な世界の諸部分の配置やそれらがもつ性質において違いがあったとしたら、この具体的な世界はそのことにより、異なる代用世界と同型だったはずである。

マットの上のネコの絵の一部が（もろもろの限界の範囲内で）そのネコと同型であったように、そしてまた、それよりも小さな部分はそのネコの部分と同型であったように、現実化された代用世界の部分は具体的な世界の部分と同型である。別の代用世界のある部分も具体的な世界の部分と同型である（その場合、このような代用世界の表象の誤りはどこか別のところにある）。これらを除く代用世界の部分は、存在する何とも同型ではない。だが、事物のあり方が異なっていたとしたら、それらの部分は存在する何かと同型だっただろう。本物の可能世界の部分が可能個体であったのとちょうど同じように、図像的代用世界の部分は代用的な可能個体である。そして、代用世界の全体がこの具体的な世界と同型であって、そのことによりそれが全体として現実化される場合には、その代用世界の部分をなす様々な代用個体もまた、おのおのの具体的な同型物によって現実化される。

言語的代用主義に対する図像的代用主義の大きな利点は、エイリアンな自然的性質を含む可能性についてまったく問題がないことだ。エイリアンな性質は他の世界の部分によって例化されると私が主張するのとちょうど同じように、図像的代用主義者は、エイリアンな自然的性質が抽象的な図像の諸部分によって例化されると主張することができる。図像的代用主義は、われわれの思考と言語の手の届かない多種多様なエイリアン性質を例化する代用個体でいっぱいの、エイリアンな代用世界を与えることができる。言語的代用主義と異なり、図像的代用主義はこれらの可能性を無視することもなく、混同することもない。

しかしながら、私には三つの反論がある。第一と第二の反論は言語的代用主義に対する反論に似ているが、どちらの反論においても、問題は違ったかたちで生じる。第三の反論は新しいものであるが、私はこれをもっとも深刻と考える。

第一の反論は、原始的な様相概念がやはり必要になるということである。だが以前とは異なり、特定の代用世界をより大きなクラスから選びだすさい、無矛盾性が求められるという理由によるものではない。じっさい、この問題なら迂回することができる。図像的代用主義においては、矛盾した代用世界がそもそも存在しないので、それらを取り除く必要がない。その点では本物の様相実在論と同じであり、言語的代用主義とは異なる。たとえば、同一の粒子が正と負の電荷の両方をもつと言うだけならあまりにも簡単である。しかし、われわれが知りうるかどうかにかかわらず、これらの電荷が実際に両立不可能な確定性質だとすれば、具体的な粒子であれ抽象的な図像の一部であれ、何ものもそれら両方をもつことは決してない。ひとつの粒子が正かつ負の電荷であることを表象するために、絵の一部も正かつ負の電荷であるように描かなければならないとすれば、異なる電荷が共に存在することを絵で表すことができるのは、そのようなことが実際に可能な場合のみであると考えて差し支えない。

主としてエッシャーによる、いわゆる「矛盾した絵」があることは私も承知している。しかし、その矛盾を可能にしているのは、その表象が完全には図像的ではないということだ。エッシャーの絵による表象は完全な同型構造ではない。たとえば、遠近法についての慣習が乱用されたりする。ところが、同型構造の果たす役割が多くなればなるほど、矛盾が生じる余地は小さくなる。たとえば、彫像は矛盾することがありうるだろうか。そして、図像的代用世界は一切の妥協なく図像的である。つまり、表象は完全な同型構造なのだ。

他方、暗黙的な表象はやはり消えずに残り、そのために、原始的な様相概念が必要になる。図像的代用主義による様相の分析は循環するはずだ。なぜか。しゃべるロバが存在することは可能だという様相言明を分析してみよう。これが成り立つのは、ある代用世界が存在し、その世界から見ると、しゃべるロバが存在するときそしてそのときに限る。このような代用世界は、その一部（代用的可能個体）として代用的なしゃべるロバを含んでいる。だが、何かを代用的なしゃべるロバと呼ぶことは、いったい何を意味するのか。結局のところ、代用的なしゃべるロバは、しゃべるロバと同型ではない。なぜなら、それと同型になるはずのしゃべるロバはどこにも存在しないからだ。少なくとも、代用主義者が存在すると信じるこの唯一の世界のなかには、そうしたものはひとつもない。当の図像は偽な表象である。代用的なしゃべるロバだけでなく、それを部分としてもつ代用世界もまた同じく現実化されていない。当のものが代用的なしゃべるロバであるというのは、それがこの具体的な世界の部分であるしゃべるロバと同型であることが可能だったということである。そして、世界のあり方が異なっていたとしたら、代用的なしゃべるロバはしゃべるロバと同型だっただろうということであり、また、代用的なしゃべるロバは、しゃべるロバではないようなこの具体的な世界の部分とは決して同型ではありえないということなのである。

要するにこうだ。しゃべるロバが存在することが可能であるのは、なんらかの代用世界のある部分と同型なしゃべるロバが存在することが可能であるときそしてそのときに限る。元々の様相言明の分析としては、一歩も前に進んでいないのである。

代用的なしゃべるロバが文字通りしゃべるロバだとしたら、何も問題はなかっただろう。（私にはこれと同じ問題が存在しないのはそのためだ。他の世界のしゃべるロバは実際に文字通り、しゃべるロバであると私は主張する。）だが私が思うに、代用的なしゃべるロバは文字通りしゃべるロバであると言うべきでない。具体と抽象の境界をまたいで性質を共有することには限界があるにちがいない。具体的であるという性質と抽象的であるという性質がそもそも、この境界をまたいで共有されるような性質ではありえないことはあきらかだ。ロバ性もまた、この境界をまたいで共有されるような性質ではない。「具体的」が何を意味するのであれ、確かなことが少なくともひとつある。ロバはまさに、典型的に具体的であるような種類の対象である。したがって、抽象的な代用ロバは、しゃべろうがしゃべるまいが、そもそもロバではない。具体と抽象の境界をまたいで共有することが可能な性質については、代用ロバの諸部分の配置とそれらがもつ性質において、それは正しくロバに似ていると言われるかもしれない。そして、具体的ではなく抽象的であるということを除けば、それはたしかにロバに似ている。だが、それは不誠実な語り方である。何かが「ロバに似ている」ということは、それが似ているとされるロバが存在することを意味しない。目下のケースでは実際に存在しないのであり、少なくとも代用主義者はそう想定している。代用ロバは、それが具体性を欠いていることを別にしても、実際に存在するどのロバとも似ていない。というのも、ロバはどれも実際にはしゃべらないからである。代用ロバがロバに似ているというのは、様相的な意味においてのみである。すなわち、代用ロバは、存在したかもしれないロバに似ているということだ。しかし、それは実際に存在するロバには似ていない。

（より単純なものについてはもう少しうまくいくかもしれない。抽象的な代用陽子とは何かと尋ねたと仮定しよう。「具体的ではないということを除いて、陽子と完全によく似た何かである」という答えは、無益な様相的意味で捉える必要はない。ロバとは異なり、陽子ひとつひとつの違いはあまり大きくないからである。それゆえ、代用陽子は陽子らしきものであるというだけでなく、代用陽子が似ているところのなんらかの陽子が存在することも認めてよいだろう。このことに異論を挟む余地がないわけではない。たとえば、種としての陽子についてあまりにも本質主義的ではないかといわれるかもしれない。だが、陽子については正しくないとしても、もっと単純なもの、たとえば、時空点については正しいかもしれない。だとすれば、われわれはここから先に進むことができる。素粒子によって種々の原子の構造的定義を手にし、原子によって種々の分子の構造的定義を手にする等々のように先に進むことができる。（これらの定義は選言になることもある。たとえば、元素の同位体や化合物の異性体が存在する場合のように。）したがって私は、代用パラジクロロベンゼン分子であるとはどういうことかを述べることができると認めよう。代用パラジクロロベンゼン分子が同型であるような具体的なパラジクロロベンゼン分子が一切存在しないとしても、それは問題ではない。代用分子は具体的なものとの同型構造によって特徴づけられなくてもよい。そうではなく、具体的なものとの同型構造により特徴づけることが可能な代用物（たとえば代用陽子などなど）からの構造的定義によって特徴づければよい。しかし、この方法はどこかでだめになる。たとえば、しゃべるロバの構造的定義とは何か。しゃべるロバが存在することはありえたという言明を分析するに先立って、しゃべるロバの構造的定義を知らなければならないとすれば、そしてまた、哲学するネコが存在することはありえたという言明や、笑うウシが存在することはありえたという言明についても同様だとすると、様相の分析はずっと終わることがないだろう。）

先に見た明示的な表象と暗黙的な表象の対比を拡張すれば、次のように言うことができる。すなわち、図像的代用世界は、この具体的な世界が特定の仕方で配置されかつ特定の性質をもつ諸部分から構成されることを明示的に表象する。ここでの性質は、具体と抽象の境界をまたいで共有可能な性質のみに限定されるので、ロバや陽子、水溜まり、星などが具体的なものの典型だとするならば、それらの存在の明示的な表象は得られない（したがって、先ほど考えた陽子やパラジクロロベンゼン分子の表象は（おそらく問題はないにせよ）、明示的とはみなされない）。そして、代用世界は、それが明示的に表象するものによって含意されるすべてを暗黙的に表象する。この含意には様相が含まれる。しゃべるロバが存在することの暗黙的な表象が得られるのは、次の条件文が必然的に成り立つからである。すなわち、この具体的な世界の諸部分の配置とそれらがもつ性質が明示的に表象されるようなあり方をしているとすれば、しゃべるロバが存在する、これが必然的に成り立つからだ。じっさい、特定の種類の具体的なものが存在することや、具体と抽象の境界をまたいで共有されることのない性質の事例が存在することが表象されるときは常に、表象は暗黙的でなければならないのである。

（言語的なケースで言及したように、もう一種類の暗黙的な表象もまた消えずに残る。すなわち、ひとつの代用世界による、それ自身が現実化された世界であるという表象である。この表象が明示的であるためには、個々の代用世界が、具体的な世界を描くことに加えて、それ自身を含む代用世界のシステム全体も描いていると考えなければならない。だがこのように考えると、代用世界が非常に複雑になるだろう。さらに悪いことに、代用世界が別の代用世界を互いに描き、その代用世界はまた別の代用世界を互いに描き……となるならば、個々の代用世界には、この具体的な世界と同型となることもありえた多くの異なる部分があることになってしまうだろう。だとすれば、具体的な世界の図像となるべき部分を、様々な代用世界の図像となる部分からどのようにして区別するのか。）

これは、局所的なことがらは記述できるが大局的なことがらは記述できないような、貧弱な世界作成言語を選択した場合に、言語的代用主義に生じる問題と非常によく似ている。明示的に表象されることがらから、しゃべるロバが存在することが可能かどうかの含意を導くには、原始的な様相概念が必要になった。それゆえ今回の場合も、解決策は同じ方向に見いだされるかもしれない。すなわち、含意を演繹的に、完全に構文論的に定義することができる言語を導入するのである。（それは世界作成言語ではない。というのも、もはやそのようなものはないからだ。）その定義の一部として、公理のリストを特定する必要があるだろう。ここでもまた私は、原始的な様相概念にこっそり頼ることなく、そのような仕事が達成できるとは思わない。われわれは、次のような趣旨の条件文を公理として必要とするだろう。すなわち、もしも……（ここには、具体と抽象の境界をまたいで共有可能な性質による非常に長い記述、おそらくは無限の記述が入る）ならば、しゃべるロバが存在するという趣旨の条件文である。だがやはり、こうした公理を与えることは実際上不可能なはずであり、それゆえ、図像的代用主義者はみずからの理論を完成させることができない（事実上不可能だが、そのようなことが仮にできたとしても、様相の分析を与えるに先立って、「しゃべるロバ性」の分析を済ませておかなければならないことが判明するとすれば、それはやはり非常に奇妙なことだと私は思う）。ただし、代用主義者はもちろん、適切な形式の条件文のなかで必然的に真であるもののみが公理であるというような、分かりきったことなら宣言することはできる。

第二の反論は次のものである。識別不可能な複数の可能性が混同されるという問題が、新たなかたちをとるとはいえ、やはり存在する。言語的代用主義と異なり、図像的代用主義の場合、複数の可能性はたしかに不可識別者同一の原理に従わない。互いに識別できない複数の代用世界は存在するかもしれないし、互いに識別できない複数の代用個体はたしかに存在するだろう。また、二方向の永劫回帰があるような代用世界は、多くの識別できない時代から構成されるだろう。そして、これらの時代のなかに、識別できない代用的なナポレオンらしき支配者が複数見つかるだろう。問題は識別できない複数の可能性の現実化にある。ひとつの代用世界がこの具体的な世界と同型であるならば、その代用世界と識別できない他のどんな代用世界も具体的な世界と同型である。ところが、現実化される代用世界はひとつ、そしてたったひとつのはずだ。より深刻なことに、識別できない代用個体についても同様のことがいえる。この具体的な世界は永劫回帰するのだが、いつの時代にもナポレオンらしき支配者がいると想定してみよう。これらの支配者の一人を考える。それは、ナポレオンその人であるとしよう。彼は、識別不可能なナポレオンらしき代用個体のすべてと同型である。したがって、彼には当然、識別できないたくさんの可能性があることになる。だがナポレオンは、それらの可能性のひとつではなくすべてを現実化してしまう。これは正しくない。では、可能性を代用世界や代用個体そのものと考えるのではなく、識別不可能性のもとでのそれらの同値クラスと考えるべきだろうか。答えは「ノー」である。そう考えると、唯一の現実化は取り戻されるが、識別できない複数の可能性が混同されるという犠牲を払うことになる。私にはこれと類似の問題はない。同型性では識別不可能なものを区別することはできないが、同一性ならできる。永劫回帰する世界の場合、ナポレオンは識別できない複数の可能個体のうちひとつのみ、すなわち彼自身を現実化するのである。

第三の、そしてもっとも深刻な反論は、図像的代用主義が実際には望ましくない存在論から抜け出していないということである。図像的代用主義のいう「抽象的」な代用世界と代用個体は、その語のいかなる通例の意味においても抽象的ではない。あるいは、私の「具体的」な可能者を信じるよりも容易だと言えるような意味で抽象的であるわけではない。

第一・七節で私は、抽象と具体のあいだに想定される区別は混乱していると文句をつけた。私はこの区別を説明する四つの試みをリストアップし、それらが食い違っていることに文句をつけたのである。先の四つの試みを再検討して、図像的な代用世界が「抽象的」であると言えるような「抽象的」の意味が見つかるかどうかを確かめてみよう。

第一の方法は「例示法」だった。すなわち、具体的な存在者はロバや水溜まりや陽子や星といったものであり、抽象的な存在者は数のようなものである。図像的な代用ロバは、その部分の配置やそれらがもつ性質において相当ロバ的ではあるが、それにもかかわらず抽象的だというのであれば、この方法は役に立たない。

第二の方法は「混同法」だった。すなわち、具体的存在者と抽象的存在者の区別は実のところ個体と集合の区別にほかならない。あるいは、個別者と普遍者の区別、またひょっとすると、個別的個体とそれ以外のすべてのものの区別かもしれない。しかし、この方法も役に立たない。なぜなら、図像的な代用世界は個別的個体でなくてはならないが、たとえそうであっても抽象的だからである。図像的な代用世界がその役割を適切に果たすには、この具体的な世界の部分である個別的個体と性質や関係を広範囲にわたって共有することができるような諸部分から構成されていなければならない。ところが、選言的かつ外在的なニセの分類を別にすれば、普遍者と個別者、あるいは集合と個体が性質を共有することはほとんどないように思われる。それゆえ、代用世界は普遍者ではなく個別者、あるいは、集合ではなく個体から構成されているとすべきだろう。(私は、この具体的な世界のみならず、代用世界も普遍者を部分として含んでいるかもしれないという可能性を排除しているわけではない。だが仮にそのような部分があるとしても、代用世界も具体的な世界も完全に個別者に分類されるはずである。というのも、普遍者はそれを例化する個別者の部分であるはずだからだ。) そして、もしそうなら、代用世界そのものも個別的個体でなければならない。というのも、普遍者が個別的な部分から構成されることはありえないからだ。普遍者は繰り返し現れるのに対して、個別者はそうではない。しかし、もし全体が繰り返し現れるなら、部分も繰り返し現れることになる。なぜなら、全体があるところには常に部分も現れていなければならないからである。そしてまた、集合が個々の部分からメレオロジーによって構成されることはありえない。というのも、二つのものがまったく同じ部分から構成されることは決してありえない——これはメレオロジーによる構成と集合の生成の違いである——のであり、まったく同じ部分から構成される個体はすでに存在するからだ。メレオロジーは実際には集合にもあてはまると私は思うが、集合の部分は、個体ではなく部分集合だと考えなければならない。

第三の方法は「否定法」だった。これには、抽象的存在者は時空的位置をもたない、抽象的存在者は因果的相互作用をしない、抽象的存在者は決して互いに識別不可能にならない、という三つのバージョンがあった。ここでの抽象的な代用世界は、部分の配置やそれらがもつ性質によって図像的に表象すると想定されているので、その諸部分は互いに時空的な関係をもたねばならないように思われる。ひょっとするとその諸部分は、われわれに対しては時空的な関係をもたないかもしれない。仮にそうだとすれば、われわれもまた同じくその諸部分に対して時空的な関係をもたないことになるが、しかしだからといって、われわれが抽象的だということにはならない（抽象と具体の違いは種類の違いと考えられており、それゆえ、相対的な問題ではない）。因果的相互作用に関しても同じことがいえる。代用世界の諸部分はわれわれに対しては因果的に相互作用しないが、それら諸部分のあいだでは因果的に相互作用するように思われる。あるいは少なくとも、因果的相互作用と完全に類似した何かをする。それは反事実的条件法による因果の分析によって扱われるはずの何かであり、そして、反事実的条件法は代用世界の近さによって説明されるのである。ひょっとすると、代用世界の部分は具体的ではないというまさにその理由により、それらが位置をもつことや、因果的に相互作用をすることはできないと言い張る人がいるかもしれない。だがそのように言い張ることができるのは、代用世界の部分が具体的ではないことの何か独立の根拠がある場合のみである。識別不可能性についてはどうか。二方向の永劫回帰を絵で表す代用世界には識別できない部分があるだろう。以上により、三つの論点すべてについて、図像的代用世界は否定法に従えば抽象的とは分類できない部分から構成されていることが分かった。したがって、否定法は、代用世界それら自体は抽象的だという主張を一切支持しないのである。

第四の方法は「抽象法」だった。すなわち、抽象的存在者とは、具体的存在者から抽象されたものである。抽象的存在者は、具体的存在者のもつ特定性をなんらかの仕方で取り除いた結果として得られ、このとき、元の具体的存在者の不完全な記述が、その抽象的存在者の完全な記述となる。しかし、図像的な代用世界や代用個体は、特定の詳細を欠いているようにはまったく思えない。現実化された代用世界はひょっとすると、この具体的な世界からどうにかして抽象されたものだと言えるかもしれない（ただし、取り除かれたのが特定性であるようには思われないのだが）。他方、現実化されない代用世界はどうだろう。それらは、他の具体的な世界からどうにかして抽象されたものだろうか。そうではない。なぜなら、代用主義によれば、抽象されるべき他の具体的な世界なるものは一切存在しないからである。

とはいえ、図像的な代用世界とその部分が「抽象的」と言えるひとつの意味を見いだす最後の望みを与えてくれるのは、この抽象法だと私は思う。この主張を私なりに最大限有意味に理解すると、次のようになる。第一に、代用世界と代用個体の少なくとも一部は、文字通り抽象されたものである。この具体的な世界には特別な構成要素がある。それを活気と呼ぶことにしよう。代用世界とその部分のどこにも活気はない。現実化された代用世界は、活気を除けば、この具体的な世界と完全に類似しており、この意味においてそれは抽象されたものである。同様にして、この具体的な世界の部分と同型である代用個体も活気のない抽象されたものである。第二に、現実化された代用世界以外の代用世界と代用個体は、文字通りに抽象されたものではない。抽象されるべきものは存在しないのである。それにもかかわらず、これらの代用世界と代用個体を抽象的と呼ぶ理由は、文字通り抽象されたものである代用世界と代用個体と同じように、それらもまた活気を欠いているからである。活気を欠いているため、それらは抽象されたものに似ているのである。

(思い起こしてもらいたいのだが、本物の抽象は無害な言語的虚構として扱ってもよいかもしれない。経済人という抽象されたものについて語ることは、本当は普通の人について抽象的に語ることにすぎない。目下のケースでは、このような戦略に望みはない。本当に抽象されたものではなく、それに似ているだけの存在者には、この戦略は使えない。というのも、抽象されるべきものが存在しないならば、本当はそのようなものについて語ることはできないからである。他のお手本とすべき本当に抽象されたものにさえ、この戦略は使えない。というのも、抽象されたものと似たものにするためには、それらのお手本となる本当に抽象されたものが必要になる。抽象されていないもの(たとえば、普通の人)について抽象的な仕方で語ったとしても、それと同類のものが抽象されたものと似たものになることはないだろう。)

活気に別の名前を与えたいという誘惑にかられるかもしれない。それを「具体性」と呼ぶべきだろうか。答えは「ノー」だ。というのも、現実化されない代用世界に活気はないが、それらは本当に抽象されたものではなく、単に抽象されたものと似たものにすぎないからである。(それにひょっとすると、本当に抽象されたものなのに、活気をもつものがあるかもしれない。活気ではなく何か他のものを取り除くことによって、この具体的な世界を抽象してはなぜいけないのか。)「現実化」と呼ぶべきだろうか。これの答えも「ノー」だ。仮定により、現実化された代用世界にさえ活気はないからである。「存在」と呼ぶべきか。これも「ノー」だ。抽象的な代用物の領域は、活気に欠けているとはいえ、やはり存在するからである。

具体的な世界と図像的な代用世界は同じように、非常に複雑な個別的個体である。これらの個体のうちのひとつが、われわれ自身を部分としてもつ個体である。また、そのうちのひとつが活気をもつために際立っており、この理由により——理由はこれしかないように思われるのだが——その世界は「具体的」と呼ばれる。われわれはなぜ、自分たちが活気をもった唯一の世界の部分であると考えるべきなのか。どうしてそれが分かるのか。そして、なぜそんなことを気にするべきなのか。仮定により、活気をもとうがもつまいが、われわれはその他の点では同じ性質をもつこともありえたし、われわれ自身の部分とわれわれをとりまく環境が同じ仕方で配置されることもありえただろう。

このようにして、われわれはほとんど本物の様相実在論に戻ってしまった。図像的代用主義がそれと異なるとしても、その違いはメリットにならない。常識的でないことに関して、その存在論は私のそれとそれほど変わらない。唯一の違いは、ある世界に付加される活気という謎の構成要素のみである。活気を付加すればたしかに、具体的な世界はひとつしかない——われわれがその一部であることはただ願うしかないが——ということに意味が与えられるかもしれない。だが、そのように言いたくなる動機との関連性はすでに失われて久しい。代用世界は、集合や普遍者のような、われわれがすでにその存在を信じているかもしれない「抽象的」存在者ではない。われわれが存在を信じるように求められるもののなかには実質上、ロバや水溜まり、陽子、星などが含まれている。それらを具体的と呼ぶことを差し控える根拠はきわめて弱い。

絵画は、それによって表象されるものと多くを共有することで表象する。ここでの問題は、それらに共通するものがあまりにも多すぎるということだ。図像的代用主義は却下されねばならない。

三・四　魔術的代用主義

言語的代用主義と図像的代用主義のいずれにおいても、表象がいかにして行なわれるかについての説明があると考えられる。その説明は、代用世界の構造（集合論的であれメレオロジー的であれ）に基づく。代用世界から見て何が真であるかは、その代用世界について何が真であるかに依存する。そして、代用世界について何が真であるかは主として、それが特定の種類の構成要素から特定の仕方で組み立てられているということである。同じことは、私の様相実在論における表象にもあてはまる。すなわち、しゃべるロバが存在することが別の世界から見て真であるのは、その世界の一部としてしゃべるロバが含まれているということが当の世界について真であるからだ。

表象についてのなんらかの構造的な説明を与えることを要求するなら、われわれは苦渋の選択を迫られるように思われる。すなわち、表象する十分な力が手に入らないか、それとも、望ましくない存在論によって十分な力を手にするかという選択である。もしかすると、このことは、表象についての構造的な説明を追求すべきではないとわれわれに教えているのかもしれない。表象についてのまったく別の説明が必要なのかもしれないし、そもそも説明は必要ないのかもしれない。

だとすれば、代用世界には関連する内的な構造がないと想定してみよう。代用世界はそもそも構造をもたないと想定してもよい。代用世界は集合ではなく、それゆえメンバーをもたない。また、代用世界はメレオロジー的原子であり、それゆえ真部分をもたない。代用世界は単純者（simple）なのである。

そして、代用世界は抽象的な単純者である。どういう意味で「抽象的」なのか。おそらくは、否定法の意味でそうだろう。仮定により、代用世界は集合ではなく、とりわけ同値クラスではない。また代用世界は、この具体的な世界の部分である粒子やロバなどの非時空的部分（普遍者もしくはトロープ）として理解すべきでもない。なぜなら、われわれが必要とするだけの代用世界を供給するのに十分な非時空的部分が存在しないことはあきらかだからである。しかし、代用世界は特殊な抽象的存在者ではない。それらは、抽象的な単純者からなるより広いクラスの目立ったメンバーなのである。これらの単純者に何かそれらしい名前を与えたいと思うかもしれないが、私はそれを単にエレメントと呼ぶことにする。

　エレメントのあいだには重要な区別がある。それについてもまた、私は中立的な名前を与えたいと思う。エレメントのいくつかは選ばれたものだが、そうでないものもある。どのエレメントが選ばれたものかは、具体的な世界の内部で何が起こるかに依存する。たとえば、この具体的な世界の内部にしゃべるロバが部分として含まれているときに限り、選ばれたものとなるようなエレメントもある。そして、しゃべるロバが存在するときそしてそのときに限り選ばれたものとなる、そのようなことが必然であるようなひとつのエレメントが存在する。エレメントの選び出しは、この具体的な世界に依存する。だからわれわれはこれを、具体的な世界とそれが選ぶ任意のエレメントの二項関係と考えることもできる。

　この具体的な世界がエレメントEを選び出すとき、それはまたエレメントFも選び出す、そのようなことが必然であるということはあるかもしれない。その場合、EがFを含意すると言うことにしよう。エレメントのあいだのこの含意関係は、様々な形式的原理を満たすことを前提する。ここでは、含意関係のもとにあるもろもろのエレメントは、完備な原子的ブール代数[6]を構成すると言っておけば十分だろう。このブール代数においては、他のエレメントによっては含意されない、極大と呼ばれる多くのエレメントがある（ただし、極大エレメントを含めすべてのエレメントを含意する、特別な「空《ヌル》」のエレメントがひとつ存在する）。二つのエレメントの両方を選び出すことはできないときそしてそのときに限り、それらは両立不可能だと言うことができる。そうすると、極大エレメントは、それが含意しない（そして、空でない）エレメントのすべてそしてそれらのみと両立不可能である。これは極大エレメントの別の特徴づけである。この具体的な世界の内部で何が起ころうとも、極大エレメントのひとつそしてひとつのみが選ばれたものであるということは必然である。そうすると、その選ばれた極大エレメントが含意するもろもろのエレメントこそが、選ばれたエレメントであることになるだろう。すべての（空でない）エレメントは、少なくともひとつの極大エレメントによって含意されるので、どの（空でない）エレメントも選ばれたものとなることは可能である。

　（ブリッカーにより検討されている、この理論のより複雑なバージョンでは、二つ以上のエレメントからなるクラスター——クラスターに属するエレメントはすべて互いに含意し合う——が存在してもかまわないとされるかもしれない。このバージョンでは、個々のクラスターから任意のひとつを除くすべてのエレメントを捨て去ったときに限り、ブール代数が得られる。簡単のため今後は、そのようなクラスターはなく、したがって、ブール代数はすでに得られていると仮定する。）

エレメントEがしかじかであることを表象する、あるいは、Eから見るとしかじかであることが成立するというのは、Eが選ばれたものであるとすればしかじかであることが必然であるときそしてそのときに限る。とりわけ、極大エレメントはこのようにして表象を行なう。極大エレメントは代用世界である。理論は以上で終わりだ。

ある代用主義者が、ちょうどこれと同じような理論を私に提示したとしよう。以下のような、結論の出ない小競り合いが生じることが予測される。ざっと見ておくことにしよう。

ルイス：これは理論ではない。これは理論図式なのであって、多くの異なる理論がそれに適合可能だろう。私の理論でさえ適合可能だ。私の理論に即して言うなら次のようになるだろう。エレメントは世界の集合であり、この具体的な世界、あるいは任意の具体的な世界は、それをメンバーとして含むもろもろのエレメントを選び出す。そして、ひとつのエレメントから見てロバがしゃべることが成立するのは、そのエレメントに属するいずれの世界にも、しゃべるロバが部分として含まれるときそしてそのときに限る。同様にして、どのような言語的代用主義も図像的代用主義も、先の図式に適合可能だろう。

魔術的代用主義者：そうではない。あなたは、私の理論の肯定的な側面に注意を払っているが、私が否定していることを見落としている。私は、エレメントが具体的であることを否定する。エレメントが構造をもつことも否定する。エレメントが部分やメンバーをもつことも否定する。以上のことは、あなたが言及したもろもろの解釈を排除する。（よろしい。だが、これらの否定を除外するとしたら、私ルイスの論点は筋の通ったものだったはずだ。）

ルイス：あなたは、大きな謎を生じさせている。なぜなら、エレメントとは何かについて一切何も語っていないからだ。

魔術的代用主義者：エレメントは抽象的かつ単純であると私は述べた。あなたが耳を貸そうとしないのはこのことである。あなたは、あたかも言語的記述や絵画のように、エレメントがなんらかの複合的な構造をもつと私が述べることを期待していた。私は、エレメントがそうした構造をもつことを否定する。エレメントの構造について何か積極的な説明をするよりも、そうした構造を否定することの方がなぜ情報として劣ると言えるのか。

ルイス：あなたは、もうひとつ謎を生じさせている。なぜなら、この具体的な世界がひとつのエレメントを「選び出す」とはどういうことかを語っていないからである。

魔術的代用主義者：それは原始概念だ。すべての理論に原始概念はある。私の理論の場合、それは「選び出す」や「エレメント」なのである。

ルイス：あなたには様相を説明することはできない。なぜなら、あなたはそれも原始概念とみなしているからだ。

魔術的代用主義者：その通りである。私は様相を説明できると偽ってはいない。だが、この理論が貢献できる他の目的がたくさんある（これはそうかもしれない）。原始的な様相概念を選択するか、あなたの様相実在論みたいにクレイジーな存在論を選択するかのいずれかであり、私は前者を選ぶのである。

ルイス：あなたの存在論がどれほど健全だというのか。あなたは、少なくとも私と同じだけ存在者の数を増やしている。

魔術的代用主義者：あなたの存在論は公然と常識に反対しているが、私の存在論はそうではない。あなたは、多くの余分なロバなどを要求する。それが何を意味するかはみんな分かっており、誰もそれを信じない。私は多くの抽象的な単純者を要求するが、これらの抽象的単純者について、常識はこうであるとかああであるといった意見をもたないのである。

ルイス：あなたは否定することに終始して、難を逃れようとしている。本音を吐いて、あなたのいう抽象的単純者が何であるかについて何か積極的なことを述べてくれたら、常識がそれらにどのような判断を下すかも分かるはずだ。

魔術的代用主義者：私には、正しくて積極的なことは何も言えない。

これまでのところ、どっちつかずである。しかし私は、この理論の原始的な概念装置についてさらに何かを尋ねることによって、自分の論点をさらに前進させることは可能だと考えている。とりわけ私が知りたいのは、この具体的な世界がなんらかのエレメント（極大であってもそうでなくても）を「選ぶ（選び出す）」という関係についてである。私の問いはこうだ。選び出しは内的関係か外的関係か。すなわち、それは二つの関係項の二つの内在的本性によって決定されるのか。それとも、別個に捉えた二つの関係項の二つの内在的本性によっては決定されず、それら両方からなる複合体、すなわち、エレメントと具体的世界の複合体がもつ内在的本性によって決定されるのか。

代用主義者に対して、その原始概念を定義するように求めることは公平ではないだろう。しかし、私が求めているのは定義ではなく単に分類である。私の様相実在論の場合と比べてみて欲しい。私は、距離に関する述語を原始概念とみなすかもしれない。だが、原始概念だろうがそうでなかろうが、私なら距離はすぐれて外的関係だと主張する。また、ある種の類似性関係は原始概念だと考えるかもしれない。(9) だが、原始概念だろうがそうでなかろうが、どのような種類の類似性も内的関係である。代用主義者に対して私は、不公平であることなく、その原始概念を同じ仕方で分類するように要求することができる。

まず、選び出しの関係が内的だと仮定しよう。すなわち、この具体的な世界がひとつのエレメントを選ぶとき、この選び出しは、具体的世界のなかで起こること、それから、選ばれたエレメントの内在的本性、これら両者によってなされると仮定する。だから、この具体的な世界の内部で起こることの一部として、しゃべるロバが存在するということがあるならば、なんらかの内在的本性をもったエレメントは選ばれるが、その他の本性をもったエレメントは選ばれないということになるだろう。特徴的な内在的本性をもつために、この具体的な世界の内部にしゃべるロバが存在するときそしてそのときに限り必然的に選ばれるようなエレメントがひとつある。選び出しは未分析のままでもよいが、われわれには少なくとも分析の形式を与える図式がある。エレメントEが選ばれたものであるのは、次のときそしてそのときに限る。

F_1(E)かつP_1、またはF_2(E)かつP_2、または……

ただし、F_1、F_2、……はエレメントの内在的本性と関連しており、P_1、P_2、……はこの具体的な世界の内部で起こることと関連している。われわれがこの分析を詳細に説明する立場にないとすれば、その理由は、分析に必要なFやPのいくつかがわれわれの言語に欠けているためか、選言肢が無限にたくさん存在するためか、あるいはその両方による。

　われわれはいまや、エレメントについてより多くのことが分かる。エレメントはすべて同じではない。エレメントは互いに異なるのである。事実、エレメントのあいだには多くの違いがある。エレメントが手にする内在的本性は、非常に大きな差異を許容するほど豊かであるにちがいない。というのも、十分に満ち足りた可能性を供給するには、それぞれ異なる特徴的な本性を備えた、たくさんのエレメントがなければならないからである。こうなると、エレメントとはいかなるもので、エレメントは互いにどう異なるかについて何か教えて欲しいという私の要求を改めるのが公平というものだ。もろもろのエレメントのうち特定のものを選び出す性質とはどのようなものか。

　代用主義者が私に対して、次のように答えたと仮定する。エレメントの内在的性質は表象的性質である。たとえば、ロバがしゃべることを表象するという性質、言い換えれば、その観点から見るとロバがしゃべることになるようなエレメントであるという性質である。あるエレメントが選ばれる一方、別のエレメントが選ばれないのは、これらの表象的性質のおかげである。たとえば、ロバがしゃべることを表象するという前述の性質をもち、その他の表象的性質をもたないようなエレメントがひとつある。このエレメントが選ばれたものであるのはロバがしゃべるときそしてそのときに限る、ということは必然である。それゆえ、先に示した分析図式における選言肢のひとつは、次のようになる。

F_j(E)かつP_j

ただし、F_jは「〜はロバがしゃべることを表象する」であり、P_jは「ロバがしゃべる」である。そして、多くの対応するF_1、F_2、……とP_1、P_2、……についても、一般にこのようになる。しかしながら、いつもこんなに簡単とは限らない。ときには、エレメントのもつ特徴的な表象的性質には、通常の日本語ではそれに対応する有限の長さの表現が存在しないということもあるだろう。またときには――たとえば、名前のないエイリアンな自然的性質を含むケースのように――語彙の不足により、無限の長さになることが許されても表象的性質を表現できないこともある。よって、われわれは、この具体的な世界が特定のエレメントを選び出すとはどういうことかについて、一般的な分析を手にしたわけではない。だが、少なくともいくつかの例を手にしている。したがって、どのような種類の性質が必要になるかや、この具体的な世界が表象的性質によってエレメントを選び出すということがどのようになされるかはいまや理解されたはずである。

いや、そうではない。以上のことは、まったく助けにならない。同じところでぐるりと回っただけである。ロバがしゃべるときそしてそのときに限り選び出されることが必然であるような、そういうエレメントが存在する。そのエレメントは何か特徴的な内在的性質をもっており、その性質には「ロバがしゃべることを表象する」という名前がついている。この名前をもつ性質は、ロバがしゃべるときそしてそのときに限り選び出されることが必然であるようなエレメントを取り出す。それがどのような種類の性質でありうるかについては、一言も述べられていない。ましてや、適切な種類の性質のうちどれがそれになるかについてはまったく述べられていない。当の役割を担う性質とはすなわち、その役割を担う性質である。それがどの性質かを名前で教えてもらっても、その性質がその名前をもつのはそれが当の役割を担うからにほかならないというのであれば、何の役にも立たない。名前を使うと、われわれは自分たちが何について語っているかを分かっているかのような印象を受けるが、その印象は偽りにすぎない。「表象的性質」がどのようなものかについては、それによって大量の抽象的単純者が互いに区別されるという以外には、まったく何も分かっていないのである。またそれと同じように、選び出しという原始的な内的関係がどのようなものかについても何も分かっていない。一般的な理解はおろか、この具体的な世界がいかにしてエレメントのもつ内在的本性によってそれを選び出すことができるかを示す単純な例のひとつさえ、われわれは手にしていない。というのも、エレメントの本性についてわれわれに言えるのはせいぜい、それは本性上、……のときそしてそのときに限り選ばれたものとなるということにすぎないからだ。

名前によって「表象的性質」を導入すると、事例との見知りを通じて名指される他の性質とそれが同等だと思うかもしれない。しかし、そうではないのだ。目下問題となっている事例、すなわち、抽象的単純者であるエレメントについては、われわれはそれとの見知りを通じて表象的性質を名指すことはできない。エレメントは否定法の意味で抽象的であり、それゆえ、われわれはエレメントと因果的な見知りをもつことはまったくない。「表象的性質」はこの具体的な世界の部分によっても例化されるため、こうした具体的な事例との見知りを通じて、われわれわれはその表象的性質を名指すことができたというようなことはありうるだろうか。そのような性質の候補はそれほど多くない。というのもそれらは、単純者による例化が可能な性質でなければならないからだ。ひょっとすると、電荷、質量、クォークの色と香りなどの性質は、その候補となりうるかもしれない。(これらの性質がなんらかの仕方で、抽象的単純者によって共有可能であるとすればだが。ただし、共有不可能とする理由も私には分からない。) しかし、このような性質は、われわれが必要とする差異のすべてをもたらすほど十分に存在するというにはほど遠い。よって、少なくとも「表象的性質」の大多数は、完全にわれわれの見知りの範囲外にあるにちがいない。だとすれば、これらの性質に関わる内的関係を表すとされる、「選び出す」という述語をそもそもどうして理解できるかは謎である。代用主義者がみずからの原始概念を理解しているとすれば、それは魔術によってなされたにちがいない。

この見解において、「表象的性質」とわれわれが分離状態にあることは、私自身の見解において、他の世界のエイリアンな自然的性質とわれわれが分離状態にあることと似ている。それゆえ私は、われわれの思考と言語の手の届かない性質があることを認めるにやぶさかではない。そして、そのような性質のおかげで成り立ち、それゆえまた、われわれの思考と言語の手の届かないところにあるような、様々な内的関係が存在することを認めるにやぶさかではない。私が認めないのは、手の届かないものにどういうわけか手が届いたかのようなふりをし、手の届かないところにある内的関係のうち特定のひとつを表す語を手にしたかのようなふりをすることである。

したがって、選び出しの関係は内的ではなく外的と考えた方がよいかもしれない。この具体的な世界が抽象的なエレメントのいくつかを選び出すとき、選ばれたエレメントのもつ特徴的な内在的本性によってそれがなされるのではない。選び出しは時空点の距離関係のようなものだ。ある点が別の点から一マイルあるいは一年離れたところにある場合、それは、この関係が成り立つ二点の特徴的な本性によるものではまったくない。その二点はじっさい、完全に類似したものであってもかまわない。時空点が点サイズの物質やそこを占める場と別個のものであるとすれば、時空点はそもそも内在的本性をほとんどもたない。同様にして、選び出しが外的関係であるとすれば、エレメントのもつ特徴的な本性についてのあらゆる謎を無用のものにすることができる。エレメントはすべて、完全に類似していると想定してもかまわない。エレメントは、点と同じぐらい内在的本性が乏しく一様なのである。この場合、エレメントとはどのようなものかを代用主義者に尋ねたとき、否定しか返ってこないとしても、それはまたもや公平であることになる。「エレメント」という名前は、以前よりもふさわしいものとなる。なぜなら、エレメントにとっては、関係システム上のどの位置にあるかがすべてだからである。(10)

ここで私が問題にしたいのはエレメントではなく、外的とされている選び出し関係である。まず以前と同様、代用主義者は、みずからの原始概念をいったいどのように理解することができるのか私は疑問に思う。これまでに分かる限りでは、選び出しは、この具体的な世界の内部だけで例化されるような外的関係では決してない。というのも、選び出し関係が例化されるときは常に、一方の関係項は否定法の意味で抽象的、つまり、われわれと因果的に分離しており、したがって、われわれの見知りの範囲を越えているからである。このような関係がどうして、われわれの思考や言語の届く範囲にやってくることがあるだろうか。だが、私はこの反論を推し進めるつもりはない。もっと深刻に思われる別の反論がある。

私の主要な反論は、選び出しが通常の外的関係のどれでもないということである。それは様相的な関係なのである。私はこれまで、原始的な様相概念に対し寛大だった――寛大すぎたかもしれない――が、ここでの原始的な様相概念はとりわけ不快である。

この具体的な世界は様々なエレメントを選び出す。われわれは目下、この選び出しが、選ばれたエレメントのもつ特徴的な本性とは関わりをもたないと想定している（エレメントは特徴的な本性を何ももたないのである）。だが選び出しはやはり、この具体的な世界で起こることに関わっている。ロバがしゃべるとすれば、この具体的な世界がそれらのエレメントを選び出す、このことは必然である。また、ネコが哲学をするとすれば、この世界がそのようなエレメントを選び出すことも必然であり、以下同様だ。ここで私は次のように問いたい。こうしたつながりが必然でありうるというのはいかにしてか。この具体的な世界のどこかでロバがしゃべるということは、ひとつの事実であるように思われる。そして、この具体的な世界とこのエレメントとのあいだではある外的関係が成り立つが、あのエレメントとのあいだではそれが成り立たないということは、他にまったく依存しない事実であるように思われる。この具体的な世界とこのエレメントとのあいだにその外的関係が成り立たず、あのエレメントとのあいだにそれが成り立つこと、何がそれを妨げるのか。どれがどれと共に存在してもかまわないではないか。この具体的な世界の内部で生じるパターンのどれも、具体的な世界と抽象的単純者のあいだに成り立つ外的関係のパターンのどれと共に存在してもかまわないではないか。

私なら次のように考える。すなわち、関係が外的であるとはまさに、その関係が二つの関係項の本性とは独立に成り立つということである。選び出し関係は、エレメントの内在的本性とは独立であって欲しいとわれわれは考えた。というのも、空虚な言葉の先に何があるかを見てみれば、これらの本性なるものはまったくの謎であることが分かったからである。だがわれわれはみな、この関係が具体的な世界の内部で起こることと独立にならないようにしたいと考えている。いったいどうすればこれらを両立できるのか。

誰かが次のように教えてくれたとしよう。宇宙空間には多くの非常に特殊な粒子がある。これらの粒子は、ある一定の空間的配置で地球をとりまく。粒子は地球から様々な距離にあり、粒子同士の距離も様々である。粒子の配置は、この地上で起きることと必然的に対応している。たとえば、それらの粒子のいくつかは次のようになっている。地上のどこかでロバがしゃべるとすれば、「イエス」という語を形づくるが、そうでなければ、「ノー」という語を形づくる。地上と天空の出来事のあいだに成り立つこの対応関係は、自然法則によって定められたものではない。自然法則は結局のところ偶然的だが、この対応関係は絶対的に必然なのである。粒子の配置と、地上の出来事の移り変わりのあいだに成り立つこのような対応関係が崩れる可能性は一切ない。地上と天空の出来事のあいだのこのつながりは、自然の必然性以上のものによって成り立っている。そのつながりは超自然的である。

私はこのようなおとぎ話を一瞬たりとも信じないし、あなたも信じないことを望む。何が可能かについて分かっていることがあるとすれば、そのひとつは次である。そういう地球外の粒子と地球のあいだでどういう時空的関係が成り立つか、また、粒子同士のあいだでどういう時空的関係が成り立つかは、地上にしゃべるロバがいるかどうかとは独立に様々でありうるということだ。両者のあいだに超自然的な必然的つながりがあることとは、あきらかに不可能である。だが、選び出しという外的関係のおとぎ話も似たようなものだ。地球外の粒子を、完全に時間と空間の外にある抽象的単純者に置き換えよう。そして、地球を全体としてのこの具体的な世界に置き換えよう。また、なじみのある距離という外的関係を、選び出しという想定上の外的関係に置き換えよう。このように置き換えても、どこもうまくいかない。せいぜい、次のように騒ぎ立てることぐらいである。心配するな、すべて抽象的なのだ、と。

私はヒュームにならって、別個の存在のあいだの必然的結合について文句を言いたいと思う。だが、それはそんなに単純ではない。しゃべるロバを部分として含むこともあるし含まないこともあるこの具体的な世界は結局、特定のエレメントを選び出すこともあるし選び出さないこともあるこの具体的な世界と同じものである。それでも、われわれはヒューム的な組み替え原理(第一・八節を見よ)と同種の何かを扱っていると私は思う。この組み替え原理は、任意のものが任意のものと共に存在することが可能であることを要求し、そのことにより、あるものがもつ内在的特徴と、それと共に存在する別個のものがもつ内在的特徴のあいだの必然的結合を禁じる。これと同じくわれわれは、あるものがもつ内在的特徴と、それと他のもののあいだで成り立つ外的関係とのあいだの必然的結合を禁じる同種の原理を必要とする。たとえば、電荷をもつ粒子はすべて別の粒子と正確にある特定の距離になければならないというような、(偶然的な自然法則とは対置される)絶対的に必然的な結合が存在することはありえない。粒子が電荷をもつことと、二つの粒子が特定の距離にあることは別のことがらである。同じ粒子がそこに共通に関わっているというだけでは、必然的とされる結合が理解可能となるのに十分ではない。

外的関係については時空的関係（厳密であれ類比的であれ）しかわれわれは知らないのであれば、この特殊なケースで考え続けてもよいだろう。時空的な配置は、配置される対象の内在的本性と独立に変化可能であると要求することができる。対象の可能な配置（すなわち、どこかの世界におけるなんらかの対象の実際の配置）のどのようなものでも、どんな内在的本性をもつ対象も（サイズと形が許す限りで）まさにその通りに配置することができる。ある世界にユニコーンがいて、別の世界にドラゴンがいるとき、（サイズと形が許す限りで）そのドラゴンとユニコーンの複製が共に存在する第三の世界があるとわれわれは述べた。それとまったく同じように、ある世界で一七頭のユニコーンが特定の仕方で配置され、別の世界で一七頭のドラゴンが存在するならば、（サイズと形が許す限りで）第一の世界のユニコーンが配置されていた通りにドラゴンの複製が配置されている第三の世界があると言ってよい。このことはじっさい、われわれの元の組み替え原理の一部をなす。

さらなる外的関係――たとえば、この具体的な世界が抽象的で単純なエレメントを選び出すとされるような関係――が存在すると想定すれば、独立性の原理を一般化する必要がある。どれほど新奇な外的関係が存在したとしても、外的関係がその関係項の内在的本性によって制限されるという事態は理解できないままである。

私の様相実在論を前提すれば、独立の変化に関するこれらの原理を、異なる可能世界に存在する複製の個体を用いて理解することができる。代用主義では、それらの原理を同じように理解することは期待できない。だが代用主義でも、それらの原理はなんらかの仕方で理解されるべき――理解できないとすればその分、代用主義に欠陥があることになる――であり、必要な変更を加えた上で、それらは説得力のある原理とみなされるべきである。

要約しよう。この具体的な世界が内的関係によってエレメントを選び出すとすれば、特定のエレメントのみが選ばれたものとされるような、エレメント間の差異がまったく理解できない。「選び出し」という語でわれわれがそのような関係を表現できるとすれば、それは魔術によるものでしかない。他方、この具体的な世界が外的関係によってエレメントを選び出すとすれば、その関係それ自体が魔術的である。どんな呪文をかければ、外的関係がこの具体的な世界で起こることと固定的に対応すると言うのだろうか。いずれの場合も、このような関係に依拠する代用主義を「魔術的」と呼ぶことは正当である。そして、それは却下されるべきだ。

さらにいくつかの仮説が考えられるかもしれない。だが私は、それらを少しもよいとは思わない。

(1)選び出しは外的関係であり、魔術によってなぜかこの世界で起こることと対応している。しかしながら、エレメントのあいだにはそれと無関係な差異があり、それゆえ、エレメントはすべて正確にそっくりというわけではない。

(2)選び出しは混成的な関係である。すなわち、それは、エレメントの差異に依存した内的関係——それがどのようなものかは、われわれにはまったく分からない——と、魔術によってなぜかこの世界で起こっていることと対応するように強いられた外的関係の結合である。

(3)選び出しは外的関係ですらない。すなわち、それは、エレメントおよび具体的な世界という、複合体全体のもつ内在的本性によって決定されるものではない（ましてや、二つの関係項それぞれの内在的本性によって決定されるものでもない）。それは、〈所有者が同じである〉という関係に似ている。私の時計と財布はこの関係の一例である。そこには二つの関係項だけでなく、その所有者とある程度の社会環境が必要である。このように考えると、選び出しの関係はおそらく、この具体的な世界全体よりもさらに包括的な何かとエレメントのあいだに成り立つ外的関係と同等ということになるだろう。しかし、そこにはやはり魔術のような制約が存在する。

(4)選び出しはいかなる意味においても自然的関係ではない。選び出しにあるのはリストのみであって、このリストはわれわれの思考と言語のまったく手の届かないところにある。エレメントEが選ばれたものであるのは、次のときそしてそのときに限る。すなわち、

EはN_1でありかつP_1が成立し、またはEはN_2でありかつP_2が成立し、または……

ただし、N_1、N_2、……は単にエレメントの固有名である。このような名前は、われわれには決して利用可能ではない。だから、代用主義者がみずからの原始概念を理解しているとすれば、それもまた魔術である。

魔術師からの抗議が予想される。実際には、この世界にいる魔術師からの抗議ではない。そのような魔術師は存在しないし、存在したとしても発表された著作からはそれを証明することはできない。(*) しかしながら、様相についての主要な哲学者の多くが、非記述的な代用主義に好意を示している。これらの哲学者は多かれ少なかれ、突き詰めれば魔術師による先の説明の積極的側面と同じような説明を与える。それはすなわち、エレメント・具体的な世界によるエレメントの選び出し・エレメント間の含意関係・極大エレメントが代用世界の役割を果たすようなブール代数を用いた説明である。彼らは、エレメントとは何かについて、それらがなんらかの意味で抽象的であるという以外にほとんど何も教えてくれない。彼らは事実上（用いる言葉が何であれ）、エレメントは表象するとは言うが、どのようにして表象するかは教えてくれない。だが彼らは、構造を否定することによって、言語的代用主義や図像的代用主義から魔術的代用主義を区別するわけではない。それゆえ、彼らが与えてくれるのは、多様な理論に適合するひとつの図式である（先に述べたように、世界の集合が「抽象的」とみなされるならば、私の様相実在論もその多様な理論のひとつに含まれる）。しかしながら、

こうした非記述的な代用主義者によく似た対応者が他の世界に存在し、彼らは実際に構造を否定する。それゆえ、彼らは本物の魔術師である。抗議してくるのは、これら他の世界の魔術師だ（このような魔術師は、私の著作を読むことのできる望遠鏡を手にしてはいないので、抗議するといっても、それはもちろん私に対してではない。彼らは、私と同じことを述べる自分たちの世界メイトに対して抗議しているのだが、ここではそれは無視することにしよう）。彼らは次のように言う。

どうしてあなたはわれわれの見解を、そんなにいかめしくなじみの薄い仕方で述べようとするのか。そのようなことは、まったくありふれたことがらから読者の目をそらす小細工にすぎない。「エレメント」やその「選び出し」が何であるかは、それらに通例の名前を与えさえすれば、読者にもおなじみのものであるはずだ。

別の世界にいる様々な魔術師は、通例の名前が何であるかについて様々な提案をするだろう。それは、この世界の異なる非記述的な代用主義者のことを思い起こさせる。たとえば、プランティンガ、スタルネイカー、ヴァン・インワーゲン、スロート[11]、プライアーとファイン[12]、そしてフォレストなどである。だが私は、彼らが互いの意見の食い違いを重要視するとは思わない。彼らは次のようにいう。

エレメントとは、全体としてのこの具体的な世界に属することもありえた、事態、事物の可能なあり方、可能性、命題、複合的な構造的性質（略して構造）である。選び出されたエレメントとは、現実に成立する事態、事物の現実のあり方、実現された可能性、真なる命題、あるいは、この具体的な世界が現実にもつ構造である。しゃべるロバの存在は事態のひとつであり、しゃべるロバがいるかもしれないということは事物の可能なあり方のひとつであり、しゃべるロバがいるだろうということは可能性のひとつであり、しゃべるロバがいるということは命題のひとつであり、しゃべるロバを含むことは構造のひとつである。そして、しゃべるロバがいるときそしてそのときに限り、その事態が成立するはずだ（それらの事物の可能なあり方がそれらの現実のあり方であるはずだ、その可能性が実現されるはずだ、その命題が真であるはずだ、この具体的な世界がその構造をもつはずだ）ということは必然である。これほど簡単なことが他にあるだろうか。

以上のことは一見助けになるように思われるが、私が考えるに、それは問題を隠蔽しているにすぎない。われわれはたしかに、「事態」や「事物の可能なあり方」等々、こうした通例の名前すべてを手にしている。また、それらの名前を正しく使用することに何の困難もない。あるいは少なくとも、われわれは限定された範囲で様々な使用を完全に習得している。これらの名前をわれわれが使用することで、それらはまず、われわれの思考においてもろもろの役割と結びつく。われわれは常識において、それらの役割を満たすがゆえに、それらの名前に値するなんらかの存在者があるということに固くコミットしていると私は思う。だがこのことは、それらがどのような種類の存在者であるかについて、われわれが十分に理解していることを意味しない。われわれは、自分たちがどういった種類の存在者について語っているかをまったく考えることなく、それらの名前についてあれこれ論じることができる。常識を改善し、より体系的で統一的、そして確定的な何かを得たいとわれわれが望むときにのみ、問いは生じるのである。それらの名前に値する存在者とは、それらの役割にもっとも適した存在者である。これらが何であるかを理解するには、何が存在するかについての最善の体系的理論にしたがって、その候補となるものを調査しなければならない。次のように言っても意味はない。それらとはどれのことか。なに、それらとは事態（あるいは、事物の可能なあり方等々）のことさ。これは、配役を決める真面目な議論をさえぎって、次のように言うようなものだ。誰がポローニアスをやるべきか。それは、ポローニアスにしておこう。

　魔術師の抗議は、選び出しという想定上の内的関係を理解するさいにわれわれが出くわしたインチキな救いの手とまったく同じである。エレメントの重要な内在的性質は、たとえば、ロバがしゃべることを表象するという性質のような、「表象的性質」であると言われた。しかし、状況はまったく改善されなかった。というのも、すでに見たように、ロバがしゃべることを表象するという性質は、ロバがしゃべるときそしてそのときに限り選び出されることが必然であるようなエレメントを見分ける性質——この性質は何だか分からないものだ——にほかならないからである。この段階で、選び出されるそのエレメントがしゃべるロバの存在という名前をもつと言われれば、そこで救われたように思われるかもしれない。だが、そんなことを言ってもまったく空虚である。「しゃべるロバの存在」は、ある役割を担うものに対する名前だ。しかし、この名前をもつからといって、当の対象がその役割を担うとは限らない。それはちょうど、「ドナルド」という名前をもつからといって、世界を支配できるわけではないのと同じことである。[7]「しゃべるロバの存在」によって名指されることは、どのような存在者が当の役割を担うか、その存在者がその名前に値するために行なわなければならないことをどのように行なうかを知ることにまったく貢献しない。何かがある名前に値するために行なわなければならないことをどのように行なうかが分からない限り、それはただそのことを行なうと言われても答えにならない。当の対象が行なわねばならないことをとにかく行なうことを前提として、そうした偏った名前をそれに与えても答えにはならないのである。選び出し関係として何をもってくることができるかが分からず、それゆえ、たとえば、抽象的単純者がなぜ「事態」や「しゃべるロバの存在」という名前に値するかが理解できない場合、それがこのように名指されると単に約定しても答えにならない。

私は、事態、事物の可能なあり方、可能性、命題、構造に反対しているわけではないということは理解して欲しい。私はこれらすべての存在を信じている。すなわち、当の役割を果たすのに適しているという理由で、それらの名前をもつにふさわしい存在者が存在することを私は信じている。私が候補として挙げる存在者は、どの場合も同じである。それは世界の集合だ。ただし、私が理解する限りでの世界である。すなわち、われわれとわれわれをとりまくすべて、そしてそれに類する他のものである。たとえば、しゃべるロバを部分としてもつ世界のすべて、そしてこのような世界のみからなる集合が、しゃべるロバの存在という事態である。この同じ集合はまた、しゃべるロバがいるかもしれないという事物の可能なあり方でもある。それはまた、しゃべるロバがいるだろうという可能性でもあり、しゃべるロバがいるという命題でもある。そして、しゃべるロバを含むという構造でもある。この具体的な世界（あるいは、むしろ任意の具体的な世界）は、それをメンバーとして含む世界の集合を正確に選び出す。それが、事態が成立するということであり、事物のひとつの可能なあり方が現実のあり方になるということであり、可能性が実現されるということであり、命題が真になるということであり、そして、構造をもつということなのである。これらはすべて、与えられた具体的な世界（われわれの世界であれ別の世界であれ）と相対的である。

世界の集合こそが、当の役割を担うのに適した、その名前に値する唯一の候補であると主張することで、私は独占的になろうとしているわけではない。私が一番に存在を認める存在者——すなわち、可能個体とそれらからの集合論的構成物——のなかには、他にも候補となるものがたくさんある。ときには、他の候補の方が世界の集合より望ましい場合さえあるかもしれない。というのも、当の名前と結びついた役割は、十分かつ議論の余地なく確定しているわけでは決してないからだ。世界の集合はそれらの役割のあるバージョンにはよりうまく適合するが、別のバージョンには別の構成物の方がうまく適合することもある。

たとえば、第一・五節でわれわれが区別した、命題役割のバージョンを思い起こしてもらいたい。主語述語命題や、否定命題、連言命題、量化命題について語ることが意味をなすように、なんらかの種類の準構文論的構造が存在するべきかもしれない。そのような構造の存在が「命題」と結びつく観念にとって重要であるとすれば、世界の集合では間に合わないだろう。だがその代わりとなるような、可能個体からのより複雑な集合論的構成物が存在する。あるいはまた、「命題」は信念や欲求の内容として働くことが重要だとすれば、可能世界の集合ではなく、可能個体の集合を私は勧めるだろう。

同様にして、「事物の可能なあり方」、「可能性」、「構造」についても異なるバージョンを許す余地がある。世界全体よりも小さな何かの可能なあり方を含めたいのなら、ここでもまた可能個体の集合が必要になる。これらの用語と結びついた役割の一部として不可識別者同一の原理があるならば、任意の集合ではなく、識別不可能な二つの個体の両方を含むか、もしくはそのどちらも含まない集合のみを扱った方がよい。他方、極大の「あり方」にのみ注目し、不可識別者の同一性が保証されることを要求しないならば、単位集合を当の集合の唯一のメンバーによって置き換えても差し支えない。「事態」に述定を含んだ役割を結びつけるならば、個体と性質の対――ただし、性質は可能個体の集合とみなす――を私はお勧めする。他についても同様である。

以上のことはすべて、おなじみの名前から漠然と連想される、あまりはっきりとしない様々な役割に対して、それにふさわしい存在者をあてがうという問題にすぎない。事態や事物の可能なあり方、可能性、命題あるいは構造とは本当はどの存在者であるかを発見するという問題として、これを見るべきではない。

もろもろの役割を担い、その名前に値するこれらの候補の多くは、代用主義者にはもちろん利用不可能である。私の立場なら、本物の可能世界を素材として、申し分のない代用世界を非常に様々な仕方で構成することができる。だが、ひとつの具体的な世界の存在しか信じない代用主義の立場では、こうした構成はどれも受け入れられないのである。

当の役割を担い、その名前に値する独自の候補を代用主義者が必要とし、それらが適切に導入されたとしよう。言語的代用主義のプロジェクトに基づき、この具体的な世界の部分からの集合論的構成物が与えられるならば、それはフェアである。このようにしてつくり出される候補は、誤った混同のために欠陥があると私は論じた。だが、その欠陥は我慢できる程度かもしれない。そして、代用主義者が存在すると信じる何か他の存在者であって、当の役割に適すると考えられるものについて語られる限りは――実際にそのようなものについて語られているならば――それもフェアである。しかし、当の役割を担う存在者は当の役割を担う存在者にほかならないと単に言い放つことは、フェアではない。同様にして、それは事態や事物の可能なあり方、可能性、命題あるいは構造にほかならないと言い放つことも、フェアではない。

魔術的代用主義者が、エレメントを表す「通例の名前」が欲しいと思うならば、その名前を手にすることはできる。それでも、私はやはり、この代用主義者に対してジレンマを突きつけることができる。彼が言うには、次の二つの単純者は事態である。ひとつはしゃべるロバの存在という名前をもつ事態であり、もうひとつは哲学するネコの存在という名前をもつ事態である。私の問いはこうだ。これらの事態の名前が逆ではなく、このようになっているのはなぜか。後者ではなく前者の単純者が、それに与えられた名前で正しく呼ばれるのはどうしてか。後者ではなく前者の単純者が、しゃべるロバが存在するときそしてそのときに限り成立することが必然であるようなエレメントとされるのはどうしてか。それは前者の単純者がもつ特徴的な本性によると言えるだろうか。しかし、後者の単純者にも特徴的な本性はある。私が分からないのは、前者の単純者がもつ特徴的な本性がどうして、とりわけしゃべるロバと関わりをもつことができるかということだ。前者の単純者が、しゃべるロバを部分にもつと考えることはできない。また、「しゃべるロバ」という語を部分としてもつと考えることもできないし、それと同型となるしゃべるロバが存在しさえすれば、同型となることもありえた何かを部分としてもつと考えることもできない。なぜなら、魔術師になるということはすなわち、このような応答すべてを放棄することにほかならないからである。あるいは、前者の単純者がしゃべるロバと関わりをもつのは、特徴的な必然的結合のためだと言えるだろうか。しかし、後者ではなく前者の単純者が、このような必然的結合をもつのはどうしてか。そして、そもそもどうすればこうした結合をもつことができるのか。

エレメントが、有限の語句では決して名指すことができない極大の事態としての代用世界である場合も、同じジレンマが生じる。ロバがしゃべる代用世界は、あれではなくこれであるというのはなぜか。それは、特徴的な内在的本性の問題だろうか。単純者のその特徴的な本性が、ロバがしゃべることとどのような関係にあるというのか。あるいは、あれではなくこれをどのようにして必然的結合のネットワークにつなぎ止めるかという問題なのだろうか。

私の問いは、例を挙げて提起されなければならない。ロバがしゃべることは、いかにして表象されるのか。あるいは、図式的に言えば、かくかくであることはいかにして表象されるのか。だが、真に一般的な問題として私の問いを提起するならば、つまらない答えが返ってくる可能性がある。そのように問いを提起することはできない。たとえば、私は次のように問うことはできない。すなわち、一般に、命題Pが代用世界Eにおいて真であるとはどういうことか。このように問う場合、魔術的代用主義者は次のように応答するかもしれない（ただし、この魔術師は、エレメントそれ自体を「命題」と呼ぶような代用主義者ではないとする）。すなわち、私が命題を世界の集合として捉えるのとまったく同じように、代用主義者もまた命題を代用世界の集合として捉え、命題Pが代用世界Eにおいて真であるのは、EがPのメンバーであるときそしてそのときに限ると応答するかもしれない。これでは何も分からない。特定の代用世界の集合は、ネコが哲学するという命題ではなく、ロバがしゃべるという命題である。なぜそうなるのか。ロバがしゃべることを表象する代用世界のみをメンバーとして含むからである。だが、それらはどの代用世界なのか。こうして、われわれは先の問題に戻ってくる。同じ問題が単数形から複数形に変わっただけである。かつての問題はこうだった。ひとつの代用世界はいかにして、ロバがしゃべることを表象するのか。この代用世界は何をもって、ロバがしゃべる世界であることになるかが問題だったのである。いまや問題はこうである。これら複数の代用世界のすべて、そしてこのような世界のみがいかにして、ロバがしゃべることを表象するのか。この世界の集合は何をもって、ロバがしゃべるという命題であることになるかが問題なのである。

いままでのところ、われわれは世界のみを検討してきた。魔術的な代用世界とは、この具体的な世界の全体によってなんらかの仕方で選び出されることが可能な抽象的単純者である。他のバージョンの代用主義でもそうだが、われわれはまた代用的な可能個体も必要とする。本物の様相実在論や図像的代用主義とは異なり、魔術的代用主義においては、こうした個体は世界の部分ではありえない。なぜなら、魔術的な代用世界は単純者だからである。代用的な可能個体はその代わり、言語的代用主義においてそうであるように、代用世界と同類のさらなる抽象的存在者でなければならない。

代用世界の理論と代用個体の理論はパラレルになるだろう。さらなるエレメント、すなわち、これまで検討されたものとは別のさらなる抽象的単純者をわれわれは手にする。ここでもまた、それらのいくつかは選ばれたものである。だが今回の場合、エレメントは、この具体的な世界の全体によってではなく、その部分である様々な個体によって選び出される。エレメントの選び出しは、どのような種類の個体がその選び出しを行なうかに依存する。たとえば、しゃべるロバではない限り、いかなる個体にも選び出されることがないようなエレメントがいくつか存在する。さらに、ひとつの個体がしゃべるロバであるときそしてそのときに限り、当の個体により選び出されることが必然であるようなエレメントがひとつ存在する。選び出しは、個体とそれにより選び出されるエレメントのあいだの二項関係と考えられる。エレメントEがエレメントFを含意するのは、Eを選び出すどの個体もFを同時に選び出すことが必然であるときそしてそのときに限る。ここでもまた、含意関係のもとにあるエレメントは、完備な原子的ブール代数を構成する。そして、このブール代数においては、他の（空でない）エレメントによっては含意されない極大エレメントがある。個体は必ず、ひとつそしてひとつだけ極大エレメントを選び出す。個体はまた、その極大エレメントによって含意されるすべてのエレメントを選び出す。すべての（空でない）エレメントは、少なくともひとつの極大エレメントによって含意されるので、どの（空でない）エレメントも選ばれたものとなることは可能である。ここまではすべて以前と同じだ。

さて、ここからが少し違う。表象は関係的なものとなる。エレメントEが個体Xはしかじかすることを表象する（あるいは、Eから見ると、Xはしかじかする）のは、XがEを選び出すとすれば、Xはしかじかするということが必然であるときそしてそのときに限る。（私は、「しかじかする」を任意の述語を表すスキームとして用いる。それは必ずしも活動と関係するわけではない。）特に極大エレメントはこのようにして表象を行なう。この新たな極大エレメントが代用個体である。

本物の可能個体が互いに世界メイトでありうるのと同様、代用個体もまた互いに代用世界メイトでありうる。これは、より一般的なエレメント間の両立可能性の特殊ケースと考えることができる。ただし、エレメントEとFが両立可能であるのは、EとFの両方を選び出す個体が存在することが可能であるときそしてそのときに限る。(必ずしも同一でなくてよいし、また必ずしも異なっていなくてよい。だが、両立可能な二つは共に、このひとつのそして唯一の具体的な世界の部分でなければならない。)

新たな一群のエレメントを、以前のものと区別する必要はない。なぜなら、新たなエレメントのなかには、この具体的な世界の全体——それは結局、ひとつの大きな個体だ——によってのみ選び出すことが可能なものがあり、それらは以前のエレメントと同じとみなしてかまわないからである。また、ある代用個体がある代用世界の住人であるのは、それら二つが両立可能であるときそしてそのときに限ると言うことができる。理論終わり。

前哨戦は以前とまったく同じだ。私が突きつける主たるジレンマも同じである。選び出しは内的関係だろうか。だとすれば、内的関係が成立することの根拠となる、「表象的性質」が何であるかがまったく理解できないと私は思う。たとえば、あるエレメントがしゃべるロバとして表象するという性質をもつといっても、そのことで意味しうるのが単に、ある個体がしゃべるロバであるときそしてそのときに限りその個体によって選び出されることが必然的であるようなエレメントを特徴づける内在的性質を、とにかくそのエレメントはもつということにすぎないのであれば、それは何の役にも立たない。それとも、選び出しは外的関係だろうか。だとすれば、選び出しを行なう個体の特徴が、選び出されるエレメントと独立に変化しえないのはどうしてか。一方では、代用主義者によるみずからの原始概念の理解のなかに魔術が存在し、他方では、原始概念それ自体の働きに魔術が存在している。いずれにせよ、この理論は却下されるべきだ。

ここでまた、魔術師からの抗議が予想される。今回の場合はしかし、他の世界の魔術的代用主義者は、同盟関係にある同志をこの世界のうちに見いだすことができる(仮に貫世界同盟などというものがありうるとすればだが)と私は思う。エレメントに対してその通例の名前を与えてくれたなら、何も謎はないはずだと主張した後、今回のケースでは、代用主義者は次のように述べるだろう。

> エレメントとは、性質、ある事物の可能なあり方、個体にとっての可能性である。個体により選び出されたエレメントとは、その個体が現実にもつ性質、その個体の現実のあり方、あるいは、その個体によって実現された可能性である。しゃべるロバであることは性質のひとつであり、しゃべるロバであるかもしれないということはある事物の可能なあり方のひとつであり、しゃべるロバだろうということは個体にとっての可能性のひとつである。なんらかの個体がしゃべるロバであるときそしてそのときに限り、当の個体はその性質をもつはずだ(ある事物のその可能なあり方がそれの現実のあり方であるはずだ、当の個体がその可能性を実現するはずだ)と

いうことは必然である。これほど簡単なことが他にあるだろうか。

以前に見た魔術師からの反論も、次のように主張するなら――そう主張することはかまわないだろう――いま述べた考えに取り込まれる。すなわち、事態や命題に対応して、その事態が成立する具体的な世界であるという性質や、その命題を真にする具体的な世界であるという性質が存在すると主張するならば、そうなる。この場合、「事物」の可能なあり方はむしろ、この具体的な世界全体の可能なあり方と呼ぶ方がよい。この具体的な世界はひとつの大きな個体であるから、それにとっての可能性は個体にとっての可能性の特殊ケースである。そして、この具体的な世界全体に属しうる複合的な構造的性質は、様々な性質の一種であるにすぎない。

私の応答は以前と同じである。「性質」およびその他の名前はまず、われわれの思考においてもろもろの役割と結びつく。われわれは常識において、それらの役割を担い、それらの名前に値するなんらかの存在者があるということに固くコミットしている。しかし、これらの名前の使用にわれわれが実践的に習熟していることは、それらがどのような種類の存在者であるかについて、われわれが十分に理解していることを示していない。それは理論化する上での問題である。私は性質の存在を信じている。性質の役割を担い、その名前に値する存在者の候補が私にはある。私が挙げる第一の候補は可能個体の集合である。（だが私は、性質が担う役割の異なるバージョンに適した、様々な代案――可能個体からの他の集合論的構成――を提供することができる。お望みなら、準構文論的構造を備えた存在者を与えることもできる。また、程度を許す性質や、時点もしくは場所と相対的な性質――ただし、私は、こうしたものはむしろ「関係」と呼んだ方がよいと思うが――の候補を与えることもできる。）性質の役割を担い、その名前に値する存在者として私が提供する候補はもちろん、代用主義者には利用不可能である。当の役割を担い、その名前に値する独自の候補を代用主義者が必要とし、それらが適切に導入されたとしよう。この現実世界の部分からの集合論的構成物が与えられるならば、誤った混同の問題はあるものの、それはフェアであるし、まずはそれで十分かもしれない。代用主義者が存在すると信じる何か他の存在者であって、性質の役割に適すると考えられるものについて語っているというのであれば、代用主義者には本当にそれについて語ってもらおう。だが、こうした役割を担う存在者はまさにそうした性質にほかならないと単に言い放つことは、フェアではない。

しかし、すべてが以前と同じわけではない。というのも、今回の場合、われわれの注意をそらす別の問題があるからだ。普遍者についてはどうなるのか。あるいは、複製トロープの集合ならどうか。普遍者やトロープの理論が正しいかどうかの判断はさておき、それらの理論が理解可能であることは私も認める。そのうえさらに、普遍者は、否定法の意味で抽象的という わけではないにせよ、ある意味では抽象的であり、普遍者のうち少なくともいくつかは十分単純者でありうる。トロープについても同様だ。そして普遍者もトロープも、代用主義者が拒否する可能個体からの構成物ではないだろう。それゆえ、代用主義者はここでは、性質の役割を担い、その名前に値するのに必要とされるものを手にしているのであって、私が文句の言える筋合のものではないかもしれない。いや、そうではない。私は再び次のように主張する。おなじみの様々な名前にわれわれが結びつける、もろもろの理論的な役割が完全に決定しているわけではない、と。第一・五節において私は、まっとうな性質の捉え方のいくつかを区別した。とりわけ、豊富な性質とまばらな性質を私は区別した。代用主義において必要となるのは、豊富な性質の役割を担う候補である。代用主義では、すべての代用個体として働くのに十分にたくさんの極大エレメントが必要とされる。それに加えて、極大でないエレメントもすべて存在するのである。普遍者もしくは複製トロープの集合は決して、豊富な性質の役目を果たさない。ひとつの個体が、非時空的部分として、数えきれないほど豊富な性質のすべてをもつと考えることはまったくばかげている。普遍者や複製トロープの集合は、まばらな性質の役割を担う候補でしかありえない。

それゆえ、魔術的代用主義は、代用的な可能世界よりも、代用的な可能個体一般に関して有利な状況にあるということはない。抽象的単純者が豊富な性質として働くことができるとしても――とりわけ、代用個体である極大エレメントとして働くことができるとしても――個体とこれらの抽象的単純者のあいだに成り立つ、選び出しの関係が必要になる。そして、必要とされるこの関係を「ある性質をもつこと」と呼んだからといって、それが与えられるわけではない(13)。

ここで、第三・二節の未解決の問題に戻ることができる。ラガード風のプログラムに基づいてみずからの世界作成言語を構築する、言語的代用主義者をわれわれは想像した。その言語は不適切だと私は主張した。なぜなら、その言語には、この世界にとってはエイリアンな自然的性質を表す語がないからだ。これに対して代用主義者は、必要となる例化されない性質はこの世界の部分であると応答した。そして、そのどれもがそれ自身の名前であると宣言したのである。代用主義者が「性質」によって何を意味しうるのか私は当惑し、その様々な候補を消去した。私の言う可能個体の集合、(ラガード風ではない)述語から抽象されたもの、普遍者、複製トロープの集合、これらを私は消去した。だが代用主義者は、これまでわれわれが論じてきたような魔術的なエレメントを意味することができるかもしれないということは、未解決の問題として残しておいた。いまや私は、この代案に対しても反論を提起したことになる。豊富な抽象的単純者としての性質は、魔法でしか理解できない関係か、あるいは、必然的結合という魔法によって働く関係のいずれかを通じて例化される限り、代用世界を集合論的に構成するための材料としても不適格である。それは、これまでわれわれが検討したような直接的に使用される材料として不適格であるのと何も変わらない。この立場は、言語的代用主義と魔術的代用主義のハイブリッドである。それで言語的代用主義の短所をいくらかは回避することができたとしても、魔術的代用主義のもっとひどい短所を引き受けることになる。

魔術的代用主義を評価することは、ちょっとした人工的な練習問題である。というのも、評価の対象となるような理論がひとつでもあるかといえば、それはまったくあきらかではないからだ。とはいえ、仮にそのような理論があるとしたら、言語的代用主義と図像的代用主義に対して私が提起した反論に、それはどれほどうまく対処できるだろうか。

魔術的代用主義は様相を原始概念とみなすか。公然と、しかもきわめて明白にそうみなす。そして、選び出しを外的関係とするようなバージョンの魔術的代用主義を考えると、その原始的な様相概念はとりわけ不快である。独立して変化すべきところでも、必然的結合があることになる。

魔術的代用主義は、識別できない可能性を混同するだろうか。ひょっとすると、そうかもしれない。選び出しが外的関係である場合には、混同すると言い切ることはできない。しかしながら、選び出しが内的関係である場合には問題があるだろう。まったく同じ「表象的性質」をもつ二つのエレメントがあるとしたら、一方が選ばれたものであって、他方がそうではないことはありえない。したがって、それらは代替的な可能性ではないはずだ。（さらには、識別不可能なエレメント相互の含意は、ブール代数が成り立つという前提に違反する。だが、この部分についてはきっと調停可能だろう。）

魔術的代用主義は、エイリアンな自然的性質を含む複数の可能性を混同したり、無視したりすることになるか。そうなると言い切ることはできない。

魔術的代用主義の存在論は、私の様相実在論よりも信用できるものか。たしかに、それは私の存在論とはまったく異なる。だが、魔術的代用主義についてほとんど何も説明されていないので、不信の抱きようもない。

これは信用を得るひとつの方法かもしれない。だが、よい方法ではない。

第4章　対応者か、それとも二重生活者か？

四・一　良い問いと悪い問い

ピーター・ヴァン・インワーゲンは次のように書いている。

> 彼によれば、正しい教育を受ければ——つまり、プランティンガを読めば——誰だって、
>
> 貫世界的同一性の問題など存在しないということが分かるだろう。この「問題」なるものを定式化しようとする既存の試みはどれも、整合的でないか、明白な「解決策」をもつがゆえに「問題」と呼ばれるに値しないかのどちらかであることを知り、そしてこの問題がまぼろしだった——つまり、中身のない言葉と混乱した描像によってつくりあげられていた——ことを理解するだろう。したがって、あたかも「貫世界的同一性の問題」が存在するかのように語ることには、もはやどのような正当性も残されていない。（van Inwagen 1985 : p. 101）

にもかかわらず、本書の最終章であるこの章を貫世界的同一性の問題のために充てることにしよう。

とはいえ、ヴァン・インワーゲンのこの辛辣な批評に私はかなり同意する。この問題の定式化と称するもののなかには、あきらかに混乱していると思われるものや、混乱を引き起こしそうな代物が含まれていることが実際にはよくあるからだ。そこで私としては、ここで問いをふるい分けることから始めたい。というのも、整合的でない問いや議論の余地のない「解決策」をもつ自明な問いと同様に、良い問いも存在していると私は考えているからである。

まず最初に言っておきたいのは、「貫世界《トランスワールド》的同一性」は、「神聖ローマ帝国」と同じぐらい不適切な名称だということである。慣習となっている名称を使い続けることも許されるだろう

が、それはその名称を額面通りには受け取らない場合だけに限られるべきである。そもそもトランス・ワールド航空は大陸をむすぶ航空会社であり、いまはまだ惑星をむすぶ航空会社ですらないことを思い起こそう。[1] このように、じっさい「トランス・ワールド」は文字通りの意味では用いられていないし、またそもそも、額面通りに解されるべき言葉ではないのである。だが、より重要なのは、ここでわれわれが抱えている問題は、同一性に関する問題だと想定すべきではないという点である。

そもそも、同一性に関して何か問題が生ずることなどありえない。同一性はまったく単純な概念であり、そこには何も問題などない。まず、あらゆるものはそれ自身と同一であり、自分自身以外の他のものと同一であることはない。ここで、あるものを自分自身と同一にさせるものは何かという問題が生じることは決してない。そうならないことはありえないからだ。また、ある二つのものを同一にするものとは何かという問題が生じることも決してない。二つのものが同一になることなど、ありえないからだ。概念的リソースが不足している人に対して、いかに同一性を定義すればいいのか、という問題は生ずるかもしれない。（この場合、推論規則を教えるだけでは不十分だということは言っておこう。）しかし、そのような不幸な人間は、（様々な理由でわざとリソースを限ろうとする）哲学者のなかでさえまれなので、たとえその人の病状が治療不可能であっても、大勢に影響無しと放っておけばよいのである。

たしかに、われわれは同一性を用いて多くの本物の問題を提示している。だが、そうする必要はない。したがって、厳密に言えば、それらの問題は同一性の問題ではないのである。たとえば、「あるFとあるGが同一であることはあるのか」という問題を見てみよう。これは「同じものがFであり、かつGでもあることはあるのか」と言い換えることができる。これをより単純に述べるとすると、「FであるものがGでもあることはあるのか」となる。こうして、この問題から同一性が抜け落ちてしまう。同様に、以下の問いはいずれも良い問いだ。川というものは（絶えず水が流れ、入れ替わっているにもかかわらず）そこに二度入ることが可能なものなのか。レストランは、その所有者と場所と名前が同時に変わっても存在し続けることが可能なのか。数は（他の定義を差し置いて）フォン・ノイマン順序数だと言い切れるのか。すべての荷電粒子が共通してもっているものがあるのか。タイムトラベルして出会った若者が若い頃の自分自身だったということはありうるのか。オーストリアとハンガリーの両方が属する本物の国民国家は存在していたのか。これらの問いはすべて、同一性を用いて提示することができるだろう。そのように問いを提示することによって、答えをどこに求めるべきかについて混乱してしまわない限りは、そうすることも無害である。

「世界はオーバーラップするのか」という問いも同様である。これは「二つの世界が共通部分をもつことはあるのか」と言い換えることができる。さらに「ある世界の部分が他の世界の部分でもあることはあるのか」、そして「別個の世界の部分のあいだで同一性が成り立つことはあるのか」と言い換えることができる。これは良い問いである。しかし、同一性についての問いではない。むしろ次のように言うべきだろう。これは本物の様相実在論者にとっては良い問いだが、代用主義者にとってはほとんど意味をなさない問いである。この問いについては第四・二節で考察する。そこで私は、限定付きの否定的回答を擁護する。

これとは別の良い問いもある。ハイウェイが二つの州に含まれるのと同じ仕方で、二つの別個の世界とオーバーラップするものがあるのか。この問いもまた、同一性を用いて、「別個の世界に（部分的に）含まれるものが同一でありうるのか」と提示することができる。だが実際には、これは同一性についての問いではなく、次のようなメレオロジーについての問いである。すなわち、メレオロジー的和の構成に制限を課し、複数の事物がメレオロジー的和を構成するのはそれらすべてがひとつの世界の部分である場合に限られるようにする理由はあるのか。この問いには次の意味論的問いが続く。もしメレオロジー的和の構成が無制限であり、その結果実際に貫世界的個体が存在するならば、それらは単に奇妙なものにすぎないのか。つまり、それらは名前をもたず、通常の述語の外延や通常の量化のドメインからは外れてしまうのか。それとも、それらには（たとえばわれわれ自身のような）われわれにとって重要なものも含まれるのか。これらの問いについては第四・三節で考察する。そこで私は、貫世界的個体の存在そのものは認めるが、奇妙なものであるという理由で通常の述語や量化から追放する。

二つの別個の世界（本物であれ代用であれ）のどちらから見ても存在するものがある、といったことも起こるのか。この問いはまた別の良い問いである。今度は本物の様相実在論者にとっても代用主義者にとっても同様に良い問いである。お望みなら、この問いもまた同一性を用いて提示することができる。すなわち、ある世界から見て存在するものが別の世界から見て存在するものと同一であるということは起こるのか。この問いに対する回答は疑問の余地なく「イエス」であるべきだ。じっさい、このようなことは非常によく起こるのである。たとえば、われわれの世界メイトであるヒューバート・ハンフリーで考えよう。われわれの世界から見て存在するハンフリーと、どこか別の世界から見て存在するハンフリーは同一人物である。つまり、ハンフリーは多くの様々な世界（本物であれ代用であれ）から見て存在するのである。われわれの世界から見ると彼は存在し、大統領選で敗北している。別の世界から見ると彼は存在し、勝利している。ヴァン・インワーゲンが言うように、これは問題と呼ぶに値しない問いである。

だが、問題と呼ぶに値する問いがある。それはこの問いに続く次の問いだ。ハンフリーがある世界から見て存在するとはどういうことか。この問いは「事象表象とは何か」と言い換えることができる。また、「本物であれ代用であれ、世界はどのようにして、ハンフリーに関して彼が存在することを表象するのか」と言い換えることもできる。この問いは、本物の様相実在論者にとっても代用主義者にとっても同様であるような問いではない。言い換えれば、これは両者に向けられたひとつの問いではないのである。本物の世界にとって可能な回答と代用世界にとって可能な回答は、見た目からしてまったく異なっているだろう。

本物の世界の場合、その世界から見てハンフリーが存在していることは、その世界がハンフリーを部分としてもつことによって表象されうる。われわれ自身の世界はこのようにして、ハンフリーに関して彼が存在することを表象する。しかし、他の本物の世界が同じ方法でハンフリーの存在を表象するには、ハンフリーはオーバーラップしている多くの世界の共通部分でなければならず、さらに、なんらかの仕方で、異なる世界では異なる性質をもたなければならないだろう。理由は後で考察するが、私はこのようなオーバーラップを拒否する。本物の世界がハンフリーに関して彼が存在することを表象する方法にはもっと良いものがある。他の世界でハンフリーは、この世界の博物館で表象されうるのとまったく同じように、不在の状態で表象されうるのである。博物館の場合、ハンフリーを表象するロウ人形があればよい。生き生きと動く人形ならさらによい。本物の世界はこれをもっとうまくやれる。そうした世界は、それ自身のハンフリー――われわれのハンフリーの血と肉を備えた対応者であり、起源や内在的特徴や歴史的役割に関してもハンフリーと非常によく似た男――を部分としてもつことができる。世界はこのような部分をもつことにより、ハンフリー――これはわれわれの世界のハンフリー、すなわち、彼の世界メイトであるわれわれが単にハンフリーと呼んでかまわない男のことだ――に関して、彼が存在してしかじかのことを行なうということを事象表象する。博物館の生き生きと動く人形は、手を振ることによって、手を振るものとしてハンフリーを表象する。他の世界のハンフリーは、手を振ることによって、あるいは大統領選で勝利することによって、手を振るものとして、あるいは大統領選に勝利するものとして、この世界のハンフリーを表象する。このようにして、ハンフリー――われわれのハンフリー――は他の世界から見ると手を振ったり大統領選に勝利したりするのである。これが対応者理論、すなわち、世界はどのようにして事象表象するのかという問いに対する私の支持する回答である。[1]

(この逆も成り立つ。われわれのハンフリーは、他の多くの世界にいる多くのハンフリーたちの対応者である。私は対応者関係がつねに対称的であることは否定するが、対称的であることもよくあるのは間違いない。よって、大統領選に勝利したが、この世界から見ると敗北している他の世界のハンフリーたちが数多くいるのである。彼らは、敗北したハンフリーがここにいることにより、敗北しているものとして表象される。)

代用世界の場合、ハンフリーに関して、彼が存在すること、彼が手を振ること、あるいは彼が勝利することを表象しうる方法はいくつもある。どの方法で行なうかは、どのような種類の代用世界を扱っているかによる。言語的代用世界は、名前によってハンフリーに言及する日本語の文を含んでいるかもしれない。たとえば、「ハンフリーは存在する」、「ハンフリーは手を振る」、「ハンフリーは勝利する」のように。あるいは、何か他の名前によってハンフリーに言及する他の世界作成言語の文を含んでいるかもしれない。あるいはその代わりに、ある記述が当てはまる人物が存在し、手を振り、勝利する、ということを明示的に述べる文を含むかもしれない。もしその記述が現実のハンフリーの記述と十分に似ていれば、ハンフリーに関する事象表象と認められうるだろう。あるいは、言語的代用世界は、適切な記述を満たす誰かが存在することを明示的に述べる代わりに、時空点が占有されているかどうかや、どの基本個別者がどの基本普遍者を例化しているかに関連する多くの文によって、暗黙的にそのことを述べるかもしれない。図像的代用世界は、その部分として、何か神秘的な意味で抽象的な物質からできていて、手を振り、勝利するハンフリーの図をもつかもしれない。魔術的代用世界は、何か言葉では言い表せない特徴的な内在的本性をもつことによって、ハンフリーが存在し、手を振り、勝利することを表象するかもしれない。あるいは、身も蓋もない必然的結合によって表象するかもしれない。たとえば、ある単純なエレメントと具体的な世界とのあいだである分析不可能な関係が成り立てばハンフリーは存在し、手を振り、勝利する、ということが必然的に成り立つ、というように。

代用主義はある直観を尊重している点で対応者理論より優れていると考えられることがある。すなわち、事象様相が関わるのは対象そのものであり、模造品や代用品や対応物ではないという直観である。この直観により、クリプキは彼の有名な不満を述べる。彼によれば、私の見解では、

「ハンフリーは（しかじかのことをしてさえいれば）大統領選に勝っていたかもしれない」と言うとき、われわれはハンフリーに対して起こるかもしれなかったことについて話しているのではなく、他の誰か、すなわち、「対応者」に対して起こるかもしれなかったことについて話しているとされる。しかし、たぶんハンフリーからすれば、どれほど自分と似ていようとも、他の誰かが別の可能世界で勝利しているかどうかなんて、どうでもいいことだろう。(Kripke 1980：p. 45, n. 13［邦訳、p. 209］)

この不満は、世界がオーバーラップすることを認める本物の様相実在論の支持者からのものであれば、ある一定の力をもっているかもしれない。だが、この注が挿入されている箇所は、クリプキによる同じぐらい有名な次の発言から（原文では）一ページしか離れていない。

可能世界はわれわれが足を踏み入れたり、望遠鏡で眺めたりするような遠方の国ではない。(Kripke 1980：p. 44［邦訳、p. 50］)

冗談はさておき（じっさい彼は「他の可能世界は遠すぎる」と言っている）、クリプキの論点は次のことだと思われる。われわれは、別の可能世界で勝利しているのは自分自身である、というハンフリーの直観を尊重しなければならない。しかも、その別の世界を、彼自身がその部分をなすことがありうるような種類のものと考えることは拒絶することによって、この直観を尊重しなければならないのだ。いったい何が起きているのだろうか。

対応者理論の支持者と代用主義者は、別の世界（本物であれ代用であれ）から見るとハンフリー――これはまさにハンフリーその人なのだ（ここで地団駄を踏んでテーブルを叩く）――が大統領選で勝利しているという点については、完全に一致しているように思われる。また、ハンフリー――ハンフリーその人――がそのような別の世界の部分ではないという点についても、同様に一致している。適切な構成要素を含むことによってかもしれないし、魔術によってかもしれないが、ともかくハンフリーその人を含むこと以外のなんらかの方法によって、そのような別の世界は、ハンフリーを勝利しているものとして表象するのである。世界がオーバーラップすることを信じる本物の様相実在論者がいるならば、そのような様相実在論者は、ある別の世界ではハンフリー自身が大統領選で勝利していると主張できる立場にあるだろう。このことは彼らにとって有利な論点かもしれない。だが、彼らの見解以外のどの見解にとっても有利には働かない。とりわけ、どの代用主義者にとっても有利には働かない。

たしかに対応者理論では、別の世界がハンフリーを勝利しているものとして表象することの説明に、他の誰か――勝利している対応者――が関与することになり、そのせいで、ハンフリーが勝利していたかもしれなかったことの説明にも、他の誰かが関与することになる（代用主義ではそうならない）。クリプキが述べた直観に基づく不満は、他の誰かが関与するということに対してである限りは、まっとうなものである。しかし、何か抽象的なものが関与するということが代用主義者に対する反論となる以上に、この不満が反論となる理由は私には分からない。重要なのは、別の誰か（あるいは抽象的な何か）がハンフリーその人を閉めだしてはいけないということであり、そのことに関しては何も問題はないからである。勝利している対応者のおかげで、ハンフリーその人が求められる様相的性質をもつ。すなわち、「彼は勝利していたかもしれなかった」と述べれば、真なる言明を述べたことになる。勝利している対応者が、まさに同じ可能性を記述している別の言明も真にすることを否定する必要はない。すなわち、「ハンフリーに似た対応者が勝利していたかもしれなかった」と述べても、真なる言明を述べたことになる。この二つの言明は競合していない。したがって、第一の言明を守るために第二の言明の使用を差し控える（たとえば、様相に関する日常的な言葉遣いに対応者についての語法を混ぜることを禁止する）必要はないのである。[2]

さきほど私は、ハンフリーを勝利しているものとして表象する他の世界にハンフリーその人が部分として含まれることを否定する点で、対応者理論と代用主義は同様であると述べたが、これは少し拙速だった。対応者理論と代用主義は、この結論を避けるトリックをもっているという点でも同様である。どちらの場合でも抜け道が用意されている。だが、抜け道を使っても、勝利しているのはハンフリーその人でなければならないという「直観」なるものを満たすことにとっては、何の役にも立たない。対応者理論のトリックとは、「ハンフリー」という名前が指示するのはわれわれの世界のハンフリーでも他の世界のハンフリーでもなく、こうした世界ごとのハンフリーたちすべてのメレオロジー的和である貫世界的個体であると主張することである。もしこれがまさにハンフリーにほかならないのであれば（私は第四・三節でそうではないと論じるのだが）、実際に彼自身が部分的にはこの世界にいて、部分的には別の世界にもいることになるが、どの世界にも彼の全体がいることにはならない。彼の一部は敗北しており、別の一部は勝利しているのである。しかし、おそらく敗北している部分は、それに起きていたかもしれなかったことについては気にするだろう。また、こうした巨大なサラミ・ソーセージのような個体から自分と同様に切り取られた別のスライスに起きることについては気にしないだろう。もちろん、そういった他世界的なハンフリーのスライスを含む世界を、この世界のスライスを勝利しているものとして表象する世界とみなしうるのなら別だろうが。

他方、（言語派に属する）代用主義のトリックとは、何でも好きなものを世界作成言語の語として使ってよいことを思い出させることである。ラガード風の手法では、ハンフリーを彼自身の名前として使ってもまったく問題はない。するとハンフリーは、彼の勝利を含む様々なことがらを述べる文の集合である代用世界にとって、その直接の部分ではないにせよ、少なくとも集合論的な構成要素だと言える。だが、これがどうしたというのだろうか。おそらく彼からすれば、自分がどの言語のどの語と共にどんな集合論的構造へと組み立てられるかなど、どうでもよいことだろう。もちろん、彼を勝利しているものとして表象する言語的構造が得られるのなら別だろうが。ハンフリーは自分がどのようにして整合的に表象されうるかが気になってしょうがないとしよう。ただし、どういう語が表象に用いられるかについては気にならないとする。このとき、彼を語として用いるかどうかはまったく任意に決めてよいし、語として用いる場合でも、彼が何を意味するかはまったく任意に決めてよい。だから、ハンフリーが語になるとしても、彼自身の名前として用いる必要はまったくない。彼はニクソンが飼っているイヌのチェッカーズの名前としてもうまくやってくれるだろうし、前置詞や副詞としても同様にやってくれるだろう。あるいは、自分の存在を否定する文に現れる否定記号であってもよいだろう。

貫世界的同一性というトピックから、少なくともさらに二つの良い問いを引き出すことができる。ただし、やはりどちらも同一性とは特に関係がない。ここではこれらを述べるだけに留め、第四・四節と第四・五節で取り上げることにしよう。これらの問いもやはり、本物の様相実在論者にとっても代用主義者にとっても同じ問いである。中立を保つため、事象表象を用いてこの二つの問題を定式化しておこう。すなわち、ハンフリーのようななんらかの現実の個体に関して（本物であれ代用であれ）ある世界から見ると真であるかどうか、というかたちで定式化しよう。

第一の問いは、このもの主義に関する問いである。事物の（広い意味での）質的なあり方の表象は、事象表象から区別できる。ある世界から見ると一定の種に属する事物が複数存在し、それらが一定の仕方で配置されており、それらのあいだで一定の因果関係が成り立っている、ということがありうる。世界がこのように表象するかどうかは、質的な特徴に関する問題である。だが同様に、ハンフリーという個体に関して、ある世界から見ると彼が存在し、手を振り、勝利しているということがありうる。これら二種類の表象は、世界に応じて独立して変化しうるものなのだろうか。それとも、質的な特徴に関する問題に関して世界が何を表象するかによって、その世界が何を事象表象するかも決まるのだろうか。

第二の問いは、一貫性に関する問いである。ある個体に関してある世界（本物であれ代用であれ）から見ると何が真であるかについて、一度できっぱりと定まるような確定した答えが必ず得られるのだろうか。それとも、異なる文脈では異なる回答が正しいということもありうるのだろうか。対立する二つの回答が（まったく同じ文脈で）どちらも正しいということすらありうるのだろうか。確定的に正しい回答がないということもときには起こりうるのだろうか。

四・二　世界のオーバーラップへの反論

別の世界の一部がハンフリー――われわれの世界のハンフリー――を表象するもっとも単純な方法は、同一性によるものである。彼は二重生活を送っている、つまり、同時に二つの世界で存在しているかもしれない。現実世界の一部であるハンフリーその人が、同様に別の世界の一部かもしれないのである。シャム双生児の共有されている手が両者の共通部分であるのと同じ仕方で、彼が二つの世界の共通部分となっていることもありうるのだ。その別の世界が彼を存在しているものとして表象するのは、彼がその世界の一部だからである。彼が別の世界で存在するのは、量化の範囲をその世界の部分だけに制限したときに彼が存在するからである。「貫世界的同一性」と呼ぶのにもっともふさわしいのは、このような二重生活のケースである。

このように理解された貫世界的同一性を支持する哲学者の名前は、ひとつも挙げることができない。「貫世界的同一性」を支持する哲学者は単に口をそろえて、たとえば、別の状況で存在していたかもしれなかったのは、違っていたかもしれなかったのは、大統領選に勝利していたかもしれなかったのは、多くの世界から見て存在し、そういった世界のいくつかから見て勝利しているのは、ハンフリーその人だと主張しているだけである。これらすべてに議論の余地はない。議論の余地があるのは、彼がどのようにしてこうした様相的性質をもちうるのかである。いま議題となっている回答によれば、ハンフリーは多くの世界の共通部分であり、彼を部分として含む世界に応じて異なる性質をもつことによって、こうした性質をもつ。支持者がいないにもかかわらず、この回答は注目に値する。なぜなら、第一に、この回答は気持ちがいいぐらい単純だからである。第二に、これは例の「ハンフリーその人」直観を完全に尊重している唯一の見解だからである。対抗する説によれば、ハンフリーその人が勝利したかもしれない、あるいは、ハンフリーその人が勝利しているものとして表象される。だが、ハンフリーその人が実際に勝利しているのはこの説だけである。第三に、この説はこのもの主義と合致する。だが、最後の点について論じるのは第四・四節まで先延ばしにしよう。

　これらの利点は本物だ。にもかかわらず、世界のオーバーラップを意味する貫世界的同一性は否定されるべきである。より正確には、そのような貫世界的同一性は、事象表象の一般理論としては否定されるべきである。世界のオーバーラップのなかには許容できる特殊なケースもひとつか二つあるが、それらは、われわれが事象表象に求めることのすべてを満たすにはほど遠いものなのである。

　私が主に問題にしていることは、世界のオーバーラップそのものに関わるものではない。シャム双生児の手のケースのように、複数のものが共通部分をもつことは実際にある。私が支持する無制限メレオロジーを前提すると、部分の共有はまったくありふれたものとなる。じっさい、どの世界のどの部分もその世界を越えて広がる無数のメレオロジー的和の部分となる。だが、私が問題——率直に言えば、矛盾——だと考えるのは、二つの世界の共通部分が、それぞれの世界で異なる性質をもつとされることである。

　ヒューバート・ハンフリーは、ある一定の大きさと形をしており、ある一定の仕方で配置された部分から構成されている。彼の大きさと形、および構成は彼にとって内在的である。これらは単に、彼がどういうあり方をしているか、であり、この世界で彼の周囲にあるものに対し彼がどういう関係にあるか、ではない。したがって、これらの性質は、有名であるとか、アメリカ副大統領であるとか、毛皮の帽子をかぶっているとか、衛星を持つ惑星に住んでいるとか、光よりも速く運動するものがない世界に住んでいるといった、外在的な性質とは異なる。また、彼の大きさと形と構成は彼にとって偶然的であり、本質的ではない。彼は実際より背が高いこともありえたし、実際より痩せていることもありえたし、実際より手の指が多いことも少ないこともありえたのである[3]。

　最後の点について考えてみよう。彼の左手に指が六本あることもありえた。すなわち、彼をそのように表象する別の世界がある。われわれはいま、事象表象は貫世界的同一性によって行なわれると想定している。よって、この世界の一部であり、この世界では左手に指が五本あるハンフリーは、別の世界の一部でもあり、その世界では左手に指が六本ある。この世界の一部としての彼は五本指だが、別の世界の一部としての彼は六本指である。すなわち、ハンフリーその人——ひとりの人間であり、完全に自己同一的である——の左手の指は五本であり、かつ彼の左手の指は五本ではなく六本なのである。いったいどうすればこのようなことが可能なのだろうか。このようなことが許されるのなら、シャム双生児が共有する手は、テッドの左手としては五本指だが、ネッドの右手としては六本指だと言ってもおかしくない。これはごまかしであり、矛盾である。ここに手がある。誰の部分であるかはどうでもいい。指は何本あるのか。どういう形をしているのか。

(次のように反論されるかもしれない。テッドとネッドは五本の指と手のひらを共有しているが、六本目の指はネッドだけに属している。ハンフリーの場合もこれと同様ではないか。そうではない。正しい五本指の手は、正しい六本指の手から指一本を除いたものとは形と構成が異なるからだ。同様に、正しい六本指の手は、正しい五本指の手に指をもう一本くっつけたものとは異なっている。)

次のような抗議があると予想される。ハンフリーは左手に五本の指をもっており、かつ五本ではなく六本の指をもっている、と単純に言ってしまえば矛盾してしまうだろうが、そう主張されているのではない。彼はこの世界では五本の指をもっており、別の世界では六本の指をもっているのである——だが、こういった修飾詞が何の役に立つのだろうか。修飾詞によって矛盾を取り除く方法はいくつかあるが、どれもここではあてはまらない。

(1)ある塔が三階で四角く、四階で丸い、ということなら心配はいらない。これは単に、ある部分の断面の形が別の部分の断面の形と異なる、というだけだ。この修飾詞は、塔全体の形ではなく塔の一部分の形を考慮するよう指図しているのである。だが、いま検討しているテーゼは、ハンフリーの全体が異なる世界の部分であり、異なる世界では異なる性質をもっているというものである。この方法を台無しにするのは、まさに貫世界的同一性にほかならない。

(2)ある男が『ニューズ』紙によれば正直であり、『タイムズ』紙によれば腹黒い、ということなら心配はいらない。異なる新聞が彼について異なることを伝えている、つまり、彼を違ったように表象しているのであり、少なくとも一方が勘違いしているのである。だが、いま検討しているテーゼは、代用ではなく本物の様相実在論の一種である。すなわち、ハンフリーがある世界から見てある性質をもつ仕方とは、ハンフリーその人が、まさにその性質をもちながら、その世界の一部であることにほかならない。

(3)ある男がエドの父親であり、フレッドの息子である、ということなら心配はいらない。彼は二つの異なる個体と異なる関係にあるのであり、そうした関係によって彼がもつ二つの外在的性質（息子であることと父親であること）は両立する。村中でもっとも賢い男が国中でもっとも賢い男ではない場合も同様である。だが、われわれの問題は、ハンフリーがそれぞれの世界に含まれる別の事物に対してどういう関係にあるかに関するものではない。より正確に言えば、われわれは彼の内在的本性を扱っている。これに関連する関係は、彼の部分のあいだで成り立つ関係だけである（彼が二つの世界の部分ならば、彼の部分も二つの世界の部分である）。あなたが、ハンフリーはこの世界では五本の指をもっているが別の世界では六本の指をもっていると言い、かつ修飾詞を利用して矛盾を解消するのなら、あなたは、指を五本もっていることや六本もっていることは、実は内在的性質ではなく関係であると言おうとしている可能性が高い（しかも、それは外的関係であり、関係項の内在的性質にスーパーヴィーンする関係ではない）。このときあなたが言うべきことは、ハンフリーはこの世界と五本指関係（five-finger relation）にあるが別の世界とは六本指関係にある、ということになるだろう。あるいは、新たな他動詞をつくって、ハンフリーはこの世界を五本指する（Humphrey five-fingers this world）が、別の世界を六本指すると言ってもよいだろう。しかし、これらの関係はいったいどういうものなのだろうか。形式的に形が内在的性質ではなく関係であるふりをしたいだけであれば、どういうことを言えばいいかぐらいは分かっている。私はそれほど愚かではない。形（たとえば球状をしていること、あるいは五本指であること）は、何かとそれを部分とする全体のうちのどれかに対してのみ成り立つ関係であるという点を除けば、われわれが常々考えていたとおりのものである、と言うだけでは十分ではないのである。あるものを五本指しつつ別のものを六本指するとはいったいどのようなことなのだろうか。こういった「関係」が何かの形であるには、いったいどうすればいいのだろうか。

そんなことは不可能だ。したがって、解決策など存在しない。もし実際にハンフリー――ハンフリーその人であり、彼の全体――が二つの異なる世界の一部として二重生活を送っているとするならば、彼の内在的性質が世界によって異なるということは理解できない。また、奇妙さに目をつぶって、彼の大きさや形や構成といったものは、結局のところ彼の内在的性質に含まれないとただ宣言するだけでは、やはり十分ではない。

この問題を、偶然的内在的性質の問題（the problem of accidental intrinsics）と呼ぼう。ハンフリーの本質については、それがどれほど内在的であっても、この問題は生じない。なぜなら、この問題は、彼が異なる世界の部分として異なる性質をもつにはどうすればいいか、というものであり、本質の場合は心配すべき性質の違いが生じないからである。ハンフリーがある世界の部分としては人間であり、別の世界の部分としては天使でありうる、などということはきわめて理解しがたい。だが、もし彼が本質的に人間であるならば、このような困難はそもそも生じない。

ハンフリーの外在的性質についても、それがどれほど偶然的であっても、この問題は生じない。彼の外在的性質については二つの考え方がある。ひとつは偽装した関係だと考えることであり、もうひとつは本物の性質だと考えることである（何かと相対的にもつ「性質」に関しては、第一・五節の私の議論を見よ）。まず、外在的性質は偽装した関係だと考えてみよう。ハンフリーは彼の周囲にある事物となんらかの関係にあるが、われわれは彼の周囲にある事物が世界をまたいで共通しているとは想定していない。彼はひょっとすると、この世界の部分であるイヌを四匹飼っているが、ある別の世界の部分であるイヌは三匹しか飼っていないかもしれない。イヌを四匹飼っているという偶然的外在的「性質」はこのようにして、この世界でハンフリーがもっている性質であり、かつ別の世界（彼はその世界の部分でもある）では彼がもっていない性質であると言えるのである。この場合、イヌを四匹飼っているという性質は、そうとは見えないが関係である。すなわち、この関係はハンフリーと、彼自身および彼が飼っている四匹のイヌを部分として含む世界とのあいだで成り立ち、それ以外の世界とのあいだでは成り立たない。彼がある世界ではこの「性質」をもち、別の世界ではもたないことは、ある男がエドの父であり、フレッドの父でないことと同じぐらい簡単なことなのである。

次に、今度は彼の外在的性質は本物の性質だと考えてみよう。この場合、ハンフリーはこれらの外在的性質を端的にもつ。また、これらの性質が世界に応じて変わることはありえない。だが、われわれがこれらの性質をどう名指すか、これらの性質をどう述定するかは世界に応じて変わりうる。このことによって、性質そのものが変わるかのような錯覚が生まれるかもしれない。すなわち、ハンフリーは、この世界のイヌを四匹飼っているという外在的性質を端的にもち、別の世界のイヌを四匹飼っているのではないという性質を端的にもつ。これら二つの性質は、世界が実際にオーバーラップしている場合でも両立する。これら二つの性質をもつことは、二つの世界で二重生活を送るとはどういうことかの一部なのである。だが、「この世界では」あるいは「別の世界では」という制限的な修飾詞により、この二つの外在的性質をより短い名前で指示できるようになる。「この世界では」のスコープ内では、「この世界のイヌを四匹飼っているという性質」から「この世界の」を落とすことができ、「別の世界では」のスコープ内では、同様に「別の世界のイヌを四匹飼っているのではないという性質」から「別の世界の」を落とすことができる。こうすれば、ハンフリーの外在的性質——偽装した関係とは異なり、性質と呼ぶのが適切である——は世界に応じて変わったりしないのに、彼がイヌを四匹飼っているという性質をもつことはこの世界では真であり、かつ彼がイヌを四匹飼っているのではないという性質をもつことが別の世界では真であることが可能になる。

対抗する理論では、偶然的内在的性質の問題はまったく生じない。まず、私自身の理論、すなわち、世界のオーバーラップの代わりに対応者理論を備えた本物の様相実在論では生じない。対応者は厳密な内在的複製でなくてもよいので、ハンフリーと彼の対応者が内在的性質について異なることも、もちろんありうるからである。また、ハンフリーを異なる世界の異なる部分から構成された巨大な貫世界的個体とする理論でも生じない。この巨大なハンフリーの部分のひとつが別の部分と内在的性質において異なることがありうるからである。さらに、どのタイプの代用主義でも生じない。代用世界は、どのような仕方でハンフリーを表象あるいは誤表象するにせよ、彼が実際にはもっていない内在的性質をもつものとして彼を表象しうるからである。これは誤報を載せる新聞と同じである。

世界のオーバーラップに関してわれわれが論じてきた問題は、時間を通じての同一性に関してこの世界で生じる問題とパラレルな問題である。そして、偶然的内在的性質の問題とパラレルな問題は、一時的内在的性質の問題（the problem of temporary intrinsics）である。これは変化に関して生じる伝統的な問題のことだ[4]。これに関して、以下のような用語を使うことにしよう。まず、何かが持続（persist）するのは、どのようにしてであれ、それが様々な時点において存在するときそしてそのときに限る。この「持続」という言葉は中立的な用語である。次に、何かが延続（perdure）するのは、それが異なる時点において異なる時間的部分（あるいは段階）をもつことによって持続するときそしてそのときに限る。ただし、複数の時点において余すところなく現れている部分はないとする。これに対し、何かが耐続（endure）するのは、それが複数の時点において余すところなく現れることによって持続するときそしてそのときに限る。延続は、道路が空間内に広がっていることに対応している。すなわち、道路の一部分はここにあり、別の一部分は向こうにあるが、二つの異なる地点において余すところなく現れている部分はない。耐続は、普遍者（もしそのようなものが存在するなら）が例化される場合はそれがどこであろうとも、またいつであろうとも、余すところなく現れていることに対応している。また、耐続はオーバーラップを必要とする。すなわち、耐続する事物は、二つの別個の時点の「内容」（その時点において存在する事物を集めたもの）の共通部分となる。延続の場合はそうならない。

（両者が混在しているケース、すなわち、ある存在者が耐続する部分と延続する部分をもつことによって持続するケースもあるかもしれない。延続する身体とそれを支配する耐続する生気から構成された人や、恒久的な部分として負の単位電荷の普遍者をもつが完全に普遍者だけから構成されてはいない電子は、その例かもしれない。だが、本書ではこういった混在しているケースは無視する。また、日常的な事物が延続しているように語るとき、それらがもつ耐続する普遍者（もしそのようなものが存在するなら）のことも無視する。）

耐続説と延続説のあいだの論争は、次のようなことを言う人々のせいで混乱しがちである。「もちろんあなたは、体の一部が切除される場合を除き、人生のどの瞬間においても余すところなく現れている。なぜなら、どの瞬間においてもあなたの足、唇、肝臓……これらあなたの部分のすべてがそこにあるからだ。」このようにして混乱をもたらす人たちは、自分たちは耐続説の熱心な支持者だと思っているのだろうが、実際にはそうではない。彼らは中立であらざるをえない。なぜなら、彼らには、問題となっていることを理解する概念的リソースが欠けているからである。彼らの発言は、自分たちが時間的部分の概念（あるいは、過程や期間ではなく人に当てはまる時間的部分の概念）をもっていないことをさらけだしている（ひょっとすると彼らは、このことを喜んで認めるかもしれない）。したがって彼らは、持続する事物は時間的部分に分割可能かどうかという論争に関して、どちらの側にも立っていないのである。彼らは肯定の主張も否定の主張も理解していない。彼らはまるで、どの車線も欠けていないという理由で自分たちの小さな村のなかに長い道路の全体があると主張する村人たち――このような村人は架空の存在であることを願う――のようだ。横断方向に切って得られる部分のことが目に入らないので、彼らが「部分」によって意味していることは他の人より少ない。よって、彼らが「全体」によって意味していることも同様に少ない。彼らは道路の「全体」が村のなかにあると主張するが、この主張は、道路の「部分」がどれも村のなかにある、ということを意味している。だがこれは、車線と平行に切って得られる部分がどれも村のなかにある、ということを意味するだけである。この道路を車線と平行に切って得られる最小の部分へと分割しよう。彼らには、このような最小の部分が余すところなくこの村のなかにあるのか、それともその一部だけがあるのか、という問いを立てることすらできない。なぜなら、この問いは、横断方向に切って得られる部分についての問いであり、彼らは、横断方向に切って得られる部分という概念を欠いているからだ。ひょっとすると、「横断方向に切って得られる部分」という言い方は、彼らには、あからさまに矛盾しているかのように聞こえるのかもしれない。あるいは、彼らには自分たちがこの概念を理解しているように思えるのだが、村の哲学者の説得により、実際には理解するのは不可能であり、理解しているという印象は幻想のはずだと信じているのかもしれない。いずれにせよ、私は時間的部分の概念をもっている。しばらくの間は、この概念を共有する人だけに向けて話を進めることにしよう(5)。

時間を通じて耐続することは、オーバーラップする世界の共通部分が貫世界的に同一であることに類似している。時間を通じて延続することは、オーバーラップしていない世界にある別個の部分から構成される貫世界的個体が「貫世界的に同一」（もしこう言ってよければ）であることに類似している。時間に関して私が支持する延続説は、様相に関して私が支持する対応者理論の方に近い。違いは、対応者理論が部分に注目し、部分から構成される貫世界的個体を無視することである。

耐続説を人や水溜まりのような日常的な事物が持続することの説明であるとしたとき、これに対する第一の、そして決定的な反論は、一時的内在的性質の問題である。持続する事物がもつ内在的性質は変化する。形を例にしよう。私が座っているとき、私は曲がった形をしている。私が立っているとき、私はまっすぐな形をしている。どちらの形も一時的内在的性質である。すなわち、私がこれらの性質をもつのは特定の時点に限られる。どうすればこのような変化が可能なのだろうか。私が知っている解決策は三つだけである。

（われわれが異なる時点において異なる形をしていることは当たり前で疑う余地がない、とただ言うだけでは解決策にならない。そのように言うことは、とにかくそれは可能であるはずだと主張すること――これは正当な主張だが――にすぎない。ましてやジャーゴンを用いて、たとえば〈月曜に曲がっている〉と〈火曜にまっすぐである〉は「時間インデックス付きの性質（time-indexed property）」であるがゆえに両立すると言うことは、もしこれが、月曜に曲がっていて火曜にまっすぐであることはとにかく可能である、ということを意味するだけであれば、解決策ではない。）

第一の解決策。われわれはそのようには考えていないかもしれないが、じつは形は本物の内在的性質ではない。形は偽装した関係であり、耐続する事物と時点とのあいだで成り立つ。まったく同一の耐続する事物が、ある時点と〈曲がった形〉関係にあり、別の時点と〈まっすぐな形〉関係にあってもよい。耐続する対象はそれ自体では、つまり、他のものとの関係を無視して考えれば、まったく何の形もしていないのである。一時的内在的性質のように見える他のどの性質についても同様である。それらはすべて、絶対に変化しない内在的本性をもつ事物と時点とのあいだで成り立つ関係として再解釈されなければならない。この解決策では、一時的内在的性質など存在しない。しかし、われわれが日常的な事物の持続について論じているのであれば、この解決策は信じがたいというしかない（生気や普遍者についてなら有効かもしれない）。もしわれわれが形とは何かを知っているのならば、われわれは形が性質であり、関係でないことを知っているはずだからだ。

第二の解決策。事物がもちうる内在的性質は、現在の瞬間においてもっているものだけである。他の時点は誤報記事のようなものである。すなわち、他の時点は現時点の事物を材料としてつくりあげられた抽象的な表象であり、事物のあり方を表象ないし誤表象しているのである。何かがこういった代用的な他の時点のひとつから見て異なる内在的性質をもっていても、このことは、それ（またはその部分であれ、それ以外の何であれ）がその性質をまさにもっているということを意味しない――これは、ある男が『タイムズ』紙から見ると腹黒く、『ニューズ』紙から見ると正直である場合と同じである。しかし、この解決策では、耐続は否定される。持続が完全に否定されるからだ。また、この解決策は第一の解決策よりもさらに信じがたい。この解決策によれば、でっちあげられた表象としての時点は存在しても、それが表す時点は存在しない。これは、われわれ全員が信じていることに反している。処刑の瞬間にある人を除き、誰も自分の未来が存在しないとは思わない。ましてや、誰も自分の過去が存在しないとは思わない。

第三の解決策。異なる形は、そして異なる一時的内在的性質一般は、異なる事物に属している。耐続を否定し、延続を支持すべきだ。われわれは延続する。すなわち、われわれは時間的部分からできており、われわれがもっている一時的内在的性質はわれわれの時間的部分がもっている性質であり、異なる時間的部分が異なる性質をもっているのである。異なるものが異なる内在的性質をもちうることには何の問題もない。

オーバーラップする世界のなかには、偶然的内在的性質の問題にまったく直面しない特殊ケースもある。そうしたケースのひとつは、普遍者は個々の事例すべての非時空的部分として繰り返し余すところなく現れる、とする仮説のもとで生じる。この仮説が正しければ、そうした普遍者は、ひとつの世界の内部で何の制限もなく繰り返し現れるのと同様に、世界をまたいでも何の制限もなく繰り返し現れるのでなければならない。なぜなら、組み替え原理により世界をまたいだ質的複製が存在し、普遍者は複製が存在するときはいつでも現れるとされているからだ。われわれの世界以外の世界に電子が存在することは間違いない。もし負の単位電荷の普遍者がこの世界のあらゆる電子の部分であるならば、同様に他の世界の電子の部分であるはずだ。部分-全体関係は推移的なので、この場合、負の単位電荷の普遍者は、電子が存在するすべての世界の共通部分となる。これは世界のオーバーラップである。よって、この共通部分がもつ偶然的内在的性質が問題を引き起こすことが予想される。だが、この共通部分がもつ偶然的内在的性質はどのようなものだろうか。まったく何も思いつかない。普遍者の内在的本性に関しては、語るべきことはたいしてないのである。普遍者は内在的には単純かもしれないし、なんらかの仕方で他の普遍者から構成されているかもしれない。だが、もしそうならば、それは本質に関する問題であるように思われる。よって、われわれを悩ます偶然的内在的性質は、やはり生じないのである。(同様に、われわれを悩ます一時的内在的性質も生じないように思われる。よって、時間を通じて耐続する普遍者の問題は存在しない。)もし問題を生じさせる偶然的内在的性質が実際にないのなら、世界のオーバーラップは、普遍者の共有に限れば、まったく無害であるように思われる。また、もし普遍者が存在するのであれば、このオーバーラップは不可避であるように思われる。よって、私は世界のオーバーラップに反対するが、これには次のような限定をつけなければならない。普遍者がどのような振る舞いをするにせよ、少なくとも、二つの世界が個別者を共通部分とすることはない。

もし普遍者が存在し、その普遍者が、ひとつの世界の内部で事例を通じて同一であるのと同じように、複数の世界を通じて同一であるならば、もっとも単純な事象表象の方法を採用してしまうのがよいだろう。すなわち、ある普遍者に関してある世界から見て真であるとは、量化子をその世界に制限したときにその普遍者に関して真である、ということだとするのである。よって、ある世界でその普遍者に関して真であるとは、以下のようになる。まず、その普遍者は不変の本質的な内在的本性をもつ。そして、その普遍者とその世界の他の事物とのあいだで様々な関係――特にもろもろの例化パターン――が成り立つ。たとえば、負の単位電荷の普遍者に関して、ある世界では、互いに近くにあるちょうど一七個のものによって例化されている、ということが真となり、別の世界では、広範囲にわたって散らばっている無限に多くのものによって例化されている、ということが真となるだろう。こうして、この普遍者がもつ外在的「性質」は、それを偽装した関係だとみなしたときには変わることになる。本来の意味での外在的性質は変わらない。だが、われわれがこれらをどう名指すかは変わる。したがって、われわれはたとえば次のように言うことができる。ある世界ではこの普遍者は、互いに近くにある一七個のものによって例化されるという性質をもつが、別の世界ではもたない[6]。

もうひとつの特殊ケースは、まったく問題なしではないにせよ、少なくとも偶然的内在的性質の問題に直面する危険はない。これは単に、何かが実際に偶然的内在的性質をもっているが、この偶然的内在的性質は、ある制限された範囲の世界では不変であり、オーバーラップする世界もこの制限された範囲内のものに限られる、というケースである。だが、このような制限つきのオーバーラップでは、事象表象のためにわれわれが必要とするもののすべては得られないだろう。理由は以下の通りである。この何かは実際に偶然的内在的性質をもっている。それゆえ、その偶然的内在的性質をもっていないものとしてこの何かを表象する世界がなければならない。そしてその世界は、オーバーラップの制限範囲の外になければならない。それゆえ、その世界がこの何かを当の偶然的内在的性質をもたないものとして表象するとき、この事象表象は貫世界的同一性によってではなく、何か他の仕方で行なわれなければならない。制限つきのオーバーラップは何か別の事象表象の取り扱い、おそらくなんらかの対応者理論と組み合わせなければならないのである。

そうだとしても、制限つきのオーバーラップが求められるかもしれない。もっともありそうなケースは、分岐する世界が最初の区間を共有しているときだけに制限されたオーバーラップである。私は世界の分岐（branching）を世界の乖離（divergence）から区別する。分岐する世界はシャム双生児のようなものである。最初の時空的区間がひとつあり、これに二つの異なる――数的にも質的にも異なる――未来が続いている。よって、オーバーラップする二つの世界があることになる。その一方の世界は、最初の区間とそれに続く未来のひとつからなる。もう一方の世界は、同じ最初の区間と別のもうひとつの未来からなる。

これに対し、乖離する世界ではオーバーラップは生じない。二つの世界がひとつの最初の区間を共有しているのではなく、互いに複製となっている二つの最初の区間がある。私および私を部分としてもつこの世界は、ただひとつの未来しかもたないのだが、われわれの世界から乖離した別の世界は存在する。そうした世界の最初の区間は、われわれの世界の現在までの区間とまったくそっくりである。だが、その区間より後の部分はわれわれの世界とは異なる。(これを相対論的なものにすることも可能である。すなわち、複製となっているのは、ある時空点にとっての過去の光円錐とするのである。たとえば、今この場所にとっての過去の光円錐であってもよい。)このような別の世界に住んでいるのは私ではなく、私のまっとうな対応者にすぎない。

私は世界が乖離することを支持し、本物の分岐が生じることは否定する。だが、逆の選択をする理由もあるかもしれない。未来は実在しないと主張する哲学者について考えてみよう。彼らが本気でそのようなことを主張しているとは信じがたい。もし誰かが未来は存在しないと言い、そしてそれが正しいなどということがあるならば、まさにそれを言う瞬間はその人にとって最後の瞬間であり、さらにすべての終わりでもある。なのに、そうした哲学者が、これからやって来る時間などないと学生に教えるとき、彼らには恐怖や絶望をうかがわせるものが一切ないのである。彼らが計画や予想をしているのを見ると、彼らも他の人と同じように未来の存在を信じているのではないかと訝しく思えてくるかもしれない。おそらく、彼らは量化子を制限せよと言い張っているだけであり、彼らが本当に言いたいのは、未来のものは現在ではないということではないだろうか——いや、そんなことはない。なぜなら、彼らは自分たちが主張していることは論争を呼ぶと考えているように思われるからだ。これはいったいどういうことなのだろうか。

ひょっとすると、こうした哲学者が言語論的に転回し、未来に関する確定した真理はないと主張すると、彼らの主張の意味はよりあきらかになるかもしれない。本物の分岐を信じるような様相実在論者、つまり、最初の区間を共有することにより自分の世界は別の世界とオーバーラップしていると考える様相実在論者なら、この主張に同意できるだろう。未来に関する確定した真理を得るためには未来が必要なのだが、必要なのはただひとつの未来だ。もし未来が二つあり、しかもどちらも同等に私の未来であり、どちらかを選ぶ決め手は何もなく、一方では海戦が生じるがもう一方では生じないとすれば、未来では海戦が生じるという私の主張は何を意味しうるのだろうか。これは修辞疑問ではない。われわれには三つの選択肢がある。(1)「未来で海戦が生じる」は偽である。なぜなら、「未来」は指示対象をもたない不適切な記述だからだ。(2)「未来で海戦が生じる」は真である。なぜなら、「未来」は二つの部分的な未来のどちらかを指示するのではなく、共通部分をもたない両者の和を指示し、そこでは海戦は生じるからだ。(3)「未来で海戦が生じる」は真でも偽でもない。なぜなら、「未来」の指示対象は不確定であり、不確定性を解消する方法に応じて異なる真理値が得られるからだ。何も考えなければ、三番目の選択肢(すなわち、不確定性を認めること)がもっとも良いように思われる。(少なくともこの場合は、未来に違いが生じないことがらについては、日常的な話し方が許される。どのように不確定性を解消しても同じ真理値をもつものは確定的に真か偽になるからだ。)しかし、どの選択肢をとったところで、「未来」についてわれわれがごく普通に考えることに関して、やっかいな問題が生じる。未来はひとつだけだという常識的な考えに反対する点で、複数未来説の支持者と無未来説の支持者は協力することができる。だが、複数未来説の支持者の方が良い。彼らには絶望する理由がないからである。ここで私は、未来が実在しないとか不確定だと主張する哲学者は、実際には世界の分岐を認める様相実在論者だ、と言おうとしているわけではない。だが、様相実在論の枠組みでは、そういった哲学者が言っていることの多くをうまく理解できる。よって、未来がひとつであることを否定する哲学者の動機が何であれ、それは同様に、様相実在論者が世界の分岐を認める動機にもなりうる。

偶然的内在的性質の問題が生じないように世界のオーバーラップが制限されている場合でもなお、私が世界の分岐を認めないのはなぜか。ある人にとって根拠となることは、別の人には背理法となるからだ。世界の分岐がもたらす問題とはまさに、未来はひとつだけだという日常的な前提と衝突することである。もし明日海戦が生じる未来と生じない未来がどちらも同等に私の未来ならば、明日がどちらに転ぶのかと悩むのは無意味である――どちらにも転ぶからだ。それでも私は実際に悩む。分岐説は、このように悩むことは実際に無意味であると考える人、あるいは、こう悩むことが意味をなすのはなんらかの再解釈を行なった場合だけだと考える人には適している。たとえば、本当は何が明日生じるかではなく、何が今日の時点ですでに先行決定されているかについて悩んでいるのだとすれば、海戦について悩むことは許される。だが、日常的な考え方に従って、何が未来に生じるかについて悩むことは理解できると考え、そしてこれを何が先行決定されているかについて悩むことからは区別する様相実在論者は、世界の分岐を否定し、世界の乖離を支持するだろう。世界が乖離する場合でも多くの未来が存在する。つまり、われわれの世界の最初の区間には複製がいくつもあり、そのそれぞれに後の区間が続く。しかし、乖離の場合、そうした未来のうち、本当にわれわれの未来であるのはひとつだけだ。残りはわれわれではなく、別の世界にいるわれわれの対応者の未来である。われわれの未来は、われわれ自身と同じ世界の部分をなす未来であり、この未来だけが世界をひとつにまとめる関係――（厳密であれ類比的であれ）時空的関係、あるいはひょっとすると自然的な外的関係一般――によってわれわれと結合している。この未来だけが、われわれのすることやわれわれの現在の状態から因果的な影響を受ける。われわれは、どの未来がわれわれとこの特別な関係にあるのかと悩む。われわれはその未来のことを気にするが、それと同じ仕方では、他のどの世界の未来のことも気にしない。世界の分岐（および分岐に必要なオーバーラップ）は、われわれが自分たちを自分たちの未来に関係させるやり方を無意味にするという理由で否定されるべきである。そして、オーバーラップのない世界の乖離が選ばれるべきなのである。[7]

分岐に対するそれほど重要でない反論がある。これは実際には世界のオーバーラップ一般に対する反論である。以前に述べたように、個々の世界がひとつにまとまっているのは、その部分のあいだで適切な外的関係（できれば時空的関係）が成り立っていることによる。しかし、世界がオーバーラップするならば、異なる世界の部分のあいだで時空的関係が成り立つ。たとえば、二つの別個の世界W_1とW_2の共通部分（たとえば共有されている最初の区間）をPとし、W_1の残りの部分をR_1、W_2の残りの部分をR_2としよう。このとき、世界をまとめる適切な関係がPとR_1のあいだで成り立ち、PとR_2のあいだでも成り立つ。だが、いまや二つの異なる世界の部分のあいだでも成り立つ。すなわち、世界W_1の部分でもあるPと、別の世界W_2の部分であるR_2のあいだで成り立っているのである。

もちろん、PとR_2はひとつの世界W_2の部分であるということも真である。よって、少なくとも次のように言うことができる。二つの事物が適切な関係にあるときはつねに、両者を部分としてもつ世界があるが、両者がそれ以外の世界の部分であることもありうる。いや、このことさえ言うことができるのだろうか。ある意味では、R_1とR_2はPを経由して行き来するように関係している。たとえば、R_1とR_2のあいだでは、前にあるものの後にある（successor-of-a-predecessor-of）という複合的な時間的関係が成り立っているかもしれない。それでも、R_1とR_2の両方がひとつの世界の部分であることはない。このように、世界のオーバーラップは、世界がどのようにして時空的相互関係によってひとつにまとまっているか、そして、そのために世界が複数の異なる世界の部分からなる貫世界的個体とどう異なっているかの説明を複雑にする。これは望ましいことではない。だが、別に悪いことではないと思う。世界のオーバーラップは、世界がどのようにして相互関係によってひとつにまとまっているかを説明するもっとも簡単な方法（すなわち、同値クラスの定義のメレオロジー版）を台無しにする。だが、別の説明も可能である（私がLewis（1976）で論じた時間に関するパラレルな問題では可能なように）。よって、世界のオーバーラップを受け入れたいと願う様相実在論者は、この点に関して深刻な問題を抱えてはいないとみなすことにしたい。ましてや、認めるオーバーラップを普遍者の共有だけに限れば、いかなる問題もない。世界はその部分である個別者のあいだで成り立つ時空的な（または何であれ別の）相互関係によってひとつにまとまっていると言っておけば十分である。

世界がどのようにしてひとつにまとまっているかの単純な説明を維持するのなら、分岐が生じる場合はすべての枝からなるひとつの世界があると結論することになる。これは世界の分岐ではなく、世界内の分岐である。そして枝のオーバーラップは世界のオーバーラップではない。私は世界内の分岐は受け入れられるべきだと思う。ある世界の時空がそのような形をしていることは可能であり、それが世界の可能なあり方であれば、それはある世界の実際のあり方である。ゆえに、そのような世界が存在する。だが、それがわれわれの世界だと考える理由はない。常識を尊重すれば、われわれ自身が分岐に巻き込まれているとする理論、あるいは、もし巻き込まれていないのなら、それは（広く受け入れられている理論に反して）われわれの世界が決定論的な法則によって支配されているからにほかならないとする理論を拒絶する理由が得られる。しかし、世界内で分岐が生じるというまさにその可能性を否定する必要はない。もちろん、そういう分岐が生じる世界に住む不幸な住民が「未来」についてわれわれと同じように考えているならば、彼らは痛ましいほどに欺かれてしまっているのであり、彼らが置かれた特異な状況のために、彼らが未来について常日頃考えていることは無意味になる。しかし、これは彼らの問題であり、われわれの問題ではない。世界が一般に乖離ではなく分岐するのであれば、そうなっただろうが。

　これまでに見てきた貫世界的同一性の特殊ケース、すなわち、普遍者が共有されているケースと分岐する世界が最初の区間を共有しているケースは、偶然的内在的性質の問題を回避していると私は述べた。これらはよく知られた別の問題も同様に回避している。世界のオーバーラップの支持者は、質的な類似性から貫世界的同一性が導かれると言えるのではないか、と思っているかもしれない。そう思ってはいないかもしれないが、そのように言えるかどうかは、このもの主義のトピックの一部であり、第四・四節で検討する。だが、もしそう言えるとすれば、同一性は推移的だが類似性一般は推移的でないことが問題となる。しかし、推移的でないのは近似的な類似性である。一方、普遍者が共有されるケース、および分岐する世界が最初の区間を共有しているケースは、厳密な類似性から導かれる。負の単位電荷の普遍者の二つの事例がある点で厳密に類似している場合、または、二つの世界の歴史がまったく同じように始まっているときに最初の区間が完全に一致する場合、これらを貫世界的同一性の一例とみなすのを妨げるような形式的特徴の違いはないのである。

四・三　貫世界的個体への反論

オーストラリアの高速道路のひとつ、ヒューム・ハイウェイは隣りあう二つの州の州都を結んでいる。したがって、ヒューム・ハイウェイはあるひとつの州にあり、また別の州にもある。お望みなら、これを「州を通じての同一性」と呼ぼう。つまり、ある州を走るハイウェイは別の州を走るハイウェイと同一である。言い換えれば、どちらの州も走るひとつのハイウェイがある。だが、このハイウェイのせいで二つの州がオーバーラップしているわけではない。この二つの州はどんな部分（個別者に限る）も共有していない。このハイウェイは複数の部分からなっており、そのひとつが一方の州にあり、別の部分がもう一方の州にある。どちらの州にもこのハイウェイの一部があるが、それぞれの州にある部分は同一でなく、オーバーラップさえしていない。だが、一方の部分を含むハイウェイはもう一方の部分を含むハイウェイと同一である。もっと単純に言えば、両者を部分としてもつ、ひとつのハイウェイがあるのである。

同様に、デイヴィッド・ヒューム（ヒューム・ハイウェイとは何の関係もない）は一七一一年から一七七六年まで生きていた。彼は一八世紀の前半にいたし、後半にもいた。お望みなら、これを「時間を通じての同一性」と呼ぼう。つまり、一八世紀の前半に生きていた男は後半に生きていた男と同一である。言い換えれば、前半にも後半にも生きていたひとりの男がいる。だが、この男のせいで前半と後半という二つの期間がオーバーラップしているわけではない。この二つの期間はどんな部分（個別者に限る）も共有していない。ヒュームは複数の部分からなっており、異なる時点には異なる部分がある。彼の生涯のどの時点にも彼の一部があるが、それぞれの時点にある彼の部分は同一ではなく、オーバーラップさえしていない。だが、その部分のひとつを含む男は別の部分を含む男と同一である。もっと単純に言えば、両者を部分としてもつ、ひとりの男がいるのである。

少なくとも私は（そしてヒュームも）そう主張する。もちろん、ヒュームが時間を通じて延続するというこの説明には議論の余地がある。多くの人は彼が耐続する、つまり、生涯のどの時点においても余すところなく現れており、ゆえにそれらの時点は彼を共通部分としてもつことによってオーバーラップしているという見解を支持するだろう。これはより正しい意味での「時間を通じての同一性」である。ヒュームがこのように耐続することには直観に訴えるところがあるだろう。だが――前節で論じたように――これはヒュームの一時的内在的性質に関して壊滅的な問題を生み出してしまう。耐続するヒューム、すなわち、複数の時点に位置するヒュームは、内在的には形をもたないことになってしまうのである。彼はある時点において曲がった形をしており、別の時点においてまっすぐな形をしている。だが、これらの関係は、他のものは無視して彼だけについて考えたときの彼のあり方には含まれない。私はこれを背理法とみなす。同様に、より正しい意味での「貫世界的同一性」――世界がオーバーラップすること――は、共通だとされる部分の偶然的内在的性質に関して壊滅的な問題を生み出してしまう。だが、このために世界がオーバーラップすることを否定したときでも、ヒューム・ハイウェイの州を通じての同一性やヒュームの時間を通じての同一性に対応する、より広い意味での貫世界的同一性を否定する必要はない。

この意味で貫世界的に同一であるものが実際に存在する、と私は論じる。ただし、同時に、そうした貫世界的に同一であるもののなかには、われわれ自身も、また、われわれが日常的に名指したり、述語で分類したり、量化を行なったりする他のものも含まれないと論じる。よって、私は貫世界的個体に反対するが、そうした対象が存在することを否定するのではなく――それが日常的制限なしに量化を行なうときにも反対しない――それが日常的に注目されるようなものであることを否定するのである。

私は貫世界的個体の存在を否定しないが、ある意味ではそれらが存在することはまったく不可能だと述べる。予想されるように、その「ある意味」は制限された量化と関わるものである

(制限的な修飾詞に関する第一・二節の議論を見よ)。あるものが存在することが可能なのは、それの全体が存在することが可能であるときそしてそのときに限る。この必要十分条件の後半部分は、「それの全体が存在する世界があるときそしてそのときに限る」と言い換えることができ、さらに、「その世界の部分だけを量化の対象とするときに、それの全体が存在するような世界があるときそしてそのときに限る」と言い換えることができ、さらに、「それの全体がある世界の部分のひとつであるときそしてそのときに限る」と言い換えることができ、さらに、「それがある世界の部分であるときそしてそのときに限る」と言い換えることができる――したがって、それは貫世界的個体ではない。世界の部分は可能個体である。よって、貫世界的個体は不可能個体なのである。

貫世界的個体をこの意味で「不可能」と呼ぶことは、貫世界的個体を無視することを支持する議論ではない――そのような議論は後で登場する。これは単に、用語法に関するとりきめにすぎない。仮に貫世界的個体を無視してはいけないと考えるとすれば(ひょっとするとその理由は、われわれ自身が貫世界的個体であると考えるからかもしれない)、「可能個体」にもっと包括的な意味を与えるという適切かつ簡単な方法がある。たとえば、われわれは次のように言うこともできるだろう。ある個体がある世界において存在するのは、その世界の部分だけを量化の対象としたときに、その個体の部分が少なくともひとつ存在するときそしてそのときに限る――こうすれば、貫世界的個体は可能個体とみなされるだろう[8]。

メレオロジー的な構成は無制限であると私は主張する。すなわち、複数の事物からなる昔ながらのクラスはどれも、メレオロジー的和を構成する。複数の事物が存在するときはつねに、どれほどそれらに共通点がなく無関係であろうとも、それらだけを部分としてもつ事物が存在するのである。異なる世界からとってこられたものからなるクラスでさえ、メレオロジー的和を構成できる。そのようにして構成された和は貫世界的個体である。それは、その部分を含むひとつひとつの世界とオーバーラップしており、そのため、多くの世界のひとつひとつに部分的に存在する。

われわれは、(1)互いの違いより周囲との違いの方が大きく、(2)隣接しており、(3)連結しており、(4)一緒になって動く、そうしたものからなるメレオロジー的和については、その存在を喜んで認めることができる。他方、それぞれに共通点がなく、散らばっており、別々の方向に進んでいるようなものからなるメレオロジー的和の存在を認めることには、ずっと抵抗を覚える。問題となるケースの典型は船団である。船どうしの違いより船と周囲の海との違いの方が大きく、船団は一緒になって動くが、船どうしは隣接しておらず、互いに結びついてもいない。異なる世界から集められた事物のクラスは、ひとつ目の要請事項を満たすことはありそうだが、他の三つを満たすことはまったくありそうもない。異なる世界から集められた事物は、隣接どころかどのような仕方でも時空的に関係しえないからだ。また、これらのあいだにはどのような連結力が働くこともありえないし、共同効果が生じることもありえない（第一・六節を見よ）。よって、われわれが自分たちの世界で生じるケースに関してもっている直観に合致するように構成を制限することが可能なのであれば、貫世界的な構成が禁止されることは間違いない。

　しかし、この後すぐ論じるように、われわれが自分たちの世界で生じるケースに関してもっている直観に合致するように構成を制限することは不可能だ。したがって、貫世界的な構成を禁止することは、それそのものには問題はないのだが、動機と根拠を欠くことになる。構成は完全に無制限であるという単純な原理が、正しい原理として受け入れられるべきなのである[9]。

　制限された構成には次のような問題点がある。さきほど述べた構成に関する直観的な要請事項が満たされるかどうかには、あいまい性が関わる。そもそも、どの要請事項もそれ自体としてはあいまいであり、要請事項のあいだでトレードオフをし始めると、あいまい性がさらに増える。よって、われわれの直観に合致するように構成を制限するためには、あいまいな制限が必要になる。周囲との違いや連結などの要請事項にはどこかにしきい値があり、それを越えると構成が生じることが許されるが、もしほんの少しでも届かなかったならば構成は生じなかっただろう、などと言うことはできないのである。しかし、もし構成があいまいな制限に従うのなら、構成が生じるかどうかは、ときにはあいまいな問題でなければならない。だが、じつはこれは不可能である。

　あいまい性についての唯一の理解可能な説明によれば、あいまい性は、われわれの思考や言語のなかに位置づけられる。たとえば、内陸部がどこから始まるのかがあいまいである理由は、不明確な境界をもつ内陸部なるものが存在するからではない。むしろその理由は、それぞれ異なる境界をもつものが数多く存在するが、そのうちのひとつを「内陸部」という語の公式な指示対象に選ぶことを強く主張する、などというばかげたことをしようとした人がひとりもいなかったからである[10]。あいまいであるとは、意味論的に不確定であるということなのだ。しかし、言語に関するすべてがあいまいであるわけではない。たとえば、真理関数的結合子はあいまいではない。同一性や相違性を表す語、また、オーバーラップによる部分的な同一性を表す語も同様である。量化を表す言い回しも、その量化が無制限である限りあいまいではない。いったいどうしたらこれらの表現があいまいになるのだろうか。これらの表現の意味としてわれわれが選ばなかった別の選択肢とは何なのだろうか。

　あるケースで構成が生じるかどうか、すなわち、あるクラスがメレオロジー的和を構成するのかどうか、という問いは、言語のあいまいでない部分だけを用いて述べることができる。したがって、この問いがあいまいな答えをもつことはありえない。和が存在するかしないかのどちらかなのである。ここで、構成の要請事項が満たされるか満たされないかの境界線上にあるのだから、和は存在するとも言えるが存在しないとも言える、などと主張することはできない。存在するとも言えるが存在しないとも言えるものとは、いったいどのようなものなのだろうか。構成に課される制限があいまいであることはありえないのである。しかし、あいまいな制限でなければ、それが直観的な要請事項にぴったり合うこともありえない。よって、構成に課される制限が、その制限を動機づける直観に適うことはありえない。よって、そのような制限をする理由はない。構成は無制限であり、ゆえに貫世界的個体は存在する。

（たしかに、貫世界的な構成の禁止そのものはあいまいな制限ではないので、前段落で与えた議論の犠牲にならない。しかし、貫世界的な構成の禁止そのものには動機がない。これに動機を与えるためには、一般的な制限に包摂する必要があるが、これは不可能である。なぜなら、十分な動機をもつ一般的な制限は、あったとしてもあいまいな制限だからだ。）

だから、構成ではなく量化を制限しよう。量化を制限しなければ、あいまいな存在は理解不可能である。量化を制限すれば、あいまいな存在には何の問題もない。量化を制限して、部分が全体へと統合される基準を満たさないものの存在を無視しよう。このとき、問題のクラスはメレオロジー的和をもつだろうか。もし和がその基準を文句なしに満たしているならば、答えは文句なしに「イエス」である。もし文句なしに満たしていないのならば、文句なしに「ノー」である。もしこの和が統合に関する境界例ならば、「イエス」とも「ノー」とも言えない。量化を制限しなければ、和は存在する。だが、この和があいまいに制限された量化のドメインに含まれるかどうかにあいまい性が関わってもまったく何の問題もない。量化を制限すれば、われわれの直観によって動機づけられた構成の制限が得られるのは当然のことだ。しかし、それは構成が生じないからではなく、実際には存在するもののうちのいくつかの存在がときには無視されるからである。

私の左の靴の右半分と月とイギリス女王のイヤリングすべてからなるメレオロジー的和の名前をわれわれはもっていない（私がいままさに与えたような長くて不恰好な名前を除いて）。また、このような存在者に当てはまる述語ももっていない（一部の哲学者が知っている特別な意味での「物理的対象」のような専門用語や、「存在者」または「事物」のような包括的な用語を除いては）。このような存在者が、制限された量化のドメイン内に入るのを許されることはめったにない。通常の思考や言葉遣いでは、このようなものを無視するのはとても賢明なことだ。しかし、無視したからといって、いなくなるわけではない。そして、他の多くのものを道連れにせず、本当にこれらだけを消し去ること――つまり、われわれが直観的に望むときだけクラスがメレオロジー的和をもつような理論を保持すること――は結局実行できないことなのである。

もし無制限の構成が認められるのなら、貫世界的個体を用いて対応者理論を再定式化することができる。最初は定義マニア向けの練習問題以上のものではない。まず、通常の個体――われわれ自身、および、通常の名前や述語や量化のための変項があるそれ以外のもの――が複数の世界に存在することは決してないということを引き続き仮定しよう。もちろん、他の世界に対応者がいるおかげで、通常の個体は、他の世界から見ると存在する。それでも、ひとつの世界の部分をなすだけであり、その全体が、あるいは部分（個別者に限る）が他の世界の部分をなすことはない。要するに、私のいつもの立場である。異なっているのは定式化だけだ。

（正確には、ほぼ私のいつもの立場である。単純にするために、私は前提をひとつ追加する。すなわち、対応者関係が対称的であることを前提する。また、ときには落とすこともいとわない前提を落とさずにおく。すなわち、自分自身の世界にある他のものの対応者となることはない、と前提する。これら二つの前提はどちらも、対応者関係の候補として妥当なもののいくつかに関しては正しいが、すべてに関して正しいわけではないと私は考えている。それゆえ、この二つの前提により、対応者関係の範囲を絞ることになり、対応者理論に備わっている柔軟性を少しあきらめることになる。）

以前に提案したように、その全体がひとつの世界の部分となっている個体を可能個体と呼ぼう。[11] そして、可能個体Xが貫世界的個体Yの部分であり、かつXがYの部分である他のいかなる可能個体の真部分でもないならば、XをYの段階と呼ぼう。すると、貫世界的個体の段階は、貫世界的個体がもつ可能部分の極大になる。すなわち、貫世界的個体とそれがオーバーラップしている世界とが交差している部分になる。よって、貫世界的個体は、世界ごとにせいぜいひとつの段階しかもてない。また、貫世界的個体は、段階のメレオロジー的和でもある。貫世界的個体のある段階が、別の段階の対応者となることもあるだろう。もし貫世界的個体Yのすべての段階のあいだで対応者関係が成り立つならば、Yを相互対応者関係的 (counterpart-interrelated) と呼ぼう。もしYが相互対応者関係的であり、かつ他のいかなる相互対応者関係的な貫世界的個体の真部分でもないならば（つまり、Yが極大に相互対応者関係的ならば）、Yを*可能（*-possible）個体と呼ぼう。

可能個体に当てはまる任意の述語に対し、対応する*付き述語を定義することができる。これは世界と相対的に*可能個体に当てはまる述語である。いくつか例を挙げよう。たとえば、*可能個体がWにおいて*人間であるのは、それのWにおける段階が人間であるときそしてそのときに限る。*可能個体がWにおいて*大統領選に勝利するのは、それのWにおける段階が大統領選に勝利するときそしてそのときに限る。*可能個体がWにおいて*通常の個体であるのは、それのWにおける段階が通常の個体であるときそしてそのときに限る。その個体がWにおいて*存在するのは、それのWにおける段階が存在するときそしてそのときに限る。同様に、その個体がWにおいて*丸ごと存在するのは、それのWにおける段階が丸ごと存在するときそしてそのときに限る。したがって――どの世界のどの段階も丸ごと存在するので――*可能個体はそれが*存在するどの世界でも＊丸ごと存在する（たとえどの世界でも丸ごと存在することがなくとも）。また、＊可能個体がWにおいて＊貫世界的個体でないのは、それのWにおける段階が貫世界的個体でないときそしてそのときに限る。したがって、すべての＊可能個体は（貫世界的個体ではあるものの）どの世界でも＊貫世界的個体ではない。さらに、＊可能個体が＊可能個体であるのは、それのWにおける段階が可能個体であるときそしてそのときに限る。したがって、何かが端的な＊可能個体であるのは、それが＊存在するすべての世界で＊可能個体であるときそしてそのときに限る。関係についても同様に定義できる。たとえば、ある＊可能個体が別の＊可能個体をWにおいて＊蹴るのは、前者のWにおける段階が後者のWにおける段階を蹴るときそしてそのときに限る。二つの＊可能個体がWにおいて＊同一であるのは、一方のWにおける段階がもう一方のWにおける段階と同一であるときそしてそのときに限る。この他についても同様である。

＊付き言語にはさらに二つの規約が必要である。まず、「Wにおいて」はWがわれわれの世界であるとき、しばしば省略することにする。次に、私は＊付き代名詞を＊可能個体用の変項として用い、たとえば、もしある＊男が＊別の男を＊蹴るならば、＊後者は＊彼を＊蹴り返す、などと言う。

可能個体の名前のどれについても、対応する述語が存在する。たとえば、「ハンフリー」には「ハンフリーである」、または「ソクラテス」には「ソクラテスする（Socratise）」が対応する。＊付き述語を定義する図式は、他の述語と同じように、こうした述語にも適用される。よって、＊可能個体がWにおいて＊ハンフリーであるのは、それのWにおける段階がハンフリーであるときそしてそのときに限る。「ハンフリー」がわれわれの世界のハンフリーを指すが他の世界にいる対応者は指さないとき、この定義は次のようになる。＊可能個体が＊ハンフリーであるのは、ハンフリーがそれの現実世界における段階であるときそしてそのときに限る。また、＊可能個体の名前を定義することもできるだろう。たとえば、＊ハンフリーは＊ハンフリーである可能個体である、というように。このとき問題になるのは、ハンフリーの対応者が双子であるような世界もいくつかはあるので、多くの異なる＊可能個体が＊ハンフリーとなり、ゆえに彼らは「＊ハンフリー」という名前を担う候補者として同等になってしまうことである。ここで複数形を用いて、彼らはすべて＊ハンフリーズ（＊-Humphreys）であると言うこともできる。単数形の名前の方は多義的だとみなすことにしよう。すなわち、多義性をどう解消するかに応じて＊ハンフリーズのうちの誰かを指すのである。だが、多義性が問題にならないこともよくある。＊ハンフリーズは、互いに異なっているのだが、どれもこの世界において＊同一である。したがって、どれもこの世界で＊人間であり（またはどれもそうではなく）、どれもこの世界で＊大統領選に勝利する（またはどれもそうではない）。他の点についても同様である。われわれが非様相的文脈で＊付きの名前を用いて語りうることは、多義性をどのように解消しても同じ真理値をもつ。そのような文は、それに含まれる＊付きの名前の多義性をどの方法で解消しても（略して、どの方法でも）真（または偽）である。たとえば、＊ハンフリーが＊人間であるということは、どの方法でも真であり、＊ハンフリーが＊大統領選に勝利するということは、どの方法でも偽である。

　様相的文脈では、次のことに注意しなければならない。二つの可能個体が対応者であるのは、両者を段階としてもつような＊可能個体が存在するときそしてそのときに限る（ここで私は、以前に対応者関係に課した単純化のための二つの前提を使っている）。このとき、ハンフリーが他の世界の段階を対応者としてもつのは、多義性を解消するある方法では（略して、ある方法では）その段階が＊ハンフリーに属しているときそしてそのときに限る。さて、ふだん私は次のように主張している。ハンフリーが大統領選に勝利することがありえたのは、彼が大統領選に勝利する対応者をもつときそしてそのときに限る。また、次のようにも主張している。彼が本質的に人間であるのは、彼の対応者すべてが人間であるときそしてそのときに限る。いまやこれらと同値な主張として次のように主張できる。ハンフリーが大統領選に勝利することがありえたのは、ある方法では＊ハンフリーが＊大統領選に勝利する世界があるときそしてそのときに限る。そして、彼が本質的に人間であるのは、どの方法でも＊ハンフリーは＊彼が＊存在するすべての世界において＊人間であるときそしてそのときに限る。

　だが、「大統領選に勝利することがありえた」と「本質的に人間である」は可能個体に当てはまる述語である。よって、次のようにして＊を付けることができる。＊可能個体がある世界Wにおいて＊大統領選に勝利することがありえたのは、それのWにおける段階が大統領選に勝利することがありえたときそしてそのときに限る。そして、＊可能個体がある世界Wにおいて＊本質的に人間であるのは、それのWにおける段階が本質的に人間であるときそしてそのときに限る。これで次のように主張できる。＊ハンフリーが＊大統領選に勝利することがありえたのは、ある方法では＊ハンフリーが＊大統領選に勝利する世界があるときそしてそのときに限る。そして、＊ハンフリーが＊本質的に人間であるのは、どの方法でも＊ハンフリーは＊彼が＊存在するすべての世界において＊人間であるときそしてそのときに限る。

　これで、通常の事物に対する＊が付かない述語や名前や代名詞を使用する余地はもうほとんど残っていない。というのは、この世界で何が起きているかについてだけ語るときでさえ、＊付きの語彙を使うことができるからだ[12]。ここで誰か――ここまでずっと苦労してきた植字工かもしれない――がわれわれの言語の新しい規約を提案するのが聞こえるかもしれない。少なくとも哲学研究室の外で使われるときは、＊を全部とってしまえ、と。そうしたまえ。すると、私が正しいと考える学説は以下のものとなる。

　ハンフリーは可能個体である。彼は通常の個体であり、貫世界的個体ではない。彼は存在する。彼は多くの世界において存在し、彼が存在するどの世界でも丸ごと存在する。彼は人間である。彼は本質的に人間である。なぜなら、どの方法でも彼が存在するすべての世界で彼は人間だからだ。彼は大統領選に敗北した。だが、彼が勝利することもありえた。なぜなら、ある方法では彼が勝利する世界があるからだ。どの方法でもハンフリーはハンフリーと同一である。しかし、ある方法ではハンフリーがハンフリーと同一でない世界もある。

きっと「貫世界的同一性」の熱狂的な支持者は対応者理論よりもこの新しい理論を好むことだろうが、それは考え違いだ。この理論は対応者理論にほかならないのである。(13) 新しい用語法は新しい理論ではない。ウマのしっぽは足であると言ったからといって、ウマは五本足にならない。ハンフリーは多くの世界で丸ごと存在すると言ったからといって、世界はオーバーラップしない。私の言葉がまさに何を意味するよう意図されているかはもう伝えた。私の言葉の所有者は私である。だから、本当は別のことを意味するのではないかという希望をもつにはおよばない。

ここで次の問いが生じる。対応者理論をこのように言い直せることを教えることによって、貫世界的同一性の熱狂的な支持者を、わずかでも対応者理論の方に惹きつけるべきだろうか。おそらくそうすべきではない。反対者が主張したいことと言葉の上での合意を得ることができれば、多少寛大に再解釈されるという代償を支払うことにはなるが、それでもなお理論のもっともらしさが増すことはありうる。しかし、このケースでは、もっともらしさを増やすには再解釈が乱暴すぎる。さらに、望まれているのが貫世界的同一性であれば、ある議論の余地のない意味でそのことに私はずっと合意してきた。ハンフリー――彼その人であり、その全体――は多くの世界から見て（丸ごと）存在する。多くの世界が彼を存在するものとして事象表象する。この事象表象は対応者によって行なわれるのだが、それでも事象表象であることには変わりない。これは、貫世界的同一性の熱狂的な支持者に、彼らが望んでいると言っているものを与える比較的まともな方法である。

これまで私は対応者理論を再定式化してきた。最初の再定式化は無害であり、次の再定式化はごまかしである。しかしここで、私は次のような誤りを犯したと言われるかもしれない。＊付き言語の＊なしの省略版にようやくたどりついたとき、私はわれわれの日常言語のまがいものをつくりあげたのではなかった。むしろ、それはわれわれの言語だったのだ。私はわが家に戻ってきたのであり、そうしてはじめてその場所のことを知ったのである。われわれ自身も、われわれが日常的に名指し、述語で分類し、量化を行なうそれ以外のものも、対応者関係によってひとつにまとめられた貫世界的個体にほかならない。このようなものを無視するのはまったくの誤りである。もしそんなことをすれば、とりわけわれわれ自身を無視することになってしまうだろう。無視すべきであり、制限された量化の範囲から外しておくべきものがあるとすれば、それは貫世界的個体の段階である。

通常の事物が段階のあいだで成り立つ対応者関係によって統合された貫世界的個体であるという理論は、実際には私の理論とは異なる理論だ。だが、両者の違いは限られている。何が存在するかについて食い違いはない。様相の分析についても食い違いはない。あるのは、広範囲にわたる意味論的食い違いだ。これは、私と反対者がどちらも存在すると信じているもののうち、人、棒、石などと呼ぶことが適切なのはどれなのかについての食い違いである。

クワインは Quine (1976) で、通常の事物を、時間や空間を通じて延続するのと同じように、オーバーラップしない世界を通じて延続する貫世界的個体として扱う様相実在論を描いている。これは、彼がそうした立場を支持しているということではない。単に彼は、様相実在論がそうしたものであることを当然視しているのだ。[14] これは、彼が時間と様相が類比的であることを指針としているせいである。時間の場合、われわれは自分たちのことを瞬間的段階ではなく、段階の貫時間的和だと考える(その通りだ)。よって、様相の場合でも同じように言うべきだ(そうだろうか)。だが、結局この類比はそれほど完璧には成り立っていないことが分かる。和として統合されることには、時間の場合より様相の場合の方が多くの問題がある(これもその通りだ)。様相実在論の場合はさらにまずいことになる(いや、この類比にどこまでも従うとさらにまずいことになるだけだ)。

話を進めるために、意見が分かれる点ではあるが、われわれが異なる時点において異なる時間的段階をもつことによって延続することを認めることにしよう。そうしなければ、クワインが支持する時間と様相の類比は始まることすらないからだ。(これに加えてわれわれが貫世界的個体であれば、われわれは二重の和ということになる。すなわち、われわれは異なる世界にある段階からなり、さらにその段階はひとつの世界の異なる時点における段階からなる。もちろんこの段階も空間的部分からなるのだが。)これを認めたところで、和として統合されることには、時間の場合より様相の場合の方が多くの問題がある。以下の三種類の問題がそれである。

(1)時間を通じて延続する通常の事物は、時間的部分が統合されたものである。この統合には、質的な類似性関係と同じぐらい因果的依存関係も関わっている。じっさい、この二つの関係は一体となって関わっている。事物の変化が徐々にしか生じない理由はほぼ、どの時点におけるあり方も、その直前の時点におけるあり方に因果的に依存しており、この依存関係が全般的には保存的であることだ。しかしながら、対応者を統合する貫世界的因果関係が成り立つことはありえない。対応者を貫世界的個体へと統合することができるのは類似性だけである。

(2)類似性による統合が生じている延続に話を限れば、遠く離れた段階のあいだで長距離の類似性が成り立つかどうかは、それほど重要ではない。むしろ重要なのは、ある一次元の順序のもとで隣接している段階のあいだで成り立つ短距離の類似性をたくさん積み重ねることによって、遠く離れた段階をつなぐことができるかどうかである。つまり、ほとんどの変化は徐々にしか生じないが、全体としてはそれほど制限されないのである。ところが様相の場合、そのような一次元の順序はない。したがって、段階をつなぐ経路のあいだに優劣はない。そして、論理空間では生じうることのすべてが実際に生じる。よって、短距離の類似性を連鎖させて段階をつなぐことがあまりに簡単になる。事実上、どんな段階からどんな段階にもつなぐことができてしまう。したがって、このようなつながりは無視しなければならない。なので、貫世界的個体として統合されるかどうかは、段階のあいだで直接に成り立つ類似性によって決まるのでなければならない（クワインの反論はこのことに基づいている）。

(3)時間的な延続では病的なケースが生じうる。すなわち、分裂、融合、別の人物に徐々に変わっていく、といったケースである。このようなケースが生じるのは、段階を統合する関係が推移的でないために、延続する二人の別個の人物がオーバーラップしてしまうときである。では、二人（またはそれ以上）の人物が共有する段階があるときは、どのように言えばよいだろうか。厳密に言えば、そこにはその段階を通じて二人の人物がいる。しかし、二人いるという事実は、問題の時点にとっては外在的なことがらである。どう考えても、そこにいるのはひとりとしか思われない。われわれは何か直観に反することを言わなければならないのだろうが、ここで迫られているのは苦渋の選択である。「そこには二人いる」と言ってもよいだろうし、「そこにいるのはひとりだが、じつは人ではなく段階を数えている」と言ってもよいだろう。また、「そこにいるのはひとりで、人を数えているが、そこにいる全員を数えているわけではない」と言ってもよいだろうし、「そこにいるのはひとりで、人を数えているが、同一性によって数えているのではない」（Lewis（1976）を見よ）と言ってもよいだろう。たしかに、これらのうちのどれかを言わなければならないのは愉快なことではない。しかし、結局のところわれわれが語ろうとしているのは、SFや哲学の例を除けば決して生じない例である。とすると、奇妙な例に奇妙な記述を与えなければならないことは、そんなに悪いことなのだろうか。われわれがふだんうまくやっていけるのは、通常のケースが病的ではないからである。だが、様相では話が異なる。いたるところに異常があるのである。この世界の事物が互いに対応者ではない二つの対応者をもつときはつねに、二つの別個の極大に相互対応者関係的な貫世界的個体が、この世界の段階を共有している。こんなことが生じるのは、この世界の段階が他の世界で双子の対応者をもつからである。何かがどこかの世界で双子の対応者をもたずに済むにはどうすればいいのか、対応者関係の適切な候補となる条件に何かとても強い制限をかけること以外の方法があれば私も知りたい。また、お互いには対応者ではない二つの対応者を異なる世界においてもつことは、もっと簡単に生じうるだろう。対応者関係が成り立つかどうかは、なんらかの類似性によって決まる。そして、小さな違いの積み重ねが大きな違いになるので、当然ながら推移性は成立しない。それゆえ、時間の場合にはこじつけめいた話でしかなかったのに、様相の場合はつねに（あるいはほとんどつねに）、数え方について苦渋の選択を迫られることになる。もし貫世界的個体がたいていの場合は無視される奇妙なものであれば、段階が共有されている世界に注目して貫世界的個体を数えるときにパズルが生じても、特に害はない。しかし、貫世界的個体はわれわれには無視できない通常の事物だと言われれば、こういったパズルはさらにもっと不愉快なものとなる。

以上の三つの考察は一般的なものである。これらは、われわれが貫世界的個体であるという説に対しても、棒や石が貫世界的個体であるという説に対しても、同等に当てはまる。だが、われわれ自身に関しては、第四の考察がある。この世界で私の様々な時間的部分がもっている様々な欲求について考えてみよう。もちろんそういった欲求は異なっている。だが、共通の目的もたくさんある。段階は、以前の段階がもつ欲求のうち自分が記憶しているものを満たしたいと（ある程度は）望む。私が今日何かのために努力するのは主に、昨日それを望んでいたからである。三日坊主にならないとはそういうことである。また段階は、以後の段階がもつ欲求のうち自分が予見しているものを満たしたいと（かなりの程度）望む。思慮するとはそういうことである。もちろん、「みんなはひとりのために、ひとりはみんなのために」というほどではない——私はこの原稿を発送している未来の自分をどれだけ羨ましいと思っていることか！——だが、かなりの程度はそうなのだ。たとえ欲求をもつのが第一には瞬間的段階であっても、延続する人は集合的な自己利益をもちうる。ところが、世界をまたぐとそうではない。この世界にいる私自身には、他の世界にいる対応者の目的を自分の目的にする傾向などまったくない。対応者全員の幸運を祈るどころか、自分がもっとも幸運であることを望むのである。共通の目的などない。この貫世界的な人だとされている対象は、対応者関係によってどれほどしっかりと統合されていようとも、自己利益をもちうるような統合された自己をもたないのである。どうしてそんなことが可能だろうか。部分のあいだに因果的な結合が完全になく、それぞれの部分に対する運不運の分配には偶然的な要素がまったくないのだ。われわれが自己について考えるときのいつものやり方で貫世界的和について考えるのは、奇妙なことだろうし、無意味なことだろう。これが、貫世界的個体を無視すべき奇妙なものとして脇においておくことの、もうひとつの理由である。

最後の、そしてもっとも単純な理由は、通常の事物を貫世界的個体にしてしまう様相実在論は、一般人の意見と不必要に食い違うことである。結局のところ、われわれ全員が様相実在論者なのではない。様相実在論者でない人は（代用主義者でさえ）通常の事物が多くの世界に部分をもつなどと考えることはできないだろう。様相実在論者にとって、人や棒や石を他の理論の支持者とまったく同じように考えることができるのなら、その方がよいのである。

四・四　このもの主義への反論

次の有名な一節において、デイヴィッド・カプランは「このもの主義（haecceitism）」という用語を導入した。

ある可能世界に存在する可能個体が別の可能世界にも存在するのかという問いを、一方の世界に存在する諸個体の属性や振る舞いと他方の世界に存在する諸個体の属性や振る舞いとを比較することなしに有意味に問うことができるのかについて、意見の食い違いがあるように思われる。ある見解によれば、別の可能世界にいるのと同じ個体はこれであるかどうかを、共通の属性や振る舞いに言及することなしに、有意味に問うことができる。また、個体は、物理的な空間や時間のなかで広がっているのとまったく同じように、論理空間のなかでも（すなわち複数の可能世界を通して）広がっているとみなすことができる。さらに、共通の「これ性」を持つ個体が非常に異なっていることもあるし、別個の「これ性」を持つ個体が非常に似ていることもある。この見解を、私は「このもの主義」と呼ぶ。……これと対立する見解、「反このもの主義」によれば、別個の可能世界にいる複数の対象に適用される貫世界的存在という概念はない。もちろん、それらは共通の概念によって結びつけられるかもしれない。アイゼンハワーとニクソンは、合衆国大統領という概念によって、二つの時点にまたがって結びつけられる。しかし彼らは、みずからが所属する政党のなかでもっとも求心力のある成員という概念によって、同じ二つの時点において区別される。一般に、いかなる対象どうしも、多くの概念によって結びつけられ、また多くの概念によって区別される。どちらも、それぞれの環境において、互いを似せて見せる属性という衣をまとっているかもしれないが、その衣の下に互いに同一であったり異なっていたりするような形而上学的実在は存在しない。われわれは、自分の興味に従って、異なる世界に存在する個体を同一視するかもしれない。しかし、そのときわれわれは、反このもの主義が認めるリストにはないもの――貫世界的継続体（continuant）――を創り出しているのである。反このもの主義は、いかなる可能個体も二つ以上の可能世界に存在しないと主張している、と思われるかもしれない。しかしこの主張は、極端に厳格な形而上学的決定論に固執する、このもの主義の特殊なバージョンのために確保しておくのが適切だろう。（Kaplan 1975 : pp. 722-3）

私自身の立場は、カプランが念頭に置いていたのとほぼ同じ意味で、反このもの主義とみなすことができる。また、カプランの用語法はすでにかなり普及しており、踏襲する価値があると思う。しかし、先に進む前に、カプランがこのもの主義に与えた数多くの特徴づけをふるいにかけて、主要なものを選び出しておく必要がある。

　私の考えでは、このもの主義の主要な見解はスーパーヴィーニエンステーゼの否定である。世界――本物であれ代用であれ――が互いに異なりうる二つの仕方を区別することについては、全員が同意する。まず、(1)世界は質的特徴において異なりうる（代用主義的に言えば、世界は、具体的世界に帰属させる質的特徴において異なりうる）。すなわち、世界が呈する（あるいは表象する）自然的な内在的性質と外的関係の例化パターンは異なりうる。そしてその結果、どのような種類のものが存在するか、様々な種類のものがどのように時空的に配置され因果的に関係しているかについて、食い違っていることがありうる。[15] 質的述語やそれらを無限に複雑に組み合わせるさいのリソースにおいて欠けるところはないが、事物に対する固有名を完全に欠いた強力な言語を考えよう。質的な違いとは、この強力な言語による記述で捉えることのできる違いということになるだろう。また、(2)世界は様々な個体（少なくともこの世界の個体、あるいはそのようなものがあるなら他の世界の個体）に関して何を事象表象するかという点においても異なりうる。たとえば、本物の世界や代用世界による事象表象をどう説明するかにかかわらず、ハンフリー（われわれの世界のあのハンフリー）に関して彼が大統領選に勝つと事象表象する世界もあれば、彼に関して彼が負けると事象表象する世界もある。さて、こうした二つの異なり方の間には、どのような関係が成立するだろうか。事象表象は質的特徴にスーパーヴィーンするのだろうか。二つの世界が事象表象において異なるのは、それらが質的特徴において異なっているからなのだろうか。あるいは、質的特徴において異なることなしに事象表象において異なることも、ときにはあるのだろうか。二つの世界が、質的特徴においてまったく異ならないが、ある個体に関して何を事象表象するかということにおいて異なるとき、このことをこのもの主義的違いと呼ぼう。私の提案する言葉遣いに従えば、このもの主義とは、世界のあいだにこのもの主義的違いが存在しうるという見解である。また、反このもの主義とは、そのような相異は決して存在しえないという見解である。

　われわれが目下取り組むべき問題がこのように設定されるなら、取り組む必要のない問題もたくさんあることになる。われわれが採用することのできる代替的立場の範囲を必要以上に狭く見積もらないように、いくつかの問題を区別しておくのは有益だろう。

　(1)このもの主義は、次のような議論の余地のない意味での貫世界的同一性の学説と同じではない。すなわち、多くの世界（本物であれ代用であれ）が、ひとつの同じ個体に関して、それが存在しこれやあれをすると事象表象するという学説と同じではない。このようなことは、事象表象が質的特徴にスーパーヴィーンしてもしなくても言えることである。同様に、同じものが多くの世界から見て存在するということを否定する「極端に厳格な決定論」は、反このもの主義ではない（私の定義では、この主張は、質的に識別不可能な世界が複数存在するという主張と組み合わされない限り、このもの主義でもない）。

事象表象は正当な概念である、すなわち、世界を分類し、そのどれについて考えるかを規定するさいに何のためらいもなく用いることが許されるような概念である、と認めても、それだけではこのもの主義を主張したことにならないのはなおさらである。したがって、個体に言及することによって世界を特定することはまったく正当かつ適切であるとクリプキが強調するとき[16]（このような世界の特定をクリプキ的特定と呼ぼう）、彼はこのもの主義（と私が呼ぶもの）をめぐるいかなる論争にも参加していないし、いかなる反このもの主義者も彼に同意することをためらう必要はない。一組のイヌのなかの一匹を「醜いイヌ」と特定しつつ、美的性質が形や色にスーパーヴィーンするかどうかをめぐる論争に参加しないことは適切であるということに、われわれはみな同意できる。これと同じである。

たしかに反このもの主義は、世界のいかなるクリプキ的特定も原理的には質的特定によって置き換えることができるということを含意する。しかし、クリプキ的特定の実行者がその質的特定を具体的に把握しているとか、それを発見できるといったことは含意しないし、その質的特定が有限の語彙で表現されうるということさえ含意しない。反このもの主義が正しいとしてもクリプキ的特定が実際上は不可欠であると予想される理由が二つある。第一に、スーパーヴィーニエンスでは、クリプキ的特定に有限の定義を与えることはできない（扱いやすく簡潔な定義を与えることができないのは言うまでもない）。第二に、反このもの主義者が考えるクリプキ的特定は、この世界のものがもつ完全には知られていない質的特徴に暗黙的に言及している。アナロジーをひとつ挙げよう。過去のいかなるイラン国王が有していたよりも富を有している男たちのクラスを考えよ。私はいま、そうした男たちのクラスを特定することに成功した。これと同じクラスは、ドル建ての純資産によっても特定することができただろう。しかし、イラン国王の正確な財政状況はきちんと守られた秘密であったから、私には前者の特定を後者の特定で置き換えることはできない。同じことは、ハンフリーの完全には知られていない現実の質的特徴とある種の関係をもつ内在的な質的特徴や外在的な質的特徴を備えた男たちのクラスを特定するさいにも生じる。あるいはまた、そうした男たちが大統領選に勝つ世界のクラスを特定するさいにも生じる。この最後のケースが、反このもの主義的なやり方で理解されたクリプキ的特定である。

クリプキ的特定は正当かつ不可欠なものである。ここに問題はない。しかし、もし誰かが、質的に識別不可能な世界をクリプキ的特定によって識別できると主張するなら、そのときは、そしてそのときに限り、反このもの主義は異議を唱えなければならない。もっとも、そのときでさえ、反このもの主義はクリプキ的特定そのものに異議を唱える必要はない。反このもの主義は、後で見るように、クリプキ的特定を許容しつつ、特定されるのが可能世界でなければならないという前提に異議を唱えることができるのである。

(2)このもの主義は、第四・二節で検討した、議論の余地のある意味での（すなわち世界のオーバーラップという意味での）貫世界的同一性の学説とも同じではない。このもの主義を採用するひとつの方法は、世界の複数性と世界のオーバーラップを受け入れ、このもの主義的違いを異なる世界の共通部分によって説明することであろう。しかし他の方法もある。もっとありそうなのは、このもの主義者がある種の代用主義を採用することである。代用世界は、それがハンフリーについて言うことにおいて互いにこのもの主義的に異なるかもしれない。しかし、ハンフリー自身は、彼について言うことが食い違っている代用世界の共通部分ではない。もしそうだとしても、同じ単語が多くのテキストに共通しているという、無関係な意味においてのみである。

(3)反このもの主義を、事象表象は質的特徴によって決定されるという学説として提示できるかもしれない。しかしこのとき、事象表象が何かによって完全に決定されるということが意味されてはならない。反このもの主義の学説は、決定がなされるなら決定しているのは質的特徴である、という主張にすぎない。質的特徴による決定がなされないところでは、決定そのものがなされないのである。このもの主義は、世界のなんらかの非質的側面が、事象表象を決定するさいに少なくともなんらかの貢献をする、と主張する。反このもの主義はこれを否定する。これはひとつの争点である。決定の範囲というのは、また別の争点である。

この点は、スーパーヴィーニエンステーゼ一般について言える。唯物論者として私が心的事実は物理的事実によって完全に決定されると言うとき（ただし、われわれの世界にとってエイリアンな性質が存在する世界は考えない）、私は心的事実が完全に決定されると主張する必要はない。混乱したフレッドが父親を愛しているのかそれとも憎んでいるのかという問いには正しい答えが存在しない、ということを私は認めることができるのである。彼が愛しているとか彼が憎んでいるということは、内容を割り当てる適格なシステムのどれが物理的事実にもっとも良く適合するかによって決まる。しかし、フレッドのケースでは、二つのシステムが同じ程度に良く適合し、競合している他の適格なシステムよりも同じ程度に良く適合し、しかも、一方によれば彼は愛していることになり、他方によれば彼は憎んでいることになるのである。したがって、物理的事実が真にするのは、彼が愛しているということや彼が憎んでいるということではなく、むしろ、彼が簡単にどちらとは言えないような混乱した不確定な状態にあるということだ。フレッドの陥っている状態を何と呼ぶべきか、まだ定まっていない。そういうわけで、単純な素朴心理学の言語で語られたフレッドについての話は、われわれの意味論の不確定性に由来する真理値ギャップによって穴だらけになっている。しかし、物理主義にとっては何の心配もない。というのも、心的な真理の全体は、依然として物理学にスーパーヴィーンするからである。そして他にも物理学にスーパーヴィーンするものがある。すなわち、不確定性の範囲についての全体的な真理、言い換えれば、ある単純な心的記述が、唯一の正しい選択が存在しないような記述のクラスに入るかどうかについての全体的な真理、こうしたものもまた物理学にスーパーヴィーンするのである。

事象表象がどのように決定されようとも、すなわち、質的特徴によってであろうと、非質的な決定要因によってであろうと、あるいはその両者によってであろうと、決定の問題は依然として存在する。ここで生じるもろもろの問いは、決定の程度だけに関係している。（本物のあるいは代用的な）世界の本性や事象表象について様々な理論があるが、このもの主義的違いを許す理論が決定の程度についても（歓迎すべきあるいはそうでない）何かを含意することが判明するかもしれない。このもの主義的違いを排除する理論についても同様である。決定の問題については、次の節で取り上げる。

(4)反このもの主義は、いかなる意味においても、不可識別者同一の原理を含意しない。逆の含意であれば、たしかに成立する。というのも、二つの別個の世界が質的特徴において正確に似ているということがありえないのであれば、そうした二つの世界が事象表象において異なることもなおさらありえず、したがって反このもの主義が自動的に帰結するからである。しかし、反このもの主義は、質的に識別不可能な世界が存在するかどうかについては中立的である。質的に似ているだけでなく事象表象においても似ている限り、任意の数の識別不可能な世界が存在しうる。世界がこの両方の点において似ているなら、おそらくそれらはまったく識別できないだろう――他にどのような点において異なりうるだろうか。

ことによると、互いに識別不可能な世界がたくさん存在し、それゆえ、世界はわれわれが思うよりも豊富に存在するかもしれない。しかし、存在すると仮定しても存在しないと仮定しても、いかなる理論的利益も得られないだろう。したがって私は、この問いについては不可知論をとり続けることをお勧めしたい[17]。

本物の世界ではなく代用世界を考える場合は、不可識別者の同一性が反このもの主義を含意すると言うことによってわれわれが何を意味するのかについて注意を要する。というのも、代用世界の（関連する）質的特徴は、その代用世界自身がもつ質的特徴ではないということを思い出そう。それは、その代用世界が正しくあるいは誤って具体的世界に帰属させる性質である。すべての代用世界がどれも、語られるべき質的特徴を持たない抽象的単純者であるとしよう。それでもなお、具体的世界をなんらかの仕方で異なって表象するなら、それらは関連する意味において質的に異なるかもしれないのである。あるいは、代用世界が言語的構成物であるなら、二つの代用世界は、節の順序、同義語の選択などにおいて異なっているのに[18]、それでもなお、具体的世界の質的特徴についてまったく同じことを語るかもしれない。したがって、不可識別な代用世界の同一性（これは反このもの主義にとって十分ではあるが必要ではなかった）は、通常考えられている不可識別者同一性の問題とはほとんど関係がない。

(5)その名称にもかかわらず、このもの主義はこのもの性（haecceity）を受け入れることと同じではない。すなわち、個々の個体を区別する「これ性」という非質的性質を受け入れることと同じではない。[19] たしかに、このもの性を用いてこのもの主義の主張を展開し、二つの世界がこのもの主義的に異なるとき、両者はどのこのもの性がどの質的性質と共に例化されているかについて食い違っているのである、と言うことはできる。しかし、このもの主義者は非質的性質の存在を信じる必要はない。ある種の唯名論をとり、性質を完全に拒絶することもできるのである。

反対に、このもの性の存在を信じるためにこのもの主義者である必要はない。私はこのもの主義者ではまったくないが、（性質についてのひとつの正当な捉え方――これについては第一・五節を見よ――に基づき）可能個体のいかなる集合にも、ある性質が対応すると考えている。この性質を、私は個体の集合そのものと同一視する。したがって、いかなる意味においても質的に描かれることのない性質が存在することになる。そして、これらのいくつかは、この世界（あるいは他の世界）の個体のもつこのもの性なのである。ひとつの個体の単位集合は、とりわけ厳密な種類のこのもの性である。また、いかなる個体といかなる対応者関係についても、その個体とそのすべての対応者とからなる集合がひとつ対応する。これは、もう少し厳密でない種類のこのもの性である。

(6)正確に言えば、反このもの主義は、極大には特定しない世界、すなわち「ミニ世界」については反このもの主義を含意しない。多くの場合、限定的な目的のために、いくつかの相違点を無視して、複数の可能世界をひとつのものとみなすことは便利でありかつまったく無害である。本物の様相実在論では、そのように抽象化されたミニ世界は、世界そのものよりも大きなものであるかもしれない。すなわち、無視された点でのみ互いに異なる世界からなる同値クラスであるかもしれない。言語的代用主義では、ミニ世界は世界そのものより小さなものであるかもしれない。すなわち、完全な記述（これはそれ自体が代用世界である）と対照的に、省略された言語的記述であるかもしれない。（図像的代用主義では、ミニ世界は再び同値クラスとなるだろう。魔術的代用主義では、ミニ世界は抽象的単純者の代数の極大よりも小さいエレメントとなるだろう。）クリプキは、学校で学ぶ初歩的な例を挙げている。

二つの普通のサイコロ……を振ると、目の数が二つ現れる。おのおののサイコロにつき、六つの可能な結果がある。したがって、現れる目の数に関する限り、一対のサイコロには三六の可能な状態があることになるが、これらの状態のうちただひとつだけが現実に振られたサイコロの現れ方に対応する。われわれはみな学校で、様々な出来事の確率を（諸状態の等確率性を仮定して）計算する方法を習った。……さて、こうした確率の練習問題を学校でやるさいに、われわれはじっさい、幼い年齢で一組の（ミニチュアの）「可能世界」に引きあわされたのである。世界に関して、二つのサイコロとそれらが出す目以外のすべてのことを（仮に）無視する限り……そのサイコロの三六の可能な状態は、文字通り三六の「可能世界」だと言える。さて、この初歩的ケースでは、ある種の混乱を避けることができる。……現実の状態をも含めて三六個の可能性は、サイコロの（抽象的）状態なのであって、複合的な物理的対象ではないのである。また、どんな生徒も、「サイコロAが六でサイコロBが五の状態にある時、六であるのがサイコロAであるかサイコロBであるか、どうすれば分かるのですか。五のサイコロではなく六のサイコロがサイコロAであると同定するには『貫状態的同一性の規準』が必要ではないですか」などと質問したからといって、高い点をもらうべきではない。答えはもちろん、その状態（サイコロAが六、サイコロBが五）はそのようなものとして与えられている（そしてもうひとつの状態（サイコロBが六、サイコロAが五）とは区別されている）、というものである。それ以上のなんらかの「貫状態的同一性の規準」を要求することは、あまりにも混乱しており、どんな優秀な生徒も、そんな質問をするほどひねくれた哲学屋ではないだろう。単に、「可能性」は質的に与えられはしない、というだけの話である。……もし可能性が質的に与えられたとしたら、異なる可能性は三六ではなく、二一にすぎなかっただろう。
（Kripke 1980 : pp. 16–17［邦訳、pp. 17–20］）

私は以上のいずれの点にも反論しない（ただし、私なら、その哲学的な生徒に、彼の考え方が誤っているにもかかわらず高得点を与えるだろう）。この単純なケースにおいては、私もまた代用主義を採用できる。なぜなら、これらのミニ世界を区別するのに十分なリソースと、純粋に構文論的な整合性のテストとを備えた世界作成言語を考案することには何の問題もないからである。この言語の文は、まさに引用文中の例のような形式、すなわち「サイコロAが六、サイコロBが五」のような形式をもつかもしれない。私もまた、二つのサイコロのおのおのについて何を事象表象するかによって三六のミニ世界を特定することにやぶさかではない。また、そうすることによって、いかなる質的な違いによることもなくミニ世界を区別することにもやぶさかではない。もちろん、二つのサイコロの製造元、来歴、位置、正確な大きさと形の違いのような、われわれが無視することで一致した無数の質的な違いを除くならばだが。

しかし、こうしたことが形而上学の論争に何か関係するのだろうか。もし無視することがわれわれの形而上学の戦略であるなら、好きなものを無視することができるし、好きなものに関心を向けることができる。根底にある違いを無視し、それらにスーパーヴィーンする他の違いに関心を向けることには何の問題もない。その場合、他の違いがスーパーヴィーンしているということは、われわれが無視していることの一部になるだろう。心的なものは物的なものにスーパーヴィーンするかもしれないが、そして実際にスーパーヴィーンすると私は確信しているが、それでも、ときに私はあえて人々の心的生活に関心を向け、心的生活の物理的基盤を無視する。事象表象は質的特徴にスーパーヴィーンするかもしれないが、そして実際にスーパーヴィーンすると私は確信しているが、それでもこのことは、われわれが事象表象に関心を向けたり、質的特徴を無視したり、事象表象において一致するが質的に異なる世界をひとつのものとみなしたり、こうした同一視を適当な非質的用語によって特定したりしてはいけないということの理由にはまったくならない。われわれはそうしてもよいし、実際にそうするのである。

クリプキと私のあいだの対立は代表的このもの主義者と代表的反このもの主義者のあいだの対立である、という印象を多くの人がもってきたかもしれない（私自身もまた、ときにそうした印象をもったことがある）。しかし、これは正しくない。クリプキは、このもの主義（と私が呼ぶもの）と緩やかに関連づけられるいくつかの見解を精力的に擁護しているが、私もまたそれらの見解を受け入れる。それだけで「このもの主義者」と呼ばれるのに十分であるなら、われわれは二人ともこのもの主義者であり、役に立つ用語が廃棄され、新しいものと取り替えられなければならなくなる。主な論点、すなわち、世界のあいだのこのもの主義的違いについては、私はこれを拒否するが、クリプキもまたこれを受け入れてはいない。クリプキは、このもの主義的違いを拒否する理由のひとつを拒否するだけである。さらに、彼は自分が中立的であることを明言してもいる。

世界全体の可能な状態については、サイコロのケースと同じように、質的には同一だが別個の（反事実的）状態がある、と無条件に主張するつもりはない。私が主張しているのは、質的には同一だが別個の世界を排除する哲学的議論があるとすれば、その議論は、可能世界は純粋に質的に規定されなければならないという仮定にだけ基づくことはできない、ということである。私が擁護しているのは、質的には同一だが別個の世界が実際にあろうがなかろうが、可能世界は、質的にだけでなく、個体によっても与えられるということの妥当性である。（Kripke 1980：p. 18［邦訳、p. 201］）

私はこの一節を、このもの主義に対して中立であることの表明と読む。なぜなら、問題となっている「質的には同一だが別個の世界」とは、このもの主義的に異なる別個の世界であって、いかなる仕方でも異ならない別個の世界ではない、ということをクリプキは前提している、と私は考えるからである。可能世界はなんらかの意味で「抽象的である」とする彼の主張に照らせば、彼は後者のケースを除外するはずである。

このもの主義を擁護して言うべき主要な点は単に、直観的には否定しがたいこのもの主義的違いの事例が実際にあるように思われる、ということである。たとえば、われわれの世界が一方向に永劫回帰する（最初の時代はあるが最後の時代はない）世界であるとしよう。われわれは、複数の時代のうちのひとつに生きている。どの時代だろうか。多くの可能性があり、そのうちのひとつが現実であるように思われる。われわれの時代は、実際には一七番目の時代かもしれない。しかし、われわれは一三七番目の時代に生きていたこともありえただろう。したがって、われわれの世界と質的にちょうど同じ可能世界――すべてが互いに正確に類似しており、われわれの世界の時代と正確に類似している時代の無限連鎖――があるように思われる。しかし、この世界は、われわれについて、一七番目ではなく一三七番目の時代に生きているものとして事象表象する。したがって、この世界とわれわれの世界との違いは、このもの主義的違いである。われわれの世界が本当は永劫回帰するような世界でないとしても問題ではない。というのも、このもの主義は、われわれの世界だけについての主張ではなく、すべての世界についての主張であり、したがって、どの世界がわれわれの世界であるかということに応じて偶然的になるような主張ではないからである。

このもの主義に反対して言うべき主要な点は単に、様々なかたちの本物のあるいは代用主義的な様相実在論を検討すると、このもの主義的違いとなじみのよい様相実在論は、他の論拠によって深刻な難点を抱えていることがすでに確認された様相実在論であることが分かる、ということである。さらに、このもの主義に代わる、より安上がりな立場があることが分かる。このもの主義者が求めている違いと非常に近いものを、そうした違いを世界のあいだのこのもの主義的違いとみなすことによって生じる難点を抱えることなく与えることができるのである。そういうわけで、われわれがこのもの主義を拒否すべきなのは、なんらかの非常に直接的な理由によってではない。そうではなく、より安上がりな代案と比べたときにこのもの主義がもつ直観的な優位性――そうした優位性が実際にあるとして――が、その優位性を損なってあまりあるほど多くの難点をわれわれに与えるという理由によってである。

まず第一に、世界のオーバーラップを認める本物の様相実在論は、このもの主義的違いとなじみがよい。この見解の支持者が――そのような支持者がいるとして――このもの主義を受け入れない理由はない。このもの主義的違いは、質的に区別できない世界の異なる部分によって説明することができる。二本の複製の紐がひとつの点を共有し、一方はその点を真ん中に持ち、他方はその点を末端に持つということが可能であるのとちょうど同じように、

二つの複製世界がひとつの個体を共有し、一方はその個体を一七番目の時代にもち、他方はその個体を一三七番目の時代にもつということが可能である。また、それによって、その二つの世界が、どの時代が彼の時代であると事象表象するかという点で異なることが可能である。そして、共有された点が最初の二つの複製である第三の紐の部分ではないかもしれないのとちょうど同じように、

・・・・・

共有された個体は、はじめの二つの複製である三つ目の世界の部分ではないかもしれない。またそれによって、その三つ目の世界は、彼について、彼はまったく存在しないものとして事象表象するかもしれない。事象表象がオーバーラップによって行なわれるなら、このもの主義的違いは問題にならない。そうした違いは当然予想されることである。あなたはあなたの好きなこのもの主義を採用することができるが、あなたは相応の代価を払わなければならない。事物の偶然的内在的性質が存在するように見えるところではどこでも、性質のように見えるものは実際には関係であると言わなければならない。こうした新たに発見された関係にあるような事物がどのような内在的本性をもつかは謎に包まれている。これが世界のオーバーラップに反対する私の主要な議論だった（第四・二節を見よ）。この難点はこのもの主義の利点よりもはるかに大きい。

次に、世界のオーバーラップを認めない様相実在論について考えよう。これは私が好む理論である（オーバーラップの難点は第四・二節で、代用主義の様々なバージョンの難点は第3章で検討した）。世界のオーバーラップを認めない様相実在論を採用するなら、世界のこのもの主義的違いは、まったくもって謎めいたものとなる。(20)

私は問う。事象表象の質的でない決定要因はどのようなものか。そして、それは自分の仕事をどのようにこなすのか。オーバーラップを信じるこのもの主義者なら、良い回答ができるだろう。しかし、このもの主義者がオーバーラップをあきらめるなら、その回答を捨て、別の回答を探さなければならない。どのようにしてかは分からないが、事物や世界の非質的な側面が、他の世界にある他の事物がどのように事象表象されるかと関連していることになる。たとえば、われわれの世界とオーバーラップしない別の可能世界の部分として、ある大統領選の勝者が存在し、それによって、ハンフリーに関して彼が勝ったかもしれなかったということが事象表象される。この貫世界的な関連性は、仮定により、同一性ではない（オーバーラップをあきらめたからである）。それは、異なる世界の異なるものを結びつける関係である。また、この貫世界的な関連性は、仮定により、私の好む質的な対応者関係ではない、あるいはそれとまったく同じではない（このもの主義を採用したからである）。では、それはどのような関係だろうか。それを、非質的な対応者関係と呼ぼう――私自身は矛盾した言葉だと思うが、このラベルを使って話を進めても問題はないだろう。

このもの主義者は、次のように言うかもしれない。二つの事物は、それらのあいだになんらかの関係が成立することによって、あるいはそれらがなんらかの性質を共有することによって、あるいはそれらが両者とも貫世界的なメレオロジー的和の部分となることによって、非質的な対応者となるのである、と。しかし、いかなる二つの事物についても、それらのあいだには無限に多くの関係が成立し、それらは無限に多くの性質を共有し、無限に多くの和の部分になる。いかなる順序対のクラスについても、それがどれほど種々雑多であっても、そのクラスのメンバーであることによって対になっているという関係が存在する。いかなる事物のクラスについても、それがどれほど種々雑多であっても、そのクラスに属するという性質が存在し、そのクラスのメレオロジー的和が存在する。ひょっとすると、このもの主義者は、これらの関係や性質や和のうちのいくつかをなんらかの意味で特別なものとみなし、こうした特別のものについてのみ語っているつもりなのかもしれない（ひょっとすると、特別なものだけが存在するとも考えているのかもしれない）。そうであるなら、このもの主義者は、私が存在すると考えている関係や性質や和のうちのどれが特別なものであるのかを言わなければならない。特別なものとは質的な継ぎ目に沿って世界を切り分けるようなものである、と言うことはできない。私ならこれを理解することができる。[21] しかし、このように言っても、継ぎ目に沿って世界を切り分けないもののなかから特別なものを選び出すという要求を満たすことにはならないのである。このもの主義者は循環を避けなければならない。答えられるとは思えない。答えられないのであれば、このもの主義者は、二つの事物が互いの非質的な対応者であるということが何を意味するのかを、完全に謎めいたまま残すことになる。

（非質的な対応者関係というアイデアに対する反論がもうひとつある。ただし深刻さの程度ははるかに低い。第一・六節において、別個の世界の部分のあいだには、ひょっとすると、いかなる自然的な外的関係も成立しないかもしれない、と述べた。また、そうであるなら、「類比的に時空的な」関係というアイデアを迂回して、おのおのの世界は外的な相互関係で統合されていると単に言うことができるかもしれない、と提案した。非質的な対応者関係は、その望みをおそらく打ち砕くことになるだろう。）

非質的な対応者関係に理解可能な意味を与えることはできない。したがって、オーバーラップを拒否する様相実在論者は、このもの主義も拒否しなければならない。しかし、なんとかならないものだろうか。このもの主義的違いのように見える事例は、たしかに存在するのである。こうした直観をただ無視するだけというのでは説得力を欠くし、害も大きいと思われる。われわれは世界のあいだのこのもの主義的違いを拒否しつつ、それでもなお、可能性のあいだの本物の違いを認めなければならないのである。

なんとかなる。われわれの抱える問題は、可能性のあいだの違いを可能世界のあいだの違いと同一視できるという前提に由来する。この前提を放棄すれば、問題はおのずから解決する。このもの主義者の直観を安上がりに満たすことはできる。すなわち、このもの主義者が正当にも要求する可能性のあいだの違いを、世界のいかなる謎めいた非質的な側面も受け入れることなく与えることができる。

可能性はいつでも可能世界と対応するわけではない。たしかに可能世界はあるし、可能性もある。そして、可能世界は可能性の一部である。しかし、可能個体はどれもひとつの可能性であり、すべての可能個体が可能世界であるわけではない、と私は言いたい。もっとも大きな可能個体だけが可能世界なのである。

この世界は事物の総体である。この世界は、すべての現実的個体を部分としてもつ現実的個体である。同様に、可能世界は、それ自体と共可能的なすべての可能個体を含むほど十分に大きな可能個体である（ここでの共可能性とは、世界メイトをひとつにまとめる関係であり、厳密にあるいは類比的に時空的な関係、あるいはひょっとすると外的関係一般かもしれない）。可能世界は、ひとつの世界全体の可能なあり方に対応する。しかし、可能世界より小さい可能個体、すなわち、世界に住んでいるもの、世界の真部分、これらもまた、可能性に対応している。それらは、世界全体より小さいなにものかの可能なあり方に対応している。たとえば、ある可能的な人物は、ある人物の可能なあり方に対応している。

可能性の単位は可能世界だと考えるのが普通である。私はこの主張を分割して、一部を維持し、一部を拒否したい。可能性はつねに可能世界全体によって与えられるということは正しく、また重要である。世界から離れて浮遊している可能者など存在しない。すべての可能性は、ある世界——ひとつの世界だけ——の部分であり、それゆえ、世界メイトに囲まれており、それがもつ外在的性質はそうした世界メイトとの関係によって完全に与えられる。正しくないのは、可能性を数えるときに、それを与える世界を数えることによって数えることである。多くの可能個体がひとつの世界に存在していることによって、ひとつの世界が多くの可能性を与えることもあるのだ。

例として、次のような私にとっての二つの可能性について考えてみよう。私は、双子の一方だったかもしれない。先に生まれた方だったかもしれないし、後で生まれた方だったかもしれない。これら二つの可能性は、世界のあり方という点においては、いかなる質的違いも含んでいない。これらの可能性がもっと細かく特定されているとしよう。これこれの極大に特定された質的特徴をもつ世界において双子の先に生まれた方であるという可能性がある。また、まったく同じ質的特徴をもつ世界において双子の後に生まれた方であるという可能性もある。ここで、このもの主義者は次のように言う。二つの可能性があり、二つの世界がある。これらはまったくよく似ているように見えるが、どこかで異なっていなければならない。それらは「相互同定」において異なるのだ。すなわち、誰かに関してそれをどのようなものとして事象表象するかという点において異なる。

したがって、それらは事象表象の決定要因において異ならなければならない。そして、この決定要因は非質的でなければならない。というのも、ここにはいかなる質的な違いもないからである。私は次のように言う。二つの可能性がある。これはその通り。そして、これらの可能性は事象表象においてたしかに異なる。すなわち、一方によれば私は双子の先に生まれた方であり、他方によれば後に生まれた方である。しかし、これら二つの可能性は二つの世界と対応しない。それらは、ひとつの世界のなかでの二つの可能性なのである。問題の世界は、互いに双子である、私の対応者たち二人を含んでいる――ここで、対応者関係は内在的あるいは外在的な質的類似性（とりわけ起源の一致）によって決定される。双子のおのおのは、ある人物の可能なあり方に対応している。じっさい、私の可能なあり方に対応している。私は一方だったかもしれないし、他方だったかもしれない。ここには、私にとって二つの異なる可能性がある。しかし、世界にとってはひとつの可能性しかない。そのような双子の二人が存在している世界だったかもしれない、というひとつの可能性があるだけである。純粋に質的な世界が与える可能性の範囲は狭すぎると考えた点で、このもの主義者はまったく正しかった。しかし、このもの主義者はそこから、世界は純粋に質的ではありえないと結論づけてしまった。世界が与える可能性の範囲は狭すぎると結論づけていたら、もっと良かっただろう。世界の部分もまた使う必要があるのである。

二つ目の例として、私が誰か別の人間だったかもしれないという可能性について考えてみよう。ここに私がいる。あそこには哀れなフレッドがいる。神のご加護がなければ、あそこに私がいたかもしれない。私が私であって彼でないのは、なんと幸運なことであろうか。そして、幸運があるところには偶然性がなければならないのである。私はいま、私が哀れなフレッドであるという可能性について考えており、それが実現されていないことを喜んでいる。私は世界の質的な違いを含むような可能性について考えているのではない――たとえば、私とまったく同じ起源を持つ誰かがフレッドとまったく同じ不幸な境遇に陥っている世界について考えているのではない。そうではなく、この世界とまったく同じようなある世界において自分がフレッドである可能性について考えているのである。ここで、このもの主義者は次のように提案するだろう。私が思い描いているのはこの世界の質的な複製である。そして、事象表象の非質的な決定要因によって、私がフレッドの質的な対応者と結びつけられているのである、と。しかし、これは私の考えを歪曲している。私が考えていたのは、単に私がフレッドの人生を送ったかもしれないということではなく、私がフレッドの人生を送ったフレッドだったかもしれないということだった。もしかすると、私は自分自身の考えを正しく理解していないのかもしれない――正確なところはよく分からない――が、このもの主義者の提案する修正案が本当に必要かどうかを考えてみよう。私は必要ないと思う。私は次のように提案する。私が思い描いているのは、われわれの世界と質的に似ているがこのもの主義的に異なるような世界ではない。そうではなく、ひとつの可能個体（実際のところ、ひとつの現実の個体）、すなわち哀れなフレッドその人である。他のすべての可能的な人物と同じく、彼はある人物のひとつの可能なあり方である。そしてある意味では、彼は私のひとつの可能なあり方でさえあるのだ。彼は、同じ種に属する事物であるという以上のことを何も要求しないような、はなはだしく寛大な対応者関係のもとで、私の対応者なのである。[22] 私の対応者のひとつがもつ性質ならどれでも、私がもつかもしれない性質である。フレッドであるという性質――彼と文字通り同一であるという性質――は、そうした性質のひとつである。だから、ある意味で、私は彼だったかもしれないと言えるのである。これは、世界は私がフレッドであるようになっていたかもしれないと言えるということではない。世界を、私が哀れなフレッドであるようにではなく、いまのようにしてくれたことに対して、神の慈悲深いえこひいきに感謝することに意味はない。問題の可能性は、私にとっての可能性であって、世界にとっての可能性ではないのである。それは、われわれの世界とこのもの主義的に異なり、私について私がフレッドであると事象表象するような何か別の世界ではない。それは、われわれの世界のなかでいまのような状況にいるフレッドその人なのである。[23]

永劫回帰する世界の一七番目の時代にわれわれがいる場合に生じる、一見したところこのもの主義的違いに見えるようなものについても同様である。私について、一三七番目の時代にいるものとして事象表象する可能性は、われわれの世界とこのもの主義的に異なる別の世界ではない。それは、一三七番目の時代にいる、この世界における私の複製である。彼が私の対応者である限り（われわれ二人が世界メイトであるという事実にもかかわらず、彼を私の対応者にするようなあいまい性が解消されている、ということであるが）、彼は私にとっての可能性なのである。私が彼であったかもしれないと私が言うときに私が意味しなければならないのはこれだけである。

可能個体には世界サイズのものもあればそれより小さなものもあるが、それら以外にさらに別の種類の可能性がある。二つ以上の個体をある順序で並べると、それらの個体は列をなす。こうした列にとっての共同的可能性（joint possibility）が別の種類の可能性である。共同的可能性は、それ自体、適切な長さをもち、単一の世界から抜き出された項しかもたない列である。たとえば、順序をもった適当な個体のペア（これを二項の列とみなそう）は、個体のペアの可能なあり方である。次のことを想像しよう。われわれは空間的に対称的な世界に住んでいる。この世界では、片側の歴史全体がもう片側で再現されている。だが、そうでなければならないということはなかった。この世界がもつ別の可能性のひとつでは、さきほどの想定とまったく同じように、対称的な歴史から始まる。だが、明日になれば片方は大災害によって破壊されるが、もう片方は生き延びる。その片方に私の双子Jがいる。私（すなわちI）とJの共同的可能性のひとつは、私はこの大災害によって死に、Jは生き延びるというものだ。もうひとつの、私が好む可能性は、彼が死んで私が生き延びるというものだ。このもの主義者には、この二つの可能性を区別する独自の方法がある。私には、より安上がりな方法がある。この大災害の世界には双子のペアKとLがおり、Kは死に、Lは生き延びる。したがって、この世界は共可能な個体のペアを二つ与える。すなわち、〈K, L〉と〈L, K〉だ。これらは個体のペアの順序だけが異なる二つの異なるあり方である。とりわけ、ペア〈I, J〉にとっての異なる二つのあり方、すなわち、私と私の双子にとっての二つの異なる共同的可能性である。KとLはどちらもIとJのどちらにとっても質的対応者である。さらに、KとLのあいだの関係は、IとJのあいだの関係と同じである。[24] それゆえ、自然な意味で、二つのペア〈K, L〉と〈L, K〉はどちらもペア〈I, J〉の質的対応者であると言える。これら二つの〈I, J〉にとっての共同的可能性のうち、私の好む方は〈L, K〉である。さらに別の共同的可能性は、繰り返しや隙間がある列である。複製が存在しない代わりに、IとJに共通の対応者Hひとりだけがいるような世界もありえた。〈I, J〉の共同的可能性のひとつは、両方とも存在し、かつ同一であったかもしれないことだ。これはペア〈H, H〉、すなわち、繰り返しのある列である。また別の可能性は、私だけが存在していたかもしれなかったことだ。これはペア〈H, *〉、すなわち、第二項が落ちた隙間のある列である（ここでは隙間を*で表している）。第三の可能性は、Jだけが存在していたかもしれなかったことだ。これはペア〈*, H〉、すなわち、第一項が落ちた隙間のある列である。[25] ここでもまた、世界の違いなしに望んでいた可能性の違いを手に入れることができた。[26]

第一・二節でアナロジーをひとつ述べた。われわれはしばしば、われわれの世界とどこか似ている世界だけに注意を限定して、世界を制限的に量化する。われわれはこれを「到達可能な」世界への制限と呼ぶ。また、われわれはしばしば、この世界のなんらかの個体と似ている可能個体だけに注意を限定して、可能個体を制限的に量化する。私はこれをその個体の「対応者」への制限と呼ぶ。このアナロジーをはっきりと示すためには、ある用語法を借りてくるのが有益かもしれない。もっとも広い意味では、すべての可能個体は例外なしに私にとっての可能性である。しかし、私にとっての（様々な仕方で）「到達可能な」可能性はその一部であり、それ以外はそうではない。（共同的可能性についても同様である。もっとも広い意味では、すべての可能個体のペアはどんなペアにとっても可能性である。だが、様々な仕方で到達可能な可能性は一部であり、それ以外はそうではない。）私の質的対応者は、私にとっての形而上学的に到達可能な可能性である。より正確には、正統な対応者関係はたくさんあるが、どれも形而上学的到達可能性関係と呼ぶことが許される。私の知識代替——私の知る限りでは、私であったかもしれなかった可能個体——は、私にとっての知識的に到達可能な可能性である。私の信念代替は、信念的に到達可能な可能性である。代替となる可能個体のクラスによって内容が与えられうるときはつねに同様である（第一・四節を見よ）。私にとっての形而上学的可能性と（たとえば）知識的可能性は、二つの異なる種類のものなのではない。どちらも同じ複数の世界のなかから選ばれた可能者であり、到達可能性における違いがあるだけだ。

個体にとっての可能性、あるいは個体的可能性（individual possibility）から見ると何が正しいかについて語っているとき、われわれはある意味で到達可能性を無視して可能性に内容を割り当てることができる、ということに注意してもらいたい。この世界での大統領選の勝者が、それから見るとハンフリーが勝利している個体的可能性であるかどうかは、彼がハンフリーにとって到達可能な可能性であるかどうかに依存する。しかし、そうかもしれないが、いずれにせよ彼は、大統領選で勝利するという個体的可能性である。

言っておくが、新しい用語法は新しい理論をつくらない。私は同じ古いスタンド——対応者理論——で商売をしている。私がそれらを個体的可能性と呼ぼうが可能個体と呼ぼうが、それらはまさにつねにそうであったようにあり続ける。すなわち、この世界や他の世界の一部だ。対応者関係について述べていようが到達可能性関係（知識的到達可能性や信念的到達可能性などではなく、形而上学的到達可能性）について述べていようが、私が意味しているのは、依然としてある種の比較類似性関係である。ハンフリーを彼が勝利していたかもしれなかったようにするのは、勝利している彼の対応者である。私が共同的可能性とそれの対応者関係や到達可能性関係について述べているときも同様である——依然としてそれは類似性なのだ。もっとも、このときは列の類似性であるため、列に含まれる項のあいだの関係における類似性がある役割を果たすだろう。別の用語法を用いる目的は、世界のあいだのこのもの主義的違いを世界メイトである個体のあいだの違いで置き換えるという、私の支持する置き換えがどのように実行されるかを読者が理解するのを手助けすることだけである。これが私の、このもの主義に対する安上がりな代替案である。

「安上がり」は控えめな表現だろうか。そもそも少しでもコストがあるのだろうか。コストはあると思う——すべての可能性の違いを可能世界の違いとして分析する確立された理論と決別する、というコストである。あまりにも多くの問題がいっせいに未解決になれば、カオス状態に陥るだろう。それゆえ、理論に関して保守性を維持するのは良い考えである。現行の理論に対して好意的で、根拠のない代替案に対して敵対的な仮定は、あってしかるべきである。しかし、このもの主義となじみのよい理論が、他の点で深刻な問題に直面しているということについて私が正しいなら、そして、それでもなおこのもの主義的違いのシミュレーションをわれわれが必要とするなら、私の代替案は決して無根拠ではないし、安上がりである。

したがって私は、事象表象は世界ではなく、様々な世界のなかから選ばれた利用可能で適切な個体的（または共同的）可能性によって行なわれる、という言い方が一般的にはもっとも良いと考える。それでも、ひとつの世界が与えるのは、ある個体（または列）にとってのひとつの到達可能な可能性であるということは、そのほとんどの部分が正しいままである。例外が生じるのは、めったにない繰り返しが生じている世界か、あるいはめったにないほど緩い対応者関係のせいで、ひとつの世界のなかに複数の対応者があるときのみである。よって、慣れ親しんでいることを優先して、事象表象は世界によって行なわれる、あるいは、ある世界から見るとある個体について成り立っている、という言い方に戻すことにする。

どれがこのもの主義となじみがよいかを判断するために理論のサーベイを続けて、第3章で導入された各バージョンの代用主義的様相実在論の検討に移ろう。図像的代用主義は、それがきわめて厳密に模倣する本物の様相実在論とおそらく同じ道をたどるだろう。すなわち、オーバーラップ有りのバージョンと無しのバージョンが考えられるだろう。前者は、このもの主義となじみがよいが、性質を関係に変換することでわれわれに謎を残すことになるだろう。後者は、このもの主義となじみが悪く、事象表象を「抽象的な」代用個体のあいだの（あるいはそれらと現実の具体物とのあいだの）質的な対応者関係によって説明し、個体にとっての可能性のあいだの準このもの主義的違いを与えるだろう。そうした可能性は、たいていの場合、代用世界の真部分だからだ。

魔術的代用主義については、抽象的な単純者が、事象表象であれ質的表象であれ、そもそもなんらかの表象をどうやって行なえるのか、私には見当がつかない。したがって、一方によって他方を行なうと考えなければならないのかについては、さらに見当がつかない。魔術師であることは十分に悪い。しかし、魔術師であると同時にこのもの主義者でもあることでなぜさらに悪くなるのかは、私には分からない。

言語的代用主義――原始的様相と誤った混同を含むにもかかわらず、本物の様相実在論のもっとも強力な競合理論であるように思われる――は、容易にどちらの道も取りうる。このもの主義的違いを与えるためには、固有名を備えた言語で代用世界をつくりさえすればよい。固有名は、日常言語の通常の固有名であってもよいし、典型的な形式言語で個体定項として働く添え字付き文字であってもよいし、現実の事物のラガード風の固有名、すなわちそうした事物そのものであってもよいし、その他好きなものでよい。そうした名前がどのようなものであれ、名前を用いて、ある代用世界がある個体について、それはこれこれの性質をもつと言うことが可能になる。もし事象表象が名指しによって行なわれるのであれば、それが質的特徴によって規定される理由はない。名前には記述的内容を与えず――あるいは過度の記述的内容を与えず――それゆえ、なんらかの名前の入れ替えによって古い代用世界から新しい代用世界をつくっても整合性が保たれると仮定しよう。その入れ替えは、代用世界が具体的世界に付与する質的特徴を変えないだろう。しかし、名指された個体に関してどのようなことが事象表象されるかには、通常は違いをもたらすだろう。さらに、われわれの世界は一方向に永劫回帰する世界であると仮定しよう。そして、われわれは自分たちの名前――ひょっとするとラガード風の名前かもしれない――をもち、一三七番目の時代のわれわれの対応者は別の名前をもち、一七番目と一三七番目の時代の住人の名前を入れ替えた結果、最初の代用世界とはこのもの主義的に異なる新しい代用世界を得ると仮定しよう。その新しい代用世界は、名前を用いて、われわれは一三七番目の時代に住んでいると誤ったことを言う（すなわち、誤ったことを事象表象する）。このバージョンの言語的代用主義では、このもの主義的違いは問題にならない。それは予想されたことであり、問題はそれをどのように回避するかである。

少なくとも、われわれの求めているのが現実の個体に関するこのもの主義的違いだけなら、そのように言える。もし事象表象が名指しによって行なわれるなら、名前がないところでは事象表象もこのもの主義的違いもない。われわれは、すべての現実の個体について、少なくともラガード風の名前はもっている（普通の名前はいざ知らず）。しかし、現実化されていない他の世界の個体については、どのようなラガード風の名前ももたない。というのも、もし代用主義が正しいなら、そのようなものは存在しないからである。われわれは、世界が適切に異なっているとき、しかしそのときに限り、事物を指示する記述的な名辞を導入することができるし、実際に導入する。しかし、この名指しの方法は、質的特徴（とすでに名指された事物との質的な関係）に依存し、われわれのこのもの主義的違いのストックを増やすことはできない。言語的代用主義をとると、ここでもまた、互いに違っているはずの可能性をいっしょくたにせざるをえなくなるようだ。というのも、現実世界の言語でそうした可能性を区別することはできないからである。今回は、名前をもたないエイリアンな性質に関する質的違いを失うのではなく、名前をもたない現実化されない個体に関する事象的違いを失う。しかし今回は、失われた違いはそれほど重要ではないと思われる。失ったままにしておいて、次のように適用範囲を分割した理論で満足することもできるだろう。すなわち、現実の個体に関する可能性についてはこのもの主義をとり、現実化されない個体に関するより遠い可能性については反このもの主義をとることもできるだろう。[27]

言語的代用主義者がこのもの主義的違いを欲しがらなければ、ここで躓くことはない。言語的代用主義者は二つの代替的方策をとることができる。[28] (1)まず、人工的とみなすこのもの主義的違いを取り込んで、後でそうした違いを「取り除く」という二つのステップで代用世界を構成してもよい。名前を備えた世界作成言語の文から始めよう。第一ステップで、文の（無限の）極大無矛盾連言をつくる。こうした連言のいくつかは、名前の入れ替えのみによって異なるという意味で同型だろう。第二ステップで、互いに同型な連言の（無限の）極大選言をつくる。これは、カルナップが同型な状態記述の選言として構造記述を定義するさいにしたことと似ている。構造記述は、いくつかの種について、それに属する個体がいくつあるのかを言うような質的な代用ミニ世界だったのである。[29] あるいは、(2)最初から固有名を排除し、彼の世界作成言語のリソースを質的記述だけが与えられるように限定してもよい。これは、構造記述を、数的量化された文として定義するようなものだ。たとえば、五つの丸い赤いものが存在する、六つの四角い青いものが存在する、いかなる四角い赤いものも存在しない……などのように。

いずれにしても、代用主義者の質的な代用世界は、ある個体を他の個体から区別する名前を用いては個体に関して何も言えなくなるか、あるいは、そもそも名前を用いるのをやめるか、どちらかだからである。しかし、新たな説明を見つけるためにそれほど遠くまで行く必要はない。代用主義者は、対応者理論を借用すればよいのである。[30] 言語的代用世界とともに、言語的代用個体も手にしていることを思いだそう。これらは、個体についての極大で無矛盾な記述、すなわち、開放文あるいは述語の極大で無矛盾な集合であり、実際に何かについて真であるなら現実化され、ある代用世界から見て現実化されることがありうる。それらは、世界作成言語のリソースが許す限り完全である。世界作成言語が純粋に質的なら、あるいは、非質的な部分を取り除くために選言をとるなら、これらの代用個体は極大に特定された質的な記述になるだろう。たとえば、ハンフリーがいる。彼は「具体的な」世界の一部である。彼には完全な正しい質的記述があり、われわれはそれを「代用ハンフリー」と呼ぶことができる。代用ハンフリーは、純粋に質的な代用個体であり、現実化された代用世界から見て現実化される。代用主義によれば、他に具体的な世界は存在せず、われわれのハンフリーの対応者となる他の世界の具体的なハンフリーも存在しない。しかし、他の代用世界は存在し、他の言語的な代用ハンフリーも存在する。それらは、様々な言語的代用世界から見て現実化されるが、現実には現実化されていない。こうした現実化されない代用ハンフリーがそのように呼ばれるのは、彼らはいわば、現実化された代用ハンフリー（これはハンフリーその人を正しく記述する）の対応者だからである。

代用個体のあいだの代用対応者関係は、見かけよりも奇妙である。それは、現実の「具体的な」個体のあいだの質的類似性という関係と同等の、代用個体のあいだの（内在的または外在的な）質的類似性の問題であるように思われるかもしれない。しかし、それは違う。結局のところ、代用個体は記述、すなわち単語の塊であり、単語の塊としてのそれらのあいだの類似性は、それらが正しく記述するであろう個体のあいだの類似性とは、ほとんど関係がないのである。私なら、二つの代用個体が派生的な意味で互いに対応者であるのは、それらが私のオリジナルな意味において互いに対応者である本物の個体を記述するまさにその場合である、と言うことができる（それは、まさに質的類似性の問題である）。しかし、代用主義者はこれに同意することができない。なぜなら、代用主義者は、現実化されない代用個体によって記述される本物の個体の存在を信じていないからである。次のように様相的に定義することはできるだろうか。すなわち、二つの代用個体が互いに対応者であるのは、「それらが共に現実化されるなら、それらは本来の意味で互いに対応者である二つの本物の個体を記述する」が必然的に成立するときそしてそのときに限る、と定義することはできるだろうか。できない。というのも、代用個体が世界を反映する仕方のために、互いに対応者である二つの代用個体が両方とも現実化されるのは通常は不可能であり、それゆえ、括弧内の条件文は空虚に真となってしまうからである。代用主義者は、代用対応者関係を自分の原始的道具立てに——原始的な様相概念とともに——含めた方がよいのかもしれない。すでに原始的様相概念を認めたのであるから、問題と思わないかもしれない。

反このもの主義的代用主義者は、このもの主義的違いには直観的にもっともらしい事例が存在するという問題に直面する。ほとんどの場合、代用主義者は、そうした事例に対する私の処理法を、必要な変更を加えた上で次のように採用することができる。可能性は代用世界だけではない。代用個体もまた、個体にとっての可能性である（そして、代用個体のペアは、個体のペアにとっての共同的可能性であり、三つ組や四つ組などについても同様である）。ある代用個体が別の個体の代用対応者であるなら、前者は後者の可能性である。そして、前者は後者が記述する本物の個体（そのようなものがもしあれば）の可能性である。ひとつの代用世界は、ひとつの個体（本物であれ代用であれ）についての多くの異なる可能性を与えることができる。そして、このもの主義者が代用世界のあいだにこのもの主義的違いがあると考えるとき、本当にあるのは、同じ代用世界によって生み出される異なる個体的可能性なのである。しかし、この処理法にはひとつ制限がある。それは、言語的代用主義のあまり重要でない欠点のひとつを反映している。すなわち、識別不可能な代用個体を手に入れる方法がないのである。私は双子の一方、先に生まれた方だったかもしれず、後に生まれた方だったかもしれない。ここまでは問題ない。というのも、二人の異なる代用双子は、純粋に質的な同じ代用世界から見て現実化されているのであり、おのおのが私の個体的可能性だからである。しかしまた、私は質的に識別不可能な双子の一方だったかもしれないし、他方だったかもしれない。そしてこのとき、反このもの主義的な代用主義者は私に異議を唱えざるをえないのだ。というのも、ひとつの代用個体が、私が区別することを要求する識別不可能な二つの個体的可能性の両方の代わりをしなければならないからである。私は、この代用主義者の言うことは直観的には間違っていると思う。しかし、このケースについてわれわれの言いたいことは不確かであり、調停可能であるとも思う。

このもの主義的違いが受け入れられるとするならば、その程度が問題になる。このもの主義のより極端なバージョンとそれほど極端でないバージョンを区別することができる。もっとも穏健なバージョンは、事象表象を決定するさいには質的特徴がほとんどの仕事を行ない、決着がつかない場合にのみこのもの主義的違いが生じると言うだろう。もっとも極端なバージョンは、質的特徴は事象表象に制約をかけるようなことは何もしないと言う。すなわち、いかなるものもどのような質的特徴ももちうる、たとえば、その世界から見ればあなたがポーチドエッグであるような世界（本物であれ代用であれ）が存在する、と言う。そしてもちろん、これらのあいだに中間的な立場のスペクトラムが存在する。

反このもの主義者として、私は次のように言うと期待されているかもしれない。すなわち、このもの主義的違いは少なければ少ないほど良い――完全に排除するのがベストであり、控えめにするのがセカンドベストである、と。しかし、それは違う。かなり極端なこのもの主義は見かけよりも擁護可能である。さらに、それは控えめなこのもの主義よりも明らかに優る点がある。すなわち、このもの主義的違いに対する質的な制限の存在を信じるところが少ないほど、どのようにしてそうした制限がかけられるかを説明する必要も少なくなるのである[31]。

「私はポーチドエッグだったかもしれない、と誰かが言うなら、私は彼に反論する。すなわち、私はポーチドエッグではありえなかった！　極端なこのもの主義は、何が可能かについての常識的意見をまったく無視している。それが問題のすべてだ」――そうではない。自分はポーチドエッグではありえなかったとあなたが主張するとき、それをどれだけ強く主張しても、極端なこのもの主義者はそれに同意することができる。もちろん、まったく明白な仕方でとはいかない。結局のところ、このもの主義者は、その世界から見たときにあなたがポーチドエッグであるような世界の存在を信じているのである。したがって、存在すると思っている可能性のどれも無視せず、まったく制限なしに話すなら、このもの主義者は、あなたはポーチドエッグであったかもしれないと言わざるをえないのである。しかし、制限なしで話す必要はない。すべての哲学者は、われわれの様相はたいていの場合は「到達可能な」世界に制限された量化である、ということに同意する。すなわち、過去が異なる世界、現実の自然法則が破られている世界、エイリアンな自然的性質が存在する世界などをわれわれが暗黙のうちに無視する、ということに同意する。極端なこのもの主義者は、この暗黙の制限が、われわれが通常思うよりも多めにかかっているとさえ言えばよいのである。他のすべての制限が外されても、それでもわれわれは、事物の質的特徴が現実とあまりにも異なるような遠くの世界を無視することに固執する。少なくともこれら遠くの世界は、「言語的直観」のサンプルとみなすことがほとんどできないような哲学的議論を除けば、ほとんどいつも到達不可能なものとして除外される。これらを除外すれば、あなたはポーチドエッグではありえなかった――これがまさにあなたが言ったことなのである。

あるいは、違うかもしれない。あなたはおそらく、自分は制限なしに話していると考えていた。あなたは次の二つの意見をもっていたのだ。

(1)自分はポーチドエッグではありえなかったと言ったとき、あなたは真である何事かを意味していた。
(2)そのように言ったとき、あらゆるすべての可能性よりは狭い範囲で量化しているつもりはなかった。

極端なこのもの主義者は(1)に同意する方法をもっているが、この方法には(2)に対して異議を唱えることになるというコストがある。「無知な人に向かって話す」という方法がそれである。すなわち、彼はあなたの言うことが真であることを認めているが、あなたが自分の意味するものを正しく理解しているという点には反対しているである。

この方法について、二つの正反対の見解が考えられる。一方では、「無知な人に向かって話す」というのは無価値なトリックである、という見解がある。われわれは自分が何を意味しているかを完全に分かっており、それがペテン師の意味することと異なっているのであれば、彼が単に言葉の上でわれわれに同意しているとしても、本当に同意していることにはまったくならない。これは、彼の学説のもっともらしさを高めるには何の役にも立たない。この見解によれば、(1)に同意し(2)を否定することによって「無知な人に向かって話す」のは、深刻かつ本物の食い違いを隠蔽する不誠実な方法にすぎないのである。他方では、次のような見解もある。理論と証拠がある。証拠はいじることができない。理論は証拠に適合させなければならないが、それさえ満たせば、好きなように手に入る。もしある理論が証拠に適合しており、また十分に体系的ならば、それ以上何を求めるのか。ここでの証拠は(1)のような素朴な言語的直観であり、証拠は神聖である。しかし、(2)は意味論上の理論——それも思いつきのような非体系的で素朴な理論——の一部にすぎず、競合理論と対等に戦わなければならない。この第二の見解によれば、「無知な人に向かって話す」ことによって成功すれば、彼の学説の完全な擁護となるのである。

私は中間の道をとりたい。神聖な直観と、言いたい放題の理論とのあいだに明確な境界線は存在しない。理論家として、われわれは自分たちのいる場所から——それ以外にどこがあるのか——ある一定の見解をもって出発する。そして、部分的には保守主義によって、また部分的には理論的統一性の追求によって導かれながら、最初の見解をより良いものに改善しようと試みる。以前の見解の改訂がどのようなものであれ、それはなんらかのコストを生む。しかし、われわれの見解のいくつかは、他のものと比べて、より堅固であり、交渉の余地が少ない。そして、われわれの見解のいくつかは、他のものと比べて、より素朴であり、あまり理論的でない。そして、より理論的なものの方がより交渉の余地があると思われる。極端なこのもの主義者が(2)に反対するというコストのもとで(1)に同意することができるとしても、それがコストであることに変わりはない。彼はそのように支払いを免れたわけではないのだ。しかし、そのようにして払うコストは、そもそも(1)に同意できなかった場合のコストに比べればずっと少ないのである。彼が「無知な人に向かって話す」ことは、完全ではないにせよ、彼になんらかのものをもたらしている。ひょっとすると、十分なものをもたらしているかもしれない。それは、彼がどのような利益を得ているかによる。

極端なこのもの主義者は、やっかいな負債を避けることができる。穏健なこのもの主義者は、このもの主義的違いには質的な制限があると言う。すなわち、到達可能・不可能にかかわらず、あなたがポーチドエッグであるような世界はまったく存在しないと言う。なぜ存在しないのだろうか。これについて、穏健なこのもの主義者はなんらかの説明をしなければならない。そして良い説明を見つけるのは、まったく簡単ではないかもしれない。いったんスタートしてしまうと、止まるのは難しいものである――このもの主義的違いを少しでも許す理論は、それを制限する良い方法を与えてくれないのだ。極端なこのもの主義者は、この制限を説明する必要はない――なぜなら、彼はそのような制限は存在しないと主張しているからである。

このもの主義者であることには苦渋の選択が伴う。ひょっとすると、一番ましな方法は、固有名――状態記述またはそれに類するもの――を備えた言語で言語的代用世界をつくることかもしれない。そうすることで、このもの主義者は原始的様相を引き受けることになる。そして、一見すると異なって見えるいくつかの可能性を同一視せざるをえないことを引き受けることになる（私は第三・二節においてそのように論じた）。しかし、もしかすると、このもの主義者はこれを疑うかもしれない。あるいは、すべてのこのもの主義的違いをいっぺんに否定することに比べれば、こうした欠点を受け入れる方がましだと考えるかもしれない。ここで、他の点では代用世界の候補として適切なある文の集合を考えよう。この集合は、名前を用いて、あなたがポーチドエッグであると言う。この集合が無矛盾であるなら、それはその世界から見るとあなたがポーチドエッグであるような代用世界である。したがって、穏健なこのもの主義を採用すれば、どうしてこの集合が矛盾するのかを説明するという重荷を背負い込むことになる。それは、狭い意味で論理的に矛盾するわけではない。またそれは、単純な対象のもつ基礎的な性質や関係のいくつかが互いに両立しないと主張する公理――たとえば、いかなる粒子も正電荷と負電荷を同時にもつことはないと主張する公理のような――によって矛盾するわけでもない。さらにそれは、局所的な記述を大局的な記述に関係づける公理――たとえば、もし粒子がこれこれのように配置されるならしゃべるロバが存在すると主張する公理のような――によって矛盾するわけでもない。（この代用世界の候補は、あなたの粒子について、しかるべきことを主張している。すなわち、それらの粒子は、局所的な記述を大局的な記述に関係づけるその公理によればたしかにポーチドエッグであると言えるように配置されている。）いかなる言語的代用主義者も、このような二種類の公理を必要とする。そして、適切な形式の文のうちのどれが公理となるかを言うために、言語的代用主義者は原始的様相を必要とするのである（と私は論じた）。しかし、極端なこのもの主義者は、そして反このもの主義者も同様であるが、ここで止まることができる。穏健なこのもの主義者は、まったく異なる種類のさらなる公理、すなわち固有名を本質的に含む公理——たとえば、名前を用いてあなたがポーチドエッグではないと言う公理のような——を必要とする。そして再び、適切な形式の文のうちのどれが公理であるかを言うためには、公理とは必然的に真であるような文であると言うしかないのである。

これはそんなに悪いことだろうか。どうせ原始的様相を受け入れるのであれば、喜んで受け入れてみたらどうか。誰でも次のように言うことができる。すなわち、いかなる形式であれ、必然的に真である文のすべてが公理である、と。あるいは、公理を完全に回避して、次のように言うこともできる。すなわち、文の集合が無矛盾であるのは、その集合の文のすべてが真であることが可能であるときそしてそのときに限る、と。この方策は、極端なこのもの主義者だけでなく、穏健なこのもの主義者にとっても有効である。しかし、どちらにも同じくらい有効であるわけではない。より情報に富んでいるのは——理論の優劣を判断する上で——公理そのものではなくとも、最小限の基盤を構成するのに十分なだけの必要な公理の種類をリストアップすることだろう。もしそうなら、穏健なこのもの主義者は根本的に異なる三種類の公理を必要とするが、両極端の競合相手は二種類で済むことになると思われる。原始的様相を認めなければならないのは悪いニュースである。そして、認めなければならない公理の種類は多い方が少ないよりも悪い。ここでは、極端なこのもの主義者の方が、穏健なこのもの主義者よりもうまくいっているのである。

さて、このもの主義者たらんとする者は、代用世界ではなく本物の世界を好むと仮定しよう。もしそうなら、このもの主義者はオーバーラップを受け入れた方がよい（非質的な対応者関係の代替案は、さらにもっと謎めいたものになるだろう）。よって、このもの主義者は、事物は決して偶然的内在的性質をもつことはないと言わなければならない（これは第四・二節で論じた通りである）。事物は、それが存在するすべての可能世界で——到達不可能な世界を無視することなく、あらゆるすべての世界で——同じ内在的本性をもたなければならないのである。通常あなたの内在的本性とみなされるほとんどのもの——あなたの形、大きさ、質量、構成など——は（少なくとも、到達可能性に関する制限をすべて落とした場合は）偶然的であり、したがって、内在的ではありえないことになってしまう。それらは、あなたと、あなたを共通部分としてもつ様々な世界のいくつかとのあいだに成立する（しかしその他とのあいだには成立しない）外的関係からなっている。あなたに残された唯一の内在的本性は、他のようにはありえない部分（もっとも制限のない意味で「ありえない」）だけである。そして、ひょっとすると、そういう部分のすべてでさえないかもしれない。あなたは自分の正確な大きさは偶然的にもつが、近似的な大きさは本質的にもつとしよう。少なくとも、あなたの近似的な大きさだけは本物の内在的本性だということになるだろうか。そんなことはない。というのも、近似的な大きさは正確な大きさの選言であり、正確な大きさは偶然的であるがゆえに関係とならざるをえないからである。形や大きさ、その他すべてをはぎとられたあなた、予想外に豊かな関係のパターンから切り離されたあなたには、あなた自身の特徴と呼ぶに足るものはもはや何も残されていない。残されたものは本質的にあなたの特徴であると言われても、ほとんど慰めにはならないだろう。あなたは、まったくの裸の個体ではないにしても、ほとんど何も着ていないことになるのである。

　このストーリーを信じるということがどういうことなのか、私にはまったく想像できない。もちろん、「貫世界的同一性」という概念を褒め称える人々は、決してこんなことを念頭においているわけではない。したがって、ここまで暴走した後で、他にどのようなことを信じる用意があるのか、私には分からない。私が言えるのは、次のことだけである。このもの主義者があなたはポーチドエッグではありえないということを説明しようとする場合、あなたとポーチドエッグとのあいだに存在するとても多くの違いを、内在的本性の問題ではなく単なる外的関係に帰することから始めるのは、非常に大きなハンディキャップだと思われる。外的関係は、関係項の内在的性質にスーパーヴィーンしないがゆえに、そう呼ばれる。だとすれば、どのようにして、あなたの内在的本性が、あなたとあなたが部分をなす世界とのあいだにポーチドエッグ関係が成立するのを妨げることができるのか。私だったら、こんな問いに答えることを要求されたくない。あなたの内在的本性として残されるものは何でも自動的に本質的になってしまうが、質的な変化に制限をかける方法として、これ以外には理解可能な方法はないように思われる。この場合もまた、かなり極端なこのもの主義が、穏健なものよりも好ましいように思われる。

　あるところまでは、極端なこのもの主義は、「個体的可能性」についての私自身の反このもの主義的理論と同じ道を歩む。いずれの理論も、世界の質的な違いがなくとも可能性を区別できるという立場である。ただし、私の理論では、これらの可能性は、異なる可能世界ではなく、同じ可能世界のなかの異なる可能個体として与えられる。またいずれの理論も、かなり広い可能性の領域を認めるところから始め、後で到達可能性という制限によってその領域の一部を切り落とす。たとえば、人がポーチドエッグであることが本物の可能性であることを私は否定しない。そうした世界はわれわれのようなものから到達不可能であるということにすぎない。別の言い方をすれば、ポーチドエッグはわれわれのようなものの対応者ではないということである。いずれの理論も、到達可能性の制限を質的な類似性に基づいて規定する。そのことが、非一貫性と不確定性を生み出し、結果として、ある非常に特殊な文脈においてはポーチドエッグであることがあなたの到達可能な可能性とみなされることもありうる（第四・五節を見よ）。しかし、こうした共通点は表面的なものにすぎない。原理的な違いは残る。私の理論においては、可能世界は質的に異なるか、あるいはまったく異なっていないか、どちらかしかないのである。

これまでは、このもの主義の擁護は、このもの主義的違いの直観的な例を提出することによってなされると仮定してきた。しかし、別の方向からこのもの主義を擁護する議論が存在する。われわれのようにこの議論の結論を嫌う者は、この議論をチザムのパラドックスと呼ぶ。かいつまんで言えば、次の通りである。まず確実に言えることは、事物の質的本質は、少しは融通がきくということである。すなわち、あるあり方をするものは、少しは別様であることもありうる、ということだ。ところが、小さな違いの連鎖は、積み重なると大きな違いになりうる。したがって、質的本質は、少しの融通がきくだけでなく、多大な融通がきくことにならざるをえない。その場合、質的本質は、このもの主義的違いが生じるのを食い止めることはできない。

チザムは問題を以下のように提示する。議論のため、アダムとノアは、この世界W^1だけでなく他の世界にも存在し、この世界W^1だけでなく他の世界でも様々な性質をもつと言ってよいことにしよう。（チザムは注意深く明言を避けているが、私はここで、論争の余地のない意味での貫世界的同一性を前提する。すなわち、チザムが「(世界) に存在する (exist in)」と言うところを、私は「(世界) から見て存在する」と解釈する。そして、アダムとノアが世界に存在するということが何を意味するかは、まったく未定のままにしておく。）アダムとノアの本質には、少し融通がきく。したがって、アダムとノアが少しだけ異なっている世界W^2――アダムがこの世界におけるノアのあり方の方向に少しだけ変化し、ノアがこの世界におけるアダムのあり方の方向に少しだけ変化した世界――が存在することになる。しかし、ここでW^2の観点から考えれば、両者の本質はやはり少し融通がきくことになる。したがって、アダムとノアがもう少しだけ異なっている世界W^3――アダムがこの世界におけるノアのあり方の方向にもう少しだけ変化し、ノアがこの世界におけるアダムのあり方の方向にもう少しだけ変化した世界――が存在することになる。しかし、ここでW^3の観点から考えれば……「このように進めば、結局のところ、次のような可能世界W^nが存在することになる。すなわち、W^nのアダムはW^1のノアまでたどることができ、W^nのノアはW^1のアダムまでたどることができるという事実を除けば、われわれの現在の世界W^1とまったく同じように見える世界W^nが存在することになる」(Chisholm 1967 : p. 3 ; Loux 1979 : p. 82)。もしこれが正しければ、世界W^1とW^nとのあいだにこのもの主義的違いが存在することになる。これは、反このもの主義にとってのパラドックスである。

付け加えて言えば、前段落でわれわれは、アダムとノアの本質は思っていたよりも多くの変化を許容するという結論を強いられたことになるのである。そして、もっと悪いことが生じる。あなたをほんの少しだけ変化させ、非常に長い変化の連鎖をたどり、ポーチドエッグにたどり着くことができるのではないだろうか。これは、事物の本質は、いくらかは変化を許容するが、完全に何でもありではない、と考える本質主義者——ここには穏健なこのもの主義者が含まれる——にとってのパラドックスである。

チザムのパラドックスは、近年、とりわけ起源の本質主義にとっての問題として論じられてきた（たとえば、Chandler 1976 や Salmon 1981 を見よ）。同じ設計図に従って二つの船を建造するのに十分なだけたくさんの木材があるとする（木材の同一性について考えないで済むように、船の建造の時点までは完全に類似している世界を考えることにしよう）。この世界W^1において、木材の半分でアダム号を建造し、残りの半分でノア号を建造する。アダム号とノア号にとっては、大なり小なり、おのおのの建造に実際に使われた木材でできているということが本質的であると考えられる。あくまでも大なり小なりである——たったひとつの木材の入れ替えも許さないのは法外であろう。したがって、ひとつの木材を入れ替えた世界W^2が存在することになり……最終的に、W^1でノア号を建造するのに用いられた木材でアダム号が建造され、その逆も成立している世界W^nが存在することになる。W^1とW^2が質的に識別できないように議論の細部をアレンジすれば、この議論は反このもの主義への攻撃になるかもしれない。しかし、そうであるにせよないにせよ、あるいは、それを気にするにせよしないにせよ、起源の本質主義への攻撃になるのは確実である。さらに言えば、攻撃は、W^nに至るかなり手前で始まっている。アダム号とノア号のおのおのが、しかるべき木材とそうでない木材の混合で構成されているという事態でも十分に悪い。しかるべきでない木材の使用が三つまでしか許されないのなら、世界W^4ですでにパラドックスが生じていることになる。[32]

私はこの起源に関するパラドックスとチザムの元々のパラドックスとを区別しない。質的な類似性は完全に内在的でなければならないと主張した哲学者はいない。ほとんど内在的でなければならないとさえ主張した者はいない。起源の一致は、厳密な一致であれ近似的な一致であれ、あるいはこのケースでは木材の前歴における類似性であれ、質的類似性を比較するさいのひとつの外在的な比較点として働く。起源の類似性を重視したいなら——そうした種類の対応者関係を喚起するような話し方をしたいなら、と私なら言いたいところだが——そうしてもかまわない。

このパラドックスは、多くの小さなステップをとれば説得力が増すが、少ないステップをとればシンプルになる。もっともシンプルなバージョンは、質的に異なった二種類の世界と、そうした世界の個体——人であれ船であれ——が果たす極大に特定された質的な役割四つを含む。われわれの世界はアダム-ノア世界であるとしよう。すなわち、この世界では、アダム役割とノア役割は、それぞれわれわれがアダムとノアと呼ぶ個体によって果たされている。また、ノム役割とアダア役割を考える。これらは互いに共可能的で、それぞれノア役割とアダム役割のちょうど中間にあり、アダム役割とノア役割が異なっているのと同じだけ互いに異なっている。さらに、ノム役割とアダア役割が果たされている世界を、ノム‐アダア世界と呼ぼう。四つの役割は極大に特定されているので、アダム役割とノア役割が果たされている世界はすべて互いに厳密に類似しており、同様に、アダア役割とノム役割が果たされている世界はすべて互いに類似している。ここで次を仮定することを許されたい。すなわち、本質は十分に融通がきくので、アダム役割を果たすものはノム役割を果たすこともできたということが必然的に成立するし、また、ノム役割を果たすものはノア役割を果たすこともできたということも必然的に成立する、と仮定することを許されたい。この仮定を否定するのは無益である。というのも、もしあなたがこの仮定を否定するなら、否定するのがばかばかしく感じられるほど中間的な役割の数を増やし、役割間の違いを小さくすることもできるが、そんなことをしても、例を無用に複雑にするだけだからである。さて、アダムを考えよう。彼の本質は十分変化を許容するので、彼はノム役割を果たすこともできた。もしそうなら、彼の本質はさらにもっと変化を許容することができ、ノア役割を果たすこともできただろう。したがって、アダムはノア役割を果たすこともできたようなものであることもできた。したがって、アダムはノア役割を果たすこともできた。この最後の一手が決定的であり、反このもの主義にとっても本質主義者にとっても同じように壊滅的である。すなわち、われわれのアダム‐ノア世界ともうひとつの別の世界とのあいだにこのもの主義的違いが存在するという結論が導かれると同時に、アダムの本質はわれわれが当初想定していたより二倍も変化を許容することにならざるをえないという結論もまた導かれるのである。[33]

対応者理論は、対応者関係の推移性を否定することによって、この決定的な一手に抵抗する。アダムがノム役割を果たすこともできたのは、アダムがノム役割を果たす対応者をもつからである。その対応者がノア役割を果たすこともできたのは、その対応者がノア役割を果たす対応者をもつからである。アダムがノア役割を果たすようなものでもありえたのは、アダムがノム役割を果たす対応者の対応者をもつからである（この対応者の対応者とは、じつはノアその人にほかならない）。しかし、対応者の対応者は、必ずしも対応者ではない。対応者関係は類似性によって成立する。小さな違いでも、積み重なって大きな違いとなる。ノアは、アダムの対応者となるのに十分なだけアダムに似ているある人に、その人の対応者となるのに十分なだけ似ている。しかしこのことは、ノアがアダムの対応者となるのに十分なだけアダムに似ていることを意味しない。[34]

これとは別の擁護の仕方があると言われている。対応者関係の非推移性に訴えるのではなく――そして、そもそも対応者理論をまったく仮定することなしに――世界の到達不可能性に訴えることによって決定的な一手をブロックすることができるかもしれない。[35]次のようにすればよい。三つの世界を考える。われわれの世界W^1はアダム‐ノア世界のひとつであり、アダムがアダム役割を果たしている。世界W^2はノム‐アダア世界のひとつであり、アダムがノム役割を果たしている。世界W^3は別のもうひとつのアダム-ノア世界であり、アダムがノア役割を果たしている。したがって、このもの主義的に異なる世界が二つある。そして、アダムがノア役割を果たす世界がある。しかし、到達可能性は非推移的である。すなわち、W^3はW^2から到達可能であり、W^2はW^1から到達可能であるが、W^3はW^1から到達可能ではない。したがって、W^1の観点から考えるなら、W^3のことは考えなくてよい。何も心配しなくてよかったのだ。われわれから到達不可能な世界を無視するなら、このもの主義的違いの事例など存在しない。われわれから到達不可能な世界を無視するなら、アダムがノア役割を果たすのに十分なほど変化するような世界など存在しない。

しかし、これは擁護でも何でもなく降伏であると私は言いたい。このもの主義と本質をめぐる一連の問題において、どのような権利のもとに、到達不可能とされる世界を無視することが許されるのだろうか。到達可能であろうとなかろうと、世界は世界であり、われわれはそれらの存在を信じている。なぜ到達不可能な世界のことは考えなくてよいと言えるのか。

そもそも、どうしてわれわれは反このもの主義者や本質主義者であるのだろうか。「アダムはノア役割を果たすことはできなかった」という言語的直観は、司教座からの宣言のようなものなのだろうか。われわれは、これが真なる何事かを意味しているにちがいないと知っているが、それがどのようなものであるかは分からない、というような状況にあるのだろうか。われわれの課題は、直観の述べることを真にするようなある種の意味論的道具立てを発見することにすぎないのだろうか。であるなら、到達可能性の道具立ても、ある程度役に立つかもしれない。

実際の状況は、このようなものではまったくない。素朴な直観によってそのような深遠な問題に決着がつけられるという主張は、否定されねばならない。われわれが求めているのは理論である。われわれはどのようにして事象表象が行なわれるかの説明を求めているのである。あるひとつの仮説は、事象表象は（本物であれ代用であれ）質的対応者関係によって行なわれると主張する。別の仮説は、他の方法で、たとえば非質的な対応者理論、（オーバーラップという意味での）貫世界的同一性、名指し、魔術などによって行なわれると主張するが、これらはいずれも深刻な難点を抱えている。質的な対応者理論を用いる仮説だけが生き残っているのである。しかし、この仮説に従うと、いかなる世界もアダムについてノア役割を果たすと事象表象するとは言えない。このことは、アダムはそうすることはできなかっただろうと信じる適切な理由になる。これはまたさらに、アダムがノア役割を果たすような世界は存在しない——到達可能かどうかにかかわらず、まったく存在しない——と信じる理由にもなる。

非質的な仮説のすべてが役立たずであるか、あるいはそうでないかのどちらかである。もしすべてが役立たずであるなら、到達不可能な世界でさえ、アダムについてノア役割を果たすと表象しうるのはいかにしてか、ということが理解できなくなる。そうでないなら、このもの主義に反対する理由がなくなる。前者では、到達不可能性に訴える擁護は役に立たない。後者では、そもそも擁護を必要とすることがない。「弁護人」は「アダムはノア役割を果たすことはできなかった」という言葉だけを弁護するために反このもの主義の論点を放棄してしまう。誰がそんな弁護を必要とするのか。

　実際にこのような弁護を必要とする者がいる。極端なこのもの主義者である。チザムのパラドックスの議論に抵抗するために必要としているわけではない。それどころか反対に、彼はこの議論を受け入れているのである。おそらく彼は、非質的な仮説のすべてが役立たずであるわけではないと考えている。彼は反このもの主義の論点をすでにあきらめている。しかし彼は言葉だけの弁護を用いることができる。より差し迫ったこととして、彼は「アダムはポーチドエッグ役割を果たすことはできなかった」という言葉だけを弁護して、これをアダムがポーチドエッグ役割を果たしている世界が存在すると主張する自分の学説と両立させることができる。アダムはポーチドエッグではありえなかったというわれわれの素朴な主張に直面して、極端なこのもの主義者は、言葉が思っていたのと少し違うことを意味すると認めるという犠牲を払ってでも、同意する道を探さなければならない。すでに見たように、到達可能性の制限を措定して、「無知な人に向かって話す」かもしれない。つまり、現実とあまりにも異なる、はるか遠くに離れた世界を無視するなら、アダムがポーチドエッグの質的特徴をもつような世界は存在しないのである。たしかに、はるか遠くとまではいかない程度に離れた世界でも、到達可能性は非推移的であり、この非推移性はチザムのパラドックスの議論を、チャンドラーが提案するような仕方でブロックする。しかし、これは反このもの主義や本質主義の主張を助けない。これが助けるのは、極端なこのもの主義者の「無知な人に向かって話す」というプランである。

　チャンドラーは最初から、たとえ無視された世界に追いやられたとしても、本質の侵害はまだ残ったままであると主張していた。彼は書いている。「この仮説では、『この自転車がまったく違った部分から構成されて存在することは不可能である』を、この自転車がまったく違った部分から構成されて存在する世界は存在しないということを意味すると解釈することはできない。このようなことが生じる世界は、もしあったとしても、現実世界と相対的には可能ではない、ということを意味すると解釈することしかできない」(Chandler 1976 : p. 108)。しかし、ある世界が「相対的に可能である」ことの否定が何を意味するのかということの説明を探して、チャンドラー論文やその他の論文を探しても徒労に終わる。私が思うに、それは次のように言うことと等しいのだろう。すなわち、それを無視するなら、そんなものは存在しないような、そのような何かが存在する、と。これこれの不愉快なことが生じる世界をすべて無視するなら、そのようなことが生じることは不可能である。それはそうだろう。しかし、ほとんど慰めにならない。

ある点までは極端なこのもの主義者の理論と私自身の理論はパラレルである、と私は述べた。とりわけ、チザムのパラドックスの取り扱いは非常によく似ている。極端なこのもの主義者は到達可能性の非推移性に訴え、私は対応者関係の非推移性に訴えるのであった。じっさい私も、なんらかの可能性が到達可能であることに訴えてチザムのパラドックスを処理する、と言ってもよかった。そして私も、到達可能性が非推移的であるのはそれが類似性に関わるからである、と言う。しかし、私がそのように言うとき、私は個体的可能性の到達可能性について語っているのである。そしてこれは対応者理論を別の仕方で述べているにすぎないのである。われわれの世界でアダムがアダム役割を果たし、アダムがノア役割を果たしていたかもしれないような個体的可能性に過ぎないのである。世界のこのものの到達不可能な可能性は、他のいようなものであったかもしれない、二ステップ離れているのは到達不可能な世界である。そうではなく、到達不可能な可能世界に関わることではまったくない。それはわれわれの世界のノアの可能性に関わるのではないのである。そして、彼は到達不可能でも何でもない。問題になっているのは、他のあるものはより緊密で、あるものはより緩い。そして、われわれは、ノアはアダムにとって可能であると言っても、そうでないと言っても、両者を一息に言うのでなければ、かまわないのである。次の節では、この非一貫性の問題について論じよう。

四・五　表象の一貫性への反論

かつてイギリスにグレート・ウェスタン鉄道という鉄道会社が存在した。グレート・ウェスタン鉄道は他の二つの鉄道会社、ブリストル・アンド・グロスター鉄道とバーミンガム・アンド・グロスター鉄道を早い段階で吸収合併すべきだったが、自社に有利なように交渉をもっていこうとしすぎたため、ブリストルからグロスターを経由してバーミンガムへと至る路線は一八四五年に他社の手に落ちてしまった。その結果、一九二三年の鉄道会社グループ化後のグレート・ウェスタン鉄道の路線は、保持していたこともありえた部分が欠落することとなってしまった。われわれの知るグレート・ウェスタン鉄道（一部の路線が欠落しているグレート・ウェスタン鉄道の会社全体であった）は、より大きな「大」グレート・ウェスタン鉄道の一部ではなかったのであり、（そうなることも容易にありえたのだが）。

これはさかんに論じられているパラドックスの一例である。[36] このパラドックスには様々なバージョンがあるが、そのほとんどは、私なら時間的部分（あるいは空間的部分）とみなすものに関わっており、何かがそれをもつこと（あるいはもたないこと）もありえたということにとってはまったく問題がない。こうしたバージョンはどれも、私にとってはまったく問題がない。私は任意の時空的部分が存在することを信じるからだ。だが、この問題を時間的部分の存在を信じない人たちに十分理解させるため、私はむしろ純粋に空間的な例を好んで用いてきた。いかなる時点においても、欠落した路線がグループ化後のグレート・ウェスタン鉄道の一部であったことはない。一方、一八四五年にもう少し幸運だったならば、一九四八年の国有化によって消滅するまでの四半世紀全体にわたって、その路線はグレート・ウェスタン鉄道の一部であっただろう。[37]

このパラドックスは次のように提示できる。「GWR－」を問題の路線が欠落した現実のグレート・ウェスタン鉄道とする。「GWR」をグレート・ウェスタン鉄道とし、「GWR＋」を「GWR－」と欠落した路線の和とする。すると、まずGWRがある。だがこれはGWR－でもある。両者は同一である。しかし、複数形を使うのは文法的にはナンセンスだ。「これら」はひとつの事物であり、それは自己同一的である。さて、それの可能なあり方はどのようなものだろうか。それはGWRなのだから、それより大きいこともありえたはずだ。じっさい、それがGWR＋と同一であることもありえた。他方で、それはGWR－なのだから、GWRの全体ではなく、その一部にすぎなかったはずだ。したがって、GWR＋と同一でもありえたGWRとは同一ではない。だから間違いなく、それ（すなわちGWR－）がGWR＋と同一であることはありえなかった。このようにして、われわれは二つの仕方、すなわち、GWRとしてもGWR－としても指示できるこのひとつの事物の可能なあり方に関して、矛盾してしまうのである。

目下の状況において、GWRとGWR－が結局は二つの別個の事物であると主張することは途方もないことだ。すなわち、じつはこれらは同一ではないとか、単に「相対的に同一」であると主張することは考えられない。（「相対的同一性」は同一性ではない。このことは、ある相対的同一性が、他の相対的同一性に関して異なる事物のあいだでも成り立ちうるという事実からも分かるだろう。）ここにはひとつの事物しかないのである。二つあると言えるのは、（名前を別にすると）それを表象する仕方である。事象表象にはある種の多義性が埋め込まれており、この多義性は相反する答えが得られるときに姿を現す。ある適当な（本物であれ代用であれ）世界が存在し、そこから見るとブリストル–グロスター–バーミンガム線はグレート・ウェスタン鉄道に吸収されている。そしてGWRともGWR－とも呼ばれる現実の事物がある。この世界はどういうわけか、この事物を欠落した路線を含むものとして表象することに成功しているとともに、含まないものとして表象することにも成功しているのである。ここで表象の仕方が一貫していないことはあきらかである。一方の名前によってある表象の仕方が喚起され、別の名前によって別の仕方が喚起される。何を名指すかについては二つの名前に何の違いもないとはいえ、少なくともこの意味で名前の違いは重要である。

実際に起きていることは私が描いてみせたより単純なのではないかと思う人もいるかもしれない。すなわち、二つの名前は固定指示子ではなく、結局は省略された確定記述であって、歴史が想定と異なっていたならば何を名指していたかについて異なるだけだと考える人がいるかもしれない。（私が意図しているのは、これらの名前が現実の解釈のもとで何を名指しうるかが異なるということである。別の歴史においてこれらの名前にどのような別の解釈が与えられたかは、ここでは無関係だ。）あるいは、ここで扱われているのは事象表象ではなく（ましてや、事象表象の特に多義的な現れ方でもなく）、異なる非固定的な意義をもつ名前が何を名指しうるかについての違いにすぎない、と考える人もいるかもしれない。そうした意見は部分的には正しいかもしれない。ひょっとすると、GWRやGWR−といった名前を私が導入したとき、これらに異なる非固定的な意義を与えてしまったために、歴史が異なればこれらは現に名指しているものを名指さなくなってしまうのかもしれない。あるいは、私は決め手となる文の言葉を選ぶとき、事象的な読みが優先されるよう選んだつもりだったが、それにも失敗したのかもしれない。こうした仮説は最初の問題を解決してくれる。しかし、たいしたことは成し遂げられない。なぜなら、固定指示子でない二つの名前のあいだの違いに訴える解決策が適用できないように、この問題を述べ直すことができるからである。具体的には次のように。

　われわれが二つの名前で語ってきた、この事物について考えて欲しい。もし問題の路線が吸収されていたならば、これはどうなっていただろうか。ここであなたは行き詰まってしまう。私はどちらの名前も使わなかった。あなたは何が話題になっているかを十分理解しており、どのような（本物であれ代用であれ）世界が問題になっているかも十分理解している。そしてあなたは、そのような世界から見ると当の対象に何が起きているかについて、私が事象的に尋ねていることも理解している。私が思うに、あなたがここで抱える問題は次のものだ。ついさきほど二つの表象の仕方が喚起されたが、いま私はそのどちらを選ぶかについて何の手がかりも与えていない。よって、固定指示子でない二つの名前によって二つの表象の仕方が喚起されたという事実（もしそれが事実ならば）は、ここでは無関係なのである。

　固定指示子でない名前のあいだの違いに訴えるのを阻止し、この問題を再燃させる別の方法もある。省略された確定記述であることがあきらかな新しい名前を導入しよう。

　GWR／木星$=_{\mathrm{df}}$問題の路線が吸収されていなければGWRであり、そうでない場合は木星であるもの

　GWR−／木星$=_{\mathrm{df}}$問題の路線が吸収されていなければGWR−であり、そうでない場合は木星であるもの

これら二つの作為的な名前が固定指示子でないことは間違いないが、例の解決策をある仕方で阻止する。問題の路線が吸収されていたならば、これら二つの名前は何を名指すかについて異なっていなかったはずだ。というのは、その場合、どちらも木

星（の対応者）を指すことになったはずだからである。現実世界でも、何を名指すかについて両者のあいだに違いはない。というのは、問題の路線は吸収されなかったので、両者は同じものを指すからである。すなわち、われわれがこれまでときにはＧＷＲと呼び、ときにはＧＷＲ－と呼んでいた事物である。さて、この事物について考えてみよう。それにはどのようなことが起こりうるのだろうか。それはＧＷＲ／木星である。それがＧＷＲである以上そうなる。よって、問題の路線が吸収されていたならば、それは問題の路線を含んでいただろうし、ＧＷＲ＋であっただろう。他方で、それはＧＷＲ－／木星である。それがＧＷＲ－である以上そうなる。よって、問題の路線が吸収されていたとしても、それは問題の路線を含んでいなかっただろうし、ＧＷＲ－のままだっただろう。いかなる場合でもそれが木星だったことはなかった、ということでよいだろうか。もしこのことに同意するならば、次のことにも同意しなければならない。すなわち、傍点で強調した代名詞を用いるという私の言葉の選び方は、事象的な読みを引き起こし、固定指示子でない名前が何を名指していたかを無関係なものにすることに成功したのだ。（これは確固たる事実ではないかもしれない。もし私の命がかかっていたなら、私はなんとかしてこの問いを別様に理解し、正直な答えとして「それは木星であったはずだ」と答えることもできたかもしれない。ひょっとすると、私よりずっと容易にこの問いをそのように理解できる人もいるかもしれない。だが、私が記述したような読みが可能であるだけで十分であり、その読みしかないとまで言う必要はない。）こうして事象表象の非一貫性は取り戻された。二つの作為的な名前は異なった表象の仕方を喚起するが、両者のあいだの違いは、問題の路線が吸収されていた場合には何を名指していたかの違いではない。というのも、そのような違いはないからだ。そうではなく、二つの作為的な名前は、元の名前「ＧＷＲ」と「ＧＷＲ－」がもっている、異なる表象の仕方を喚起する力を借りていたのである。元の名前とさきほどの定義のうちに、この力はかなり目につくかたちで現れていた。ＧＷＲ／木星がＧＷＲであることとＧＷＲ－／木星がＧＷＲ－であることを思い起こさせたとき、私がこの喚起する力に手を貸していたことは認めよう。だが、この二つの同一性命題は真なのだから、そのように語ることがどうして不当になるのか、私には分からない。

事象表象に関する問いのなかには、確定した正しい答えをもたない多種多様なケースがあると私は思う。ということは、事象様相や事象的な反事実的条件法に関する問いについても同様に、正しい答えをもたないケースがたくさんあるだろう。(38) ヒューバート・ハンフリーが天使であることはありえたか。ある人間が別の両親のもとに生まれることはありえたか。古代エジプトの両親のもとに生まれることならどうか。ロボットとして生まれることについてはどうか。知能をもったしゃべるロバとしてならどうか。普通のロバならどうか。ポーチドエッグではどうか。何か文脈上のヒントが与えられれば、これらの問いはまともな答えをもつはずである。ある世界がハンフリーを天使として表象するような表象の仕方があれば、どの世界もハンフリーをそのようには表象しないような表象の仕方もある。つまり、何が正しい表象の仕方なのかは文脈によって確定される（場合によっては、十分に確定しないかもしれない）が、私は文脈を一切与えなかった。これがあなたの抱える問題である。

最初に頭に浮かんだ答えに飛びつき、それを懸命に擁護するのも悪くないだろう。もしそうするならば、あなたの答えは正しい答えとなるだろう。というのは、あなたが答えること自体がある文脈を作り出し、その文脈により表象の仕方が選び出され、そうして選び出された表象の仕方があなたの答えを正しい答えにするからである。（そもそもそれが可能であるならばだが。ひょっとすると、度が過ぎてふざけた答えだとそうならないかもしれない。たとえば、ハンフリーがポーチドエッグであることはありえたのに別の両親のもとで人間として生まれることはありえなかった、というような答えの場合には。）文脈がもつ複雑な特徴に依存するケースでは、一般的にこのようなことが起こる。適応規則（rule of accommodation）のせいだ。発言は（その発言が真であることが可能であれば）、その発言を真にする特徴が選び出されるような文脈を作り出すことによって、みずからを真にする。たとえば、あなたがフランスは六角形であると言ったとしよう。そのように言うことで正確さの基準を低く設定することになり、あなたの発言は真になる。逆に（できれば別の機会に）フランスは六角形でないと言ったとしよう。すると、正確さの基準を高く設定することになり、またしてもあなたの発言は真になる。[39] これと同様に、起源は本質的だと説く哲学者たちはまったくもって正しいと私は考える——少なくとも彼らがそのような発言をする文脈に限っては。彼らの発言はみずからを真にする。すなわち、彼らの発言が、起源の一致を要求する表象の仕方によって（私なら、そのような対応者関係によって）事象様相が支配される文脈を構成するのである。しかし、もし私が、ソール・クリプキが精子と卵子から生まれたのでなく、コウノトリによって運ばれてきたのならばどうなっていたか、と問うても、おかしなことを言ったことにはならない。私は自分の問いがまともになるような文脈を作り出しているのである。だがそのためには、この文脈は、起源が本質的ではないような文脈でなければならない。

事象様相と事象的な反事実的条件法について、われわれは様々なことを言う。だから注意深く眺めれば、ある（本物であれ代用であれ）世界から見てある個体について何が真であるかについては、一度できっぱりと定まるような確定的な答えをわれわれがもっていないことの証拠がたくさん見つかるだろう。表象の仕方はまったく一貫していないのである。文脈が異なれば正しい答えが異なることもよくある。相反する答えを堅持するとき（あるいは、それらを前提するとき）に伴う安心感がその証拠である。「それはブリストル-グロスター-バーミンガム線を含んでいただろう」「それは大グレート・ウェスタン鉄道の一部にすぎなかっただろう」——本当にこれらを論争とみなすことができるのだろうか。いつもなら答えを確定してくれる文脈上のヒントがないときは、確定的に正しい答えが存在しないことも十分起こりうるのである。

　単一の文脈内でさえ、相反するがどれも正しい複数の答えが見つかることもありうる。グレート・ウェスタン鉄道と欠落した路線の場合でもそのようなことが起こりえただろう。事物を構成する材料はどのようにしてその事物を成り立たせている（constitute）[2]のか、という形而上学ではおなじみのパズルでは、もっと目立ったかたちで起こる。時間的部分をめぐるいざこざを避けるために、問題の材料とその事物のいずれかが存在しているすべての時点を通じて、その材料がその事物を成り立たせているケースから始めるのが一番だろう。たとえば、プラスチックの塊を合成するときに、最初から型（トレーの型だとしよう）にぴったり収まるよう合成された結果、そのプラスチックが存在するやいなやそれはトレーを成り立たせることになり、そのプラスチックは最終的に焼却されたために、同時にそのトレーも存在しなくなる、というケースである。ここで、仮にその工場がトレーの注文を受けたのは一日後だったとしよう。それでも、まったく同じプラスチックの塊が作り出されたはずだ。というのも、その時点でもうすでに、プラスチックの原料は例の型をぴったり満たす分量に分けられていたからである。だがそれは、別の型に収まるよう合成されただろうし、たとえばゴミ箱を成り立たせることになっただろう。そしてこの場合、問題のトレーは、別の日に別のプラスチックから作り出されただろう。ということは、プラスチックとトレーは同一ではない。そこにはトレーがあるが、それに加えて、トレーのあるまさにその場所に存在し、トレーと重さがまったく同じである（なぜ二つが合わさってその二倍の重さにならないのだろうか）、そのようなトレー型のプラスチックの塊もあるのだ。しかし、このように言うと、何かを二重に数えてしまっているような気配が漂う。こうやって存在者を増やしてしまうのは見るからにばかげている。また、プラスチックとトレーは「相対的に同一」であると主張し、それらは絶対的には同一でないなどということを言外にほのめかすならば、問題をわかりにくくするだけである。

　しかし、仮にプラスチックとトレーが同一だったとしよう。もしそのとき、プラスチックがゴミ箱型に作り出され、トレーが次の日に別のプラスチックから作り出されていたならば、「それら」、より適切には、それには何が起きていただろうか。それはゴミ箱だっただろう。それはまた、次の日に作られることになったトレーでもあっただろう。私は、この二つの答えはどちらも正しいと提案したい。問題の（本物であれ代用であれ）世界は、ひとつの対象を二度表象しているのである。それも、一度目はゴミ箱型のプラスチックの塊として、二度目には次の日に作られたトレー型の別のプラスチックの塊として、二つの異なる仕方で表象している。この二つの表象の仕方がひとつの文脈において協働し、「プラスチックはトレーを成り立たせているが成り立たせないこともありえた」という言明をまともな言明にしているのである。じっさい、それは（同一であるという意味で）トレーであるが、そうでないこともありえた。それとトレー（すなわち、それとそれ自身）は同一であることなしに共に存在することもありえたのだ。これは法外な主張に聞こえるだろう。それも二重思考のように聞こえるだろう。つまり、私はプラスチックとトレーが同一であることを認めつつ、自分に都合がいいときにはやはり両者を区別するのではないだろうか。実際にはそうではない。私は誰もが区別しなければならない区別をしているだけだ。すなわち、ひとつの事物に対して、異なる二つの語が、異なる二つの指示を行なっているのである。そして、異なる二つの指示は異なる二つの表象の仕方を喚起しやすい。そのために、ひとつの世界がひとつの事物に関して相反する二つの事象表象を行なうことが可能になる。そう私は主張しているのである。表象の仕方は増やせる。いまの例で言えば、ひとつのプラスチック製のトレーに関して、ひとつの文脈内で、ひとつの世界にとっての表象の仕方を増やすことができるのである。その代わりに、どうにかしてトレーをプラスチックから区別することができれば、存在者を増やすこともできる。私が提案したいのは、前者の増大の方が後者の増大より当てにできるということである。

より一般的な、材料が事物を一時的に成り立たせているだけのケースでもまったく違いはないと思われる。今度はロウ人形を例にしよう。ロウ人形を成り立たせているロウは、そのロウ人形が存在する前から存在し、人形が存在しなくなった後も存在する。だが、ある時点では（人形が存在するどの時点でも）ロウはその人形を成り立たせている。その人形とロウの時間的部分は同一である。別の状況では、それは別のロウからできた人形だっただろう。そして同時にそれは、人形の隣に置いてある何のへんてつもないロウの塊を形成していただろう。ある世界はそれを異なる仕方で二度表象する。一度目は人形として、二度目は塊として。つねに変化し続ける水が成り立たせている波や、つねに変化し続けるガスが成り立たせている炎のような、より短期間で一時的に成り立たせているだけのケースでも同様である。

私にも述べることのできないことがひとつあることに注意して欲しい。私には主語を抜いて二つの述語を結合することができない。すなわち、最初のケースでは「それはゴミ箱と次の日に作られたトレーの両方だっただろう」と言うことができず、第二のケースでは「それは別のロウから作られた人形と何のへんてつもない塊の両方だっただろう」と言うことができない。というのも、世界が二つの異なる仕方で事象表象するものが何であれ、その世界は、こうした結合された述語を満たすものがあるということは表象しないからである。

様相述語論理の道具立てで、われわれが必要とするこの区別をするにはどうすればよいのか、私には分からない。問題の状況を特定する命題をAとしよう。また、結合される以前の二つの述語をFおよびGとする。すると、次の二つの式が得られる。

Aならば F(X)ということが必然であり、かつAならば G(X)ということが必然である。
Aならば F(X)かつ G(X)ということが必然である。

だが、いかなる標準的取り扱いのもとでも、この二つの式は同値になる。したがって、A世界がXをある表象の仕方ではFを満たすように表象し、別の表象の仕方ではGを満たすように表象するなら、前者の式は真であり後者の式は偽である、とは言えない。しかし、何か標準的でない改良が施されない限り、様相述語論理の道具立てでは必要な区別ができないとしたら、なんと愚かなことだろうか。われわれにはその区別の仕方が分かっているのに。

事象表象の非一貫性は対応者理論によって容易に説明することができる。比較類似性関係は多種多様であり、そうした様々な関係のなかには、質的類似性（内在的であれ外在的であれ）の異なる側面を重視したり優先したりするために異なるものもあれば、比較の際に重視される観点において似ていても、一方が他方より厳密であるために異なるものもある。これらの関係のどれもが「対応者関係」という言葉によって表現される関係の候補である。同様に、厳密さや重視される観点において異なる多くの関係が「類似性」と呼ばれる権利を有する。「対応者」や「類似性」の厳密な意味は、一貫してもいないし確定してもいない。これらの言葉は、一連の異なる意味論的値を多義的に表しているのである。二つの事物が、ある文脈では対応者であり別の文脈ではそうでない、ということがあってもよい。あるいは、二つの事物が対応者であるかどうかは不確定であってもよい。事象表象の非一貫性は、事象表象が、様々な部分からなる事物のあいだの全体的な比較類似性によって行なわれる、という仮定のもとでは、まさに期待されてしかるべきものである。理解するのが難しいのは（もし見つかるとすれば）一貫性の方だろう。

（もし対応者理論が正しければ、事象様相の言語は類似性関係によって支配される。そしてもちろん、似ていることや異なっていることをわれわれが明示的に述べるときの言語もまた、類似性関係によって支配されている。われわれはこれら二つの言語を混ぜ合わせて使っていると仮定しよう。この場合、この二つが混ぜ合わさった言語は、類似性に二度も支配されることになる。すると、それは不確定性に二度さらされることになり、また、不確定性の解消を迫る文脈的圧力の影響を二度受けることになる。このとき、不確定性の解消法は一様であると考えるべきだろうか。もしそうなら、事象様相は、似ていることや異なっていることの明示的な述定を支配しているのとまさに同じ類似性によって支配されていることになる。それとも、もっと面倒な状況、すなわち、類似性は他の種類の類似性と競合していると考えるべきだろうか。もし解消法が一様だったなら、フェルドマンたちが気づいたように、「私は現実の自分のあり方とはまったく異なっていたかもしれなかった」というようなことを言うと矛盾することになるだろう（私は現実の自分のあり方とはまったく異なっていたかもしれなかったが、同時に他の誰かが現実の私のあり方と非常に似ていた、と言えば、さらに状況は悪くなる)。たしかに、この発言は矛盾のようには聞こえず、むしろ真であるように聞こえる。私の考えは次の通りだ。問題の発言を真にするのは、事象様相を支配するひとつの類似性関係のもとでは私と非常に似ているが、明示的な述定を支配する別の類似性関係のもとではまったく似ても似つかない私の対応者である。たとえば、起源に関してほぼ一致しているため私の対応者となる一方、人生の後半に関しては私とまったく異なる誰かが存在するかもしれない(これは、類似性関係が完全に確定的であるか、ひとつの種類の類似性関係にはひとつの仕事が永久的に割り当てられ、別の種類の類似性関係には別の仕事が永久的に割り当てられるかのいずれかである、と示唆しているのではない)。これはまさに、様々な類似性関係がひとつの文脈において競合しているという面倒な状況である。そして、このことはまったく驚くべきことではない。類似性に関することがすべて明示的に述べられており、かつ事象様相がまったく関わらないときでさえ、同じことが生じるからだ。たとえば、テッドとフレッドはそっくりだが、それでもとても異なっていると言うことができる。解消法が一様だと、これが矛盾になってしまうので、さらに困ったことになる。不確定性を文脈的に解消するときの根本的な原則は、ある解消法が正しいものとなるには、発言の意味がよく通じるようにしなければならない、というものだ。発言をあからさまな矛盾にしてしまうようでは台無しである。つまり、一様な解消法はどれもただちに失格なのである。一様でない解消法を絞り込んでいく場合でも、おそらくは次の発言を待たねばならない。)

ブリストル-グロスター-バーミンガム線が吸収されていた世界は、この世界のグレート・ウェスタン鉄道の対応者となりうる二つの候補を提供する。大きな方の候補はある点で優っている。この世界のグレート・ウェスタン鉄道と同様に、それはある鉄道会社の会社全体である。小さな方の候補は別の点で優っている。こちらは路線の地理上の範囲に関してはこの世界のグレート・ウェスタン鉄道とぴったり合っており、また、その諸部分を、この世界のグレート・ウェスタン鉄道の諸部分に対して、対応する部分どうしが互いに申し分のない対応者となるように対応させることができる。第一の候補が有利になるような比較の観点を重視すると、問題の世界がグレート・ウェスタン鉄道を例の路線を含むものとして表象する対応者関係が得られる。第二の候補が有利になるような観点を重視すると、問題の世界がグレート・ウェスタン鉄道を現実のそれと同じ範囲でしかないものとして、また、鉄道会社全体よりは小さなものとして表象する対応者関係が得られる。第一の対応者関係がこの世界のグレート・ウェスタン鉄道の名前である「GWR」によって喚起されるはずだということと、第二の対応者関係がそれとまさに同じものの名前である「GWR－」によって喚起されるはずだということは、どちらも理解可能である。同様に、作為的な名前「GWR／木星」と「GWR－／木星」についても、元々の名前がそのうちに現れているために、前者が第一の対応者関係を喚起し、後者が第二の対応者関係を喚起するということも理解可能である。もしこれらの作為的な名前による喚起が決定的ではないとしても、それもまた予想されることでしかない[40]。

少し前、より中立的な設定でこのケースを論じていたとき、私は「GWR」と「GWR－」という名前が固定指示子かどうかという問いに答えるのを避けて議論を続けた。対応者理論を含む設定では、この問いに戻ることができる。厳密な意味での固定指示子とは、すべての世界で同じ事物を名指す（少なくとも、その事物が存在するすべての世界では、それを名指す）表現のことである。数などについては、これはまったく結構なことである。だが、世界がオーバーラップしていなければ、人や事物――たとえば鉄道会社――に対して用いられる通常の固有名でさえ、厳密な意味での固定指示子であることを期待できない。しかしながら、通常の固有名が準固定指示子であってもおかしくない。すなわち、そうした通常の固有名は、別の世界では、この世界で名指している事物の、その世界での対応者を名指すかもしれない。

（細かい点も検討しておこう。(1)別の世界に対応者がいなかったらどうなるのか――その場合、その名前はその世界では指示対象をもたないということにしよう。(2)対応者が二人いたらどうなるのか――その場合、その名前の指示対象は、二つの候補のあいだで不確定であるということにしよう。(3)不確定性の解消には名前の選択と文脈が大いに役に立つが、それでもなお、別の世界の住人のどれが、この世界で名指されているものの対応者であるかが不確定のままだったらどうなるのか――その場合もまた、その名前の指示対象は不確定であるということにしよう。(4)私はこれまで、名前がこの世界に関して準固定指示子であるということが何を意味するかについて述べてきた。だが、同様に、他の世界に関して準固定指示子であるような名前もありうる。そこで、次のように定義しよう。ある名前が端的に準固定指示子であるのは、それが何かを名指すすべての世界に関して準固定指示子であるときそしてそのときに限る。）

対応者関係が一貫していないとすると、ある名前が準固定指示子になるのはある特定の対応者関係のもとでであり、他の対応者関係のもとではそうではない、と言わなければならないかもしれない。たとえば、ある名前は、その名前によって喚起されやすい対応者関係のもとでは準固定指示子であるが、同じ事物に対する別の名前によって喚起されやすい対応者関係のもとではそうではないかもしれない。名前「GWR」と「GWR－」では、これらの名前がどのように導入されたかを考えると、このことは正しいと思われる（しかしながら、例の作為的な名前「GWR／木星」と「GWR－／木星」は、どのようなまともな対応者関係のもとでも準固定指示子ではない）。ある名前がそれによって喚起されやすい対応者関係のもとで準固定指示子であるならば、様相が絡む述定でその名前が現れても、それを事象様相とみなすかどうかは問題でなくなる。次のように問うことはできる。「GWR」のこの世界での指示対象は、「GWR」によって喚起される対応者関係のもとでの他の世界における対応者が、ある鉄道会社の会社全体となるような事物だろうか。また、次のようにも問うことができる。「GWR」の他の世界での指示対象は（ただし、これは「GWR」によって喚起される対応者関係のもとでは、「GWR」のこの世界の指示対象の対応者であるが）、ある鉄道会社の会社全体だろうか。この二つは同じ問いである。名前の選択が文の表す命題に違いをもたらす要因は三つある。(1)この世界での指示対象が異なること。(2)別の世界での指示対象が異なること。(3)どの対応者関係が喚起されやすいかが異なること。もしある名前がそれによって喚起されやすい対応者関係のもとで準固定指示子であるなら、(2)と(3)は同じことになる。(3)の影響を分離する（こうすれば、対応者関係は一貫していない方がよいことが理解できる）ためには、(2)のケースを無効にしなければならない。私が作為的な名前「GWR／木星」と「GWR－／木星」を導入したときに行なったのは、まさにそのようなことであった。

事物とそれを成り立たせている物質のケースにも、これと同じ処置が適用できる。この世界には、ある分量の原料から作り出されたトレー型をしたプラスチックがある。ある別の世界では、その原料の対応者から作り出されたプラスチックはゴミ箱型をしている。この原料の対応者関係には何の問題もないと仮定しよう。じっさい、ひょっとするとこの原料は、われわれの世界とその別の世界との乖離が生じる前にその分量へと分けられていたのかもしれない。このとき、その別の世界には、この世界ではトレーであるプラスチックの対応者の候補が二つある。もし起源の一致を重視するなら、（別の世界の）ゴミ箱の方がより良い候補となる。よって、その別の世界が、このプラスチック（すなわちトレー）を、トレー型ではなくゴミ箱型に作り出されたように表象することになる対応者関係（すなわち、ひとつの表象の仕方）が得られる。だが、形が似ていることを重視するなら（それに加えて、どの注文に応じるかや、どこに配送されるかも重視する場合はおそらく）、（別の世界の）トレーの方がより良い候補となる。よって、その別の世界が、このプラスチック（すなわちトレー）を、異なる原料から一日後に作り出されたように表象することになる別の対応者関係（すなわち、もうひとつの表象の仕方）が得られる。この世界（問題のプラスチックが含まれる唯一の世界）では、トレーはまさにそのプラスチックにほかならない。しかし、このただひとつの事物を指示する方法がひとつでないならば、それによって喚起されやすい対応者関係もひとつにはならないのである。

材料が事物を一時的に成り立たせているケースについても同様である。ロウ人形はそれを成り立たせているロウの時間的部分である。だが、ある対応者関係のもとでは、ある世界はそれを何のへんてつもない塊として表象するが、別の対応者関係のもとでは、その同じ世界がそれを異なるロウから作り出されたロウ人形として表象する。それをロウと呼ぶことは第一の対応者関係を喚起し、それをロウ人形と呼ぶことは第二の対応者関係を喚起する。(41)

私は、ひとつの世界のなかに複数の対応者がいる二つのケースを区別する。第一のケースは、異なる対応者関係が存在するケースである。異なる対応者関係が、異なる比較の観点に対して異なる重みや優先度を与えるために、異なる候補が支持される。これまで検討してきた対応者関係の非一貫性はこれである。第二のケースでは、対応者関係はひとつしかない。この対応者関係は、比較の際の重みや優先度に関する単一のシステムによって与えられる。ただ、こうして得られた対応者関係が、ときには一対多の関係になりうるのである。どうして対応者関係はひとつしかないのに複数の対応者がもたらされるのかというと、引き分けのせいだ。たとえば、双子のあいだでは引き分けが生じうる。これは、重みや優先度に関するあるひとつのシステムが双子の一方を支持し、別のシステムが双子のもう一方を支持する、という場合のことではない。(実際にはそういうこともあるかもしれない。だが、そうでない場合を考えて欲しい。)むしろ、どのようなまともなシステムでも引き分けに終わる、という場合のことだ。複数の対応者がいるケースのうち、ひとつの世界の内部に異なる個体的可能性を認めざるをえなかったのは、この第二のケースのためである。さもなければ、世界そのもののあいだにこのもの主義的な違いがあることを求めたくなってしまうだろう。しかし、複数の対応者がいるどちらのケースも認める必要がある。第一のケースは第二のケースに取って代わることができない。というのは、どのようなまともな基準でも引き分けに終わる、ということがあるからだ。そして第二のケースも第一のケースに取って代わることができない。というのは、第二のケースでは、対応者の決定が文脈の影響によって左右される余地がないからだ。

これまで私は、世界ではなく到達可能な個体的可能性が事象表象するという私の以前の提案を無視することによって、議論を単純化してきた。しかし、ここでわれわれは、二つのトピックをひとつに統一しなければならない。非一貫性と引き分けが同時に生じうることを認めるためには、そうすべきである。グレート・ウェスタン鉄道と欠落した路線のケースを先に考察しよう。まず、この世界の個体がある。これには問題の路線が含まれておらず、われわれはこれを「GWR」または「GWR一」と呼ぶ。この路線が吸収されている世界は二つの個体を与える。これは二つの個体的可能性、すなわち、問題の路線を含む可能性と含まない可能性である。この二つの可能性が、問題となっているこの世界の個体をどのようなものとして事象表象するかは(もし到達可能であれば)、まったく多義的ではない。第一の可能性はその個体を、問題の路線を含んでいるものとして表象する。一方、第二の可能性は、問題の路線を含まず、かつ鉄道会社全体より小さなものとして表象する。実際に問題となるのは、どちらが到達可能かである。この問いは、どちらの個体が対応者かという問いと同じ問いである。以前に述べたことを翻訳しよう。個体的可能性に関する二つの到達可能性関係があり、どちらも比較類似性に基づいている。この世界の個体に対する名前「GWR」(または「GWR/木星」)は、鉄道会社の会社全体であるという観点における類似性を重視する到達可能性関係を喚起しやすい。他方、名前「GWR一」(または

「ＧＷＲ－／木星」）は、同じものを名指すのだが、地理上の範囲と部分間の対応関係における類似性を重視する到達可能性関係を喚起しやすい。どちらか一方の到達可能性関係が喚起されるのを決定づけるようなことが何も言われていない場合、われわれは未決定の状態におちいるかもしれない。あるいは、ひょっとすると、両方の個体的可能性を到達可能にする到達可能性関係がデフォルトで得られるのかもしれない。この場合は、われわれをこのもの主義へと誘う双子の対応者のケースと同様に、ひとつの世界が同じものに対する二つの別個の個体的可能性を与えることになる。だが、複数の個体的可能性が得られる別の方法がある。ある永劫回帰世界のすべての時代が、例の路線を吸収するのに成功したグレート・ウェスタン鉄道を含んでいると仮定しよう。この世界は、われわれの世界のグレート・ウェスタン鉄道の対応者（これは個体的可能性でもある）からなる、競合する二つの無限クラスを与える。ある比較の観点を重視すると、その路線を含んだ無限に多くの到達可能な個体的可能性が得られる。別の観点を重視すると、その路線を含まず、ある鉄道会社の会社全体よりも小さな、無限に多くの到達可能な個体的可能性が得られる。どちらか一方の観点を重視するようなことは何もしないことにしよう。すると、この世界は、どちらの種類の個体的可能性を提供できるかが不確定な世界になるか、あるいは、両方の種類が混ざったものを提供できる世界になるかのどちらかである。

個体的可能性に加えて、個体の列（たとえばペア）にとっての共同的可能性も問題となっていた。ペアには、ペアをなす二つの個体が同一であるペアと同一でないペアがある。よって、厳密な意味では、あるひとつの個体が二つの個体だったかもしれなかった（あるいはその逆）と言うことはできないにしても、少なくともある意味では、同一であるペアが同一でないペアだったかもしれなかった（あるいはその逆）と言うことができる。これを「偶然的同一性」と呼ぶのが賢明なことかどうかは分からない。ひょっとするとそうかもしれない。あるいはひょっとすると、複数の記述の外延が偶然的に一致するという何の問題もない現象か、もしくは、あるひとつの個体が自己同一的でない個体的可能性をもっているというばかげた考えのために、このフレーズをとっておくべきかもしれない。いずれにせよ好きなように呼んでかまわないが、ＧＷＲとＧＷＲ－というペアは、この世界で同一なペアである。すなわち、このペアではひとつの個体が二度使われている。また、ＧＷＲとＧＷＲ－というペアは、他の世界では同一でないペアである。すなわち、このペアは二つの別個の個体からなる。第二のペアは、もしこれが第一のペアにとって到達可能な共同的可能性だったならば、同一なペアが同一でなかった可能性を与えることになるだろう。しかし、必要な到達可能性を得るためには、ペアの第一の個体と第二の個体で異なる類似点を重視する必要がある。それだけでなく、同一なペアどうしはまさに同一なペアであるというその事実によって似ており、同一でないペアどうしはまさに同一でないペアであるというその事実によって似ているという比較の観点を低く評価しなければならない。ペアに関する到達可能性がこれほど複雑であることは、ちょっと信じがたく思われるかもしれない。だけれども、このような到達可能性関係が利用できないのであれば、ひとつのものが二つだったかもしれなかったと言いたくなるわれわれの傾向をどのように説明すればよいのだろうか。この到達可能性関係は利用可能であり、喚起されねばならないときには喚起されると私は考える。すなわち、発言が真となるために要求されているときには喚起されるのである。

私が支持する理論、すなわち、オーバーラップを認めない本物の様相実在論に質的な対応者関係を加えたものでは、事象表象が一貫していなくても問題が生じない。これはたいへん結構なことである。しかし、私の理論はこの点で主要な競合理論よりも優っていると主張することはできない。というのも、ひとつの部分的な例外を除き、競合理論でも同じぐらい容易に非一貫性を与えることができるからである。

このもの主義的な対応者理論を支持していたならどうなるかを考えてみよう。すなわち、世界のオーバーラップを認めない本物の様相実在論だが、事象表象は非質的な対応者関係によって行なわれるとするのである。前節で述べたように、非質的な対応者関係は非常に謎めいており、原始概念として受け入れるしかないだろう。だが、そうした関係がたくさんあるからといって、ひとつしかない場合よりも著しく謎めいたものになるかどうかは分からない。また、それがどんな種類であれ、多くの対応者関係があるのなら、非一貫性を供給するリソースがあることになる。(あるいはひょっとすると、固定的で非質的な対応者関係と様々な質的類似性関係を混ぜ合わせた対応者理論も可能かもしれない。この理論の非質的な部分がこのもの主義的違いを与え、質的な部分が非一貫性を与えるのである。) この理論は耐えがたいほど謎めいているが、非一貫性を与えることができるからといって、事態が悪くなるわけではない。

次に、反このもの主義的な言語的代用主義を支持していたならどうなるかを考えてみよう。この場合、質的な用語による極大無矛盾な記述、すなわち、質的な代用個体があり、こうした代用個体のあいだで成り立つ代用対応者関係によって、代用世界は事象表象を行なう。たとえば、ハンフリーを現実の彼の通りに記述する代用個体がひとつあり、それの対応者だが「大統領選に勝利した」という記述を含む点で異なる第二の代用個体があり、第二の代用個体が現実化されている代用世界がある。こうして、この代用世界は、ハンフリーを大統領選に勝利したものとして事象表象する (あるいは、事象表象するのは対応者である代用個体そのもの (すなわち、到達可能な個体的可能性) であると言ってもよいかもしれない)。以上のことが正しければ、他にはありえないほど容易に、たくさんの比較の観点を得ることができる。たとえば、グレート・ウェスタン鉄道を現実の通りに (すなわち、ブリストル-グロスター-バーミンガム線を含まないように) 記述する代用個体がひとつある。それとは別の代用個体が二つあり、どちらもある代用世界から見ると現実化されており、最初の代用個体の対応者の候補として競合している。一方の候補は、例の路線を含むグレート・ウェスタン鉄道を記述しているとされ、もう一方の候補は、鉄道会社全体より小さな、例の路線を含まない何かを記述しているとされる。どちらの候補が支持されるかは、様々な比較の観点にどのような重みを与えるかに依存する。このようにして、ひとつの代用世界がグレート・ウェスタン鉄道を二つの相反する仕方で表象する（別の言い方をすれば、ひとつの代用世界により、当の鉄道にとっての二つの相反する個体的可能性が与えられる）のである。

次に、このもの主義的な言語的代用主義を支持していたならどうなるかを考えてみよう。この場合、事象表象は名指しによって行なわれる。たとえば、ある言語的代用世界が、グレート・ウェスタン鉄道に関して、それが例の路線を含む（または含まない）ということを事象表象するとしよう。これは、グレート・ウェスタン鉄道に関して、それが例の路線を含む（または含まない）ということを名前を用いて述べる文がその代用世界に含まれる（または含意される）ことによって行なわれる。このとき、グレート・ウェスタン鉄道に対する異なる二つの名前、たとえば、「GWR」と「GWR二」が世界作成言語に含まれていれば、非一貫性が得られる。ひとつの代用世界が、グレート・ウェスタン鉄道を、一方の名前のもとではより包括的なものとして表象し、他方の名前のもとでは鉄道会社の会社全体より小さなものとして表象することができるからだ。ただし、二つの名前が道を違えたときに両者のあいだの違いが確実に正しい方向に向かうようにするために、名前は記述的内容をもたなければならない。また、名前を区別する公理が、無矛盾性の定義、そして代用世界の定義において、一定の役割を果たさなければならないだろう。

予想されていたかもしれないが、非一貫性を与えることに関して困難を抱えるひとつの理論というのは、世界がオーバーラップすることを認める本物の様相実在論である。この理論では、事象表象は貫世界的同一性によって行なわれる。対応者関係の場合、どのようにして多くの候補が得られるかを理解するのは容易だった。そうした候補は、比較の厳密さについても、様々な比較の観点のどれを重視するかについても、異なっているのである。同一性の場合はそうではない。（数的な）同一性関係の候補はひとつしかない。それは、あらゆるものにとってそれ自身のあいだで成り立ち、他のものとのあいだで成り立つことがない関係でしかありえない。どの関係が同一性と呼ばれるべきかが文脈によって異なる余地はなく、競合する候補のどれを選ぶこともできないことに起因する不確定性が生じる余地もない。

（同一性言明の真理値については、それが文脈に依存することや不確定のままであることは実際に生じうる。だが、こうしたことが生じるとき、非は同一性ではなく別のところにある。同一性記号で結ばれた二つの単称名辞の指示対象が一貫しなかったり不確定であれば、そのせいで文の真理値も一貫しなくなったり不確定になったりしやすくなる。しかしこれは、これらの名辞が指示する二つの別個の対象のあいだで、一貫しない同一性や不確定な同一性が成り立っている、ということではない。一貫しない自己同一性や不確定な自己同一性が成り立っているのでもない。問題の対象はどれも完全に自己同一的であり、自分自身以外のものと同一であるようなものは何ひとつない。はっきりしていないのは、正確にはどの対象が問題となっているかである。）

したがって、世界のオーバーラップとして理解された貫世界的同一性によって事象表象が行なわれる限りでは、ある世界がある対象を存在するものとして表象するかどうか（また、実際に表象する場合に、その世界から見てその対象がもっている性質をもっているのはその世界のどの部分か）に関して、事象表象が一貫しなかったり不確定であったりする余地はない。そしてこのことは、事象表象の関わる問題が一貫しなかったり不確定であったりすることを難しくする。ハンフリーが正確な球の形をしていたかもしれなかったかどうかが尋ねられているとしよう。到達可能性に関して何の制限もない、もっとも広い種類の可能性を念頭に置いていることにする。また、ありえないことではあるが、球の形をしていることは、内在的性質のように見えるがそうではなく、対象とそれが属している世界とのあいだで場合によっては成り立つ関係であるとする。したがって、実際に尋ねられている問いは、「ハンフリーは彼が住んでいるどこかの世界で球形をしていることがあるかどうか」である。さらに、「正確な球の形」という表現は、われわれがいつもそう考えるように厳密であり、一義的であるとする。こうして、非一貫性や不確定性の余地はすべて閉ざされた。よって、この問いは、一貫して確定した正しい答えをもっているのでなければならない。

ただしこれは、この問いが絶対的に無制限の可能性に関わる場合に限られる。以前に私は、オーバーラップを認める様相実在論は極端なこのもの主義となじみがよいが本質主義的制約とはそうではない、と論じた。もしこのことが正しければ、絶対的に無制限の可能性に関して言うなら、ハンフリーが正確に球の形をしていることもたしかにありえた、と喜んで同意できるだろう。これはまったく絶対的にそうなのであり、そこには非一貫性も不確定性もない。それどころか、ハンフリーはそれよりもずっと奇妙なものでもありえたと言ってもよいのだ。だが、オーバーラップを認める極端なこのもの主義者の理論では、絶対的に無制限の様相は、その重要性の多くを失ってしまう。様相に関する普通の意見を表現しようとすると、到達可能性に制限をかけることになる。この制限は実際には、事物の質的特徴に関する問題である。したがって、理想的には、非一貫的で不確定なものになるのが望ましい。ある世界がハンフリーを球状のものとして表象するということは絶対的に確定しているかもしれない。しかし、その世界が遠く離れすぎた世界でないかどうか、すなわち、その世界の対象がそれらの現実のあり方から異なりすぎていないかどうかは、完全に不確定かもしれない。よって、ハンフリーに何が起こりえたかについて語るとき、その世界を到達不可能な世界として無視すべきかどうかも、完全に不確定であるかもしれないのだ。

対応者理論では、ハンフリーが球状でありえたかどうかという問いは、次のように処理される。まず、他の世界の球のなかには、ハンフリーのかなり遠い対応者が含まれる。そして、そのどれもがハンフリーのとても近い対応者とは言えない。また、そのなかでハンフリーに一番近いものがどれほど近いかは、比較の際にどの観点を重視するかに依存する。よって、ハンフリーが球状でありえたかどうか、すなわち、彼の対応者である球が存在するかどうか、という問いは、「そう言えるにはどれほど近ければ十分なのか」という形式をとる。オーバーラップを認める極端なこのもの主義者の理論では、同じ問いが次のように処理される。まず、ハンフリーが球である世界のなかには、われわれの世界から到達可能ではあるがかなり遠い世界が含まれる。そして、そのどれもがとても近いとは言えない。また、そのなかでわれわれの世界にもっとも近いものがどれほど近いかは、どの観点を重視するかに依存する。よって、ハンフリーが球状でありえたかどうか、すなわち、彼が球状をしている世界がわれわれの世界から到達可能かどうか、という問いは、「そう言えるにはどれほど近ければ十分なのか」という形式をとる。この理論では、不明確なケースでも明確なケースでも、対応者理論と同じ仕方で処理される。このように、制限された事象様相は、われわれが望むように非一貫的で不確定なものになりうるのである。

最初に取り上げた事象様相が一貫していない例は、比較の厳密さではなく、観点の違いによるものだった。この場合でも、必要な変更を加えれば、オーバーラップを認める極端なこのもの主義者の理論は、対応者理論と同じように進む。まず、個体ＧＷＲがある。これはＧＷＲ－でもある。オーバーラップを認める理論では、どの世界がこの個体を例の欠落した路線を含むものとして表象し、どの世界がそのようには表象しないかは絶対的に確定している。しかし、どの世界を無視すべきでないかが確定しない限り、その個体が例の路線を含んでいることもありえたかどうかは確定しない。またこれは、鉄道会社全体であることに関する類似性と、地理上の範囲と部分の対応に関する類似性のどちらを重視するかという問題である。そこでは文脈が重要な働きをする。また、異なる名前は異なる到達可能性関係を喚起するかもしれない。このようにしてわれわれは、ＧＷＲとＧＷＲ－が同一でありながら、事象的に語るときには（木星を用いて他の解決策を阻止できるので）、ＧＷＲは例の路線を含んでいることもありえたが、ＧＷＲ－は鉄道会社全体より小さいこともありえた、などと言いたくなるのである。

ここまではよい。しかし、われわれが言いたくなるにもかかわらず、オーバーラップを認める理論では不可能だと思われることがひとつある。そしてこれは、他の理論が支持されるべきだと考えるもうひとつの理由である。いずれか一方が存在するすべての時点を通じて、プラスチックがトレーを成り立たせている例を使って考えよう（ＧＷＲとＧＷＲ－の例を使っても同じようにできるだろう)。プラスチックとトレーは同一だと私は主張する。私はまた、両者が同一でないこともありえたと主張する。すなわち、もしそのプラスチックがゴミ箱型に作り出され、トレーが次の日に別のプラスチックから作り出されていたのであれば、両者は同一ではなかったはずだ。私が言わんとしているのは、「プラスチック」と「トレー」(どちらも、他の世界にいる私の複製がしているように、私がしているのとまったく同じ仕方で用いられるとする)が同じものを指示していないこともありえたという、論争の余地がない真理ではない。また、私が言わんとしているのは、ある対象(すなわち、トレーであるプラスチック)が自己同一的でない事象的可能性をもっているというばかげた誤りでもない。私が言わんとしているのは、ある同一なペアが同一でないペアとなる事象的可能性をもっているということである。これを理解する術があるだろうか。元のペアの対応者となるペアを用意しさえすれば、対応者理論は理解する術を与えてくれる。だが、オーバーラップを認める理論は与えてくれない。これはオーバーラップを認める理論にとって不利な点である。

オーバーラップを認める理論が理解する術を与えてくれるには、まさに同じペアが、ある世界では同一なペアであり、別の世界では同一でないペアであると言わねばならない。これは、代用主義者が主張するような、ペアの表象のされ方の違いではない。私が主張するような、対応者であるペアの違いでもない。残る選択肢はたったひとつしかない。すなわち、ひとつのペアと様々な世界とのあいだで成り立つ関係の違いでなければならない。だが、いったいどうすればそのようなことが可能だろうか。同一なペアであることは内在的性質に関する問題である。これはまさにペアそれ自体のあり方にほかならず、ペアとこの世界のあいだで成り立つ外的関係ではない。内在的には形をもたない対象が、様々な世界(あるいは時点)と様々な形-関係にあるという考えを理解するのは十分難しいが、ある対象とある世界とのあいだで〈同一なペアである〉関係が成り立つのに、別の世界とのあいだではこの関係が成り立たないことがありうる、などということを理解するのはいっそう難しい。そんなことは単に不可能である。そのペアが多くの世界において余すところなく現れているとしよう。もしそのペアがいずれかの世界で同一なペアであれば、それはどの世界でも同一なペアである。どの世界でもそれが別の何かであることはない。したがって、それが同一なペアであるということは、確定的かつ無制限に必然である。このことからは逃れられない。一貫しない到達可能性の制限を用いたところで、これを取り消すことはできないのである。

「偶然的同一性」は扱いにくい。この表現が何を意味しているかはあきらかでない。これが意味しうることのなかには、論争の余地がないものもあれば、ばかげているものもある。しかし、トリビアルでも、ばかげているとも思われないものがひとつある。それは、同一なペアが同一でないペアとなる事象的可能性をもっているということだ。ある理論、たとえば対応者理論では、このことは十分に良く理解できる。だが、オーバーラップを認める理論ではできない。ゆえにこの理論は疑問視されるのである。

註

＊註番号に（　）の付されたものは原註、［　］の付されたものは訳註を示す。

第1章　哲学者の楽園

（1）スタルネイカーの呼び方では、これは、「極端な」様相実在論である。だが、どういう点で極端というのだろうか。

［1］ラッセル集合とは、自分自身を含まない集合の集合。一般的な公理的集合論であるZFでは、ラッセル集合は集合ではないことが証明できる。

（2）圏論という例外があると言われるかもしれない。そういう人たちが言う集合論では満たされない要求というのは、数学そのものに関わるというよりもむしろ、彼らの自己宣伝ではないかと私は思う。

［2］クワインは形而上学を二つの部分領域に分ける。すなわち、「存在論（オントロジー）」と「観念論（アイデオロジー）」である。オントロジーは何が存在するかを問う。クワインの有名な「存在論的コミットメント」の基準に従うと、（最善の）理論が真であるために、どのような存在者が量化の値となるかを問うことによって存在論は決定される。Quine, W. V. (1948) "On What There Is," *Review of Metaphysics* 2 : 21–38, reprined in his *From a Logical Point of View* (1953), New York : Harper and Row, 1–19（W. V. クワイン、『論理的観点から』、飯田隆訳、勁草書房、一九九二年）を見よ。残る形而上学の部分領域がアイデオロジーであり、それは、当の理論においてどのような観念が表現可能かを問う。Quine, W. V. (1951) "Ontology and Ideology," *Philosophical Studies* 2 : 11–5 および Quine, W. V. (1983) "Ontology and Ideology Revisited," *Journal of Philosophy* 80 : 499–502 を見よ。

［3］クラス抽象とは集合記法 {x | P(x)} のことだと思われる（これは set abstract とも呼ばれる）。このように表される集合の同一性規準は、「{x | P(x)} = {x | Q(x)} ⇔ 任意の a について、(P(a) ⇔ Q(a))」と定められるため、暗に量化を含んでいると言える。

［4］英国において、カーディフはウェールズの首都、ニューカッスルはイングランド北東部の都市である。オーストラリアにもこれらの名前をもつ街があるが、本文にあるとおり、カーディフはニューカッスルの郊外に位置する。

（3）制限的な修飾詞についての右の議論により、私がなぜ可能世界と同等のものとして不可能世界なるものを認めないかということの理由を述べることができる。比較のため、次のように考えてみてほしい。複数の旅行者の話によれば、この世界のとある場所（森の奥深くにある不思議な山ということにしておこう）では、矛盾が真であるという。伝えられるところでは、「その山では、PかつPではない」という形式の真理が与えられる。ところで、「その山では」が、明示的・暗黙的な量化のドメインを、存在するすべてのもののうちのある一部に制限することによって機能するような、制限的な修飾詞であるとすると、それは、真理関数的な結合子に対してどんな効果ももたらさないことになる。だとすれば、修飾詞と結合子の順序がどうであれ何の違いもない。それゆえ、「その山では、PかつQである」は、「その山ではPであり、かつその山ではQである」と同値である。また同様に、「その山では、Pではない」は、「その山においてPであるということはない」と同値だ。これらのことを考え合わせると、真理とされる「その山では、PかつPではない」は、「その山においてPであり、かつその山においてPであるということはない」というあきらかな矛盾と同値になる。つまり、「その山では」という修飾詞のスコープの内部にある矛盾と、その修飾詞を内側にもつ明白な矛盾のあいだには、何の違いもないことになる。だから、その山で起こるびっくりするほど矛盾した物事に関する真理とされるものを語ることは、自己矛盾していることと何ら相違はない。しかし、どれほど不思議なことであっても、自己矛盾によって真理が語られることなどない。よって、矛盾が真になるような山は存在しない。矛盾が真になるという不可能世界だって同じことである。そこでの矛盾した数々の事件に関する真理とされるものは、それ自体矛盾であることになるはずだ。少なくとも、「これこれの世界において」が制限的な修飾詞であるという私の意見が正しければ、そうなるのである。別の修飾詞については、話は別である。「聖書によれば」や「フレッドの言うところでは」などは、制限的な修飾詞ではない。というのも、それらの修飾詞は、真理関数的な結合子を素通りしたりはしないからだ。「フレッドの言うところでは、Pではない」と、「フレッドはPとは言っていない」は独立である。両方が真になることもあれば、片方だけが真になることもあり、どちらも真ではないこともありうる。世界が物語やその語り手のようなものだとしたら、矛盾が真になる世界が存在する余地はたしかにあるだろう。こうした世界のまやかしに関する悲しい真理、それ自体は矛盾ではないだろう。しかし、私が理解する限りでは、世界は物語やその語り手のようなものではない。もろもろの世界はこの世界と同じように存在しており、この世界は物語では決してなく、真なる物語でさえない。また、世界をそれについての物語によって置き換えるべきではない。その理由については、第三・二節で論じる。

（4） Kratzer（1977：sec. 4.5）および Lewis（1979a）を見よ。

（5） これは本質的には、私が Lewis（1968）で与えた説明である。

（6） 単にそのように述べるだけで、それによって何も意味しないと言えるかもしれない。これは、目下の困難に対するフォーブスの解決策であり、彼のいわゆる「カノニカルな対応者理論」のなかに示されている。それとの関連では、私自身の対応者理論は「公式の標準的対応者理論」と名づけられている。前者のバージョンにおいては、Wにおいて存在するもののなかにハンフリーが通常の対応者を一切もたない場合にも、彼はWにおいて対応者をもつとされる。この特別な対応者とはほかならぬハンフリーその人である。そして、ハンフリーは、Wの住民の準会員のようなものとしてそこに加えられる。ただし、彼はWの「外部ドメイン」に属しているのであって、Wにおいてまともな仕方で存在するものからなる「内部ドメイン」には属していない。このことは説明されてはいないが、実際には説明する必要のないものである。それは結局、この世界をホームグラウンドとして安んじて存在しているハンフリー自身が、もろもろの文を不在の状態で充足するその仕方には、二つの異なるものがあると約定することに等しい。ハンフリーがまともな対応者をもつ場合には、様相文を一方の仕方で充足する、すなわち、通常の代理による仕方でそれを行なう。これに対し、ハンフリーがまともな対応者をもたない場合には、もうひとつの仕方でそれを行なうことになる。つまり、そこには存在しないというただそのことによって、外部ドメインのハンフリー自身が「xは存在しない」を充足するのである。

（7） お望みなら、これらの選択肢のうちのひとつといわず複数のものを渋々受け入れてもよい。先に述べた通り、外部ドメインにある存在しない対応者についてフォーブスが語っていることはつまり、不在の状態での充足は異なるケースでは異なる働きをすると約定することに等しい。だから、よく似た形式の様相文に対して対応者理論でのそれとパラレルな翻訳がつねに与えられるわけではないとするハンターとシーガーの提案に返答して、フォーブスがこのような提案をしているのは不思議なことだと私は思う。だがしかし、様相文の意味をわれわれが何気なく期待する意味と合致させることによって、このような別々の取り扱いがうまくいくわけではない。ハンフリーが本質的に人間であるとしても、彼が「xは人間であるということが必然だ」を充足することができないのはまさに、存在しない対応者が外部ドメインに含まれているためである。

（8）これは、Teller（1984）においてサーベイされている。

（9）Kim（1982）およびLewis（1983b）を見よ。

（10）同種の曲解の例をもうひとつ挙げておこう。「自然主義」とは、人の行ないのよし悪しは自然的事実にスーパーヴィーンするというテーゼであるとしよう。それゆえ、ある人が正しいことをして、別の人が間違ったことをするということがありうるためには、その二人のあいだに自然的事実――ありうる例としては、二人の振る舞いや状況に違いがあるというようなこと――におけるなんらかの違いがなければならない。さて、よい行ないとは、神の望む普遍的な格律に一致する行ないであるということが必然だという理論を考えてみたい。神がお望みになるものが仮にあったとして、それが何かは偶然的なことだとしてみよう。そして、神のお望みが何かについての事実は超自然的なこと、つまり、自然的事実ではないと仮定しよう。正しさは神の望みに一致することだということの説は、自然主義に反するという期待はもっともだろう。というのも、二人の人物が自然的事実に関する限り似ているが、そのうちの一人は祈禱が神のお望みであるような世界に住んでいて、もう一人の方は不敬が神のお望みであるような世界に住んでいるとすれば、前者の人物にとって正しいことが後者の人物にとっては正しくないことになるからである。ところが、「ありうる」をダイヤモンド記号として読むと、予期しない答えが返ってくることになる。どのような普遍的な格律が神によって望まれているかという点での違いは、同じ世界にいる二人の人物のあいだの違いでは決してありえない。一個の世界の内部では、行為の正しさに関わる唯一の違いは、たとえば、祈禱を行なう人と不敬を行なう人の間にある違いのように、自然における違いのみである。だからじっさい、二人の人物のあいだに自然的事実に関する違いがないのに、一方の人が正しいことをなし、他方の人が不正をなすことになるような世界はどこにもない。そうすると、正しさは神の望みに一致することだというこの説は結局、自然主義的であることになってしまう。そうでないとすれば、スーパーヴィーニエンスについてのわれわれの理解について、どこかで不都合が生じていると考える方がよりもっともらしい。

（11）Kは真理関数的な含意の規則によって与えられる。まず、ある定理のどんな代入例も定理であるという規則がある。次に、同値式の交換規則がある。この規則が述べているのは、「ϕ_1であるのはϕ_2のときそしてそのときに限る」が定理であるとして、また、「―ϕ_1―」のϕ_1の現れる一箇所以上をϕ_2によって置き換えることで「―ϕ_2―」が得られる場合、「―ϕ_1―であるのは―ϕ_2―のときそしてそのときに限る」も定理であるということだ。そして、次の三つの公理がある。

Pが可能であるのは、Pではないことが必然ではないときそしてそのときに限る。

（PかつQ）が必然であるのは、（Pが必然であり、かつQが必然である）ときそしてそのときに限る。

（PであるのはPのときそしてそのときに限る）ということが必然だ。

Kにさらなる公理を加えることで新たな体系が作られるときには、上の代入規則と交換規則における「定理」という語は、この新たな体系のすべての定理に適用される。

(12) このことが、他よりもずっと発展したかたちで最初に議論されたのは、Hintikka (1957)、Kanger (1957)、Kripke (1959)、Montague (1960) においてである。Prior (1967 : p. 42) において伝えられているように、C・A・メレディスの未刊行の仕事もある。よく知られた初期の議論は、Kripke (1963) である。

(13) Lewis (1973) および Stalnaker (1968) を見よ。

[5] 整列順序をもつ集合（整列集合）は、次のような性質を満たす。すなわち、任意の二つの要素がつねに比較可能（「≦」をなんらかの順序関係であるとした場合、任意の要素xとyについて、$x \leqq y$ または $y \leqq x$ のいずれかが成り立つ）であり、任意の空でない部分集合について最小元（集合Aのいかなる要素xについても、$a \leqq x$ となるようなAの要素a）が存在する。自然数は整列集合の典型例である。

(14) 先の註で引用された論文とともに、Lewis (1981 and 1986a : ch. 17) および Stalnaker (1984 : ch. 6-8) を見よ。

(15) Lewis (1986a : part 6) でこれらの問題を論じた。

(16) 仮定により、二つの理論は両方とも偽である。そこで、一方の理論が肯定する偽な文と、他方の理論が肯定する偽な文の選言としてFを考える。そうすると、Fは両方の理論によって肯定される偽な文である。「Aか」と問うあるひとつの問題に対して、一方の理論がましな答えを与えたとしよう。そうすると、「Aのときそしてそのときに限りFか」と問う別の問題に対して、他方の理論はましな答えを与えていることになる。そういうわけで、どちらの理論も他方に対して優位に立つことはない。優位性により近真度についての有益な比較が得られるはずだとする推測は、Popper (1963 : p. 233) によるものである。これに対する反駁は、Miller (1974) と Tichý (1974) による。

(17) ある領域内でのばらつき（すなわち、類似していないことの程度）は、その領域の大きさと形の両方を反映する。これはちょうど、点と点との距離が最大一四マイルある空間的領域は、非常に小さな面積しかもたない細長い一片の領域でもありうるし、約一五四平方マイルの円形の領域でもありうるのと同じことである。Bennett (1981) および Bigelow (1976) は、形によって生じるばらつきから大きさによるばらつきを選り分ける様々な方法について論じている。

(18) ある種の法則に一般に認められる不正確さ（つまり、理想化）については、Scriven (1961) を見よ。また、とってかわられた理論でも、ある限られたケースでは正しさが認められることがしばしば起こる。それをどのように理解すればよいかについては、Glymour (1970) を見よ。こうして二つの適用例が結びつく。すなわち、古い理論の近真度は理想化の近真度に依拠するのである。

(19) そうすると、エリス (Ellis 1979) が提案するように、可能世界なしで済ませて、それを完全に合理的な信念体系に置き換えようとしても、それほどうまくはいきそうにない。というのも、理想的な信念体系それ自体がこの世界のものではないからだ。可能世界の代わりとなる理想的な信念体系というエリスの提案を、私なら信じることはできる。だが、彼にとってはどうだろうか。

(20) Hintikka (1962) およびこれに続く知識・信念研究が含まれる Hintikka (1969) を見よ。

(21) Stalnaker (1984 : chs. 1-2) を見よ。

(22) Lewis (1979b) および Lewis (1983d) を見よ。また Chisholm (1981) には同様の理論がいくぶん異なる枠組みで展開されている。

(23) Stalnaker (1984) および Lewis (1982) を見よ。

(24) 少なくとも、通常の対応者関係のもとでは含まれない。しかし、ルネの信念代替がルネの対応者に含まれるようになる特別な「見知りによる対応者関係」を導入することもできる。Lewis (1983d) を見よ。ただしこの概念を導入しても問題は先送りにされるだけである。一般的に、信念文が真になるパターンを減らすと、そのかわりに対応者関係の種類が増えてしまう。

(25) 「ラルフはバーナードがスパイであると信じている」という信念文は複数の主題に関わっている。この文は単にラルフの信念体系に関わるだけではない。この文は、部分的にはラルフの心理状態によって真となり、部分的には彼の周囲の環境との関係によって真となっている。そして、ラルフの信念体系の内容がスパイを見ている信念代替だけからなるクラスとして特徴づけられるということは心理学に関わることがらであるが、ラルフの見ている人が実際にはバーナードであるということは心理学的に関わることがらではない。

　次のように反論されるかもしれない。信念とは、定義上、信念文が報告することがらである。そして心理学は、定義上、こうしたことがらをすべて信念としてカバーしなくてはならない。それゆえ、もし信念主体と外的事物の関係が信念文の主題へ組み込まれるならば、このことだけでこうした関係は心理学的なものであることになる。こうした反論はこじつけめいたところがある。いずれにせよ、これは言葉の使い方に関する提案であり、それ自体では無害である。しかしながら、こうした提案を認めれば、これまで「心理学」と呼ばれてきたものを指すための新しい名前が必要になってしまうだろう。そうすべき理由はないと思われる。

[6]「Londres」はフランス語のロンドンを指す名前であり、以下では、フランス人のピエールがロンドンについてフランス語で見聞きしている例（Kripke 1979）が念頭に置かれている。

[7]「Père Noel」は、フランス語でサンタのことである。

(26) Cresswell and von Stechow (1982) は、見知り関係に似た関係をわれわれは数に対してもちうると仮定した上で、(2)と(3)と同タイプの数学的誤りを説明している。

(27) ではダンツはどのようにして矛盾に気づかないのか。彼の知識は十分である。すなわち、ダンツが問題の文の構文論的構造と語の意味の様々な側面に関する前提を信じており、これらの前提から当の文が矛盾していることが帰結すると考えてよい。では、どうしてダンツは矛盾を導き出せないのか。この問いはすでにとり上げた。ダンツはあきらかに二重思考者であり、知っていることのすべてをあわせて考えているわけではない。ここでは矛盾に陥る二つの仕方が相互作用しており、ダンツの事例は先の(1)と(2)の混合である。こうしたケースについてはStalnaker（1984：chs. 4–5）を見よ。

[8] たとえば、腕を振るという動作に関して言えば、「腕を振る」、「左腕を振る」、「左腕を小刻みに振る」の順に特定度は高くなる。「極大に特定された」とは、それ以上ないほど詳細かつ正確に特定された、ということである。また、原理的にはさらに特定できる場合であっても、ある条件のもとではそれ以上ないほど特定されたのであれば、「極大に特定された」と言える。たとえば、自分の腕をきわめて精密に動かすことのできる人を除けば、腕を振るという動作を極大に特定するために、「左腕をすばやくちょうど幅三〇・〇〇〇センチメートルで七回振る」という特定は必要ではない。

[9]「グルー（grue）」は「レッド」や「イエロー」などと同じく「色カテゴリー」に属す形容詞であるが、「二〇二〇年までにグリーンであることが観察されたか、二〇二〇年以降にブルーであることが観察されたもの」というように、ある特定の時点と相対的に定義される不自然な性質のことである。したがって、通常エメラルドはグリーンだと思われているが、グルーかもしれない（ちなみに、後に登場する「ブリーン（bleen）」は、「グルー」の定義の「グリーン」と「ブルー」をひっくり返して、「二〇二〇年までにブルーであることが観察されたか、二〇二〇年以降にグリーンであることが観察されたもの」と定義される）。Goodman, N. (1955) *Fact, Fiction, and Forecast*, Harvard University Press（N・グッドマン、雨宮民雄訳、『事実・虚構・予言』、勁草書房、一九八七年）を見よ。

　「ゲリマンダー」は選挙用語で、特定の候補へ有利なように不自然な選挙区割りをすることである。「グルー」も「ゲリマンダー」も作為的で人為的な不規則性を備えており、ルイス的な意味でも「不自然」な性質である。

(28) これがどのようにして行なわれるかは、単純なケースに限ってであるが、Lewis (1983b：374–5) で示した。

(29) いわゆる「人間性原理（principles of humanity）」については、本書第二・三節、Lewis (1983b：373–7) および Grandy (1973) を見よ。

(30) Lewis (1983a: pp. 119-121) を見よ。
(31) たとえば、通常の固有名は性質の束を指示していると言うべきだと私は思わない。たとえば私の名前は私を指示するが、私は性質の束ではない。にもかかわらず性質の束は、他の名詞句だけでなく固有名にとっても役に立つ意味論的値かもしれない (Lewis 1970b: sec. 7 および Montague 1974: ch. 8 を見よ)。もしそうならば、意味論的値をもつことを表す言葉として「指示する」を用いるのは賢明ではないだろう。もちろん、私の名前は私を指示対象としてもつと言いつつ、私の名前はある性質の束を意味論的値としてもつと言ってはならない理由はない。
(32) 純粋な内的戦略の一例は Lewis (1970b) にある。穏健な外的戦略は Montague (1974) 所収の自然言語についての論文や Cresswell (1973) のなかで見つけることができる。
(33) いずれの戦略に従ってもある種の「二重インデックスづけ (double indexing)」を行なうことになる。二重インデックスの使用と起源に関する議論については van Fraassen (1977) を見よ。
(34) この点についてのさらなる議論は Lewis (1981) を見よ。
(35) さらなる議論については Lewis (1970b) を見よ。背景としては、Carnap (1947: sec. 14) における「内包同型 (intensional isomorphism)」に関する議論や Lewis (1943) における「分析的意味」に関する議論を見よ。
(36) この問題については Cresswell (1975) と Bigelow (1978) を見よ。
(37) 私は「クラス」ではなく「集合」という用語を使う。その理由は、扱う範囲を個体のもつ性質だけに限定してしまうのを避けたいからである。性質それ自体も性質をもつ。したがって、他の集合の要素になりうるように、性質は集合である必要がある。
　本書で「集合」や「クラス」という用語が使われるときは、標準的な用法に従っていると思ってもらえれば、大きく間違うことはない。「クラス」はより一般的な用語であり、この用語が当てはまるものには、集合だけでなく、真クラス (proper class) も含まれる。真クラスは集合のようなものだが、要素の集合論的ランクに上限がないため、どんなクラスや集合の要素にもなれないとされている。だが、私がこの用語を用いるのは、実際には、これとは少し異なる次のようなクラスと集合の区別をするためである。ときには単数形に還元不可能な複数形による指示、または量化があると言われることがある。たとえば、「互いにしか称賛しない批評家たちがいる (there are some critics such that they admire only one another)」や「みずからの要素でないものがすべてであるが、それらはいかなる集合もクラスも構成しない (there are all the non-self-members, and they do not comprise any sort of set or class)」という文がそうである。これらの文を述べたからといって、そうした批評家の集合や、みずからの要素でないものの集合、またはそれらのクラスに対して通常のような量化を行なっているわけではない。むしろ、単数形に還元不可能な複数形による量化というものがどういうものかはさておき、そうした批評家たちやみずからの要素でないものに対して複数形による量化を行なう以外には何に対しても量化を行なっていないのだ。Black (1971)、Stenius (1974)、Armstrong (1978: vol. I, pp. 32-4)、そして特に Boolos (1984) を見よ。存在論的に無垢な (ontologically innocent) 複数量化なるものが実際に存在し、集合に対する量化をそれで置き換えることができるということは、私には非常にもっともだと思われる――そう思われるのはときどきではあるが。複数量化を繰り返すことで集合論的階層を昇っていくことができ、その結果として、個体に対する複数的な複数量化という手の込んだ道具立てで、集合やクラスに対する量化をすべて置き換えることができるのであれば、それは喜ばしいことである (もっとも、第一・一節で論じたように、集合の存在を引き合いに出して様相実在論を擁護するときには困るのだが)。だが、このプロジェクトが成功する望みはほとんどないように思う。なので私は、集合やクラスに対する量化らしきもののなかには、その要素だけでなく、集合やクラスに対しても本物の存在論的コミットメントをもつものがあると考えている。よって私は「集合」という用語を使う。だが、場合によっては、要素以外には存在論的コミットメントをもたない無垢な複数量化として読める、またはそれによって置き換えることができると思っていることもある。そのようなときは「クラス」を使う。

　例外がひとつある。「同値クラス（equivalence class）」という言い方は標準的なので、本物の存在論的コミットメントがあるとみなしているどうかにかかわらず、この言い方を用いることにする。

（38）単に対応者のペアであるだけでは、ペアの対応者だとみなすべきではない。ペア〈X, Y〉が〈V, W〉の対応者なのは、XとYの関係がVとWの関係に似ているからかもしれない。Hazen（1979）とLewis（1971：pp. 44-5）を見よ。また、共同的可能性に関する第四・四節の議論を見よ。

（39）順序ペアや順序三つ組などを集合論的に構成する手法はいくつかあるので、そのなかからひとつを選ぶ必要がある。だが、あえて未選択のままにしておきたい。というのは、選んだところで何の役にも立たないからである。（第四・四節のある箇所で、ペアや三つ組をインデックス・ナンバーのついた項の列とみなす。これは、そうすれば構成手法の違いが簡単に残せるからである。だが、これによって問題が決着するわけではない。インデックス・ナンバーと項をペアにして列をつくれるのは、それに先んじて、項とインデックスのペアが構成されていることが前提されているからである。その構成がどのようなものなのかという問いには、答えを出さないでおきたい。）よって、じつは私がペア、三つ組、四つ組……、および関係について述べたことはすべて、体系的に多義的なのである。だが、多義性の解消法に応じて真理値が変わってしまうようなことを言わない限り、このことに害はないし、そんなことを言うつもりはまったくない。

［10］原著出版当時は、まだ冥王星が惑星に含まれていたため、この性質をもっている数は九であるが、現在（二〇一六年）では八である。

（40）より厳密には、XがYと相対的にもつのなら、それはXの性質ではなく、ペア〈X, Y〉の性質にほかならない。私の説明では、あらゆる関係はそれを例化するペア（または三つ組など）の性質だからである。

（41）私の提案は、命題と性質と関係を統合する別の方法からは区別してもらいたい。その別の方法の基本的なアイデアは、厳密な意味での関係は二座（two-place）、三座、ないしそれ以上であり、性質は一座の関係、命題はゼロ座の関係であるというものである。これについては、たとえばMontague（1974：pp. 122-3）を見よ。この方法はたしかにエレガントだが、見当違いとしか思えない。いったいどうすればこれを理解することができるのだろうか。仮に理解できるとしても、実際に見える座に加えて、もうひとつの座をすべてに与えたときだけだ。つまり、n座の関係とされるものは端的に例化されるのではなく、世界と相対的に例化されるのである。（モンタギューにとっては、インデックスと相対的に例化される。インデックスは世界であることもあれば世界でないこともある。）これは、それらすべてにおまけの隠れた座があることを意味すると私は言いたい。よって、命題はゼロ座の関係だとされているが、じつは一座の関係であるということになる。これは、世界の一個組（one-tuple）、すなわち、世界ひとつだけからなる組の集合である。性質と呼ばれているものは一座の関係だとされているが、世界とのあいだで成り立つ二座の関係であるということになる。二座の関係とされているものは、三座の関係となる。以降も同様だ。だが、このなかで満足がいくのは命題の取り扱いだけである。世界の一個組を世界と同一視する必要はないが、そうすることもできる。もしそうするならば、この取り扱いは私のものとまったく同じになる。そうしない場合でも、世界の集合と世界の一個組の集合はとても密接に対応するので、どちらが命題と呼ばれるかを気にする必要はない。この取り扱いの残りが満足のいくものでないのは、相対的な例化という、ただ事態をややこしくするだけの概念に依存しているからである。したがって、この手法全体を捨てるのがもっとも良いのである。

（42）だが、ときには（特に第3章で様相実在論の対案を検討するときには）「性質」「関係」「命題」という名前にとって適切な役割をもっとも満足に果たすものであれば、それが何であろうとも当てはまるよう、あいまいかつ中立的に用いる。

［11］この「豊富な性質」は、性質は（まばらではなく）豊富に存在すると主張する性質理論（これは「性質の豊富説（abundant theory of properties)」とも呼ばれる）による性質のことであり、次の段落で登場する「まばらな性質」と対を成している。次の訳註も見よ。

［12］この「まばらな性質」は、性質は（豊富ではなく）まばらにしか存在しないと主張する性質理論（これは「性質のまばら説（sparse theory of properties)」とも呼ばれる）による性質のことであり、前の段落で登場した「豊富な性質」と対を成している。前の訳註も見よ。

（43）ここで私は、豊富な「概念（concept)」とまばらな「特質（quality)」という二本立ての図式を提唱するG・ビーラーに部分的に同意している。しかし彼は、豊富・まばらという分け方と構造付き・構造なしという分け方を一致させている。一方、私は、この二つの分け方は別物だと考えている。

（44）この名称は「自然種」というおなじみの用語から借りてきたものである。私がこの名称を使うことによって意図していたのは、不自然でゲリマンダー的なグルーのような性質と対照的になるようにすることであった。だが、この名称に欠点があることはすでにはっきりしている。人によっては、自然が自然的性質とその他の性質を区別するとされているように聞こえるらしい。もしそうだとすると、この区別は偶然的なことがらであり、ある性質がある世界では自然的だが別の世界ではそうでないこともありうるということになる。私にはそんなつもりはない。性質は端的に自然的または非自然的なのであり、世界と相対的にそうなるのではない。

（45）これといくらか似た理論として、Goodman（1951）の主要な体系（ただし、現象だけでなく、事物一般に当てはまるとする）がある。トロープ理論の他の支持者としては、名称は様々であり、学説の違いも様々ではあるが、G・F・スタウト、K・キャンベル、M・ジョンストンの名が挙げられる。

（46）普遍者は繰り返し現れる。トロープには複製がある。両者の中間、すなわち、ときには繰り返し現れ、ときにはそれの複製があるものも想像できるだろう。厳密な貫時間的同一性を信じるトロープ論者は、電荷は時間を通じて持続するひとつの粒子の世界線に沿って繰り返し現れるが、持続するそれぞれの粒子がもつ電荷は複製であると言うかもしれない。キャンベルとジョンストンはこの種の理論を支持する。

（47）関係の自然性は別の方法でも定義できるかもしれない。すなわち、非常に短い自然的関係のリストを定め、それによって一度できっぱりと定義するのである。本当にあきらかな自然的関係の例はたったひとつしかないのに（すなわち、時空的関係である）、関係の自然性について一般的に論じるのは少し変に見えるだろう。ひょっとすると、あきらかな例はもういくつかあるかもしれない。部分-全体関係や同一性関係がそうかもしれないし、集合とその要素の関係もそうかもしれない。〈因果的または法則的に結びついている〉という還元不可能な（不幸にも還元に成功できないのであれば）関係もそうかもしれない。だが、そうだとしてもリストは短いままである。ただし、もし短いリストによって一度できっぱりと自然的性質を定義するのであれば（自然的性質とは以下の性質のことである。質量に関する性質、電荷に関する性質、クォークの色や香り……、というように）まだ発見されていないこの世界の自然的性質だけでなく、他の世界でしか見つからない、名前をもたないエイリアンな自然的性質も無視してしまっているのではないか、と疑う必要が生じる。もっとも、エイリアンな自然的関係の余地を残す必要があるかどうかは、いくぶんあきらかでないように思われる。この世界の事物について成り立っている少数の自然的関係が、あらゆる世界で見つかる自然的関係のすべてだとすればどうだろうか。この仮説はこじつけめいていると思うが、完全にばかげているとは思われない。

（48）さきほど、外的関係は別々に考えられた関係項の内在的本性にスーパーヴィーンしないが、関係項をひとまとめにしたものの内在的本性にはスーパーヴィーンする、と述べた。たとえば、電子と陽子の距離は、原子全体の内在的本性にスーパーヴィーンする。普遍者理論やトロープ理論でもそうなるようにするには、「ひとまとめにしたもの」を特別な意味で理解しなければならない。関係項は電子と陽子だけだが、これらをひとまとめにしたものを、距離の普遍者や距離トロープ、さらに、電子と陽子を結びつけうるそれ以外のあらゆる二項の普遍者ないしトロープが入るように拡張しなければならないのである（Williams（1963：pp. 603–5）を見よ）。だが、そうすると入ってしまうものが多すぎるということにならないだろうか。たとえば、〈所有者が同じである〉関係に対応する普遍者ないしトロープが入ってしまったがために、誤ってこの関係が外的関係であることを保証してしまうことにはならないのだろうか——大丈夫だ。そのような普遍者ないしトロープは余計なものであり、まばらな性質理論ではその存在は否定される。すべての完全に自然的な性質は定義上、内在的であると言って問題がないのとまったく同じように、すべての完全に自然的な関係は外的であり、それらだけが二項の普遍者やトロープに対応する関係であると言うことができるのである。

（49）Lewis（1986b）とArmstrong（1978：vol. II, pp. 69–70）を見よ。

（50）世界メイトである二つの事物はもっとも強い意味で共可能（compossible）である。二つの事物が対応者によって代理的に互いに世界メイトである場合、両者は別の意味で共可能である。すなわち、二つの事物がその意味で共可能なのは、両者の対応者を含む世界があるときそしてそのときに限る。二つの事物がさらにまた別の意味で共可能なのは、両者の内在的複製を含む世界があるときそしてそのときに限る。この三つ目の意味では、あらゆる可能個体は共可能である（ひょっとすると、一方が大きすぎて他方が存在する余地を残さない場合は例外かもしれない）。第一・八節を見よ。

［13］メレオロジー（mereology）とは、部分–全体関係についての形式理論のことである。具体的には、一階の述語論理に「～は～の部分である」という述語を加えた論理システムを言う。その理論においては、「～と～はオーバーラップする」や「～は～のメレオロジー的和である」等の表現が、この述語を用いて定義されることになる。原註51も見よ。

（51）複数の事物のメレオロジー的和、またはそれらの融合物（fusion）とは、それらすべてを部分として含むもののうち最小のものである。つまり、メレオロジー的和はそれら複数の事物から構成されており、他のものは一切含まない。また、メレオロジー的和の部分はどれも構成要素のどれかとオーバーラップする。さらに、メレオロジー的和の構成要素のすべてを部分としてもつものが他にあれば、メレオロジー的和はそれの真部分（proper part）である。以上のことと同値であるが、任意のXについて、Xがメレオロジー的和とオーバーラップするのは、Xがそのメレオロジー的和の構成要素のひとつとオーバーラップするときそしてそのときに限る。本書では広範囲にわたってメレオロジーを用いるが、その背景については、Leonard and Goodman（1940）、あるいはGoodman（1951：sec. II. 4）を見よ。

（52）これはリチャーズが提起した問題である。この問題について有益な議論の機会を与えてくれた、リチャーズとデイヴィッド・ジョンソンに感謝する。

（53）別の見解、それも私が自分の見解に次いで二番目に好む見解もまた、何もないのではなく何かがあることを必然的にしてしまうように思われることは、私にとって気分のいいことである。その別の見解とは、「組み合わせ（combinatorial）」説である。この見解では、他の世界の代わりに、この世界の要素（ひょっとすると基本的な個別者と普遍者かもしれない）を、別の組み合わせで組み合わせた構成物があるとされる。（第三・二節を見よ。そこで私はこの見解を「言語的代用主義」の一形態として提示している。）だが、議論の最中にD・M・アームストロングが気付いたのだが、要素を組み合わせても何も作られないということはありえない。よって、組み合わせ論的には、何も存在しないかもしれないという可能性はない。

（54）この問いはどういうことを意味しているのだろうか。われわれがどういう自然的性質と自然的関係の理論を根底に置いているかによって話は変わってくる。この問いについて私は、次の三つの選択肢（第一・五節を見よ）のあいだで中立を保っている。⑴自然性は原始概念であり、集合として理解された性質および関係に当てはまるものかもしれない。この場合、すべての世界に共通する時空的関係として働きうる一連の関係と、世界の種類に応じて異なる特別な時空的関係として働きうる、より限定的な別の一連の関係があることになり、どちらの関係がより自然的かが問題となる。⑵関係が自然的なのはその事例が関係的普遍者を共有しているときかもしれない。この場合、どういう普遍者が存在するのかが問題となる。⑶関係が自然的なのはその事例が複製トロープを含んでいるときかもしれない。この場合、どういうトロープが存在するのかが問題となる。

(55) 時空的関係がどういうものでありうるかには三つの異なる捉え方がある。まず、二元論的な捉え方がある。この捉え方では、時空そのものの部分以外に、時空の部分を占める物質の塊なり場なり、何かそういうものがある。このとき、時空的関係（厳密であれ類比的であれ）は、時空の部分どうしの距離関係と、時空の部分とそこを占めるもののあいだで成り立つ占有関係と、この二つから派生する占有物と占有物、または占有物と時空の部分のあいだで成り立つ距離関係からなることになる。

　これより単純な一元論的な捉え方は二つある。そのうちのひとつは、無関係なものだという理由で占有物をなしで済ませる。時空の部分だけがあり、その距離関係が唯一の時空的関係である。ふつう時空の占有物に対して帰属される性質（たとえば、質量や電荷や場の強さに関する性質）は、実際には時空そのものの部分に対して帰属される性質になる。時空の部分は、それがもっている局所的性質の分布が適切であれば、粒子になったり、場の一部になったり、ロバやその他のものになったりする。

　もうひとつの一元論的な捉え方は、これと真逆のことを行なう。この捉え方は占有物を採用し、時空の部分なしで済ませる（すると、「占有物」と呼ぶのは正しくないことになるわけだが）。その結果、そうした「占有物」どうしの距離関係が、唯一の時空的関係となる。この三番目の捉え方には、少なくともわれわれの世界に関して言えば、どちらかといえば反対したい。その理由は、Nerlich（1976）で与えられた理由とおおよそ同じである。これよりは消極的ではあるが、二元論的な捉え方にも不経済だと反対したい。しかしながら、これら三つの捉え方に沿った世界は、どれもありうると私は考えている。もしこの考えが正しければ、どの世界でも同じひとつの時空的関係のシステムが世界をひとつにまとめている、ということを疑う理由としては、これまでにないものになる。本書を通じて、それが別のものによって占められるかどうかはともかくとして、時空領域というものの存在を前提する。だが、この想定は何ら重要な役割を果たさないと私は信じているし、さらにぎこちない文章になるという犠牲を払えば、もっと中立的でいられたはずである。いずれにせよ、時空とその部分の存在は様相実在論の本質的な主張である、などと言うつもりが私にないのは確かなことである。

(56) 第五の方法として、ダメットが Dummett（1973: ch. 14）で与えたものがあるが、ここでは考慮しない。ダメットによれば、抽象的存在者と具体的存在者の区別は、われわれがそうした存在者の名前をどのように理解できるかということに基づいてなされる。この方法によってなんらかの境界が設定できるとしても（おそらくできるだろうが）、この方法は、境界の別々の側に属している存在者がそれ自体としてはどのように異なるのかについて、直接的には何も教えてくれない。それは、ヘビはわれわれが本能的にもっとも恐れる動物であると言うようなものだ。そうかもしれないが、だからといってヘビの本性について何かがあきらかになるわけではない。

[14] 遺伝集合（hereditary set）ともいう。遺伝集合とは、そのすべての要素も遺伝集合であるような集合である。空集合φが遺伝集合であるというのは空虚に真であり、{φ}、{φ,{φ}}、{φ,{φ},{φ,{φ}}}、…のようにして作られる集合はすべて遺伝集合である。

[15] メレオロジー的原子（mereological atom）とは、自分自身より小さ

な部分をもたないもののことである。

(57)「あり方」は「抽象的な」存在者であり、可能世界そのものとは区別されるべきであるという点が非常に重要だと考える批判者がいる。たとえば、Stalnaker (1976) や van Inwagen (1980) を見よ。ヴァン・インワーゲンは次のように述べている。「具体的なものとしての宇宙は、なんらかの可能なあり方ではない。……そして、宇宙それ自体が宇宙の可能なあり方のいずれとも同一でありえないことは間違いない。同一だと言うのは、ソクラテスがソクラテスのあり方と同一であるというようなものである。これは文法的にあきらかにまずい」(van Inwagen 1980 : p. 406)。しかし、「あり方」を単位集合とみなすか、あるいはその唯一の要素とみなすかという選択は、私にはまったくどうでもよいことであるように思われる。それは、集合について語るか、それともその集合の特性関数について語るかの選択が任意であるのと同様である。

(58) ひょっとすると、アームストロングとの議論で示唆されたように、第三の条件として「……さらに、この世界の部分によって例化されている性質のスペクトラムから内挿や外挿をすることによって得ることができない」を追加すべきだったかもしれない。

(59) 意味が通るために固定的であることが要求されたり禁止されたりする様々な例については、Lewis (1983a : p. 22) を見よ。さらなる議論については、Hazen (1977) と van Inwagen (1980) を見よ。

(60) だが、Lewis (1983a : p. 40) で述べたように、部分-全体関係が個体にのみ適用されるが集合には適用されないと思っているからではない。むしろ、いまでは集合は決して個体の部分にならないと思っているからである。

(61) 私は Lewis (1983a) で「世界のなかにあること」の三つの仕方を区別した。(1)その全体が世界のなかにあること、すなわち、世界の部分であること。(2)部分的に世界のなかにあること、すなわち、その全体が世界のなかにある部分をもつこと。(3)その世界の観点から存在していること、すなわち、「その世界における真理を評価するさいに通常は（様相形而上学は通常でない運命にあるのだが）適切な、もっとも制限されていない量化のドメインに属していること」。もし問題の世界が現実であれば、この区別は、私がここで与えた区別である、現実であることと、部分的に現実であることと、慣例によって現実であることの区別とほぼ同じものとなる。用語法における唯一の違いは、いまや私はすべての集合を低い階層に投げ入れたりしないことである。私はこれらすべての仕方を、(4)世界から見て存在することから区別する。何かがある世界から見て存在する——たとえば、ハンフリーはわれわれの世界以外のある世界から見て存在するとともに、大統領選に勝利している——のは、その世界の部分である対応者をもつことによってであると私は主張する。世界の部分であることと、世界から見て存在することの比較については、第四・一節を見よ。

第2章　楽園にあるパラドックス？

(1) Skyrms (1976) は、世界の複数性から「大きな世界」の複数性へ、そして後者から「より大きな世界」の複数性へ……という亡霊のような後退をでっちあげた。こうした後退が生じるのは、次の三つの前提を順番に考慮する場合である。(1)「実在」はすべてのものの全体である。(2)実在は別様でもありえた。(3)可能な差異は代替の複数性によって理解されなければならない。私は(1)と(2)が同時に真でありえないと応答する。どちらが偽であるのかは、「実在」という語を包括語とみなすか、あるいはすべてのもののうちのこの世界の部分のみを指す語とみなすかに依存する。この選択はことさらに為される必要はない。

(2) デイヴィーズと私の定式化の実質的な違いは、(4)の最後の条項がつけ加えられているかどうかだけである。この条項は(5)が引き出されるために必要であるように思われる。あるいは、他のやり方として、その人の目下の思考がその時点の思考の全体であると考えることもできるだろう。おそらく、こちらがデイヴィーズの意図していたことである。そして、この場合には、彼の元々の定式化はうまくいく。

最近の（一九八三年にザルツブルグで開催された第七回国際科学基

礎論会議（7th International Congress of Logic, Methodology and Philosophy of Science）での）講義で、カプランはこのパラドックスのより用心深いバージョンを提示した。彼は(4)を肯定するかわりに、論理学者は論理学者である限り(4)を暗黙的に否定するべきではないとだけ主張する。論理学者の体系は形而上学的に中立であるべきである。「われわれは、論理学者として、どのような哲学的イデオロギーにも役立つように努力し、哲学的イデオロギーを制限しないようにしなくてはならない」。同感である。しかし私は論理学者ではない。そして形而上学的に中立であることは私の意図ではない。もちろんカプランは、中立的な論理学者として、様相実在論という「イデオロギー」へ対抗的な制限を課すためにこのパラドックスを用いようと考えてはいない。このことから得られる正しい教訓は中立を保つことが難しいということである。

（3）この点はリチャーズによる。同様の点をマッギンも指摘するが、彼はこの指摘を、あの悪名高い強力な望遠鏡のような機能をもつ「心の眼」の能力というすてきな贈り物をくれた直後に行なった。

（4）培養槽のなかの脳が欺かれていないと主張する近年の論証が存在するが、私はこれが間違いだと考える。この論証は、そうした脳が何について間違っており何について間違っていないかを述べる際にどれほど注意を払わなければならないかを示すだけにすぎない。Lewis (1984) を見よ。

（5）Bennett（1981）および Bigelow（1976）。

（6）同様にD・C・ウィリアムズは（一九七四年のノートルダム大学の講義で）私の見解が「存在の総体が絶対的に必然であるので、完全な宿命論である」と不満を述べている。しかも、この存在の総体は、考えるのも恐ろしい悲惨さを数多く含んでいる。そして、善き生を送り、悪を除去しようとすることは無益である。というのも、たとえあなたが悪を防ごうと努力したとしても、それは他の世界で生じているからである。

（7）ある世界の外にあることがその世界において真だと有意味に言うことができる例外的だが問題がないケースがある。第一・二節で言ったように、「オーストラリアで」や「世界Wで」などの制限的な修飾詞が課す制限は、阻却可能なものにすぎない。

（8）時間を通じての持続に関する私の理論が与えられた場合に、はたして未来に関する私の欲求は自己中心的なものだと主張できるだろうか――このようにマーク・ジョンストンが尋ねたことがある。私の考えでは、私自身のような持続するものは時間的部分あるいは段階へ分割可能であり、そしてこの本が完成することをいま欲している段階は、これを私のために完成させる段階とは異なる。だとすれば、私は、本当は、その本がとにかく完成することを欲しているのであって、誰が完成させるのかは気にしていないのではないか。たとえば、人のいい誰かが私になりすまして仕事を引き継ぎ、私が欲求する通りに完成させたとしても、それでかまわないのではないか。そして、以上のことに同意するならば、その人のいいなりすましと彼から学ぶ人たちが他の世界の部分だとしても、何の問題があるのか。

　私の応答は以下である。私の見解に従うと、本を完成させる欲求は本来的には私の現在の段階に属しており、そうした欲求が複数の段階からなる持続する和に属すのは派生的にすぎないと考えることは正当だということに私は同意する。そして、私の現在の段階が欲求していることは、その段階自体がその本を完成させることではないということにも私は同意する。現在の段階は賢明であるので、そうしたことが期待できないことを知っている。しかし、このことは、現在の段階が、何が起こるのかだけを気にしており、どのように起こるかを気にしていないということを意味しない。中間の立場が存在する。私の現在の段階は、それがもつ現在の意図が達成されるかたちでその本が完成することを欲求しており――つまりこの欲求には自己中心的な部分があり――そして、こうしたことが起こるのは、私の現在の段階と本を完成させる段階が適切な種類の因果的連続性によってつながっている場合だけである。ここで現在の段階が欲求する連続性は、人段階のメレオロジー的和を統一して持続する人をつくりあげる連続性の一部である。

（9）Unger（1984）における議論。Schlesinger（1984）も見よ。

（10）特に Gale（1981）、Leslie（1983）、Sciama（1980）を見よ。

第3章　安上がりな楽園？

（1）スタルネイカーの呼び方では、これは「穏健な」様相実在論である。しかし、どういう点で穏健だというのだろうか。

（2）私は Lewis（1979b）で、代用主義では、どの代用世界が現実化されるかということが非偶然的なことがらになってしまうように思われると異議を唱えた。私は、代用主義の理論的道具立てと、自分の道具立ての違いを十分には理解できていなかった。私の誤りを正してくれたジョン・G・ベネットに感謝する。

（3）上の代用主義者からの応答は、私が自分なりの言い方で語ったものだ。しかし、近年の代用主義者はほとんどみな同じことを言っているように思う。特に、Adams（1974）と Stalnaker（1976）を見よ。

（4）ヴァン・インワーゲンは van Inwagen（1983：pp. 232-3）で、C・S・ルイスを引用し、「世界」は「事態」でありうるという趣旨のことを述べている。しかし、ルイスが意図したのは、聖者の行進の後、新たな世界が露わになったというときのように、ある歴史的時代に特有の事態だった。このような用語法は、具体的な世界と抽象的な世界の論争には無関係である。

［1］スーパーヴィーンするものは、スーパーヴィーンされるものに対して存在論的に何も付加しないというテーゼ。アームストロングは、これを「存在論のフリー・ランチ（the ontological free lunch）」と呼ぶ。たとえば、内的関係はその関係項に対して存在論的に何も付加しない。メレオロジー的全体は、その部分すべてに対して存在論的に何も付加しない。Armstrong, D. M.（1997）*A World of State of Affairs*, Cambridge：Cambridge University Press, 12-3 を見よ。

（5）以上の不満はジェフリーに対する批判ではない。彼の言う小説は、万能の代用世界として働くものではない。だが、特定の目的には適っているかもしれない。ジェフリーがそれを導入した目的は、行為者の信念欲求体系を表象する、ある構造における点の役割を担わせることにあった。より一般的に言えば、本節で後に私が提起する反論の多くは、言語的代用主義一般かその特定の形態に対する批判かにかかわらず、言語的な代用世界を特定の目的のために使用することにあてはまるものではない。後に見るように、異なる可能性がその言語的な記述においては様々な仕方で同じものと混同されてしまう、そう私は不満を述べるだろう。だが、異なる可能性が混同されたとしても、知覚と行為において主体にそれらを区別することができない場合、その主体の思考の内容を特徴づける目的で代用的可能者を用いたいというのであれば、これは無害である（スタルネイカーは、特に言語的代用主義を擁護してというわけではないが、この論点を指摘している）。そして、エイリアンな自然的性質を含む可能性の問題について私が不満を述べるさいもまた、これらの問題がそれほど無理のない反事実的仮定の取り扱い（たとえば、因果の反事実的分析のケース）を阻害することはないだろう。

（6）Roper（1982：p. 51）および Bricker（1983：pp. 174-89）を見よ。

［2］ラガードとは、ガリヴァー旅行記に登場する架空の都市のことである。ラガードのアカデミーでは無意味な研究ばかり行なわれているが、ある言語学者は、語をそれが表すもので置き換えた人工言語の研究をしている。

（7）トロープから始めても同様の構成が可能だろう。このような構成は Johnston（1984）において論じられている。

［3］これは不完全性定理による。

［4］関連する問題として「パトナムのパラドックス」がある。Lewis（1984）を見よ。

［5］確定可能・確定の区別については論者により違いはあるが、ここでは次のような理解で十分だろう。すなわち、ある主語がある確定述語を満たすことは、その確定述語に対応する確定可能述語がその主語によって満たされることを含意する。他方、ある主語がある確定可能述

語を満たすことは、その主語がなんらかの確定述語を満たすことを含意する。確定可能・確定の区別の典型例として、色・赤や形・四角などが挙げられる。類・種の区別と同様、確定可能・確定の区別は相対的である。「四角である」は「形をもつ」という確定可能述語の確定述語であるが、「正方形である」を確定述語とする場合、「四角である」は確定可能述語とみなされる。正の電荷をもつことと負の電荷をもつことは、電荷をもつという確定可能性質の二つの確定性質である。

（8） ここでの私の議論は、Lycan（1979）や Skyrms（1981）、そしてとりわけ Bricker（1983）に負うところが大きい。

［6］ 完備な原子的ブール代数とは一般に、その任意の（無限かもしれない）部分集合に関して上限と下限が存在し、その任意の要素が「原子」の集合の上限（和）として表せるような代数構造である。たとえば、可能世界の集合Xが与えられたとき、その冪集合P(X)をとれば、集合演算と包含関係に関して、各可能世界の単位集合を原子とする完備な原子的ブール代数を構成することができる。ルイスが代弁して説明している魔術的代用主義はこれとは反対に、各要素の内部構造は考えない完備な原子的ブール代数から出発して、それを可能世界の構造の代用とすることができるのではないかという考え方である。

（9） Lewis（1983b: pp. 347–8）において、選択肢のひとつとして検討された「適切な唯名論」のように。

（10） その場合、われわれは、ジョン・アンダーソンが批判したような、「構成的関係」の事例を手にすることになると私は思う。じっさい、語るべき内在的本性をまったくもたない対象からなる関係システムが存在するというのは、非常に奇妙なことのように思われる。だが、決定的な反論は思いつかない。さらには、時空点がむしろひとつの先例になっているかもしれないという心配もある。

（＊） （校正時に追加。）本書の執筆時にはこのことは正しかったが、魔術的代用主義者が存在することを証明できるようになった。van Inwagen（1986）は、魔術的代用主義の明示的で手強い擁護である。

（11） Slote（1975: pp. 146–56）を見よ。

（12） プライアーとファインの仕事はもっと複雑である。彼らをここに挙げた他の論者と同列に並べるとき、私はこの複雑さを無視している。⑴プライアーは別のところで、自分の理論における命題に対する量化はとにかく、いかなる存在論的コミットメントも生じさせないと示唆している（Prior 1971: pp. 31–9）。⑵仮に命題が存在するとしても、プライアーとファインが示唆するところでは、命題のいくつかが偶然的に存在するにすぎない。それらの命題は偶然的に存在する個体を含むゆえに、偶然的に存在するのである。そして、現実に存在する個体とは別の個体が存在することもありえたのと同じように、現実に存在する命題とは別の命題が存在することもありえただろう。その場合、反復様相は、現実に存在する、極大に特定的な命題とみなされた代用世界に対する量化ではありえない。

［7］ 「ドナルド（Donald）」は、ケルト語で「世界の支配者」を意味する名前である。

（13） 否定法の意味で抽象的な単純者が性質の役割を担うとして、選び出しの関係がどのようにしてうまくいくかと問うとき、私はある点では、超越的な形相として理解される性質に対するおなじみの反論を繰り返している。たとえば、選び出しが外的関係である場合、選び出されるエレメントとは独立に、事物の特徴が変化することが不可能なのはなぜかと私は問う。このことは、アームストロングが次で述べていることと多くは同じ論点だと私は思う。「aの白さが、超越的な存在者とaのあいだに関係が成り立つことにより決定されないことはあきらかである。白さの形相なしのaについて考えるという、おなじみの思考実験をしてみよう。それでも、aは白いものでありうることはあきらかだと思われる」（Armstrong 1978: vol. 1, p. 68）。アームストロングは、形相そのものを思考実験によって排除する。私は形相を残しておいて、対象と形相のあいだに成り立つ関係を排除する。とはいえ、その他の論点は同じだ。アームストロングが主張し、私が彼に同意するように、この思考実験の説得力は形相の超越性に依存する。単位電荷は粒子それ自体の非時空的部分である——ただし、それは超越的な形相ではなく内属的な普遍者であって、それゆえ、時空的位置をもち、否定法の意味では抽象的ではない——と考えるならば、単位電荷を排除した上で、当の粒子が以前と同じように電荷をもつと想像することができるかは決してあきらかではないように思われる。アームストロング（*ibid.*: p. 37）と意見は異なるが、集合として理解された性質についてもまた同様である。少なくとも、私がそう捉えるように、性質が可能個体からなる集合であるとすれば、この批判は当てはまらない。問題となる対象が、すべての白い現実的な対象とすべての白い可能的な対象からなる集合に含まれないにもかかわらず、それでもその対象が白いものであると考えることはできない。

第4章　対応者か、それとも二重生活者か？

[1] 原著出版当時はトランス・ワールド航空（Trans World Airlines）という航空会社が存在した。トランス・ワールド航空は二〇〇一年にアメリカン航空に吸収合併され、消滅した。

(1) Lewis (1968)、Lewis (1971)、Lewis (1973)、および Kaplan (1974) を見よ。

(2) ここでの私の論点はファブリツィオ・モンダドーリに負うところが大きい。Mondadori (1983) を見よ。だが、私が彼に同意しない点がひとつある。彼は「ハンフリーその人が勝利していたかもしれなかった」を述べると真なる言明を述べたことになる、という点を認める。だが、そのとき彼は次のように主張する。モンダドーリによれば、「勝利という性質をもつことになったのは誰か（who would have had the property of *winning*?）」と問われたとき、私の答えは「ハンフリーではなく、彼の対応者のひとり」(p. 81) でなければならないのである。そんなことはない。様相的述語「〜は勝利という性質をもつことになった（would have had the property of winning)」は様相的述語「〜は勝利していたかもしれなかった」と同等のものである。どちらの述語も、ある意味ではハンフリーに当てはめることができ、別の意味では勝利している対応者に当てはめることができる。反論があるとすれば、それは、「ルイスは望んでいることを言うことができない」ではなく、「ルイスは望んでいないことを言うことができてしまう」でなければならない。私の応答は次の通りである。「望んでいないことが言えてしまう」という反論は、「望んでいることが言えない」という反論ほど深刻なものではない。

(3) 以下の数段落の大部分では、『フィロソフィカル・レビュー（*Philosophical Review*）』誌の編集者の寛大な許可のもと、Lewis (1983d: pp. 21-2) の内容を用いている。

(4) この問題に関する私の議論は、Armstrong (1980) とマーク・ジョンストンに負うところが大きい。用語についてはジョンストンに従っている。

(5) 私は Lewis (1983a: pp. 76-7) で、このことを他の人に説明することを試みている。だが、大きな期待はしていない。まともな哲学者は誰でも、何かを理解していないときは、それを説明するかもしれない他のいかなることも理解しないように気をつけるからだ。

(6) 普遍者が問題を引き起こさずに多くの世界の部分となることができるのは、偶然的内在的性質をまったくもたないからである。しかし、同じことが単純な個別者——トロープ（もし存在するなら）や基本粒子、あるいはこれらの瞬間的なスライス——にも言えないだろうか。おそらくこれらの個別者は偶然的内在的性質をまったくもたないだろう。もっとも、これらの個別者がもつ偶然的内在的性質については、ありえそうな候補を考えるのでさえ難しいように思われることは確かだが。もし偶然的内在的性質をもたないのなら、これらの個別者もオーバーラップする世界のあいだで問題なく共有されうる。よって、偶然的内在的性質の問題に直面しないだろう。だが、偶然的内在的性質の問題とよく似た偶然的外的関係の問題に直面するだろうということを言っておきたい。いま述べたような単純な個別者AとBのペアがあるとしよう。そしてどちらも様々な世界の共通部分だとする。AとBのあいだには一定の距離がある。この距離はAとBのあいだで成り立つ関係であり、他のものは関わらないように思われる。つまり、この距離関係が、実際にはAとBとどれかの世界のあいだで成り立つ三項関係であるということはない。これが意味するのは、AとBは両者を部分としてもつすべての世界で正確に同じ距離だけ離れているということである。そしてこれが意味するのは（われわれが可能なときは事象表象を貫世界的同一性によって説明すると仮定すると）、AとBがどちらも存在するのに両者の距離が異なっている、ということは不可能であるということなのだ。これは誤りであるように思われる。このペアにとって距離が本質的であると考えるのは困難であり、また、距離関係が見かけどおりの平凡な二項関係ではないと考えることも同様に困難である。よって、貫世界的同一性は、偶然的内在的性質をもたない単純な個別者にとってさえも、一見したところでは困難となるのである。とはいえ、貫世界的同一性の支持者には、どうやって偶然的外的関係の問題を避けるかについても、貫世界的同一性によって十分な事象表象の一般的説明が得られないときに何が貫世界的同一性を保持する動機となるのかについても、釈明の余地があるだろう。そのような説明はJohnston（1984）の第四章で見つかるかもしれない。

（7） Adams（1974）でアダムズはこれと同じ論点を述べている。だが、私が世界のオーバーラップなしの様相実在論を支持するためにこの論点を用いているのに対し、アダムズは代用主義を支持するために用いている。

（8） じっさい、この意味で言うなら、不可能個体などないと私は考えている。どの世界とも完全に別個であるような個体は存在しない。よって、すべての個体は世界の部分である部分へと分割できる。世界をひとつにまとめる外的関係のどれも成り立つこともないような個体はどうなるのだろうか――私が第一・六節で述べたことによれば、それは他のどのような事物とも世界メイトではない。だが、世界メイトなしでもなお、それはそれ自体だけでひとつの世界になりうる。あるいは、それの部分どうしが適切な相互関係にない場合は、それ自体だけでひとつの世界であるようないくつかの個体へと分割できる。

（9） ここで私は本当に、絶対的に無制限な構成のことを考えている。たとえば、集合と個体による構成、あるいは個別者と普遍者による構成、ネコと数による構成に何の障害もないと考えている。しかしここでは、個体による構成を考えるだけで十分だろう。

（10） いわゆる「あいまいな対象」を厳密な対象（つまり、端的な対象）のクラスとして集合論的に構成し、そのようなクラスに対して量化を行なうことができることは理解している。私はこのプロジェクトを、言語におけるあいまい性についての分析の一部とみなし、別の分析とはみなさない。

（11） 「世界束縛的（world-bound）個体」という便利なフレーズを避けるのは、このフレーズが、あるひとつの世界だけから見ると存在する個体のことを意味しているように思われることがよくあるからである。私はそのような個体が存在することはとても疑わしいと思っている。

（12） この時点で、個体概念（世界から個体への関数）に対して量化を行なう様相述語論理の各種体系と似たものをわれわれは手にしている。Carnap（1947）の体系はそのような体系の一種である。しかし、これより後の、特定の個体概念だけに対して量化を行なう体系の方がさらに類似している。たとえば、Kaplan（1974）、Thomason（1969）（体系Q3）、Gibbard（1975）、そして一九六〇年代や一九七〇年代からヒンティカが書いた多くの論文を見よ。もし世界が決してオーバーラップしないのなら、私の意味での貫世界的個体と、世界から世界の部分への関数には、一対一対応がある。それゆえ、われわれが量化を行なうことを望む個体概念がそのような関数だけであれば、集合論的構成をメレオロジーで置き換えてもよいだろう。ただし、これらの体系がどのように理解されるよう意図されているかがはっきりしていないこともある。たとえば、通常の事物は世界から個体への関数と考えられているのか、それともそのような関数の値と考えられているのか、また、代用だと考えられているのは世界なのか、個体なのか、それとも両方なのかはあきらかとは言えない。

（13） 対応者理論に無制限構成を加え、さらに、対応者関係に関するやや制限的な二つの前提を加えたものである。

（14）　Quine（1976）は本物の様相実在論についての論文であるように見える。彼がQuine（1969）で考察した代用世界の数学的構成とは何のつながりもない（第三・二節を見よ）。ただし、ピタゴラス的還元と存在論的相対性による隠れたつながりは別だが。

（15）　ここで私は、因果的に関係していることを「質的特徴」の問題とみなしている。因果的に関係していることは、より狭く定義された質的特徴、とりわけ局所的な質的特徴ひとつひとつの配置にスーパーヴィーンしていることもありうるし、していないこともありうる。私はこの問題について、Lewis（1986a）の序文で論じている。

（16）　Kripke（1980：pp. 44–7）でそうしているように。

（17）　根拠なく恣意性を許し、論理空間がどのような地理をしているかは偶然的問題であると提案するような（受け入れがたい）仮説を拒絶する理由があるという点で、私はアンガー（Unger 1984：p. 47）に同意したいと思っている。たとえば、おのおのの世界はちょうど一七の、あるいはちょうどアレフ一七の識別不可能な複製をもつという不愉快なほど恣意的な仮説は拒絶してよいし、すてきな世界はいやな世界よりも多くの複製をもつという仮説も拒絶してよい。しかし、複製がまったく存在しないという仮説は、不愉快なほど恣意的ではない。そして、すべての世界は等しく、同じ程度だけ無限に複製が重ねられているという仮説もまた、不愉快なほど恣意的な無限濃度をわれわれが特定したりしなければ、不愉快なほど恣意的ではない。したがって、恣意性を拒絶するという原理は、識別不可能な世界が存在するかどうかについては何も言わないのである。

（18）　このことがどのように生じるかは構成の詳細による。代用世界の極大無矛盾性は、個々の世界はそれの言語が許す限りで異なるすべての仕方でそれが言うべきことのすべてを言っているということを意味するかもしれないし、意味しないかもしれない。

（19）　こうした問題のあいだの違いに関するさらなる議論については、Adams（1979）を見よ。

（20）　以下の数ページの大部分では、『フィロソフィカル・レビュー（*Philosophical Review*）』誌の編集者の寛大な許可のもと、Lewis（1983d：pp. 23–31）の内容を用いている。

（21）　しかし、切り分けるものと切り分けないものとの区別を、避けることのできない原始的な区別とみなすことによってしか理解できないかもしれない。第一・五節およびLewis（1983b）を見よ。

（22）　Lewis（1968）において私は、いかなるものもそれが存在する世界のなかで自分自身以外の対応者をもつことはないということを公理とみなした。いまでは、これは、対応者関係のあいまい性の、ある解消法のもとでは適切であるが、すべての解消法のもとで適切であるわけではない、と考えたい。

（23）　トマス・ネーゲルは、自分が誰か別の人物だったかもしれないという考えについて論じている。彼は次のように言う。「私がＴＮ（あるいは誰であれ私が実際にそうである人物）であることは、偶然的であるように見える……私はたまたまＴＮという公けに同定可能な人物であるかのように思われるのだ」（Nagel 1983：p. 225）。ネーゲルによれば、この考えは額面どおりにうけとるべきであって、私が違った人生を送ったかもしれないというようなもっと扱いやすい考えに置き換えるべきではない。これに対して、私は次のように主張する。この考えは、ネーゲル自身が提案するように、結局のところ彼は本当はＴＮではないという考えに置き換えるのではなく、彼は、たまたまＴＮを通してこの世界を見ているが誰か別の人物を通して見ることもできたような、ある「自己」であるという考えに置き換えるべきである（こんなことをして何になるのかだって？　こちらの「自己」であってあちらのではないということの偶然性と幸運を感じてもらえないだろうか）。ここで提案した処置は、本質的にはHazen（1979：p. 331）によるものである。

（24）　こうした関係の類似性を考慮する必要性については、Hazen（1979）およびLewis（1983a：pp. 44–6）を見よ。

（25）　n項の列は、1からnの数字によるインデックスがついた項からなる。隙間のあるn項の列は、これらの数字のすべてではなく一部だけのインデックスがついた項からなる。隙間が許される場合は、同じ列を異なる仕方で表記することができるため、同じ列が異なる長さの列にとっての共同的可能性となるだろう。つまり、〈X, Y〉、〈X, Y, *〉、〈X, Y, *, *〉といった列はすべて同じ可能性に対応する。これは、ペアにとっての隙間のない可能性かもしれないが、三つ組や四つ組などにとっての隙間のある（しかも要素の数に応じて隙間が増える）可能性かもしれない。

（26）　対称的な世界がもつ非対称的な可能性の問題は、Adams（1979）で与えられている。私が提案した処置は、またも本質的にはHazen（1979）によるものであり、これはHazen（1977）でのヘイゼンの処置に基づいている。ヘイゼンはこの処置を壮大なスケールにまで適用している。彼の提案には四ステップで到達できる。(1)無限（実際にはおそらく超限）の長さの列で共同的可能性を考えることもできるだろう。(2)列をつくるときに有限の数あるいは超限順序数のインデックスをつけるのではなく、他のインデックス法を採用できるだろう。したがって、インデックスのついた個体からなる族にとっての共同的可能性は、ある単一の世界から取り出された個体からなり、同じ方法でインデックスがつけられた（ひょっとすると隙間のある）族である。(3)自然なインデックス法のひとつは、元々の族のすべてのメンバーをそれ自身のインデックスとすることだろう。よって、同じ個体が、元々の族の共同的可能性である他の族のインデックスとして働く。(4)最後に、この族をある世界の居住者すべてを含むものとしてもよいだろう。すると、このもっとも包括的でインデックスのついた族にとっての共同的可能性は、ヘイゼンが「約定的世界（stipulational world）」と呼ぶものとなる。これは、このもの主義的に異なる複数の世界のシミュレーションである。だが私は、これらは世界ではなく、小さなきょうだいたちと一緒になって、このもの主義者の直観を説明し去るために反このもの主義者が用いる方法の一部として機能すると主張するのが一番良いと思う。

（27）　Skyrms（1981）の体系は、私が第三・二節で文句を言ったエイリアンな性質のラムジー化とともに、この分割も必要とする。McMichael（1983a）も見よ。

（28）　次のような第三の方策はどうだろうか。すなわち、固有名を保持するが、名前を入れ替えると必ず無矛盾性が破壊されるほど豊富な記述的内容を固有名に与える、という方策である。たとえば、名前を用いて私が一七番目の世界以外のどれかに住むと言うと、単に偽ではなく、矛盾することになると言語的代用主義者は考えることができるかもしれない。問題は、もしこの世界が不可識別者を含んでいるなら、たとえば、もしこの世界がさきほど考えたような一方向に永劫回帰する世界ではなく二方向に永劫回帰する世界なら、われわれの名指しが完全に記述的であることはありえない、ということである。どれだけ記述的な負荷を名前に与えても、少なくとも不可識別者の名前は、無矛盾性を破壊することなく入れ替えることができ、このことがこのもの主義的違いを与えることになるのである。

（29）　Carnap（1945 : p. 79）を見よ。カルナップは、有限のケースでは状態記述を集合ではなく連言として定義することに注意せよ。

（30）　マクマイケルは、まさにこれを提案した反このもの主義的代用主義者である。ただし、彼の代用主義は、本書で考察したような純粋に言語的なバージョンではなく、むしろ言語的代用主義と魔術的代用主義のハイブリッドかもしれない。

（31）　極端なこのもの主義が十分注目に値することを私が納得したのは、パヴェル・ティッシーのおかげであり、以下の議論は彼に負うところが大きい。しかし、会話の細部を思い出すことはできない。したがって、私が以下で主張する立場のどこがティッシーによるもので、どこが私の想像の産物であるのかを言うことはできない。ここで議論する立場をティッシーが採用しているとも、採用していたとさえも言わない。そして、この立場のどの部分についても、自分自身のオリジナリティを主張するつもりはない。

（32）　確定的で正確な限界があると考えるのはもちろん間違っている。チザムのパラドックスは、砂山《ソリテス》のパラドックスのひとつである。とはいえ、様相の形而上学の問題からあいまい性の適切な取り扱いの問題を分離できれば一番良い。私は分離できると思う。あいまい性は意味論的な非決定性だと私はみなす。あいまいに語るときには、語が正確な意味のうちのどれを表現しているとされるかに決着をつけることは問題にならないのだ。事象様相のあいまい性はまさにこのようなやり方で理解できると私は考える（第四・五節を見よ）。もしそうなら、許容の正確な限界についても決着がついたかのように考えても、問題はないだろう。

（33）すでに仮定したことをふまえるなら、ノアの本質は彼がノム役割を果たすのに十分なぐらい変化を許容するということも同時に仮定することは理に適っているだろう。もしそうなら、われわれは第二のこのもの主義的違いを手にしたように思われる。アダムがノム役割を果たすノム-アダア世界が存在し、ノアがその同じ役割を果たすノム-アダア世界が存在する。これはサモンの「四世界パラドックス（Four Worlds Paradox）」に似ている。ただし、私の場合、三つの世界で済む点が異なる。というのも、私はひとつの世界——われわれの世界——を二度用いて、アダムとノアの両方が存在する世界を提供しているからである。私の回答は次の通りである。まったく同じノム-アダア世界が、そして実際その世界におけるまったく同じ個体的可能性が、アダムに関して彼がノム役割を果たすと事象表象し、また、ノアに関して彼がノム役割を果たしていると事象表象するのである。アダムとノアがまったく同じ対応者を共有しているならこうしたことも起こりうるだろう。

（34）ここでもまた、いかなるものも自分のいる世界においては自分自身以外に対応者をもたないという要請を私は放棄する。この要請が成り立つ対応者関係も存在するが、成り立たない対応者関係も存在すると私は考えたい。ノアがアダムの対応者としての資格を欠くのは、単にアダムに似ていないからである。

（35）到達不可能性に訴える擁護はチャンドラーによるものである。最近では、対応者理論による擁護を好むフォーブスに対してサモンがこれを行なっている。

（36）Wiggins（1968）、Lewis（1971）、Gibbard（1975）、Geach（1980 : pp. 215–8）、van Inwagen（1981）、Robinson（1982）を見よ。

（37）時間的部分をめぐるいざこざを避けるためには、グループ化後のグレート・ウェスタン鉄道は、グループ化前のグレート・ウェスタン鉄道とはなんらかの意味で異なる、新しい鉄道会社であるべきだという点は重要である。これについては、O・S・ノックの言葉を受け入れたい。「グレート・ウェスタン鉄道はほとんど影響を受けなかったと安易に言われることがしばしばあるが、これはまったく事実に反している。ほとんど影響を受けなかったのは一九二三年以降に誕生した新しいグレート・ウェスタン鉄道である。旧会社はウェールズのローカル鉄道を吸収したりはしなかった。たしかに旧グレート・ウェスタン鉄道は清算されなかったが、ウェールズの主要な鉄道会社は消滅会社や子会社としてではなく、構成要素として新しい組織へと移行したのである。」（Nock 1967 : vol. III, pp. 1–2）

（38）しかしながら、事象態度（attitude *de re*）ではまったく話が異なる。その場合も不確定性が存在するが、違った仕方で生じる。Lewis（1979b）の最後の節を見よ。

（39）Lewis（1979a）を見よ。

［2］銅像が銅でできており、木製バットが木材でできているように、通常の物体はそれの材料である物質によって構成されている。それを構成している材料をもたない物体などありえない。別の言い方をすれば、材料が物体を成り立たせているのである。さて、このとき、材料とそれが構成する物体は同一だろうか。もし同一ならば、物体が存在するまでは材料も存在しなかったことになってしまう。しかし同一でないならば、物体が存在しているときは必ず、物体と同じ形で同じ重さの存在者がもうひとつあることになってしまう（その材料のことだ）。このように、物体とそれを成り立たせている材料の関係は、奇妙なパズルを引き起こすことで知られており、現代形而上学では「物

質的構成（material constitution）」などと呼ばれている。

（40） この事例、および他の多くの事例において、私は次のことを主張したい。同じ事物に対する異なる名前は異なる対応者関係を喚起しやすく、それゆえ対応者関係によって支配される様相的な言い回しが抱える意味論的不確定性は削減される。だが、次のことは主張しない。(1)喚起する力をもつ名前はすべての不確定性を消し去る。(2)ある一種類の対応者関係を喚起する力をもつ名前が、他の種類の対応者関係を支持する他の文脈的圧力を上回る。(3)すべての名前（それどころかすべての指示表現）には例外なく、他の対応者関係より喚起しやすい対応者関係がある。(4)対応者関係によって支配される様相的言い回しの意味論的不確定性は厳格なものであり、不確定性を削減する何か（それは喚起する力をもつ名前かもしれない）がある場合を除き、それらの言い回しを無意味にしてしまう。A・ギバードの偶然的同一性の取り扱いと比較せよ。ギバードの取り扱いは私のものと似ているが、上記のことを主張する。よって、それは根本的には正しいが、おおげさであるように私には思われる。

（41） 事物とそれを成り立たせている物質の関係に関して、対応者の非一貫性の観点からの一般的な議論についてはRobinson（1982）を見よ。その特殊なケース、すなわち、身体が人を恒久的ないし一時的に成り立たせているケースについてはLewis（1971）を見よ。

解説

八木沢 敬

一 形而上学者としてのルイス

デイヴィッド・ルイスは、二〇〇一年に六〇歳の若さで亡くなったアメリカ人哲学者である。今日の分析形而上学者たちのなかで、ルイスが二〇世紀後半から二一世紀始めの形而上学にもっとも大きい直接的影響を与えた数少ない哲学者のひとりである、ということを疑う者はほとんどいない。本書は、真理に関する様相（必然性、可能性、現実性）の概念を可能世界の枠組みを使って哲学的に分析するという、ライプニッツにまで遡り今日多くの分析哲学者たちに支持されているプロジェクトを、独自の実在論的立場から遂行しようとするルイスの有名な著書である。

形而上学者としてのルイスの力量は、ハーバード大学の大学院生時代に発表した論文「同一説への議論」（Lewis 1966）ですでにあきらかである。脳神経生理学的状態と心的状態の間の密接な関係をもっとも良く説明できるのは心身同一説だ、という「最良の説明への推論」（inference to the best explanation）に基づくそれまでの議論とは打って変わって、心的状態に関する「分析的機能主義」（analytic functionalism）という画期的な理論に基づいて心身同一説を擁護するこの論文は、心の哲学における古典のひとつとして今でも広く読まれている。その後ルイスは機能主義と物理主義の関係や理論的述語の定義などについて掘り下げた論文をいくつか発表し、心の哲学・科学哲学の発展に大きく貢献した。ハーバードでの博士論文は『規約——哲学的研究』という本（*Convention : A Philosophical Study*, Harvard University Press, 1969）として出版された。ゲーム理論を応用して社会的規約という概念を分析しようとするこの著作は、分析性や言語的意味という概念に関する師のW・V・クワインの懐疑主義への答えの基盤となるもので、その後の一連の論文でルイスはその答えの全貌を浮き彫りにする仕事をしている。

一九七〇年代から一九八〇年代初期にかけてルイスの研究活動はさらに勢いを増し、その影響力を考えると、プリンストン大学時代の同僚ソール・クリプキーと並ぶ分析哲学界の重鎮の一人であったといっても過言ではない。クワインは、その独特の単刀直入な文体で哲学問題を論理的に切り裁く哲学散文のスタイリストとして知られているが、ルイスは、クワイン風の気取りを排除して地に足のついた、(分析哲学の専門家にとっては)読みやすく簡潔明瞭かつ軽快で小気味良い語り口で知られている。

二　ルイスの様相理論の概要

本書『世界の複数性について』はルイスが一九八四年の夏学期にオックスフォード大学で行なったジョン・ロック講義に基づいて書き上げたものであり、哲学的思考がもっとも充実しシステム構築型の傾向をもつ哲学者として熟成期を迎えつつあったルイスの仕事の頂点をなす著作といっても過言ではないだろう。

本書の中核となる対応者理論というルイス独自の理論は、すでに論文「対応者理論と様相述語論理」(Lewis 1968) で発表されており、それ以来可能世界の枠組みを語るにあたっては無視することのできない重要な理論である。また、可能世界の複数性を語る際に欠かせないのは、数多くある可能世界のなかでどの世界が現実世界なのかという問題に直面することであるが、ルイスは「アンセルムスと現実性」という論文 (Lewis 1970a) でその問題に答えを出している。アンセルムスの存在論的論証 (ontological argument) を論駁するなかで、現実世界の現実性について「指標理論」(indexical theory) と呼ばれる理論を提案しているのだ。現実性の指標理論は対応者理論と対になって、可能世界の複数性を主張するルイスの様相実在論の中核をなすものである。

ルイスが自身の様相形而上学をまとめた記述を最初に発表したのは、二番目の著書 Lewis (1973) においてである。「基礎」というタイトルの第四章でルイスは様相実在論を提示し、それを確立し擁護するための議論を試みる。一二ページという短いこの章には、ルイス流様相実在論の核心がもれなく含まれているのみならず、哲学とはどういう学問なのかについての彼の見解が簡潔に述べられている。それは彼がいかにして様相実在論という一見突拍子もない理論に辿りつくに至ったかを知るために有益なので、ここに引用する。

人は哲学をする以前にすでに多くの意見を持っている。哲学の役目は、そういうすでにある意見を大幅に弱めたり正当化したりすることではなく、そういう諸意見を拡大し秩序立った体系を作るにはどうすれば良いかを探ることに尽きる。形而上学者は心の分析をする際、心についてのわれわれの諸意見を体系化しようとしているのである。それが成功するか否かは、どれだけ体系的で、哲学以前にわれわれが固く抱いている諸意見をどれだけ尊重するか、にかかっている。この二点に関して考えられる限りもっとも優れた理論が、信用に値する理論なのだ。体系化と哲学に先立つ意見の尊重を同時になし遂げるためには、ある程度の妥協はやむをえないが、それは大した問題ではない。体系として美しい哲学理論であれば、広く受け入れられていて放棄しがたい意見と見合っている限り信じるに値するので、広く受け入れられてはいるがそれほど大切でない意見でその理論と相容れないものについては、立場を変えれば良いだけのことだ。(Lewis 1973 : p. 88 引用は拙訳による)

　ルイスによると、哲学が尊重すべき意見のなかには、テーブルや椅子が存在するという素朴で極めて常識的な意見のみならず、そういうテーブルや椅子は現実とはちがったような位置関係にあったかもしれないという、これまた素朴で常識的な意見も含まれる。哲学以前にわれわれが持っているそういった様相に関する意見をうまく体系化できるのは様相実在論しかない、というのがルイスの立場なのである。ではルイスの擁護する様相実在論とはいったい何か。それはライプニッツが一八世紀初頭に提案した可能世界の枠組みを、真剣に実在論的に解釈する態度から生まれた形而上学的理論である。ルイスの様相実在論そのものを論じる前に、その可能世界の枠組みの理論的パワーを示す例をまず見ることにしよう。それは、ほかならぬ反事実的条件文の真理条件を与える意味論である。

　ある特定のテーブルの前に、現実にひとつの椅子があるとしよう。その椅子が、テーブルの前にではなく上にあるということは可能である。テーブルの前に置いた人が、そうする代わりにテーブルの上に置いたということは可能だからだ。これは可能性についての常識的な意見だが、もう少し間接的でしかも哲学的に重要な、広く受け入れられている意見がある。私以外誰もいない普通の部屋に普通の椅子が普通にあるとする。私はその椅子から三メートル離れて普通に立っており、特にその椅子に座ろうとはしていない。そして医学的に私に何ら異常はない。こういう状況について、次の文を考えよ。

(1)私がその椅子に座ろうと企てたとしたら、私はその椅子に座っていたはずだ。

設定された条件の下で(1)は真である。設定を誤解なく把握し、かつ(1)を正しく理解すれば、ほとんどの人はこの判断に賛成するだろう。

　(1)のような文は「反事実的条件文」と呼ばれ、その哲学的重要性は大きい。たとえば一八世紀スコットランドの哲学者デイヴィッド・ヒュームが指摘したように、原因の生起を否定する前件と結果の生起を否定する後件を持つ反事実的条件文の真理は、因果関係の成立のための必要条件である。すなわち、もし出来事Xが原因となって出来事Yが起きたとすれば、「Xが起きていなかったとしたらYも起きていなかったはずだ」という反事実的条件文は真である。因果関係は形而上学のみならず、認識論、科学哲学、心の哲学、倫理学、その他哲学の諸分野において中心的な役割を担う概念なので、その分析は哲学全般にわたって非常に重要である。

反事実的条件文に関するルイスの意味論によると、(1)の真理条件は次の文で表現される。

(2)私がその椅子に座ろうとしたが座らなかった任意の可能世界Wについて、Wよりも現実世界に近い可能世界で、私がその椅子に座ろうとして座った世界がある。

一般に、「Pだったとしたら Qであったはずだ」という反事実的条件文の真理条件は、「Pが真でQが偽であるような任意の可能世界Wについて、Wよりも現実世界に近い可能世界で、PとQがともに真であるような世界がある」というメタ言語の文で与えられる。

可能世界の枠組みがその真価を発揮するもうひとつの例は、論理学の基礎概念の分析である。学問として論理学を学ぶ以前の段階で私たちが普通当たり前に「六郎は学生であり七子は計理士である」から「七子は計理士である」が論理的に帰結すると言うときの、「論理的に帰結する」という概念は通常次のように定義される。

(3)PからQが論理的に帰結するのは、Pが真でQが偽であることが不可能なときそしてそのときに限る。

ここでいう「不可能」とはいかなる可能世界でも成立しないということなので、論理的帰結は可能世界の枠組みを使って次のように分析されるのである。

(4)PからQが論理的に帰結するのは、Pが真でQが偽であるような可能世界がないときそしてそのときに限る。

これらの二つの例で明らかなように、可能世界の枠組みは哲学的に非常に有用である。ではその枠組み自体は、いったいいかなる形而上学的基盤の上に成り立っているのか。この問いに答えるべく様相実在論が登場するのである。

三　ルイスの様相実在論

可能世界を何らかの実体として認める理論はすべて、広い意味での様相実在論と言える。たとえば、極大無矛盾な（maximally consistent）命題の集合として可能世界を定義するロバート・M・アダムズの理論は、命題や集合を実体として認める限り、広い意味で様相実在論と言える。だがそれは狭い意味での様相実在論ではない。ルイスの理論は狭い意味での様相実在論であり、広い意味での様相実在論とは二つの点で袂を分かつ。ひとつは、非現実世界は現実に存在しないと主張すること。もうひとつは、可能世界は抽象的対象（abstract object）ではなく具体的対象（concrete object）であると主張することだ。

第一の主張は当たり前に聞こえる主張だが、広い意味での様相実在論者で「現実主義」（actualism）という立場を取る様相形而上学者（たとえばアダムズ）にとっては偽である。現実主義によるとすべての実体は現実に存在するので、哲学理論に使われる実体もすべて現実に存在する。ということは、様相形而上学における哲学理論で使われる可能世界も、それが実体である限り現実に存在する。では現実世界と現実でない単なる可能世界の違いは何か。ここでもまたアダムズの理論を例に取ろう。アダムズによると、現実世界もそうでない可能世界もともに極大無矛盾な命題の集合であることにかわりはないが、前者は要素として含まれている命題がすべて真である一方、後者はそうではない。これが現実世界と非現実世界のあいだの決定的な違いである。このように（アダムズ流の）現実主義者は、命題の真理という概念によって現実世界を他のすべての可能世界から区別する。そして、そうするために命題の真偽を、究極的には可能世界に相対的ではないものとして扱う。それに対してルイスは、命題の真偽は究極的に可能世界に相対的であるとする。

また、現実主義者が命題の無矛盾性という様相概念をそのまま仮定しているのに対し、ルイスはすべての様相概念は可能世界とその部分という概念によって取って代わられるべきだ、という立場をとる。命題集合の無矛盾性とはその集合の全要素が真であることの可能性にほかならないので、現実主義者は可能性を含む様相概念の還元的あるいは消去的分析を目的にしてはいない。それとは対照的にルイスはLewis（1968）で、様相概念の還元的分析を意図して、様相に関する文を対応者理論の文に翻訳する手引きを提案した。たとえばクワインが「アリストテレス流本質主義」（Aristotelian essentialism）と呼んだテーゼを必然性についての言語で表現すると、「ある個体xとある性質Fについて、『もしxが存在すればxはFをもつ』ということは必然的である」となるが、対応者理論の言語で表現すれば、「ある個体xとある性質Fについて、xが対応者をもつ可能世界ではどこでも、xの対応者はFをもつ」となる（本質については以下でも触れる）。

しかし一九八六年に出版された本書（原書）ではルイスは、前者の後者への還元ではなく後者による前者の消去を提唱する（クワイン流の本質主義の定義を表現のレベルでは維持し存在論のレベルでは対応者理論によって真理条件を与えるのが還元、クワイン流の定義をそもそも認めず、対応者理論の言語で置き換えるのが消去である）。その理由のひとつは、Lewis（1968）で提案された翻訳によって還元すると、現実に存在する何らかの個体が何らかの可能世界で対応者を欠いたとしても「現実に存在するものはすべて必然的に存在する」という文が真になるか、あるいは、現実に存在する個体がすべてどの可能世界でも対応者を持つのでない限り「現実に存在するもので、自分自身と同一でないことが可能であるようなものがある」という文が真になるかのどちらかになってしまうから、ということである。還元を放棄すれば、この問題は即座に解消する。また、対応者理論の言語で簡単に表現できる命題で、「必然的に」や「可能的に」や「現実に」という文のオペレーター（sentential operator）のみに頼った述語論理では容易に表現できないもの（たとえば、本書第一・二節において言及される比較に様相が絡む事例）もあるので、必然性や可能性についての言語は素通りして、可能世界とそこでの存在者そしてそれら存在者どうしのあいだの対応者関係についての言語を使って様相に関する話題を個々に扱えば良い、とするのである。

また、ルイス自身は強調しないが、様相の言語を可能世界理論の言語で置き換えることで、外延性の維持というもう一つの利点が得られる。しかし残念ながらスペースの関係で、それをここで論じることはできない。

次に、可能世界は具体的対象であるという第二の主張を説明しよう。ルイスによると可能世界は、命題や集合といった抽象的対象ではなく物理的な実体である。もう少し正確に言うと、個々の可能世界は、時空的関係によって統合された実体の極大和である。（さらに厳密には一般化して、何らかの自然的関係（natural relation）によって統合された実体の極大和であるとルイスは言うが、彼の議論はほぼすべて、時空的関係という特定の自然的関係を念頭におくだけで理解可能なので、ルイス哲学の解説者はそうするのが普通になっている。ここでも、それに従う。）たとえば、私と私が使っているコンピューターは五〇センチメートルという距離を置いて現在同時に存在する、すなわち、何らかの時空的関係にある。よって、同じ可能世界に存在する。可能世界に存在するということは、その可能世界の時空的部分であるということにほかならないということだ。すべての可能者（単 *possibile* 複 *possibilia*）はそれぞれ何らかの可能世界の部分であるので、個体の存在という重要な形而上学的概念を時空的部分という日常的で分かりやすい概念で置き換えることができるというのが、ルイスの様相実在論の魅力のひとつだといえる。

ルイスの可能世界の概念からただちに帰結するのは、異なった可能世界どうしのあいだにはいかなる時空的関係も成立しないということである。つまり、二つの異なった可能世界に共通の時空軸によって定義される場はない。そういう場は、そもそも意味をなさない。可能世界が存在する場は物理的な時空によって定義されるのではなく、もろもろの相容れない物理的な時空を包容する超物理的（文字通り「メタ・フィジカル」な）場なのである。ルイスはこれを「論理空間」と呼ぶ。私、私のコンピューター、あなた、あなたの部屋、ジュリアス・シーザー、ローマ帝国、私たちが住んでいる地球、銀河系、アンドロメダ星雲、等々といった可能者はすべてひとつの可能世界の部分としてその可能世界内に存在し、その可能世界はそのような可能者の時空的全体として論理空間に存在する。その論理空間には他の可能世界が数多く存在して、そのおのおのが時空的全体である。

現実主義によると、現実世界は真理という概念によって選ばれる形而上学的、特に存在論的に唯一特別な世界だが、ルイスによるとそうではない。現実世界はいかなる形而上学的な意味でも、非現実世界より特権的な位置を占めているわけではない。真理という概念に照らし合わせても何ら特別ではない。多々ある可能世界のひとつに過ぎない。もちろん、ルイスは現実世界と非現実世界のあいだの区別を否定するのではない。とすれば、その区別はいったいどういう区別なのか。形而上学的な区別でないならば、どのような区別なのか。

意味論的な区別、特に指標的意味論（indexical semantics）的な区別だ、というのがルイスの答えである。端的に言えば、現実世界と非現実世界の区別は、今という時点と今以外の時点の区別、あるいはここという場所とここ以外の場所の区別と緊密に類似する区別である。今とはどの時点かと聞かれたら、「今」という語が発せられている時点だと答えるのが正しい。ここはどの場所かと聞かれたら、「ここ」という語が発せられている場所だと答えるのが正しい。同様に、現実世界はどの可能世界かと聞かれたら、「現実」という語が発せられている可能世界だと答えるのが正しい。たまたまある特定の語が発せられているからといって、その発話の時点、場所、可能世界が形而上学的に特別だということには全くならない。

私があるときある場所で「今ここで雨が降っている」と言えば、私のその発話がなされる時点と場所で雨が降っているということが、私が言い表す命題の真理条件である。あなたが別のときまたは別の場所で全く同じ文「今ここで雨が降っている」を使えば、あなたのその発話がなされる時点と場所で雨が降っているということが、あなたが言い表す命題の真理条件であり、これは私がそれを発話した場合とは別の真理条件である。同じ文でも発話の文脈（context of utterance）がちがえば異なる命題を言い表すことができる。発話の文脈が命題表現に関わる指標（単 index　複 indices）を決定するからである。時点、場所、可能世界の他に、発話者、聞き手なども指標として扱われる。「私」や「あなた」という語の指示が発話の文脈によって変わるのは、ごく当たり前に知られていることだ。私が「私」という語を発して私を指示できるからといって、私が形而上学的に特別な個体であるということにはならない。

このように指標的意味論は、指示決定や命題表現という意味論的メカニズムをもって形而上学的特殊性への言及を無用にする、という効果を持つ。私たちにとっての現実世界は私たちが「現実世界」と呼ぶこの可能世界であり、別の可能世界に住む人間にとっての現実世界は彼らが「現実世界」という名詞句（あるいは「現実世界」という名詞句の彼らの言語への翻訳）で指示する可能世界である。ルイスによると、すべての可能者は唯一の何らかの物理的全体の部分であるので、任意の可能者にとっての現実世界はその可能者が部分である物理的全体である世界のことだ、ということになる。

あなたには少なくともひとつ本質的性質があるとしよう。たとえば生物であるという性質がそうだとする（もしこの例が受け入れ難いならば、受け入れやすい別の例を取ればよい）。その性質があなたにとって本質的だということは、任意の可能世界Wについて、あなたはWに存在しないかあるいは存在して生物であるかどちらかだ、ということではない。なぜなら、ルイスによればあなたは現実世界以外の可能世界には存在しないので、もし現実世界であなたがFである限り、任意の可能世界Wについて、あなたはWに存在しないか存在してFであるかどちらかであるため、あなたが現実にもつすべての性質が本質的性質とみなされてしまうからである。生物であるという性質があなたにとって本質的だということは、任意の可能世界Wについて、Wにあなたの対応者がいないかあるいはWでのあなたの対応者が生物であるかどちらかだ、ということなのである。

可能性についても同様のことが言える。あなたが現実にもつ職業とは別の職業についていたかもしれないというのは、あなたがその別の職業をもつということは現実には真でないが可能的には真だということである。可能世界の枠組みを使って言えば、あなたは現実世界ではその職業をもっているわけではないが、あなたがその職業をもっている可能世界がある、ということである。ここでルイスは、あなたがその職業を可能世界Wでもっているということを、あなたにはWにその職業をもっているような対応者がいるということだと分析する。あなた自身がWに存在しなくても、あなたに関して「Wでその職業をもっている」ということが真となりうるわけである。

ルイスによると一般に、任意の個体xと任意の性質Fについて、可能世界Wでxがfをもつということは、xの対応者がWに存在してその対応者がFをもつということなのである。これに対してよく言われる反論がある。それは、xの対応者yがFをもっていたとしても、それはyについての述定であってxについての述定ではないという反論である。ヒューバート・ハンフリーが一九六八年のアメリカ合衆国大統領選挙でリチャード・ニクソンに勝った、ということは現実ではないが可能ではある。可能世界の枠組みにおいては、このことは、ある可能世界にハンフリーとニクソンが存在し前者が後者に勝ったとして分析されるべきだ、というのがその反論である。

これは、貫世界的述定を世界内述定と区別して扱うルイスの理論を正しく把握していないがゆえに持ち出される反論である。ルイスによると、ある特定の可能世界W_1に存在するxについて、xはW_1でFをもっていると言うときに言い表されている命題の真理条件は、xそのものがFをもつということである一方、xは別の可能世界W_2でFをもっていると言うときに言い表されている命題の真理条件は、xそのものがW_2に存在してFをもつということではなく、xの対応者がW_2に存在してその対応者がFをもつということなのである。つまり、xは自分自身が存在しない可能世界では自分の対応者に肩代わりしてもらっているというのが、そもそもルイスの理論の中核をなしているのだ。

発表当時は「啞然たる眼差し」（incredulous stare）で迎えられるのが常だったという有名な伝説があるルイスの様相実在論だ

が、その理論に賛同しなくても、それを擁護するルイスの議論から学ぶところは大きいということを認める分析哲学者が圧倒的に多いという事実が、本書の重要性を確実に裏づけている。無数の可能世界が存在する論理空間をデイヴィッド・ルイスという無類の案内人に導かれて散策・探索するのは、分析哲学の旅、分析形而上学の旅のなかでも、もっとも刺激的で得るところが多い知的旅行である。その面白さ豊かさを身にしみて感じ取りながら最後のページまで楽しくたどり着くことができた読者が数多くいることを願う。†

† 訳者である佐金武、小山虎、海田大輔、山口尚の四氏から、訳語や言葉使いについて的確で行き届いたコメントをいただいた。大いに感謝する。もちろん、残存する誤りや至らない表現をふくめこの解説の文責はすべて私にあることは言うまでもない。

監訳者あとがき

本書は David Lewis, *On the Plurality of Worlds*, Blackwell Publishers, 1984 の全訳である。デイヴィッド・ルイス（一九四一—二〇〇一）は四冊の著書と一〇〇本近い論文を遺したが、それらのうち、これまで邦訳されたものとしては、単著『反事実的条件法（*Counterfactuals*）』（吉満昭宏訳）と論文「言表についての態度と自己についての態度（Attitude *De Dicto* and *De Se*）」（野矢茂樹訳）「フィクションの真理（Truth in Fiction）」（樋口えり子訳）「たくさん、だけど、ほとんど一つ（Many, but Almost One）」（柏端達也・青山拓央・谷川卓訳）「普遍者の理論のための新しい仕事（New Work for a Theory of Universals）」（同）がある。また本書第一章については既に飯田隆氏の抄訳「哲学者の楽園——世界の複数性のテーゼ」もある。

言語哲学・心の哲学・科学哲学・論理学・形式意味論など幅広い分野で第一級の仕事を遺したルイスだが、特に「分析形而上学」と呼ばれる領域での貢献は巨大であり、そこにおける議論状況の全体が、大きく「ルイス以前」と「以後」に時代区分できるといっても言い過ぎではないほどである。その彼の、形而上学上の主著と目されてきたのが本書である。本書の翻訳によって、ルイスの哲学のいわば「本丸」が、初めてまとまったかたちで日本の読者に提供されることになったわけである。

では個々の分野における業績を超えて、ルイス哲学の全貌はいったいどうなっているのか。この問題について、彼には次のような有名なセリフがある。「私は、幅広いトピックのおのおのについて、それぞれ独立した提案をする、断片的で非体系的な哲学者たらんとしてきたはずだった。でも、実際はそうではなかった。」（Lewis 1983a : p. ix）

ハーバードでのルイスの指導教員だったクワインは、体系志向がきわめて強い哲学者だった。それに比して、クワインに対する鋭い批判者として出発した若きルイスは、自らの体系に捉われず、それぞれの問題領域でそのつどベストをつくすことを潔しとし、あえて非体系的な哲学者の道を選んだ。いや、選んだはずだった。だが手当たりしだいに様々なテーマに手を出し、快刀乱麻を断つような明確な議論と解答を与えているうちに、それらの間に（たとえば物理主義といった）単なる立場の一貫性を超えた、緊密な体系性が芽生え始めていたのである。

では、その体系とはどのようなものか。それを明らかにする前に、ルイスに与えられた時間は尽きた。だが、この遺された問題を問いつつ、二〇世紀後半最大の「未完の体系」を二一世紀の哲学として継承する営みは、既に日本を含めた各国で始まっている。そういった日本におけるルイス哲学のさらなる創造的な展開に、本書がいささかでも貢献できれば、私としては本望である。

本書の訳業の母胎となったのは、ルイス哲学の発展的な継承を志した若き分析形而上学者たちが京都大学の哲学教室で行なった読書会である。その読書会での議論から生まれた訳稿のいくつかは、同教室における私の授業でも検討に付された。これらの議論や検討に参加してくれたすべての人々に、ここであらためてお礼を申し上げたい。

また本書に対し簡にして要を得た解説をご寄稿いただいたのは、カリフォルニア州立大学ノースリッジ校の八木沢敬教授である。ルイスの元学生のお一人でもあった八木沢教授には、数年来、京大哲学教室での講義や学生指導にも携わっていただいている。本書の訳者も、教授の薫陶を受けた人たちばかりである。八木沢教授にも、ここで深くお礼申し上げます。

さらに本書の索引や文献表の作成に際しては、大阪大学大学院の赤松祐太郎・小川文紀・佐々木渉・藤田翔・雪本泰司の各氏にお世話になった。本書の出版を引き受けていただいた名古屋大学出版会の橘宗吾氏、編集の実務に当たっていただいた同出版会の神舘健司氏とあわせ、お礼申し上げます。

最後に本書における訳の分担を記しておこう。山口尚「序文」「第一章：四節」「第二章」、佐金武「第一章：一・二・三節」「第三章」、小山虎「第一章：五・六節」「第四章：一・二・三・五節」、海田大輔「第一章：七・八・九節」「第四章：四節」。加えて、訳稿作成の最終段階での訳語や訳文の統一に関しては、小山虎氏に大いに尽力してもらった。

長年にわたり本書の訳業に取り組んできた、これら訳者諸氏の労をねぎらいつつ、本書を皆さんのもとに届けたいと思う。

二〇一六年六月三〇日

出口　康夫

《監訳者紹介》

出口《でぐち》 康夫《やすお》

1962 年生まれ。名古屋工業大学専任講師などを経て

現在　京都大学大学院文学研究科教授

著書　*The Moon Points Back*（共編，Oxford UP, 2015）

Nothingness in Asian Philosophy（共著，Routledge, 2014）他

《訳者紹介》

佐金《さこん》 武《たけし》

1978 年生まれ。大阪市立大学大学院文学研究科講師

小山《こやま》 虎《とら》

1973 年生まれ。大阪大学大学院基礎工学研究科特任助教

海田《かいだ》 大輔《だいすけ》

1970 年生まれ。京都大学大学院文学研究科講師

山口《やまぐち》 尚《しょう》

1978 年生まれ。京都大学非常勤講師

世界の複数性について

2016 年 8 月 30 日　初版第 1 刷発行
2017 年 12 月 25 日　初版第 2 刷発行

定価はカバーに
表示しています

監訳者　出 口 康 夫

発行者　金 山 弥 平

発行所　一般財団法人 名古屋大学出版会
〒464-0814　名古屋市千種区不老町 1 名古屋大学構内
電話(052)781-5027 / FAX(052)781-0697

印刷・製本　亜細亜印刷㈱　ISBN978-4-8158-0846-4

事項索引

ア 行

カ 行

サ 行

マ　行

ヤ・ラ行

人名索引

ア 行

カ 行

サ 行

タ・ナ行

ハ 行

マ　行

ラ　行

欧　文

文献一覧

Adams, Robert M., (1974), “Theories of Actuality”, *Noûs*, **8**, pp. 211–31, reprinted in Loux (1979).

——— (1979), “Primitive Thisness and Primitive Identity”, *Journal of Philosophy*, **76**, pp. 5–26.

——— (1981), “Actualism and Thisness”, *Synthese*, **49**, pp. 3–41.

Anderson, John, (1926), “The Knower and the Known”, *Proceedings of the Aristotelian Society*, **27**, pp. 61–84.

Anscombe, G. E. M., (1957), *Intention*, Blackwell.（G・E・M・アンスコム，菅豊彦訳，『インテンション——実践知の考察』，産業図書，1984 年）

Armstrong, D. M., (1978), *Universals and Scientific Realism*, (two volumes), Cambridge University Press.

——— (1980), “Identity Through Time”, in van Inwagen, Peter, (ed.), *Time and Cause : Essays Presented to Richard Taylor*, Reidel.

Bealer, George, (1982), *Quality and Concept*, Oxford University Press.

Benacerraf, Paul, (1973), “Mathematical Truth”, *Journal of Philosophy*, **70**, pp. 661–79.（ポール・ベナセラフ，飯田隆訳，「数学的真理」，飯田隆編，『リーディングス数学の哲学——ゲーデル以後』，勁草書房，1995 年所収）

Bennett, Jonathan, (1981), “Killing and Letting Die”, in McMurrin, Sterling M., (ed.), *The Tanner Lectures on Human Values*, volume II, Cambridge University Press.

Bigelow, John, (1976), “Possible Worlds Foundations for Probability”, *Journal of Philosophical Logic*, **5**, pp. 299–320.

——— (1978), “Believing in Semantics”, *Linguistics and Philosophy*, **2**, pp. 101–44.

Black, Max, (1971), “The Elusiveness of Sets”, *Review of Metaphysics*, **24**, pp. 614–36.

Boolos, George, (1984), “To Be is to Be a Value of a Variable (or to Be Some Values of Some Variables)”, *Journal of Philosophy*, **81**, pp. 430–49.

Bricker, Phillip, (1983), *Worlds and Propositions : The Structure and Ontology of Logical Space*, Ph. D. dissertation, Princeton University.

Burge, Tyler, (1979), “Individualism and the Mental”, *Midwest Studies in Philosophy*, **4**, pp. 73–122.（タイラー・バージ，前田高弘訳，「個体主義と心的なもの」，信原幸弘編，『シリーズ心の哲学 3 翻訳篇』，勁草書房，2004 年所収）

Campbell, Keith K., (1981), “The Metaphysic of Abstract Particulars”, *Midwest Studies in Philosophy*, **6**, pp. 477–88.

——— (1983), “Abstract Particulars and the Philosophy of Mind”, *Australasian Journal of Philosophy*, **61**, pp. 129–41.

Carnap, Rudolf, (1945), “On Inductive Logic”, *Philosophy of Science*, **12**, pp. 72–97.

——— (1947), *Meaning and Necessity*, University of Chicago Press.（ルドルフ・カルナップ，永井成男・他訳，『意味と必然性——意味論と様相論理学の研究』，紀伊國屋書店，1974 年）

——— (1971 and 1980), “A Basic System of Inductive Logic Part I”, in Carnap, Rudolf and Jeffrey, Richard C., (eds.), *Studies in Inductive Logic and Probability*, volume I, University of California Press, and “A Basic System of Inductive Logic Part II”, in Carnap, Rudolf and Jeffrey, Richard C., (eds.), *Studies in Inductive Logic and Probability*, volume II, University of California Press.

Chandler, Hugh, (1976), "Plantinga and the Contingently Possible", *Analysis*, **36**, pp. 106–9.
Chisholm, Roderick, (1967), "Identity through Possible Worlds : Some Questions", *Nôus*, **1**, pp. 1–8, reprinted in Loux (1979).
——— (1981), *The First Person : An Essay on Reference and Intentionality*, University of Minnesota Press.
Cresswell, M. J., (1972), "The World is Everything that is the Case", *Australasian Journal of Philosophy*, **50**, pp. 1–13, reprinted in Loux (1979).
——— (1973), *Logics and Languages*, Methuen. (マックスウェル・クレスウェル, 池谷彰・石本新訳, 『言語と論理』, 紀伊國屋書店, 1978 年)
——— (1975), "Hyperintensional Logic", *Studia Logica*, 34, pp. 25–38.
Cresswell, M. J. and von Stechow, Arnim, (1982), "De Re Belief Generalized", *Linguistics and Philosophy*, **5**, pp. 505–35.
Davies, Martin, (1981), *Meaning, Quantification, Necessity : Themes in Philosophical Logic*, Routledge and Kegan Paul.
Dummett, Michael, (1973), *Frege : Philosophy of Language*, Duckworth.
Ellis, Brian, (1979), *Rational Belief Systems*, Blackwell.
Escher, M. C., (1961), *The Graphic Work of M. C. Escher*, Duell, Sloan and Pearce. (M・C・エッシャー, 岩成達也訳, 『M・C・エッシャー 数学的魔術の世界』, 河出書房新社, 1976 年)
Etchemendy, John, (1982), *Tarski, Model Theory, and Logical Truth*, Ph. D. dissertation, Stanford University.
Feldman, Fred, (1971), "Counterparts", *Journal of Philosophy*, **68**, pp. 406–9.
Field, Hartry, (1980), *Science Without Numbers*, Princeton University Press.
Forbes, Graeme, (1982), "Canonical Counterpart Theory", *Analysis*, **42**, pp. 33–7.
——— (1984), "Two Solutions to Chisholm's Paradox", *Philosophical Studies*, **46**, pp. 171–87.
Forrest, Peter, (1982), "Occam's Razor and Possible Worlds", *The Monist*, **65**, pp. 456–64.
——— (1986), "Ways Worlds Could Be", *Australasian Journal of Philosophy*, **64**, pp. 15–24.
Forrest, Peter and Armstrong, D. M., (1984), "An Argument Against David Lewis' Theory of Possible Worlds", *Australasian Journal of Philosophy*, **62**, pp. 164–8.
Gale, George, (1981), "The Anthropic Principle", *Scientific American*, **245**, No. 6, pp. 154–71.
Geach, Peter, (1980), *Reference and Generality*, third edition, Cornell University Press.
Gibbard, Allan, (1975), "Contingent Identity", *Journal of Philosophical Logic*, **4**, pp. 187–222.
Glymour, Clark, (1970), "On Some Patterns of Reduction", *Philosophy of Science*, **37**, pp. 340–53.
Goodman, Nelson, (1951), *The Structure of Appearance*, Harvard University Press.
Grandy, Richard, (1973), "Reference, Meaning and Belief", *Journal of Philosophy*, **70**, pp. 439–52.
Haack, Susan, (1977), "Lewis' Ontological Slum", *Review of Metaphysics*, **30**, pp. 415–29.
Hazen, Allen, (1976), "Expressive Completeness in Modal Languages", *Journal of Philosophical Logic*, **5**, pp. 25–46.
——— (1977), *The Foundations of Modal Logic*, Ph. D. dissertation, University of Pittsburgh.
——— (1979), "Counterpart-Theoretic Semantics for Modal Logic", *Journal of Philosophy*, **76**, pp. 319–38.
——— (1979), "One of the Truths about Actuality", *Analysis*, 39, pp. 1–3.
Hilbert, David, (1926), "Über das Unendliche", *Mathematische Annalen*, **95**, pp. 161–90, translated in Benacerraf, Paul, and Putnam, Hilary, (eds.), *Philosophy of Mathematics : Selected Readings*, second edition, Cambridge University Press, 1983.

Hilpinen, Risto, (1976), "Approximate Truth and Truthlikeness", in Przelecki, M., (ed.), *Formal Methods in the Philosophy of the Empirical Sciences*, Reidel.

Hintikka, Jaakko, (1957), "Quantifiers in Deontic Logic", *Societas Scientiarum Fennica, Commenationes Humanarum Litterarum*, **23**, No. 4.

——— (1962), *Knowledge and Belief*, Cornell University Press.（ヤーッコ・ヒンティッカ，永井成男・内田種臣訳，『認識と信念――認識と信念の論理序説』，紀伊國屋書店，1975 年）

——— (1969), *Models for Modalities* : Selected Essays, Reidel.

——— (1975), *The Intentions of Intentionality and Other New Models for Modalities*, Reidel.

Hunter, Graeme, and Seager, William, (1981), "The Discreet Charm of Counterpart Theory", *Analysis*, **41**, pp. 73-6.

Jackson, Frank, (1977), "A Causal Theory of Counterfactuals", *Australasian Journal of Philosophy*, **55**, pp. 3-21.

Jeffrey, Richard C., (1965), *The Logic of Decision*, McGraw-Hill.

Johnston, Mark, (1984), *Particulars and Persistence*, Ph. D. dissertation, Princeton University.

Kanger, Stig, (1957), *Provability in Logic*, Almqvist and Wiksell.

Kaplan, David, (1974), "Transworld Heir Lines", in Loux (1979).

——— (1975), "How to Russell a Frege-Church", *Journal of Philosophy*, **72**, pp. 716-29, reprinted in Loux (1979).

Kim, Jaegwon, (1982), "Psychophysical Supervenience", *Philosophical Studies*, **41**, pp. 51-70.

Kratzer, Angelika, (1977), "What "Must" and "Can" Must and Can Mean", *Linguistics and Philosophy*, **1**, pp. 337-55.

Kripke, Saul, (1959), "A Completeness Theorem in Modal Logic", *Journal of Symbolic Logic*, **24**, pp. 1-14.

——— (1963), "Semantical Considerations on Modal Logic", *Acta Philosophica Fennica*, **16**, pp. 83-94, reprinted in Linsky, Leonard, (ed.), *Reference and Modality*, Oxford University Press, 1971.

——— (1979), "A Puzzle about Belief", in Margalit, Avishai, (ed.), *Meaning and Use*, Reidel.（ソール・クリプキ，信原幸弘訳，「信念のパズル」，『現代思想 3 特集：他者とは何か　コミュニケーションと意味』，1989 年 3 月号）

——— (1980), *Naming and Necessity*, Harvard University Press, previously printed (except for the preface) in Davidson, Donald, and Harman, Gilbert, (eds.), *Semantics for Natural Language*, Reidel, 1972.（ソール・A・クリプキ，八木沢敬・野家啓一訳，『名指しと必然性――様相の形而上学と心身問題』，産業図書，1985 年）

Leonard, Henry S., and Goodman, Nelson, (1940), "The Calculus of Individuals and Its Uses", *Journal of Symbolic Logic*, **5**, pp. 45-55.

Leslie, John, (1983), "Observership in Cosmology : the Anthropic Principle", *Mind*, **92**, pp. 573-9.

Lewis, C. I., (1943), "The Modes of Meaning", *Philosophy and Phenomenological Research*, **4**, pp. 236-50.

Lewis, C. S., (1960), *Studies in Words*, Cambridge University Press.

Lewis, David, (1966), "An Argument for the Identity Theory", *Journal of Philosophy*, **63**, pp. 17-25, reprinted in Lewis (1983a).

——— (1968), "Counterpart Theory and Quantified Modal Logic", *Journal of Philosophy*, **65**, pp. 113-26, reprinted in Loux (1979), and, with added postscripts, in Lewis (1983a).

——— (1970a), "Anselm and Actuality", *Noûs*, **4**, pp. 113-26, reprinted, with added postscripts, in Lewis (1983a).

——— (1970b), “General Semantics”, *Synthese*, **22**, pp. 18–67, reprinted, with added postscripts, in Lewis (1983a).

——— (1971), “Counterparts of Persons and Their Bodies”, *Journal of Philosophy*, **68**, pp. 203–11, reprinted in Lewis (1983a).

——— (1973), *Counterfactuals*, Blackwell.（デイヴィッド・ルイス，吉満昭宏訳，『反事実的条件法』，勁草書房，2007 年）

——— (1976), “Survival and Identity”, in O. Rorty, Amélie, (ed.), *The Identities of Persons*, University of California Press, reprinted, with added postscripts, in Lewis (1983a).

——— (1979a), “Scorekeeping in a Language Game”, *Journal of Philosophical Logic*, **8**, pp. 339–59, reprinted in Lewis (1983a).

——— (1979b), “Attitudes *De Dicto* and *De Se*”, *Philosophical Review*, **88**, pp. 513–43, reprinted, with added postscripts, in Lewis (1983a).（デヴィッド・ルイス，野矢茂樹訳，「言表についての態度と自己についての態度」，『現代思想 6 特集：〈愛〉と〈信〉の論理』，1989 年 6 月号）

——— (1980), “Index, Context, and Content”, in Kanger, Stig and Öhman, Sven, (eds.), *Philosophy and Grammar*, Reidel.

——— (1981), “Ordering Semantics and Premise Semantics for Counterfactuals”, *Journal of Philosophical Logic*, **10**, pp. 217–34.

——— (1982), “Logic for Equivocators”, *Nôus*, **16**, pp. 431–41.

——— (1983a), *Philosophical Papers*, Volume I, Oxford University Press.

——— (1983b), “New Work for a Theory of Universals”, *Australasian Journal of Philosophy*, **61**, pp. 343–77.（デイヴィド・ルイス，柏端達也・青山拓央・谷川卓訳，「普遍者の理論のための新しい仕事」，柏端達也・青山拓央・谷川卓編，『現代形而上学論文集』，勁草書房，2006 年所収）

——— (1983c), “Extrinsic Properties”, *Philosophical Studies*, **44**, pp. 197–200.

——— (1983d), “Individuation by Acquaintance and by Stipulation”, *Philosophical Review*, **92**, pp. 3–32.

——— (1984), “Putnam’s Paradox”, *Australasian Journal of Philosophy*, **62**, pp. 221–36.

——— (1986a), *Philosophical Papers*, Volume II, Oxford University Press.

——— (1986b), “Against Structural Universals”, *Australasian Journal of Philosophy*, **64**, pp. 25–46.

——— (1986c), “Causal Explanation”, in Lewis (1986a).

——— (1986d), “Events”, in Lewis (1986a).

Loux, Michael, (1979), *The Possible and the Actual : Readings in the Metaphysics of Modality*, Cornell University Press.

Lycan, William, (1979), “The Trouble with Possible Worlds”, in Loux (1979).

McGinn, Colin, (1981), “Modal Reality”, in Healy, Richard, (ed.), *Reduction, Time and Reality*, Cambridge University Press.

McMichael, Alan, (1983a), “A Problem for Actualism about Possible Worlds”, *Philosophical Review*, **92**, pp. 49–66.

——— (1983b), “A New Actualist Modal Semantics”, *Journal of Philosophical Logic*, **12**, pp. 73–99.

Meinong, Alexius, (1904), “Über Gegenstandstheorie”, translated in Chisholm, Roderick M., (ed.), *Realism and the Background of Phenomenology*, Free Press, 1960.

Miller, David, (1974), “Popper’s Qualitative Theory of Verisimilitude”, *British Journal for Philosophy of Science*, **25**, pp. 166–77.

Mondadori, Fabrizio, (1983), “Counterpartese, Counterpartese*, Counterpartese$_D$”, *Histoire, Epistémolo-*

gie, Langage, **5**, pp. 69–94.

Montague, Richard,（1960）, "Logical Necessity, Physical Necessity, Ethics, and Quantifiers", *Inquiry*, **3**, pp. 259–69, reprinted in Montague（1974）.

———（1974）, *Formal Philosophy : Selected Papers of Richard Montague*, Yale University Press.

Nagel, Thomas,（1983）, "The Objective Self ", in Ginet, Carl and Shoemaker, Sydney,（eds.）, *Mind and Knowledge : Essays in Honor of Norman Malcolm*, Oxford University Press.

Nerlich, Graham,（1976）, *The Shape of Space*, Cambridge University Press.

Niven, Larry,（1968）, "All the Myriad Ways", *Galaxy*, reprinted in *All the Myriad Ways*, Ballantine Books, 1971.（ラリー・ニーヴン，小隅黎訳，「時は分かれて果てもなく」，『無常の月』，早川書房，1979 年所収）

Nock, O. S.,（1967）, *History of the Great Western Railway*, volume III, Ian Allan.

Perry, John,（1972）, "Can the Self Divide?", *Journal of Philosophy*, **69**, pp. 462–88.

Plantinga, Alvin,（1973）, "Transworld Identity or Worldbound Individuals?", in Munitz, Milton,（ed.）, *Logic and Ontology*, New York University Press, reprinted in Loux（1979）.

———（1974）, *The Nature of Necessity*, Oxford University Press.

———（1976）, "Actualism and Possible Worlds", *Theoria*, **42**, pp. 139–60, reprinted in Loux（1979）.

Popper, Karl,（1963）, "Truth, Rationality, and the Growth of Scientific Knowledge", in *Conjectures and Refutations*, Routledge and Kegan Paul.（カール・R・ポパー，藤本隆志・石垣壽郎・森博訳，「真理・合理性・科学的知識の成長」，『推測と反駁——科学的知識の発展』，法政大学出版局，2009 年所収）

Prior, Arthur N.,（1967）, *Past, Present and Future*, Clarendon.

———（1971）, *Objects of Thought*, Clarendon.

Prior, Arthur N., and Fine, Kit,（1977）, *Worlds, Times, and Selves*, Duckworth.

Quine, Willard Van Orman,（1969）, "Propositional Objects", in *Ontological Relativity and Other Essays*, Columbia University Press.

———（1976）, "Worlds Away", *Journal of Philosophy*, **73**, pp. 859–63, reprinted in *Theories and Things*, Harvard University Press, 1981.

Ramsey, Frank P.,（1931）, "Theories（1929）", in *The Foundations of Mathematics and Other Logical Essays*, Routledge and Kegan Paul ; and *Foundations*, Routledge and Kegan Paul, 1978.（F・P・ラムジー，伊藤邦武・橋本康二訳，「理論（1929）」，D・H・メラー編，『ラムジー哲学論文集』，勁草書房，1996 年所収）

Richards, Tom,（1975）, "The Worlds of David Lewis", *Australasian Journal of Philosophy*, **53**, pp. 105–18.

Robinson, Denis,（1982）, *The Metaphysics of Material Constitution*, Ph. D. dissertation, Monash University.

Roper, Andrew,（1982）, "Toward an Eliminative Reduction of Possible Worlds", *The Philosophical Quarterly*, **32**, pp. 45–59.

Salmon, Nathan,（1981）, *Reference and Essence*, Princeton University Press.

Schlesinger, George N.,（1984）, "Possible Worlds and the Mystery of Existence", *Ratio*, **26**, pp. 1–17.

Sciama, Dennis W.,（1980）, "Issues in Cosmology", in Woolf, Harry,（ed.）, *Some Strangeness in the Proportion : A Centennial Symposium to Celebrate the Achievements of Albert Einstein*, Addison-Wesley.

Scriven, Michael,（1961）, "The Key Property of Physical Laws – Inaccuracy", in Feigl, Herbert and Maxwell, Grover,（eds.）, *Current Issues in the Philosophy of Science*, Holt, Rinehart and Winston.

Shoemaker, Sydney, (1980), "Causality and Properties", in van Inwagen, Peter, (ed.), *Time and Cause : Essays Presented to Richard Taylor*, Reidel.

Skyrms, Brian, (1976), "Possible Worlds, Physics and Metaphysics", *Philosophical Studies*, **30**, pp. 323–32.

——— (1981), "Tractarian Nominalism", *Philosophical Studies*, **40**, pp. 199–206.

Slote, Michael, (1975), *Metaphysics and Essence*, Blackwell.

Smart, J. J. C., (1984), *Ethics, Persuasion and Truth*, Routledge and Kegan Paul.

Stalnaker, Robert, (1968), "A Theory of Conditionals", in Rescher, Nicholas, (ed.), *Studies in Logical Theory*, Blackwell.

——— (1976), "Possible Worlds", *Nôus*, **10**, pp. 65–75, reprinted in Loux (1979).

——— (1984), *Inquiry*, MIT Press.

Stenius, Eric, (1974), "Sets", *Synthese*, **27**, pp. 161–88.

Stout, G. F., (1923), "Are the Characteristics of Particular Things Universal or Particular?", *Proceedings of the Aristotelian Society*, Supplementary Volume, **3**, pp. 114–22.

Swoyer, Chris, (1982), "The Nature of Natural Laws", *Australasian Journal of Philosophy*, **60**, pp. 203–23.

Teller, Paul, (1984), "A Poor Man's Guide to Supervenience and Determination", *Southern Journal of Philosophy*, Supplement, **22**, pp. 137–62.

Thomason, Richmond, (1969), "Modal Logic and Metaphysics", in Lambert, Karel, (ed.), *The Logical Way of Doing Things*, Yale University Press.

Tichý, Pavel, (1974), "On Popper's Definitions of Verisimilitude", *British Journal for Philosophy of Science*, **25**, pp. 155–60.

Unger, Peter, (1984), "Minimizing Arbitrariness : Toward a Metaphysics of Infinitely Many Isolated Concrete Worlds", *Midwest Studies in Philosophy*, **9**, pp. 29–51.

van Fraassen, Bas C., (1977), "The Only Necessity is Verbal Necessity", *Journal of Philosophy*, **74**, pp. 71–85.

van Inwagen, Peter, (1980), "Indexicality and Actuality", *Philosophical Review*, **89**, pp. 403–26.

——— (1981), "The Doctrine of Arbitrary Undetached Parts", *Pacific Philosophical Quarterly*, **62**, pp. 123–37.

——— (1983), *An Essay on Free Will*, Clarendon.

——— (1985), "Plantinga on Trans-World Identity", in Tomberlin, James and van Inwagen, Peter, (eds.), *Alvin Plantinga : A Profile*, Reidel.

——— (1986), "Two Concepts of Possible Worlds", *Midwest Studies in Philosophy*, **11**, pp. 185–213.

Wiggins, David, (1968), "On Being in the Same Place at the Same Time", *Philosophical Review*, **77**, pp. 90–5.

Williams, Donald C., (1953), "On the Elements of Being", *Review of Metaphysics*, **7**, pp. 3–18 and pp. 171–92, reprinted in *Principles of Empirical Realism*, Charles Thomas, 1966.

——— (1962), "Dispensing with Existence", *Journal of Philosophy*, **59**, pp. 748–63.

——— (1963), "Necessary Facts", *Review of Metaphysics*, **16**, pp. 601–26.